U0573915

上卷

INTRODUCTION À LA LECTURE DE LACAN

拉康导读

无意识像一种语言那样构成

L' Inconscient structuré comme un langage

[法]若埃尔·多 著
Joël Dor

刘瑾 译

北京师范大学出版社集团
BEIJING NORMAL UNIVERSITY PUBLISHING GROUP

北京师范大学出版社

序

1985 年出版的《拉康导读》上卷，对于新一代人而言标志着解读拉康著作的一个转折点。若埃尔·多(Joël Dor)由此而打破了某种禁忌，贯串拉康运动的某种隐含的禁止——在那之前，都是一些非分析家们以零碎的和粗略的方式在介绍拉康的教学。要将众说纷纭的分析理论进行系统化，这种工作就如同精神分析在大学中的可能性教学一样，对于"什么是分析"这一问题，会引起一种合理的怀疑。拉康已沉默，需要开启朝向这一艰巨工作的新通道。在当时，拉康自己就曾以万塞讷①为赌注，建立了一个精神分析的部门，并在 1970 年为一篇文章作序，然而他在文中提到他的"《文集》是不适合于这一主题的"。

若埃尔·多是第一位投身于此大规模工作的分析家，他以历时的、条理化的和易于理解的方式呈现了这一成果，并选择依据其内在的一致性来看待拉康每个时期的教学。上卷《无意识像一种语言那样构成》，于 1985 年 1 月在德罗埃出版社(Denoël)的最新丛书"分析空间"中出版——在莫德·马诺尼(Maud Mannoni)去世后的 1998 和 1999 年，我们共同指导了此丛书。它的出版令人

---

① 即万塞讷圣丹尼大学，亦被称作巴黎第八大学。

瞩目，它所开启的领域的后继者层出不穷。但它的教学性和清晰性是无可替代的。下卷《主体的结构》，出版于 1992 年。这两本书被转译到世界各国，自其出版以来不断地与一代代的读者们相遇。然而，若埃尔·多认识到了"以传递的观点来展现精神分析临床之教学"的困难。

这种对于传递的忧虑尤其激励着他，他的弟子们，不论是来自巴黎七大的、精神分析培养与研究中心①的还是之后的"分析空间"的，都记得他曾是一位多么杰出的导师。这本《导读》的上下卷合集即为见证，它更好地体现了这一力作的广阔性与严密性。不幸的是，该合集并未完成，若埃尔未能在有生之年完成这一工作，而这正是他的学生们还有朋友们所期盼的——他能因此而继续留在我们身边。

阿兰·凡尼尔

（Alain Vanier）

---

① CFRP，全称 Centre de Formation et de Recherches Psychanalytique。

目　录

上　卷　无意识像一种语言那样构成

第三部分　欲望—语言—无意识

下 卷　主体的结构

上　卷

无意识像一种语言那样构成

导　言

这本《拉康导读》重新采用了从一系列讲座中所提出的主要论点，这些讲座的举办地，一直都被设在通常进行精神分析教学的那些正规场所——精神分析的、大学的和精神病的学院之外。这个"场外"不仅仅是一个地点，因为，自 1981 年起，它对某些人来说已逐渐地形成了一种研究拉康工作的方式。而且，这个"场外"地址的符号标志首先也被用来注明此种研究方式：音乐厅研讨会。鉴于当时精神分析的整体形势，这种"场外"的自主性是适时的；但同样，这种教学也需要在之后找到一种有利于建立起其连续性的制度性锚点。①

从一开始，该教学计划就必须进行调整，因为这的确是一场挑战。事实上，它的听众是受训的临床医生们(心理学家、精神科医生、精神分析家)，他们的状况是相类似的，不仅在于他们都不了解拉康，也在于他们的强烈欲望：迫不及待地想要弥补这种无知。

因而为了此种殷切希望，制订并给予他们一种完全教导式的教学是很重要的。这似乎是唯一要坚持的要求，以便尽可能地接

---

① 在精神分析的培养与研究中心的框架下。

近我们期待的目标：引导性地解读一个被公认为难以理解的精神分析成果。而这种对"教学"的考虑并没有牺牲掉作品的完整性，去追求过分的简化或者浮夸的解释。相较于对行文之优美或评论风格的注重，首先更需要在作品的微妙处保持其内在的一致性和逻辑性，即便这会让论据显得枯燥无味，甚至是崎岖迂回。同样，在这种论据中，没有曲意奉承，也不追求争议性的神来之笔或者学院派晦涩的陈词滥调。最多是对这一繁复的工作一直保持警惕性，以便推动一种研究战略，能够有序地探索其突出的要点以及潜藏的本质。

在此意义上，"返回弗洛伊德"作为确立拉康思想之制作基础的最佳途径被有力地提了出来。这关系到对弗洛伊德文集的召唤，以便从中划定最为关键的拉康的一些概念的锚定点，它们已融入其早期理论的阐述当中。同样还关系到对于弗洛伊德临床的利用，为了显示这些概念的考据特征，应该回归对于源头的参考。

但是，在这种对弗洛伊德学说的信奉之外，还必须赋予这些概念化陈述一种逐步发展形成的论题特点。这种内在的一致性由一个主导命题所保证：无意识像一种语言那样构成，作为假设，它在该教学伊始即被提出。这样一句名言从而构成了一种足以用来确定教学基础的方法，该教学的任务就是为之提供所有恰当的证明元素。其实，对此假设的论证——尽管它在很大程度上是"教学性的"——同样也确定了一种适于研究拉康工作中那些最为结构化的基本概念的视角，它们就在其固有的一致性中得以连接起来。此外，这一教学方法有意采纳了拉康的理论制作所渗透或质询过的多种相关学科中的某些部分。对于涉及结构主义、索绪尔(Ferdinand de Saussure)的语言学、黑格尔哲学的某些基础性参考的简略介绍可以阐明并支持这种理论的发展。

出于同样的澄清的意愿,一些符号公式和图形被引入。这些书写和其他图示的呈现,补充了拉康的算式,它们并不预示着某些"基式"的产生,甚至某些形式化过程的形成。最多只涉及一些随机方法的运用,它们能够简约地"隐喻化"有时显得太过抽象的理论论据。

更一般来说,这一教学的进行遵从了某些能够对拉康思想提供恰当判断的指向性选择(并非伦理的),这同样是重要的。首先,这有益于破除其神秘性,一些非专业人士仍时常将之作为令人费解的大部头而加以回避,某些临床见习医生甚至将其认作秘密传授而不可得的资料。对拉康尚未出版的作品中所隐藏的理论宝藏之猜测大大强化了这些幻想。① 其次,有助于松动对于拉康的顶礼膜拜,在那里,一些概念的理论内涵被删改,被博学的学究们用来装饰其乏味的夸夸其谈,甚至像把解释性铡刀一样被野蛮地挥动。最后,还希望提供一些基本的材料——虽然是基础性的,但有助于审慎或有益的修改——给语录的高调引用者们以及拉康格言的旧有捍卫者们,二者在公式的折中运用中达成一致。

然而,这一教学无法由这些选择而连成整体,除非它自身表

---

① 参考著作《雅克·拉康著作文献》(*Bibliographie des travaux de Jacques Lacan*,Paris,Inter-Éditions,1984),可以确定现已出版的全部的拉康著作以及他的"未出版物"。这本《拉康导读》中所摘录的教学内容多次依据拉康在讨论班中所进行的一些未出版的理论发展。所有这些参考都应依据对原讨论班过程中所做笔记的誊写或者是打字速记文件的誊写。关于这些来源各异且明显不同的誊写本的"忠实性"已经产生了相当多的争论。其中的"书记版",因为被假定得到了拉康的同意,因而有更高的可靠性。在等待官方版的最终文本的同时,我所参照的正是这一版本。

现出对于拉康所一直强调的逻辑时间之后果的重视。因而，着手此作品必然不能把理解时间提到看的瞬间之前，更不必说把结论时刻提到理解时间之前。遵从此逻辑的强制性，也就确定了要对拉康的工作进行一种呈现，需稳步进行且准备充分，至少要确保对原始论据的收集。反之，在对原理的否定或者虚假的评论面前却步，这就已然丢掉了一种方法论的引入——在此之外，所有的争辩都可能首先失信于其自身。而对此教学性呈现的正确估量更让人觉得必须把对此工作本身的质疑放到将来的某个时刻，虽然它显然是难以免于被评判的。

这样一种疑问已经假设了理解时间的到来，与之矛盾地，在这个教学中唯一的结束形式就是结论时刻的悬置。这种有意的结论空缺具有双重理由。

一方面，对所研究的作品，在一个足够战略性的点上划定结束时间是恰当的，以便实现从一开始就已提出的教学目标，即引导阅读。无需等待地进入到这种阅读当中，这本身已经是令人信服的明智结论了。

另一方面，同样必须如实衡量当前研究——主要针对拉康工作中的基本制作——所取得的进展。对此《导读》不做结论，从而不言而喻地选择了一个后续的计划，它可能通过同样的合理延伸，澄清相关工作的后续发展。确定某些初期的理论片断在概念上的变动，引入新的论据：这就是在这种连续性视角下开展起来的教导工作的现实追求。

对教导性教学的持续需求，似乎在很多方面都与拉康常常提到的对"知识辞说的虚幻性"保持警惕是相矛盾的，他在"大学辞说的运作"中看到了其最完美的样本，"当他论述自己都为作者的这一虚构时"。①

至少，我们保证，运用教导性辞说——它因而尽力论述了一位由文字而产生的作者——会有助于我们接近一位不过是虚构的作者的工作。

若埃尔·多
1984 年 5 月

---

① J. Lacan, "前言", 见 Anika Lemaire, *Jacques Lacan*, Bruxelles, Pierre Mardaga éditeur, 2# édition, 1977, p. 6.

1. "返回弗洛伊德"

　　像这样一本关于拉康工作的介绍，应该在初步研究开始时——这并不意味着它是初级的或者是概要性的——确定其主要节点。最重要的是要标记出拉康本人工作的出发点。这个地点，正是弗洛伊德的阵地，弗洛伊德的领域，这种对弗洛伊德的参考，既有临床的内涵也涉及其理论的澄清，这一直是拉康理论大厦的坚实基础。

　　对弗洛伊德学说的这种参考，首先是参考认识和理解无意识的某种方式，同时也参考依据一种调查研究的原则——时至今日其独创性也是不容混淆的——而不断地被系统化的一种实践。这涉及从一开始就清楚地确定什么才属于真正的精神分析实践，相对来说，其他那些对无意识的调查手段，就其自称为精神分析而言，似乎已完全失掉了精神分析的意义。

　　对弗洛伊德式无意识研究的这种参考，一上来就带着某种精神"特点"，它使我们确信并不涉及一个抽象的或者超验的实体；它反映的也不是一个生物学实体的或者某种可衡量和量化的精神基质的维度。弗洛伊德所划定的无意识精神过程，在其发现的自身源头中，就依附于语言的精神维度和该维度通过转移而得以支撑的点。

这样就有了两极：语言和转移，它们限定了一种实践所嵌入的领域，我们可以认为它是真正地由弗洛伊德所开创的。然而，需要明确指出的是，如果说精神分析的实践是一种语言的实践，那么语言的实践却并不必然都是精神分析的。另一方面，如果无意识正是在话语中找到了它的基本表述，那么我们就能够质问某些分析的"灵感"式实践——它们打断了所有与语言的关系——所鼓吹的无知维度。

对于这些根本性的差异，拉康从不让步，即便是因为这第二个极——转移，它紧扣弗洛伊德式的无意识及与之相关的实践。我们更需留意这个转移的维度，因为它出现在弗洛伊德的名言中："有转移之处就有精神分析"。那么，是否转移的建立足以保证一个真正的分析实践？为了保持其完整意义，弗洛伊德的名言需要一些补充的说明。只要一个主体对另一个主体说话，就存在转移①。但是，如果一切相遇的维度都有助于转移的建立，那么这里同时也隐含地兼具了所有的条件，使某种转移的操纵能够在这个相遇中被实现。参照弗洛伊德，将从根本上撇清分析的实践与滥用分析的别的实践的，正是为转移维度所预留的命运。任何以治疗为目的的相遇越容易被安置在操纵转移的维度中，分析实践就越是只能建立在对一切操纵转移之意图的遏制中。相反，分析实践正是在转移的分析的维度中展开的，因为，所涉及的是操作空间，在其中，患者能够被召唤去调查自己的无意识，从而能

---

① 参见 J. Lacan, séminaire, livre I, *Les Ecrits techniques de Freud*, Paris, Seuil, 1975, p. 127. "本质上，有效的转移所涉及的，就只是话语行为。每次，一个人以真与实的方式对另一个人说话，都有从本义上而言的符号性转移，某个东西发生了，它改变了在场的两个存在的性质。"

够最可靠地面对自己的欲望问题。

我们仅限于提及其概括性的几个方面，也就是弗洛伊德所涉及的无意识揭示了什么，以及支持它的实践。

然而，该本质的一些共通点却正是早期的分析家们有时在无意中未加承认的。无意识经验的基础要求事实上在很早就接受了调整和妥协。因此，必须指出，拉康一直关注的问题之一就是恢复弗洛伊德关于无意识经验的原创性，他展开了一个大胆的假设：无意识像一种语言那样构成。我们甚至可以将此假设作为整个拉康理论制作的根本，因为这个假设预先假定它体现了拉康从其教学伊始就不断提出的返回弗洛伊德的意义。

返回弗洛伊德，这让我们想起它在"罗马演讲"（1953 年 9 月 26-27 日）①之后的影响，借助于 1953 年法国精神分析运动的第一次分裂，它获得了其整个意义。拉康从前言开始就明确指出了其关键性：

> 在演讲之前，有必要介绍此演讲所处之形势，因为它深受其影响。
>
> 本来向作者建议的主题是为了形成协会年会所使用之理论报告，当时代表着法国精神分析的这个协会，18 年来都遵循着古老的传统一直被称为"法语圈精神分析家大会"，大会近两年扩大到罗曼语系的精神分析家们。该会预定于 1953 年 9 月在罗马举办。
>
> 其间，一些严重的意见分歧导致了法国团体内的一次分

---

① J. Lacan, "*Fonction et champ de la parole et du langage en psychanalyse*", in *Ecrits*, Paris, Seuil, 1966, pp. 237-322.

裂。它因"精神分析学院"的创立而呈现出来。我们听说，成功地向新成立的学院强加了其章程与纲领的群体，宣称将尽其所能地阻止那个人在罗马说话，因为他和另外一些人一起，试图在新学院中引入一种不同想法。①

受到责难的拉康的这个"不同想法"，正是他所得出的返回弗洛伊德的必要性，其紧迫性表现为："一种任务，要清理出在日常使用中逐渐被弱化的一些概念的意旨，其重新获取既通过对其历史的返回，也通过对其主观依据的反思。"②换句话说，对拉康而言，就是要揭露"诱使分析家放弃话语之基础的企图"③。正因此，拉康明确指出"返回弗洛伊德的意旨就是对弗洛伊德的意旨的返回"④，也就是返回到"弗洛伊德事业"的范畴之中，它提醒我们，"一个精神分析家应容易接受能指与所指的基本区分，并开始运用它们所组织起来的两种互不重合的关系网络"⑤。

在其《1956年的精神分析形势》当中，我们看到拉康重申了这一相同的要求：重新将弗洛伊德通过其无意识的经验所指出的符号维度的影响置于中心的位置：

想知道分析中发生了什么，就需要知道话语从何而来。

---

① J. Lacan, "*Fonction et champ de La parole et du langage en psychanalyse*", *op. cit.*, p. 237.

② Ibid., p. 240.

③ Ibid., p. 243.

④ J. Lacan, "*La Chose freudienne ou sens du retour à Freud en psychanalyse*", in *Ecrits*, Paris, Seuil, 1966, p. 405.

⑤ Ibid., p. 414.

想知道抵抗是什么，就需要知道是什么阻挡了话语的到来。

为什么回避无意识所唤起的问题？

如果说自由联想让我们抵达那里，这是否是类似于神经生物学的自动释放的一种释放呢？

如果说在那里呈现出来的冲动处在间脑甚至是嗅脑的水平上，怎么构想它们结构化为语言的表达呢？

因为如果从一开始，它们的效力正是在语言中被认识到的，那么我们学会去辨认的它们的伎俩，无论其粗鄙或精细，都指明了一种语言的过程。①

弗洛伊德曾将整个文献学的学习纳入到一个理想的精神分析培育学院的课程当中，同样，拉康要求被培养的分析家们学习一些基础的语言学，也就是"能指与所指的区分，我们有理由将之归功于费尔迪南·德·索绪尔，通过他的教学，这种区分现在已经铭刻于人文科学的基石当中"②。

事实上，从 1956 年开始，拉康就强调"能指对于所指的优先性"的概念，这似乎是《释梦》最为显著的结论之一：

梦是谜语(弗洛伊德所言)。是否它需要做些添加，好使我们无法指望得到它的灵魂之语？一个谜语的谜面从来都是毫无意义的，而我们解谜时所得到的趣味，并不在于其形象中的显义是无效的，它的作用只不过是让人听到其中乔装打

---

① J. Lacan："*Situation de la psychanalyse en 1956*"，in *Ecrits*，Paris，Seuil，1966，pp. 461，466.

② Ibid. , p. 467.

扮的能指而已。①

这种能指优先性，拉康从一开始就指出了其捕获主体的方式，主体通过异化而陷入其中，滋养了此种异化的主体症状在分析的领域中不断浮现②。无法回避地，我们被引至承认以下观点："精神分析技术，被运用于主体与能指的关系，它所获得的认识也正是围绕着这个"③。

而拉康主要是在1957年以明确的方式确定了这种"返回弗洛伊德"的影响，其本质直接联系到语言的概念。我们将在那里重新看到该重要会议的主题——《无意识中文字的诉求或自弗洛伊德以来的理性》，其基本意义从引言开始便被表明：

> 触及话语时，当今的分析家怎么会感觉不到自己已在其中，当他的经验从中获得了其工具、其框架、其材料，直至其无法确定的背景杂音时。
> 我们的题目可以让大家明白，在这个话语之上，分析的经验在无意识中所揭示的，正是整个语言的结构。④

因而，介绍拉康的精神分析著作要求明确该命题的来龙去脉：无意识像一种语言那样构成；必须事先在弗洛伊德的作品本

---

① Ibid., op. cit., p. 470.
② J. Lacan："*Situation de la psychanalyse en 1956*", in *Ecrits*, Paris, Seuil, 1966, p. 467.
③ Ibid., p. 472.
④ J. Lacan, "*L'Instance de la lettre dans l'inconscient ou la raison depuis Freud*", in *Ecrits*, Paris, *Seuil*, 1966, pp. 494–495.

身当中，寻求证明其来源和关联性的内容。就《释梦》①被指为这样的一部主要力作而言，这种证明正是从某些最为根本的阐述出发而得以进行的。

我们要记得，一方面，弗洛伊德关于梦的天才般的假说，在于他在当中运用了已成功地施治于一些心理症状——强迫和焦虑——的调查技术；我已说到了自由联想法。这种技术被提至首位，是由于使用催眠疗法和宣泄法的不足和困境，此外，它还允许辨认源自无意识的精神症状的意义；由于其操作效力②，它使得一种概括化成为可能，这引导出了无意识形式这一概念本身；换言之，概括多元精神症状的表现所共同具有的特点是：指示着与它们所直接指出的东西完全不同的意谓。

在那里，对"爱玛打针"的梦③的细致分析所呈现的观点是，梦是一种被伪装的、歪曲的、凝缩的言说，主体丢掉了破解它的密码，而通过艰苦的联想工作，其奇特的特征最终在一种清晰而有意义的言说中道出了它的秘密。因此，和其他的无意识形式一样，弗洛伊德对梦的询问从一开始就参考了一种与语言的能指元素相类似的能指元素系统。我们不可避免地被弗洛伊德召唤到这个语言的秩序中，既然无意识的调查原则总是取决于联想链的流动，也就是思想链，它持续不断地将我们带回到话语的链条当中。然后，所有想要事先拥有一本编码意义目录的愿望都落空

---

① S. Freud, *Die Traumdeutung* (1900), *G. W.*, II-III, 1-642, *S. E.*, IV-V, 1-621, 引述于丹尼斯·贝尔耶所修订的法译本：*L'Interprétation des rêves*, 2ᵉ édition, Paris, PUF, 1967.

② Cf. *L'Interprétation des rêves*, *op. cit.*, pp. 94-95.

③ Ibid., *op. cit.*, p. 98 et sq.

了，即那种用于解梦的"梦的钥匙"。尽管，如我们所知，弗洛伊德赋予梦中的象征物和象征主义以重要性，但就无意识的揭露来说，弗洛伊德的梦理论丝毫不赞同对主体话语的省略。在返回弗洛伊德的观点中，拉康极为坚决的论据之一正在于此：重新确定这个话语维度在精神分析领域中的首要地位。另一个重要观点也被同样勾勒出来，它是拉康将从弗洛伊德的文集中提炼出的无意识的最根本的性质之一：对主体而言，无意识是无法通过任何可事先预知的能指元素而得到理解的。

为了继续在总的维度中确定拉康思想的基本要点，我们要提到，在对梦的"隐义—显义"的区分之外，在弗洛伊德那儿还显示出一种直觉，因为说的总是比期待要说的更多，因而要从以下事实着手：言说可能意味着完全不同于直接被陈述出来的东西。在言说的网络中，这种无意识所指的错综复杂性将被拉康发挥至极致，甚至使之作为明显是由言说主体的结构所导致的一个特征而出现。

第一部分

语言学与无意识形式

2. 梦的工作中的凝缩与移置

　　拉康的早期概念，作为无意识像一种语言那样构成这一假设之基础，从一开始可能是受到了弗洛伊德的梦理论的影响。尤其是梦的工作①这一概念，直接导致他把无意识原发过程的各种机制的作用作为基础。

　　梦的工作主要借助于两种基本机制：凝缩和移置。② 在经验性的观察之后，弗洛伊德注意到了这两种机制的活跃；主要说来，一方面是显义材料和隐思之间"体量"的不同，另一方面，是对介入梦的隐思水平的意旨进行伪装的要求。

　　弗洛伊德继而区分了凝缩的多种形式。首先是通过遗漏③的凝缩，"植物学专著"的梦的分析为我们提供了一个极好的例子，其中，在显义水平上重建隐思是有许多脱漏的。另一种凝缩形式来自于隐性材料的融合和重叠。为这种凝缩形式提供最为精彩的说明的，是通过连续的组合和融合而得来的集合人物的制作或者新词的创造。例如，爱玛作为一个复合的人物而出现，在她身

---

　　① *L'Interprétation des rêves*, *op. cit.*, chap. Ⅵ, pp. 241-432.
　　② Ibid., pp. 242-267.
　　③ Ibid., p. 244 et sq.

上，代表着一系列的"在凝缩工作的过程中被牺牲掉"①的人物。同样，在"爱玛打针"②中的"丙烯(propylène)"，以及弗洛伊德的另一个梦中的"很 Norekdal③ 的风格④"也是如此。在"狼人"⑤的那个萦绕不去的童年的梦中，我们也发现了在梦的工作中起作用的凝缩过程的一个刻板例子。

在梦的工作过程中所产生的、在隐思内容与显义材料之间的改变，并不仅仅取决于种种凝缩的过程。潜藏观念有可能经过一种重要的改变而出现在显义水平之上，弗洛伊德称之为：价值的颠倒，意义的颠倒。换言之，梦的工作产生了一种移置，这一过程的主要作用在于将那些隐思中的本质意义在显义的水平上变得无足轻重："这使我们思考，在梦的工作中显现出一种精神能力，它一方面剥夺了具有高精神值的某些元素的强度，另一方面，由于超决定(Surdérermination)，它将更大的价值赋予不那么重要的元素，以便它们能够进入梦中。从此我们能够理解梦的内容文本和思想文本之间的差异；在梦形成之时，就已经有了不同元素的精神强度的转移和移置。这个过程是梦的主要部分。它可被称为移置过程。"⑥

---

① Ibid. , p. 254.

② Ibid. , pp. 255-256.

③ 出现在梦中的 Norekdal 一词，在弗洛伊德的分析中，由两个名字所组成："Nora"和"Ekdal"，是梦的凝缩过程的例子。——译者注

④ Ibid. , p. 257.

⑤ S. Freud, "Aus der Geschichte einer infantilen Neurose(1918)", *G. W.* , XII, 29-157, *S. E.* , XVII, 1-122, trad. M. Bonaparte. "Extrait de l'histoire d'une névrose infantile" (L'homme aux loups) , in *Cinq psychanalyses*, Paris, PUF, 7e édition, 1975, pp. 325-420.

⑥ S. Freud, *L'Interprétation des rêves*, *op. cit.* , pp.265-266, cf. aussi chap. VI, pp. 263-267.

拉康正是利用弗洛伊德的梦理论的这些元素（简要地提及），来奠定并支持所假定的在无意识过程和语言某些方面的功能之间的类似性。然而，拉康理论发展的这一基本观点得以成立，是因为这种对于语言的参照在此被包含在一种语言的结构概念的观点之中。也就是由费尔迪南·德·索绪尔的工作所创立的这一观点，我们接下来将进行回顾。

在此意义上，短暂地说明结构主义的基本概念是有益的。这至少是为了两个目的。首先，是因为对于结构主义的参考一直潜藏于拉康的理论制作之中，甚至以对其方向和意义的改变为代价。① 其次，由于过度的滥用，在结构一词的现实使用中，经常显现出对此极为严谨之概念的内涵及外延的某种误解。

---

① 从语言学的观点出发，拉康曾多次明确指出，他所使用的不是严格意义上的语言学（Linguistique），而是 *linguisterie*。关于拉康的这种 *linguisterie*，参见 N. Kress-Rosen 的优秀论文：《拉康作品中的语言学与反语言学》，收录于 *Confrontations Psychiatriques*, 1981, nº 19, pp. 145–162.

3. 结构的概念

结构主义的态度是一种策略，它促发完全不同于某些思考客体之方式的新的解释。尽管这种理解客体的研究方法的改变已经在特定领域中产生了特别丰富的成果，但夸大其功效却是极其不恰当的。

这种态度开启了一系列全新的视野，既在精确科学的领域中，也在人文科学的领域中，因为从元素和客体的角度看，它能够使两者间并未立即显现的关系系统变得明显。这种方法首先使我们不得不暂时地在某种程度上改变与客体的关系。特别涉及放弃某种对客体的本质、性质与特定属性进行描述的方式。相反地，重点在于得到一种可能性，可以使它们之间或其元素之间所存在的(表面上被隐藏的)关系显现出来。

自然地，这就假定我们在所涉及客体的类型水平上应用了某种一致性。这些客体可能归属于同一名称，或者属于同一集合。正是在这种强制的条件之下，才有可能使它们之间新的关系原则出现。这些关系可能具有不同的性质。同样可能涉及将这些客体对立起来的关系，区分它们的关系，转换它们的关系，组织它们的关系，等等。这些关系就是在这些客体或其元素之间建立起来的规则，它们有可能依据某种秩序而凸显出一些特性。从而，这些特性有助于确定一些客体或者其相关元素的一种整体上的特殊结构。

我们立即看到这种新的认识论态度可能产生怎样的结果。一方面，这允许抛弃某个既定学科当中的"分类主义"分析原则。另一方面，在同一门学科的不同研究领域之间被任意安置的分隔发生了改变。例如，在数学中，这些结果的影响力直接得以估计，即在代数、数值分析、几何、概率论等之间的分类的取消；在心理学中，被废弃的是精神空间的原子说划分；在语言学中，排除了历时性分割，以此类推。

我们通过一个数学例子来看结构的制作。在 19 世纪，数学家埃瓦里斯特·伽罗华（Évariste Galois）构思了一种最基本的结构：群的结构。根据布尔巴基（Boarbaki），群的结构的定义为：对于集合 G，我们说，一个普遍定义的内部合成法则决定了一个群的结构，只要此法则是结合性的，只要它具有一个单位元素，只要 G 的每个元素对此法则来说都可以有一个对称元素。

这个结构因而假定，被给定的不仅仅是一个元素的集合，还有一个能够作用于这些元素的法则。为此，这个法则必须在以下条件中起作用。

首先，集合的两个元素的合成必须总是构成该集合的一个元素，如下：

$$E * E \rightarrow E$$
$$2 + 3 = 5$$

这涉及一个内部法则。

其次，若干元素的合成必须能够从其序列的任意位置出发而得以实现：

$$(a * b) * c = a * (b * c)$$

这里有一个结合法则。

再次，在元素集合当中必须存在一个元素可以被指定为中间元素，这个中间元素与集合中任何元素进行合成可使此元素与自身相等。

$$\begin{cases} \exists\, e \in E \\ e * a = a \end{cases}$$

对于乘法运算而言，这个中间元素是 1：$1 \cdot x = x$

对于加法运算而言，中间元素是 0：$0 + 4 = 4$

最后，对每个元素来说，必须存在另一个可与其对称的元素，以使得这个元素与其对称元素的合成等于中间元素：

$$a * a' = e$$

$$3 \times \frac{1}{3} = 1$$

$$2 + (-2) = 0$$

无论被指定的数学元素的性质如何，这种群的结构都是有效的。因而，这些元素可以是数、几何元素（如矢径）、解析函数或者向量函数，等等。在这样的条件之下，我们从而能够定义相当广泛的客体领域，如正负整数群、仿射函数群、位似群、相似群等。所有这些客体领域所共同具有的，是同样的一种群的结构：依据一种将这些元素进行相互组合的特殊法则。

在此例子之外，我们易于看出与结构的视角相扣的认识论的兴趣。此视角赞同一种由概括而得来的启发性观点。严格来说这并不涉及一种结构策略，我们所知道的这种概括的一个好例子就是 19 世纪非欧几何的发现。事实上，波尔约（Bolyai）、罗巴切夫斯基（Lobachevsky）和黎曼（Riemann）在当代的研究，强调了比欧几里得几何更为广泛的几何学系统。这些更为广泛的几何学观点并未让欧几里得几何黯然失色。最多可以说，欧几里得几何成了一个更为庞大的几何系统的独特例子，这个几何系统包含了欧几里得几何。

如果我们说结构主义的态度同样源于多个方面，这是因为它从一些结构本身之间归纳出了一种概括。因而存在着一个结构的等级，在此意义上，某些更为牢固的结构能够吸纳更脆弱的结构。这样，大规模的形式化系统得以建立，其运作特征在新的研究视野的开启中得以展现。

作为结论，让我们停留在让·皮亚杰（Jean Piaget）所提出的"结构"一词的这个定义之上："一个结构是一个转变系统，它包含一些系统（与元素的特性相对）的法则，它通过其转变活动本身而得以保持和丰富，而这些转变活动不会越过其边界，或者求助于外部元素。一个结构具有三个特征：全体性，转变性，以及自调节性。"①

根据皮亚杰的理论，全体性同时源自构成结构的那些元素的独立性，以及所有元素的聚合必然不同于它们的总和这一事实。至于转变的概念，它需要一些合成法则来定义某给定结构的内部运作，因此，我们可以说这些法则决定着一个已被结构的现实的构成。最后，自调节是结构的根本特点，它指示着结构是能够自

---

①   J. Piaget, *Le Stucturalisme* (Que sais-je?), Paris, PUF, 1970, pp. 6-7.

我保持的。如果我们假设，例如，一个结构中的两个元素通过合成法则而发生关系，那么产生于这一运作的第三个元素也必然是被结构的。换言之，我们可以谈到系统的稳定性。

这样一种结构的定义对于语言研究来说尤其恰当。我们紧接着将通过对费尔迪南·德·索绪尔工作的某些方面的简要回顾来对此进行阐述，他的这些工作渗透到拉康关于无意识和语言的阐述的基本要素当中。

4. 结构语言学要素

　　语言学中的结构主义观点伴随着言语(La langue)研究中共时性维度的引入而出现。这种共时性维度的引入——我们将之归功于费尔迪南·德·索绪尔——明示了这种研究不能简化为一种纯粹历时性的、历史的观点。事实上，某个词的历史并不能够让人理解其现在的意义，因为这个意义依赖于言语的系统。这个系统包含一定数量的直接依赖于共时性的平衡法则。此外，在意义与符号之间存在着一种基本关系，唯有共时性的观点才能对此做出判断。

　　更一般地，我们指出这个由索绪尔引入的共时性观点，构成了语言学领域专有的一种研究方式的要素，因为言语的结构观念将揭示一些全新的特性。而且，这种被引入语言学的独特视角将扩展至其他的人文科学领域，后者也将获益匪浅。

　　拉康将这种结构主义的策略应用于精神分析的自有领域。他将在分析理论的陈述中注入一系列借用自结构语言学的原则。在元心理学的阐释水平上，这些原则将成为认识论的根本性转变的根源。

　　自《罗马演讲》以后，拉康把无意识问题的中心重新置入一个承认这种语言学规则的解释性网络当中。以下这段摘录可为例证，它生动地记录下了与此有关的最早的强有力的叙述：

> 我们重新来看弗洛伊德关于释梦的工作，是为了让我们
> 记得梦具有一个句子的结构，或更确切地按照他的原文，一
> 种字谜的结构，也就是说一种文字的结构，孩子的梦呈现的
> 是其原始的表意形态，而在成人当中，它再现了能指元素的
> 语音的使用，如同我们在古埃及的象形文字和仍在使用的汉
> 字当中所发现的。
>
> 这还只是对工具的破译，重要的东西正是始于文本的翻
> 译，弗洛伊德告诉我们要点在梦的制作中被给出。即在它的
> 修辞中，省略和同义选用，词序倒置或者一语双关，倒叙，
> 重复，映衬，这些是句法的移置；隐喻，词的误用，代称
> 法，譬喻，换喻和提喻，这些是语义的凝缩。在这当中，弗
> 洛伊德教会我们解读炫耀的意图，或者掩饰的或说服的、反
> 驳的或诱惑的表现，主体灵活地调整着他梦中的言说。①

对于拉康简洁地提到的言说中的众多比喻，我们不应认为这
种类比的启用会在梦的言说中被耗尽。所有的无意识形式都会如
此，没有例外：

> 对于日常生活的精神病理学，即弗洛伊德的另一部著作
> 所研究的另一个领域，很清楚的是，每个过失行为都是一种
> 成功的言说，甚至是相当漂亮的表达，而在口误中，话语中

---

① J. Lacan, "*Fonction et champ de la parole et du langage en psychanalyse*", in *Ecrits*, Paris, Seuil, 1966, pp.267-268.

表达的是堵塞的东西，只需要善听者找对方向以便能听出其意。①

　　因而对于拉康来说，弗洛伊德的工作本身就需要将语言学的某些概念引入到精神分析的理论范围当中来，这似乎是清楚的。另外，如果说拉康一直致力于挖掘这个新的理论制作的宝藏，那么分析家艾拉·弗里曼－夏普（Ella Freeman-Sharpe）自 1937 年起就在其作品《析梦》②中呈现了这种直觉。但是，拉康的独创性工作在于理论化了从众多关于无意识的一般性假设中得出的这种直觉。这就是为何这种在语言的某些过程与无意识动力论之间的结构性类比需要事先涉足语言学的领域。实际上，结构概念占据拉康工作的中心，只不过是因为它总是参照语言的结构。首先，因为正是这个结构本身被拉康设定为应与无意识产生联系的结构。其次，因为正是语言行为本身使得无意识到来，并成为无意识表达的地点。总的来说，正是围绕着索绪尔所提出的两个最为基本的原则，这个类比才能最可靠地被强调出来：一方面是能指与所指之间的根本区分；另一方面，是语言的两条轴线的划分。在此情况下，有必要回顾一下其中最为综合性的一些因素。

---

① Ibid. , p. 268。

② Ella Freeman-Sharpe, *Dream Analysis* （1937）, London, The Hogarth Press, 5ᵉ édition, 1961, cf, chap. I. pp. 13-39. 该章节中最为重要的段落已被翻译，名为《梦的机制与诗意法》，见于 *Nouvelle Revue de psychanalyse*, 1972, nº 5, pp. 101-114.

语言学符号

　　20 世纪初由索绪尔所阐述的语言的结构式①首先支撑在语言学符号的概念之上。为了确立这种符号的本质，索绪尔放弃了某些传统的思想，尤其是使我们自然而然地认为语言学单位就是某个词与某个事物的联结的这一观念。事实上，语言学符号并不联结一个事物和一个名称，而是联结一个概念和一种声音形象。而"声音形象"一词需要立刻加以明确化："语言符号联结的不是事物和名称，而是概念和声音形象。后者不是物质的声音，纯粹物理的东西，而是这声音的精神印迹，我们用我们的感觉予以证明的表象；它是感觉的，如果我们有时称之为'物质的'，也仅仅是在此意义上，并且是与联想的另一个术语，即一般来说更抽象的概念相对立而言的。"②

　　我们注意到这些表达，如"精神印迹"和"表象"，它们预示着根本性的区分："语言(le langage)"，"言语(la langue)"和"话语(la parole)"。语言学单位，作为"精神的"实体因此具有了"言语"的维度，而不是源自话语。正是因为这个原因，"语言"应该被看作是对于主体"说出"的一种"言语"的使用/发出。索绪尔还提醒我们"言语对我们来说是减掉话语的语言"③。

　　语言学符号因此呈现为一种"具有两面的精神实体"，它的两

---

① F. de Saussure, Cours de linguistique général, 援引于评论版, Paris, Payot, 1980.

② Ibid., 第一部分: "*Principes généraux*", chap. I, p. 98.

③ Ibid., p. 112.

个要素从一开始就在一种联想关系中被建立起来。如果说这个语言学符号从而首先是"关系"，那么这个表面上在言语系统中被固着的关系，有可能在语言的维度中发生变化。而且，即便索绪尔保留了"符号"一词来表示语言学的单位，但他却更愿意用所指来替代概念，用能指替代声音形象。① 符号因而变成了一个所指与一个能指的关系，为了重述索绪尔的阐述模型，我们可以通过图4.1来表明这种关系：

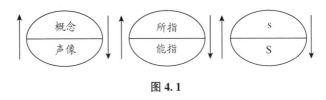

图 4.1

这种被表现为两个元素之间的对立的关系，宣告了符号的一种特性，拉康将之利用在能指相对于所指的自主性的主张当中，而这只有在能指与所指的关系不固定的情况下才能被想象。

若我们假定语言学符号是言语系统的基本元素，那么对其在系统中之功能的一个粗略的研究，立刻使得某些可能看似矛盾的特性呈现出来。我们将依次加以考察的这些特性如下：（a）符号的任意性；（b）符号的不变性；（c）符号的可变性；（d）能指的线性特征。

符号的任意性

符号的任意性体现在能指与所指的联想本身的水平上。实际

---

① "我们建议保留符号这个词表示整体，用所指和能指分别代替概念和声音形象，这两个术语的好处是既能表明它们彼此间的对立，又能表明它们和它们所从属的整体间的对立。"*op. cit.*, p. 99.

上，在一个概念和用于呈现它的声音片断之间似乎并不存在必然联系。已知的证据为，从一种语言到另一种语言，某个相同的给定所指的声像却是不同的。但是，符号的任意性并不是指符号具有一种偶然性。任意性只适用于某个既定的语言学群体之整体："任意一词所给出的观念不应该是，能指依赖于言说主体的自由选择。……我们是指它是没有依据的，也就是说相对于所指来说是任意的，它与后者在现实中并没有任何天然的关系。"①

临床评述

关于符号的任意性这一点，我们可以给出某些临床评述。在临床中，语言学符号的偶然性问题在某些谵妄语的水平上、同样也在精神病理学的语词新作中被提出，我们仅以此二者为例。

我们主要(但不仅仅)在精神分裂症患者中遇到语言的深层障碍，似乎言谈中的谵妄性构造恰恰质问着存在于符号的任意性和符号的偶然性之间的差异。我们没有忘记弗洛伊德的教诲，他向我们解释说，在精神分裂症中，"词表象"起着"物表象"的作用②，而索绪尔的教学使我们有可能从语言学符号的概念出发去解释，从一个所指到一个能指的这种偶然性联想的可能性。也就是说，能指与所指的这种解除—连接的机制将导致拉康讨论能指的解链。可能作为"能指的解链"而出现的，正是语言学符号使用中的一种特殊变化的结果，如索绪尔所示，这会是"能指依赖于

---

① F. de Saussure：*op. cit.*，p. 101.

② S. Freud：*Das Unbewusste* (1915)，*G. W.*，X，264-303，*S. E.*，XIV，159-215，trad. J. Laplanche et J. - B. Pontalis，*L'Inconscient* in *Métapsychologie*，Paris，Gallimard，1968，p. 120 et sq.

言说主体的自由选择"①的时刻。

语言学符号的制作与使用的这种偶然特性已经在 S. 勒克莱尔(Leclaire)的一本著作中得到了很好的描述：《精神病的一种精神治疗之原则研究》②。勒克莱尔为我们描绘了两个过程是如何参与到符号的这种变化当中的：要么同一个所指能够与任何能指相连；要么反过来同一个能指能够与任何所指相连(图 4. 2)：

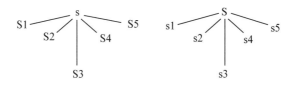

图 4. 2

在这两种情况中，我们因而有了严格说来是个体的、主体性的符号任意性，因此它不再是属于语言学群体的一种任意性。在此，在这种某主体专有的和局部的任意性的情况下，所指/能指的联想可以被视为完全服从于偶然组合的可能性。我们仍然需要认真对待如此组合的能指材料的无意识超决定的问题，而拉康的大部分反思所回答的正是这个问题。

我们现在通过语词新作来指出语言的精神病理学障碍，在此方面，无意识过程在语言学符号的变化中的影响是非常明显的，

---

① F. de Saussure, *op. cit.*, p. 101.

② S. Leclaire: *A la recherche des principes d'une psychothérapie des psychoses* in *L'Evolution psychiatrique*, 1958, tome 23, n° 2, pp. 337–419.

超出了能指/所指联想的表面上的偶然性。①

我们可以简单地把语词新作定义为发明和讲新语言的才能，除了讲的人以外，其他人一概不懂。在这些独创的语言学构造中，我们已经注意到，存在着一种多少有些简陋的句法结构，其特征几乎总是类似于造词者的母语。在相当一些案例中，这些相对结构化的语言一点点固定下来并不断丰富。然而这种稳定性从根本上来说是由于能指与所指联想中的某种固定性。但是，这种所指/能指的联想并非产生于约定俗成的、被某个语言学群体所接受的一种任意性。在语词新作中，这个联想过程是偶然的也是即时性的。主体似乎对符号的出现毫不知情，甚至于我们可以说主体就像是被他自己发明的语言产品给惊呆了。他似乎对于这些所指/能指的联想构成是如此的无知，以至于他所保留的常常只有惊讶。

这所涉及的一种语言学符号的制作与在某些谵妄语中起作用的那种不同。尤其，在所指与能指以及能指与所指之间确实不存在纯粹偶然的分散和联想。在这种能指的凝聚中，能指的排列完全违反通常在日常用语中被编码的音位对照。这种联想的偶然特征却值得用精神分析的最一般的原则加以审视。

由此我们认为，作为维持与所指关系的能指的发明——语词新作中所常见的——不过只是表面上的偶然。事实上，在语词新作现象中所涉及的，尤其是一种能指捕获作用的结果，因为符号的构造似乎完全依附于无意识的原发过程。此种关联对许多案例

---

① 关于在谵妄语和语词新作中符号的构造所提出的临床问题，请参考我的文章：《谵妄语构造中的凝缩与移置》，in *Psychanalyse à l'Université*, 1982, tome 7, n° 26, pp. 281-298. 同时参见 *Le Discours psychanalytique*, n° 6 和 n° 7, 1983.

来说是如此之明显，以至于这些源于"凝缩"和"移置"的颠覆性效果的新词产物，能够被视为真正的无意识意义的开口，由此支持了拉康的命题：无意识像一种语言那样构成。

符号的不变性

我们刚刚看到，符号所固有的任意性取决于以下事实：相对于能指所代表的观念，能指的选择是自由的。然而，一旦被选定，这个能指对于语言学群体——按索绪尔的表达是"言说大众"——来说就是非此不可的。正是在此意义上它成为不变的。因而应该承认，一个语言学群体对于言语的服从在某种方式上正是起源于符号的任意性，就如同索绪尔所指出的："不但个人即使想改变也无法改变既成的事实，就是大众也不能对任何一个词行使它的主权；不管言语是什么样子，大众都得同它捆绑在一起。"①

这句话的目的是为了指明言说主体对其言语的服从程度，如此真实，以至由于语言学群体给予的一致同意，言语就如同拥有某种固定不变的特性那样。出于符号的这种任意的约定俗成，语言学群体必然在一个传统中，即在时间中建立这种符号。但是，如索绪尔所强调的，此中蕴含着明显矛盾的胚芽："在这两个相互抵触的因素之间存在着一种联系：一个是使选择得以自由的任意的约定俗成，另一个是使符号固定下来的时间。因为符号是任意的，所以它除了传统的规律之外不知道有别的规律，因为它是建立在传统的基础上的，所以它可能是任意的。"②

---

① F. de Saussure, *op. cit.*, p. 102.
② Ibid., p. 108.

但是的确应该承认，时间维度也将通过强加给符号某种改变
而告终。

符号的可变性

符号的可变性是在时间中展开的言语的社会实践的结果。如
果语言学符号因其不变性而可能长时间存在，那么也正是因其存
在于时间当中所以才有可能改变。于是我们面对的是不变性与可
变性之间的相互矛盾的关系。

这种符号的改变同时针对能指和所指。在能指的水平上，尤其
涉及语音的改变；而在所指的水平上，是概念的改变。也就是说，
所指的改变与概念的内涵及外延的变化是同外延的。一般来说，符
号的改变因而总是隶属于所指与能指之间关系的移置的范畴。①

能指的线性特征

如果符号的改变直接与话语在时间中的实践相连，那么时间
因素的影响从本质上来说取决于能指的性质。能指是已经在时间
中展开的一系列音位。话语、发音不是别的，而正是实现能指的
这种时间进程的行动本身。这个能指的"时间"广度是言语的一个
基础特性的根源。实际上，言语在一定方向上展开，我们称之为
对立轴或者组合轴。这个在能指的组织中的定向序列被拉康指示
为能指链。

一旦提出能指系列的秩序，就在同时假设了语言学结构的另
一个根本特性。事实上，言语得以被构造是因为它已经建立在给

---

① F. de Saussure, *op. cit.*, p. 109.

定元素——符号——的集合之上。但是如果我们只是掌握着一些语言学符号的话，我们就没有结构化的系统。我们就只有词汇。言语是一种结构，因为在这些元素之外，它假定了一些在这些元素中起支配作用的规则。而当我们涉及"能指的线性特征"时，这些规则就出现了。对于能指链而言，事实上有两个特殊问题被提了出来：一方面是意义的串接问题；另一方面是有可能作用于这些意义元素的替代问题。在每一种言语中，这两种问题都是被承认的，因为依据其所起的串接或者替代作用而存在着不同性质的内在规则。因而，言语可依据两个维度被分析，它们各自与一些特性相连：组合维度和聚合维度。

语言的两条轴线

在语言学符号的革新之后，索绪尔的第二个根本革新在于进行了语言系统的双重划分。

鉴于拉康对此革新的使用，从雅各布森（Jakobson）的工作①出发去追索其主线更为恰当。

说话等同于实行两个系列的同时性运作：一方面，从词汇中选择一定量的语言学单位；另一方面，在被选择的语言学单位中进行组合。就这样根据两个方向定义了语言的划分：选择的方向和组合的方向。

选择假设了从其他词中选出一个词，这因而意味着词与词之间的替代的可能性。至于组合，它需要语言学单位的某种链接，

---

① R. Jakobson, *Essais de linguistique générale*, Paris, Minuit, 1963.

它从意义单位中的某种顺序的配置起就已经开始了。我们可以简要地通过以下不断复杂化的进程来表现这种顺序，如图 4.3：

音素————→符素————→词————→句子

（最小的缺乏意义　（基本的意
的话语链单位）　　义单位）

图 4.3

　　组合涉及语言学单位之间的串接关系，它由于意义元素之间的邻近关系而得到支撑。

　　更一般地，我们可以根据选择平面(聚合轴)和组合平面(组合轴)来定义划分了语言整体的两条轴线。我们立即就发现了索绪尔所强调的言语与话语之间的区别。就两个维度都是语言的组成部分而言，它们的运作各自依据了一条轴线。因此，选择轴关系的是作为词汇选择的言语系统；组合轴关系的是作为所选词汇的使用的话语。这正是导致雅各布森如此考虑语言系统的原因之一：依据词语是因为类似还是因为邻近而相结合的。此外雅各布森对失语症的研究也得出了这一结论。①

　　雅各布森确定了两大类失语症，依据受损害的是"选择"过程还是"组合"过程加以区分。当损害针对词汇的选择时(选择)，失语症患者很难寻找到词语。他因而常常用一个与所寻找的词有着邻近关系的词来代替它。相反，当受损害的是词汇的链接时(组合)，失语症患者则利用类似性。这两种病理性的症候群都凸显

---

① R. Jakobson, *Essais de linguistique générale*, *op. cit.*, pp. 43-67. 同时参见："*Towards a linguistic typology of aphasic impairments*" in Renck, O'Connor et al., *Disorders of language*, London, Churchill, 1964.

出言说的一种特性。事实上，言说依照两种活动展开：隐喻活动（选择轴）和换喻活动（组合轴）："言说的发展可能沿着两条不同的语义线条而形成：一个主题引出另一个，要么通过相似性，要么通过邻近性。也许最好在前一种情况下说隐喻过程，在后一种情况下说换喻过程，因为这两种情况的最为精简的表达，一个就是隐喻，另一个就是换喻。"①

我们用图4.4来概括语言划分的不同方面：

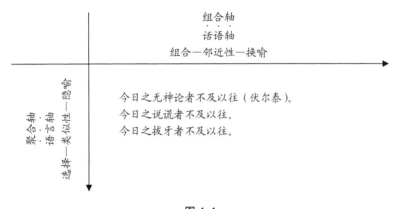

图4.4

语言学符号和语言按照两条轴线的划分导致了对语言的两个特性的研究，这将很直接地把我们引向拉康理论的两个基本点。这两个特性分别是：(a)符号的价值；(b)隐喻与换喻的构造。带着索绪尔所提出的符号的价值，我们能够触及拉康的铆定点的概念。隐喻和换喻同样也将我们带往拉康的能指至上性的根本观点，以及其对无意识形式的影响。

---

① R. Jakobson, *Essais de linguistique générale*, Paris, Minuit, 1963, p. 61.

5. 语言学符号的价值与拉康概念中的铆定点

如果说"语言学单位的存在只是由于能指与所指的联想"①，那么这个语言学单位只在被界定的情况下才具有其规定性。然而这个界定的问题以及其他的一些问题，提出了陈述这一敏感的问题，因为拉康，这个问题成了精神分析的中心问题，他甚至将"无意识的主体""欲望的主体"看作与"陈述的主体"相类似。

在索绪尔的例子中，我们可以将话语链看作一种双重链条：概念链和声音形象链，因此对于任何引入声音形象链中的界定，随后都有一个概念链中的界定与之相对应。这就是以下索绪尔图示的意思，如图 5.1②：

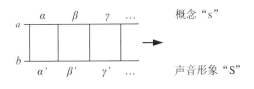

图 5.1

在这个观点中我们可以认为，当意义元素被单独列出时，其界定总是有可能的。例如，只要承认能指与所指之间的一一对应

① F. de Saussure, *op. cit.*, p. 144.
② Cf. *op. cit.*, p. 146.

的原则(α→α'；β→β'；γ→γ'；……)，就足以证实这样一种界定的观点。而且，语言学符号的概念本身也导致了这一观点。因为我们知道在能指与所指之间有着某种固定性，可以想象，在一条话语链中，我们每次遇到一个能指 S1 时，它必定联结着一个所指 s1，这使我们确信了一个意义 Sign. 1。这就是说，当一个语言学符号从链条中独立出来时，意义完全是已知的和有保证的。但是，以下情况却并非如此：当某符号独立于其他符号时，某个已知的声音形象不能拥有一个已知的意义。

我们重新采用索绪尔所举的例子。对于同一个声音形象来说，可能有两个所指与之相连，这就导致了两种不同的意义（图 5.2）：

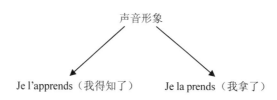

声音形象

Je l'apprends（我得知了）　　　Je la prends（我拿了）

图 5.2

这一个声音形象可能像这样唤起两个不同的语言学符号，而它的意义只有在话语链的上下文中才能得到确定。符号的界定因而与意义的界定是同外延的。由此索绪尔提出了符号界定的原则："要确定我们处理的是一个单位，必须把一系列含有相同单位的句子拿来比较，看它是否在任何情况下都能从上下文中分出来，而且在意义上容许这样的界定。"①

说上下文界定了符号，其实就是说符号是依据上下文才成为

---

① F. de Saussure, *op. cit.*, p. 147.

符号的。而这个上下文是其他符号的整体。语言学符号的现实因而是依据所有其他的符号才存在的。这一特性被索绪尔称为符号的价值。正是此价值使一个声音片段变得实在而具体，它在构成意义的同时被界定，因此而成为语言学符号。从而我们可以说，正如索绪尔所指出的，"在言语中，每项要素都由于它同其他各项要素对立才能有它的价值"，就如同在国际象棋中，"各个棋子的价值是由它们在棋盘上的位置决定的"。① 而且，在言语和象棋中，词的价值同棋子的价值一样，都取决于一经承认就永远存在的规则。

关于"价值"概念，我们都知道语言系统是结构系统的最为恰当的证明之一。语言学符号不仅因为其内容而有意义，也因为在话语链中它们之间所维持的对立的关系。因此，归根结底，正是系统赋予了它们一个有意义的身份。语言显现为一系列的分割，被同时插入到思想流和声音流中。因此，如果"言语在两个无定形的浑然之物之间形成的同时制定它的单位"②，那么语言学符号就对应着这两个无定形之物之间的一种链接：一个观念固定在一个声音里，一组声音就构成了一个观念的能指。由此就有了索绪尔著名的比喻："言语可以比作一张纸。思想是正面，声音是反面；我们不能切开正面而不同时切开反面；同样，在言语中，我们不能使声音离开思想，也不能使思想离开声音。"③

总之，我们可以看出言语首先是一个不同元素构成的、元素之间对立的系统。因而，就好像语言学符号产生于声音和思想流中的

---

① F. de Saussure, *op. cit.*, pp. 125–126.
② Ibid., p. 156.
③ Ibid., p. 157.

"切割"："拿所指或能指来说，言语不包含先于语言学系统而存在的观念或者声音，而只有由这个系统发出的声音差别和概念差别。"①

如果能指的出现源自这种切割，那么严格说来就没有"能指流"。正是切割的作用产生了能指的序列并在同时使之与一个概念相连。因此，能指的出现与语言学符号整体的产生是不可分的。

相对于索绪尔的论点，拉康将引入某些改变。② 一方面，思想流与声音流从一开始就被称为所指流和能指流。另一方面，语言学符号的图示在拉康的书写中被颠倒过来：

$$\frac{S}{s}$$

这样，对拉康来说，重新提出的问题是能指流与所指流的关系的建立。这种关系的建立相比索绪尔的分析来说也是一项重要的改变。对于拉康，所涉及的不再是承认"切割"的观点，即切割连接了能指与所指，并在同时决定了二者；而是通过他命名为铆定点的独特概念来引入这种界定。

精神分析的经验呼唤这种革新，它向我们表明，能指与所指的关系如拉康所言："总是变幻不定的，随时会散开。"③拉康式的通过铆定点的界定，还被精神病经验的原理本身所强化，在精

---

① F. de Saussure, *op. cit.*, p. 166.

② 关于这些改变的详细分析，参见 J. -L. Nancy et P. Lacoue-Labarthe, *Le Titre de la lettre*, Paris, éd. Galilée, 1973, chap. 1, 2, 3.

③ J. Lacan, *Les Psychoses*, séminaire, livre III(1955–1956), Paris, Seuil, 1981, p. 297.

神病中，似乎正好缺乏这种纽结。

需要先对铆定点概念做一说明。此概念具有索绪尔所言的"界定"的价值，而在拉康那里，只有与欲望的维度相联系才能得出其完整的词义。事实上，铆定点是欲望图的基本构成要素，拉康连续在两个讨论班中制作这一图示：《无意识之形式》（1957—1958）和《欲望及其解释》（1958—1959）。拉康在这两个讨论班中展开的理论制作将在以下文章中得到最为精简的呈现：《主体的颠覆与欲望的辩证法》（1960）①。但是，直到1956年，铆定点的概念才被拉康提出②，在完全开放的视角中，它辩证化了由索绪尔式的能指流与所指流的对应所设置的界限，有益于更为恰当的、从分析经验的教训中得到支持的一种解释。③

对于拉康，铆定点首先是一种运作，通过它，"能指阻止了未被定义的意义的滑动"④。也就是说，正因此能指在言说链中与所指相连。我们用图5.3来表达：

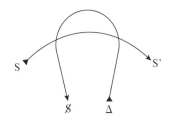

图 5.3

① J. Lacan, "*Subversion du sujet et dialectique du désir*", in *Ecrits*, Paris, Seuil, 1966, pp. 793-827.

② J. Lacan, *Les Psychoses*, *op. cit.*, chap. 21, pp. 293-306.

③ J. Lacan, *Les Psychoses*, *op. cit.*, p. 297. "那里要往前一步，以便引出当中所涉及的在我们的经验中真正有用的一个意义。索绪尔试图定义这两股流动之间的、分割它们的一种对应。然而唯一的事实是他的解答仍是开放的，因为它遗留下词组的问题，而整个句子同时指示着此方法的意义和其限制。"

④ J. Lacan, "*Subversion du sujet et dialectique du désir*", *op. cit.*, p. 805.

图中①，确切来说 $\overrightarrow{\Delta S}$ 矢径"勾挂"在能指链 SS′ 的两个点上，因此而标出了铆定点。可以看出与索绪尔的切割②的某种类似，那里是通过一系列同时发生的断裂 $\frac{\alpha}{\alpha'}$；$\frac{\beta}{\beta'}$；$\frac{\gamma}{\gamma'}$ 而决定了意义的各个单位。而在拉康这里，意义的界定从一上来就被限定于话语序列的整体，而不是连续的基本单位：

> 这个铆定点，要看到它在句子中的历时性功能，因为句子的意义只在其最后一个词出现时才完整，每个词在所有其他词的构造当中都是被预支的，并反过来通过其追溯效果而确定它们的意义。③

我们在那里鉴别出对于索绪尔所分析的符号的价值问题的一个直接的参考。每个符号只有处在它所保持的与话语序列的其他所有符号的对立关系中才是有意义的。如拉康所为，我们因而可以提出，一个符号只能追溯性地构成意义，因为一条信息的意义只能在能指的链接本身结束时才会出现。意义的这种追溯性维度在铆定点图示中体现为 $\overrightarrow{\Delta S}$ 矢径的逆行向；换言之，正是在事后维度中，铆定点中止了意义的滑动。陈述问题的模糊性，在很大程度上，仍取决于在链接的"事后"对于意义的界定。

因而，能指链接在话语序列中的展开，使我们必然在以下两个语义学系列本身的水平之上探究其结果：隐喻和换喻，它们意味着聚合维度与组合维度中的语言过程。

---

① 在《主体的颠覆与欲望的辩证法》中所呈现的铆定点图示，*op. cit.*，图 I，p. 805.

② 参阅上文，p. 45.

③ J. Lacan，"*Subversion du sujet et dialectique du désir*"，*op. cit.*，p. 805.

6. 隐喻—换喻及能指的至上性

　　从铆定点概念出发，在将语言学的参考引为拉康的精神分析制作依据的过程中，还能再跨出一步。这一进展，在后来所谓的"能指逻辑"中，伴随着对主体言说中的隐喻与换喻过程的分析而显现，它们同样是能指首要性的无法回避的证据。

　　一些年代上的标记可以帮助我们追随拉康关于无意识机制与语言机制的类似性的步伐。拉康在他的《精神病》①讨论班中，在对施伯院长个案②的不断深入反思中，首次明确引述隐喻和换喻。我们也在 1956—1957 年的《客体关系》③讨论班中找到了延伸的讨论，主要是在 1957 年 5 月 8 日这一场中。

　　对施伯院长个案的分析使拉康朝向了以下结论：在谵妄中，似乎发生了一种能指的不断侵袭，也就是说，能指一点一点地摆脱了它的所指。④ 这一结论也得到了对隐喻机制的研究的支持，

---

　　① J. Lacan, *Les Psychoses*, séminaire, livre III（1955—1956），1956 年 5 月 2 日与 5 月 9 日的讨论班，*op. cit.*, pp. 243—262.

　　② S. Freud, *Remarques psychanalytiques sur l'autobiographie d'un cas de paranoïa*（Le président Schreber）, in *Cinq psychanalyses*, Paris, PUF, 1975, 7ᵉ éd., pp. 263—324. *G. W.*, VIII, 240—316, *S. E.*, XII, 1-79.

　　③ J. Lacan, *La Relation d'objet et les structures freudiennes*（1956—1957），（1956—1957）。

　　④ J. Lacan, *Les Psychoses*, 1956 年 5 月 2 日的讨论班，*op. cit.*, p. 247.

这一研究强调了相对于所指的能指的首要性：在此，即是两个论据，它们允许拉康提出能指至上性的论点，最好地诠释了唯一真正地对弗洛伊德经验的返回。拉康将从两个方面来符号化能指对于所指的至上性：一方面，颠倒索绪尔的语言学符号的公式；另一方面，用大写的"S"来代表能指：

$$\frac{S}{s}$$

横杠之上的字母"S"，就此指示出了能指的首要功能，而拉康将借由分析的经验指出，正是它统治着主体的言说；甚至，正是它统治着主体自身。证据是隐喻与换喻功能所起的关键性作用，在无意识过程的到来中，更一般地说，是在神经症与精神病的现象中，我们给予此种作用与弗洛伊德的发现相同的意义：

> 通常，我们总是将所指置于分析的首位，因为显然它更具有诱惑性，在初次接触中它似乎正是精神分析的象征研究的恰当维度。然而，不知道能指的重要的中介作用，不知道能指在事实上正是主导因素，这不仅仅使我们对神经症现象的最初理解、对梦本身的解释产生偏颇，而且使我们完全无法解释在精神病中发生了什么。[1]

> 隐喻和换喻的对立是基本的，因为在神经症的机制中，如同在正常生活的边缘现象或者在梦的机制中，弗洛伊德最初所强调的，既不是隐喻的维度也不是认同，是对立。从一

---

[1] J. Lacan, *Les Psychoses*, *op. cit.*, p. 250.

般的方式来说，弗洛伊德称作凝缩的，正是我们在修辞中所说的隐喻，他称为移置的，正是换喻。整个能指装置的构造和词汇性存在，对于神经症中所出现的现象而言是决定性的，因为能指是消失的所指用以表达自己的工具。正是因此，我们把注意力重新引向能指，只不过是再次回到弗洛伊德的发现的起点。①

在这些拉康所提出的反思因素中，汇集着一些主要的理论论据，来证明无意识像一种语言那样构成这一论点。涉及由隐喻与换喻的机制所证实的能指的至上性；还涉及它们与原发过程的运作(凝缩/移置)的类似；最后涉及它们向无意识形式之结构布局的延伸。这些不同的基本点需要从细处着手，首先是隐喻的问题，以及拉康通过"被窃的信的讨论班"向我们提出的能指至上性的阐述。

隐喻过程

隐喻传统上被列入比喻当中，一种基于类似、替代关系的修辞法。由此，这是一种语言的机制，它沿着共时轴(聚合轴)——即词汇或言语的轴——起作用。此外，这是一个词汇充实的过程，之所以如此是因为大部分的"转义"都只不过是从前的隐喻。

在原理上，隐喻在于通过另一事物的名义来指示某物。因而，在词的实义上，如同拉康的表达，它就是能指的替换。隐喻表明，所指正是从能指的网络中获得其一致性，在此情况下，这

---

① J. Lacan, *Les Psychoses*, 1956 年 5 月 2 日的讨论班, *op. cit.*, p. 251.

种能指的替代的特性就证明了能指相对于所指的自主性，从而证明了能指的至上性。

我们来看一个随机的例子：用"瘟疫"一词的隐喻来指示精神分析。

我们假定：

$$\frac{S1}{s1} \longrightarrow \frac{声音形象："精神分析"}{精神分析的概念}$$

$$\frac{S2}{s2} \longrightarrow \frac{声音形象："瘟疫"}{瘟疫的概念}$$

引入隐喻法时，我们进行能指的替换，在此就是用 S2 来替代 S1，如图 6.1 所示。

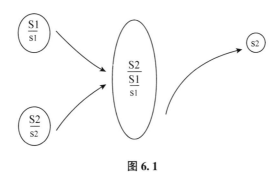

图 6.1

S2 对 S1 的替代使得 $\frac{S1}{s1}$ 来到了意义的横杠之下。因此符号 $\frac{S1}{s1}$ 似乎成了 S2 的新的所指。事实上，正是 S1 与 s1 的源初关联所产生的意义在隐喻构成中充当了所指。相反，所指 s2（疾病的观念）被排除掉了。它需要一种精神的运作去被重新找回。

关于这一点必须做出说明，它将我们重新带到符号的偶然性上。在隐喻中，与替代能指（S2）相连的所指其自身必然是一个符号$\frac{S1}{s1}$。实际上，如果说能指的替换过程仅仅包含一种能指的交换的话，那么我们可能会有一个新的符号而不是一个隐喻。我们所有的就会是$\frac{S2}{s2}$这一新词汇。这样的情况会把我们重新带回到前面所展现的这些图形中①，即同一能指（S2）可能与任何所指（s2，还有s1）相连。因而所涉及的正是能指与所指的一种偶然关联。

在隐喻所处的语序之能指网络中，因此是$\frac{S1}{s1}$作为S2的所指而直接与之相联：这强调了语言的一种特殊性质，即能指链支配着所指的整体。反过来，所指从能指网中获得其一致性。在这些状况中，"言语"统治着"话语"，这构成了能指至上性的显在证据。

爱伦·坡（Allan Poe）的小说《被窃的信》将被拉康巧妙地加以复述②，以佐证能指至上性这一原则。爱伦·坡的小说呈现了一系列的人物，他们的活动围绕着一封信而展开，而这封信的流转就构成了这个故事的主要魅力。

在第一幕场景中，刚刚收到一封信的王后急于将它隐藏起来，因为国王和他的大臣来了，她担心信中的某些内容可能会影响她的名誉。然而信的隐藏并没有逃过精明的大臣，看到王后的窘态，他猜到了可能的问题。他从自己的衣服中取出一封外表相似的信，当众阅读它，并用它替换掉王后的那封信，从而攫取了

---

① 参见上一节，图4.2。

② J. Lacan, *Le Moi dans la théorie de Freud et dans la technique de la psychanalyse* (1954–1955), 1955年4月26日的讨论班，Paris, Seuil, 1978, pp. 225–240. 同样参见：*Ecrits*, *op. cit.*, pp. 11–61.

王后的信。目睹这一替换的王后，惊慌不已，但为了瞒过国王，她什么也没说。因此在这场戏的结尾，王后知道大臣盗取了那封信，而大臣也知道王后知道这一切。

在第二幕中，一个新的人物，迪潘，上场了。依照警察局长的命令，迪潘造访大臣，期望在他的住处找回那封信。大臣怀疑迪潘来访的动机，装作若无其事地接待他的访客。在巡视期间，迪潘觉察到一张皱巴巴的纸，随随便便地放在人人能见的地方。他明白那一定就是所找的信——就这样放在最好的藏物之所，于是他故意把他的鼻烟盒忘在大臣家并告辞离去。

借口要取回遗忘的鼻烟盒，迪潘第二天又去了大臣家，带着一封电报，伪造成那张被弄皱的纸的样子。他在大臣降低警惕性的瞬间，借机用伪造品换掉了所觊觎的信后便离开了。

第二幕因而上演了与前一幕相颠倒的交换策略：迪潘是信的拥有者，而大臣占有一封赝品。但是，大臣并不知道他所遭遇的替换，而王后却是知道的。

拉康对爱伦·坡这篇小说的解释是透彻的。如果我们考虑，信被赋予了能指的功能，而其内容具有所指的功能，那么我们就能理解能指对于主体的至上性为何。其实，在相继的不同场景中，每个人物都被流转的信的接连替换的游戏所欺骗，这很清楚。国王被戏弄而一无所见。相反，王后虽然看见了却无能为力。最后，大臣没有看到也不知道迪潘的替换。

因而，所有主体都随着角色的轮换而被信的流转所调动。鉴于这种唤起的非凡特性，拉康能够最大限度地凸显出能指调动主体的能力。这封信事实上正是能指的所在，因为那些与之相关的人物都不知其内容（所指）。而且，我们发现这个独特的能指不仅在某些人的缄默中，也在另一些人的盲目之中流转。我们找不到更好的隐喻性阐释来让我们注意到无意识维度的秩序，及其突现过程，也就是某个常在的东西，但在同时又总在别处。这封信/能指，在其旅程中被多个替代物所替换，它的发展将必然把我们扔回到语言的秩序和其能指替换机制当中。最终，最后的类似之处是：在与信有关的活动中被决定的每一个人物，把我们重新引向主体的位置，他于不知不觉中，受到与无意识相关的语言能指的影响。

能指的至上性因而被选择性地表达为主体被能指所支配，能指预先决定了主体，即使他认为完全摆脱了他想要掌握的某种语言的决定性。这涉及最为根本的特性之一，它确保了主体与其言说的关系，我们可以将它列入拉康的存在之言概念的依据本身当中。

从此隐喻过程的分析中，我们能够考虑以下初步的结论性因素：

　　（1）隐喻过程是意义的生产者，因为它支撑于能指相对于所指的自主性——我们于此重新找到了对拉康这一论断的解释："隐喻正好处在意旨得以于无意旨中产生的点上。"①

　　（2）隐喻，在其结构的原则本身当中，证明了能指的首要性，在此意义上，正是能指链支配着所指的网络。

　　（3）能指的首要性不仅作用于所指，而且也同样作用于主体，它预先决定了他而他却一无所知。

---

① J. Lacan, "L'Instance de la lettre dans l'inconscient ou la raison depuis Freud", in *Ecrits*, Paris, Seuil, 1966, p. 508.

这三点将被换喻过程的分析所充分证实，它将再次展现其效力。

换喻过程

在词源学中，"换喻"一词意味着：名字的改变（*metonomia*）。因而，这种语言的修辞法依据一种命名转移的过程而制作，其方式为：某客体由另一个不同于其通常所属的词所指示。但是，这种从一个词到另一个词的命名转移，只有在两词之间保持某些连接条件的情况下才有可能。传统上，这些连接的特殊条件根据以下模式而确定。事实上，两个词可能通过材料与客体或者容器与内容的关系而相连。例如："喝一杯""管弦乐队的铜管"。或者通过部分与整体的关系："天际一帆""车轮滚滚"。或者通过因果关系："收获"（不仅指收获的行动，还指这一行动的结果）。

我们来分析一个流行的换喻表达的结构过程："有躺椅"，经常被用来指示"做分析，处在分析中"（在躺椅上）。在此，"躺椅"一词被换喻性地指派到了"分析"一词的位置上。也就是说，部分（躺椅）代替了整体（分析）。就"整体"被回避而言，由于"部分"与"整体"之间的邻近关系，意义并未减弱。

换喻过程因而强加了一个与先前的能指具有邻近关系的新能指，它取代了前者。我们可以用后面的算式来图示化这一机制。

我们假定：

$$\frac{S1}{s1} \longrightarrow \frac{声音形象："分析"}{分析的概念}$$

$$\frac{S2}{s2} \longrightarrow \frac{\textit{声音形象："躺椅"}}{\textit{躺椅的概念}}$$

当我们引入换喻时，实现了以 S2 代替 S1 的能指替换，如图 6.2 所示。

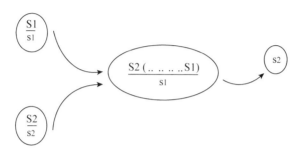

图 6.2

但是，与隐喻中所发生的相反，被"排挤"的能指并没有来到意义的横杠之下。它留在上面，因为，在换喻中，意义依附于紧邻 S2 的 S1 的保留，与 S1 相联系。相反地，s2 被暂时地驱除了。我们能够在此做出与关系到隐喻时相同的评论。在换喻的结构中，两个能指的保持在位，就确保了制作出一个新符号(以偶然的方式将一个能指和一个所指相联结)的不可能性。

出于与隐喻主题中所提及的理由相类似的原因，换喻证明了能指相对于它们所支配的所指网络的自主性，通过推论，也证明了能指的至上性。

拉康将隐喻过程与换喻过程表达在一些算式中，尽力呈现出能指的这些特性。

隐喻过程首先被表达为以下的符号性书写：

$$f\left(\frac{S'}{S}\right)S\cong S(+)s①$$

拉康所确定的这个公式向我们指出：

正是在能指对能指的替换中产生了一种属于诗歌或者创造的意义效果，即意义的降临。括号中的符号+在此表示对横杠—的跨越，以及此跨越为了意义的出现所具有的价值。②

与上一公式同时提出的拉康的第二个公式，首先强调了隐喻的能指替换的特点：

$$\frac{S}{S'} \cdot \frac{S'}{x} \longrightarrow S\left(\frac{1}{s}\right)③$$

在这个新的符号性陈述中，拉康注释道，"大写的 S 都是能指，x 是未知的意义，s 是隐喻所诱发的所指，而此隐喻在于，S 对 S′的能指链的替换。在此，S′的省略由它的划杠所代表，这是隐喻成功的条件"④。

这种不同的表达式展现出构成隐喻的一般性模板的优势，可

---

① J. Lacan, "L'Instance de la lettre dans l'inconscient ou la raison depuis Freud", *op. cit.*, p. 515, et "Les Formations de l'inconscient" (1957—1958), 1957 年 11 月 6 日的研讨班。

② J. Lacan, "L'Instance de la lettre dans l'inconscient ou la raison depuis Freud", *op. cit.*, p. 515.

③ J. Lacan, "D'une question préliminaire à tout traitement possible de la psychose", in *Ecrits*, Paris, Seuil, 1966, p. 557.

④ Ibid., p. 557.

直接应用于父姓隐喻或者父性隐喻①所建立的始隐喻过程。我们由此指出其公式，以进一步研究其意义为条件：

$$\frac{\text{父姓}}{\text{母亲的欲望}} \cdot \frac{\text{母亲的欲望}}{\text{对主体的所指}} \longrightarrow \text{父姓}\left(\frac{A}{\text{石祖}}\right)②$$

换喻的公式在表达中采用了相同的符号，其功能就在于一个新能指与一个旧能指的连接，前者与后者是邻近的关系，并替代了后者：

$$f(S\cdots\cdots S')S \cong S(-)s③$$

拉康将我们的注意力引到换喻与隐喻的不同之上："括号中的符号—在此表示横杠—的维持，在第一个算式④中，横杠标志着不可约性，能指与所指关系中的意义阻力在此得以构成。"⑤

其实，维持横杠的功能在换喻中恰好是一种意义阻力的证据，既然这种修辞法总是被表达为一种表面无意旨（我们"没有躺椅"，我们在躺椅上做分析）。换句话说，总是需要一种思想的运作，通过重建 S 与 S′之间的连接关系来捕捉换喻表达的意思。相反，在隐喻当中，如果说意义是即刻显现的，那恰好是因为产生

---

① 父姓隐喻，métaphore du Nam-du-pere，即父姓能指的隐喻；métaphore paternelle，指与父亲功能相关的能指的隐喻过程。在本书中，如同在众多精神分析文献中，这两者经常同时出现，未被明确区分。事实上，在父姓隐喻的使用中，我们看到，父姓作为父姓隐喻的结果，也同时指称了这一过程。

② Ibid., p. 557.

③ J. Lacan, "Les Formations de l'inconscient" op. cit., 1957 年 11 月 6 日的研讨班，1957。

④ 第一个算式是：$\frac{S}{s}$

⑤ J. Lacan, "L'Instance de la lettre dans l'inconscient ou la raison depuis Freud", *op. cit.*, p. 515.

了一种对横杠的跨越。

在拉康的观点中，隐喻与换喻的观念构成了关于无意识过程的结构主义概念的两个主要部分。这两个关键部分事实上在很大程度上支撑了以下论点所建立的理论大厦：无意识像一种语言那样构成。而且，如果"隐喻"和"换喻"的过程是那些通常规定着无意识运作原则的机制的起源本身，那么我们应该能够强调这两种范式的应用，无论是在原发过程的水平上，还是在狭义的无意识形式的水平上。相似应用的证明是完全可能的。我们建议通过以下这些我们将陆续涉及的不同主题来给予说明：

· 梦的"凝缩"过程如同隐喻过程，

· 梦中的"移置"过程如同换喻的机制，

· (精神病人的)造词，语词新作，以及谵妄的语言如同隐喻与换喻的构造，

· 症状如同隐喻，

· 妙词如同隐喻性凝缩或/和换喻性移置，

· 欲望过程如同换喻的演变，

· 父姓隐喻或者父性隐喻如同进入符号界。

在《释梦》中所提出的整个理论制作都让人假设，弗洛伊德已经预感到——但未加以说明——语言的两大轴线：替代/隐喻和组合/换喻。这些直觉——被假定是弗洛伊德的，正是拉康将要展开的，其指向主要是将这些语言学的材料与原发过程的凝缩与移置机制进行对照。我们已经看到，这样一种对照是先于拉康的

理论思考的。① 尽管如此，拉康仍把此种对照系统化为一种恰当而严格地、一丝不苟地重读弗洛伊德文本的理论过程。

_____

① Cf. Ella Freeman Sharpe，见上文注释。

7. 凝缩如同隐喻的过程

我们回头来研究凝缩的过程，弗洛伊德在《释梦》中分析了它的原理。[1] 我们看到弗洛伊德在其中区分出了凝缩的多种形式。我们来看其中的一种：通过省略的凝缩。"植物学专著"[2]的梦构成了此凝缩机制的一个非常出色的说明。事实上，显义材料在当中显现为完全是超决定的，因为它们大多借助联想链反映出多种隐性材料。这两个词尤其如此：专著和植物学。[3] 但是，这两个词在哪方面维持着与隐喻过程的关系？

我们已经提到在拉康那儿，隐喻正是能指的替换，因为在那里发生的就是一个能指对另一个能指的替换。在语言中，这种替换最常在两个语义类似或者发音类似的词之间展开。显然，在无意识过程水平上，我们不总是能直接辨认出这种类似性的关系。唯有联想链将凸显这种类似性。

在"植物学专著"的梦中，"专著"一词$\left(\dfrac{S3}{s3}\right)$将替代其他隐含

---

① S. Freud, *L'Interprétation des rêves*, *op. cit.*，尤其见第六章《梦的工作》，p242 et sp。同样参见 *Le Rêve et son interprétation*, *op. cit.*, chap. IV et V.

② S. Freud, *L'Interprétation des rêves*, *op. cit.*, p. 245 et sq.

③ S. Freud, ibid., p. 246. "这首次的探索留下的印象是，植物学和专著这两个元素已在梦中找到了位置，因为它们是在梦思中最多代表接触点的元素；它们是梦思得以大量汇合的结点，因为它们提供了众多意思的解释。"

的词，如："我研究的片面性"$\left(\dfrac{S1}{s1}\right)$，"我的偏好所导致的代价"

$\left(\dfrac{S2}{s2}\right)$，如图 7.1 所示。

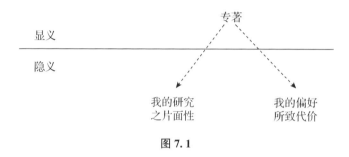

图 7.1

我们因而重新发现了，一个隐喻过程某种方式的运作，其机制已经被书写在其中：

我们假定：$\dfrac{S3}{s3}$：植物学专著

$\dfrac{S1}{s1}$：我研究的片面性

$\dfrac{S2}{s2}$：我的偏好所导致的代价

在梦中，隐喻过程将以下方式介入，如图 7.2 所示。

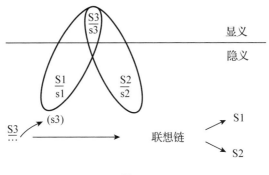

图 7.2

在此结构中，我们可以轻易地辨认出简化为以下公式的隐喻机制的一种应用，如图 7.3 所示。

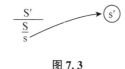

图 7.3

换言之，凝缩可以合理地被视为类似于一种能指替换。对"植物学"一词功能的分析也会得出同一结论。

弗洛伊德指示为合成形式的凝缩方式也代表着隐喻机制的介入。在这种情况中，代表共同特征的隐义元素将互相融合。它们因而在显义水平上将全部通过一个唯一元素而被代表。这就是充斥于梦中的"合成人物""集约外形""新词构成"的范例本身。①

---

① S. Freud, *Le Rêve et son interprétation*, *op. cit.*, pp. 45-46. "通过凝缩的工作，我们也解释了梦中的某些特殊形象，而在清醒状态下这是完全不清楚的。这是那些具有多重或者混合人格的人物形象，以及这样一些奇怪的创造的合成物，它们只能与东方人的想象所构想出的动物外形做一比较。""我们当中谁没在自己的梦中遇到过这种形象呢。它们源于最为多样的各种组合。我可以想出一个独特的形象，其特征借自于多个形象；我可在梦中看到一个非常熟悉的面貌，而给它另一个人的名字，或者完全辨认出它，却将它放置在一个在现实中另一个人所处的情势当中。"

在"爱玛打针"①的梦中，弗洛伊德发现爱玛出现在一系列情形中，在当中，她的一举一动都反映了不同的人物："我在这个爱玛身上发现的所有这些人物在梦中并未出现；他们隐藏在梦中的爱玛背后，她也成了一个由各种矛盾特性所组成的统一形象。爱玛代表了所有这些人，他们被用于凝缩的工作中，因为他们身上所发生的事都发生在她的身上。"②

在这同一个梦中，另一个凝缩的例子最适合辨认隐喻的过程。它涉及从两个隐义元素出发的"M 医生"的隐喻制作：人物 M 和弗洛伊德的兄长③，他们之间有着某些类似：正因此，他们将特别适合于隐喻的替换，如图 7.4 所示。

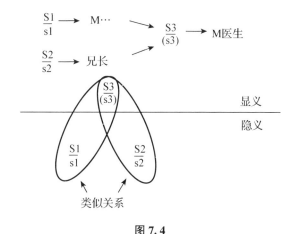

图 7.4

---

① S. Freud, *L'Interprétation des rêves*, *op. cit.*, pp. 99 et sq. et p. 254 et sq.

② S. Freud, *L'Interprétation des rêves*, *op. cit.*, p. 254.

③ S. Freud, Ibid., p. 254. "我们可以创造一个有利于梦的凝缩的集约人物，通过把两个或者多个人物的特征合并在梦中的单一形象之中。我梦中的 M 医生就是这样被形成的。他具有 M 这个名字，他像他一样说话行事；他的躯体特征、他的疾病则属于另外一个人，我的兄长；一个单一特征，他的苍白，是被双重决定的，因为在现实中，它是两个人的共同之处。"

此过程的又一个例子，由"爱玛打针"的梦当中的新词构成——"丙烯"（Propylène）①所提供。

"丙烯"源于能指的替换，其进行始于两个隐性材料："柱廊"（Propylées）和"戊烯"（Amylène），它们之间具有类似的关系，如图 7.5 所示。②

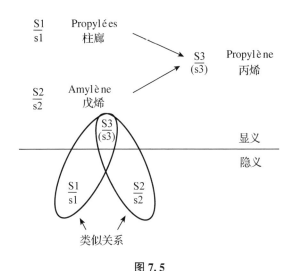

图 7.5

这些例子足以说明问题，没有必要盲目追求例证。它们本身证明了，在梦的工作中，凝缩过程正是通过类似于语言中的隐喻过程的方式展开的。在移置机制和换喻过程之间恰当地建立一种同样的类似性，这是可能的。

① S. Freud, *L'Interprétation des rêves*, *op. cit.*, pp. 255–256.

② 弗洛伊德报告的一个同类的例子关系到在一个梦中的另一个新造词："Norekdal"。这个词是对"Nora"和"Ekdal"的凝缩。（Cf. *L'Interprétation des rêves*, *op. cit.*, p. 257）。相同的隐喻机制经常以刻板的方式出现在语言的精神病理变化中，如语词新作和某些谵妄语。而且，在那里，新词的产生常常与换喻的机制相结合，如同我在一个研究中指出的那样：《谵妄语构造中的凝缩和移置》。

8. 移置与梦的工作如同换喻的过程

在梦的工作过程中，材料不总是被凝缩的。更大部分的隐性材料有时可能被呈现在显义水平上。然而，儿童的梦是例外，这些隐性材料在当中的呈现方式是不同的。在这种显性表象中，引入了一种价值的颠倒。严格说来，涉及价值的移置，它将导致意义的移置。①

在不合理的梦中，价值的移置通常是整体性的，隐性材料的重要因素在显义水平上变得次要。在这些情况中，我们在这样一种机制中辨认出了换喻过程的结构本身。事实上，用次要代表主要，从某种意义来说，这是用部分来代表整体。这同样也类似于用容器代表内容，用结果代表原因，这些就是换喻法的主要形式，当中，一个能指可以表达另一个与之具有邻近关系的能指。②

---

① a）参见上文。

b）S. Freud, *Le Rêve et son interprétation*, *op. cit.*, p. 52. "当梦的工作完成时，一些观念以及作为其客体的一些表象的精神强度被输送至别的观念及表象之上，我们确实完全未曾料到会如此被强调的这些观念与表象之上。"

c）S. Freud, *L'Interprétation des rêves*, *op. cit.*, p. 263. "我们已经觉察到，那些在我们看来对内容重要的元素，在梦思中只具有一个相当模糊的作用。相反地，梦思中明显重要的东西有时完全没在梦中呈现出来。梦的中心在别处，其内容围绕着异于梦思的元素而被安置。"

② 参见上文，"换喻过程"。

如果说，在梦中，借助于换喻结构，显在的无关紧要表达了潜藏的重要性，那么能指之间的邻近关系无论如何也不会像在语言的换喻制作中那样直接地显现。这种邻近关系只能通过联想而显现。

我们以摘自安吉拉·加马（Angel Garma）的作品《梦的精神分析》①中的某些梦为例来审视这一过程："在索菲亚，在家庭女教师的陪伴下，我漫步街头。我经过那些有妓院的街道。我是法国人，我说着法语经过那里。我看到了我的朋友，他最近经历了一次滑雪事故。我对他说我是法国人，还兴高采烈地给他看我的法国身份证。"②

我们来分析这些材料：我是法国人和滑雪事故。这两个元素在梦中经过了价值的有效移置，也就是说意义的移置。事实上，正是联想的工作允许我们解码在梦的显义水平上被换喻伪装过的潜藏意义。

以下的评论给我们带来了对联想工作的分析："有时，他认为他不配做法国人，因为他不够勇敢。法国的历史是一段敢作敢为的历史。在他出生的国家，一直存在着受阿拉伯影响的严苛习俗，法国则有着爱之国度的美誉。顺着病人的联想，是法国人，这意味着有爱的勇气，也就是说拥有生殖的关系，克服所有他所体验到的并造成他无能的恐惧。"

"'我看到了我的朋友'：关系到一个与女人们有着许多亲密友谊的朋友。'滑雪事故'：这是这个朋友曾经实际经历的一次事故。但这也让病人想到了另一次事故，这个朋友的哥哥最近染上

① A. Garma, *La Psychanalyse des rêves*, Paris, PUF, 1954.
② A. Garma, *La Psychanalyse des rêves*, Paris, PUF, 1954, p. 24.

了淋病。梦之显义的滑雪事故是一个典型的移置，代表了潜藏的观念：性关系可能导致事故。"①

这个例子因而显示了一种双重的移置："我是法国人"意味着与女人有正常的性关系；"滑雪事故"代表了性关系可能导致事故的观念，更一般地说，是性欲的危险。也就是说，在这个梦中，移置强加了一个显性材料来指示与之具有邻近关系的一个隐性材料。因此，这里涉及一个命名的转移，完全类同于换喻的机制，此机制总是强加某个新的能指来取代先前那个与之有着邻近关系的能指。

与为了解释换喻机制而采用的图示化公式②相一致，我们可以用以下方式表现这种命名的转移，如图 8.1 所示。

$$\frac{S2}{s2}: \begin{array}{l} \text{"我是法国人"} \\ \text{"滑雪事故"} \end{array}$$

$$\frac{S1}{s1}: \begin{array}{l} \text{"与女人有正常性关系"} \\ \text{"性事故的危险"} \end{array}$$

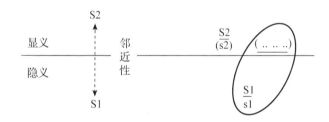

图 8.1

①　A. Garma, *La Psychanalyse des rêves*, *op. cit.*, p. 24.
②　参见上文。

显性材料$\dfrac{S2}{s2}$（"滑雪事故"）没有根据与之相联系的所指 s2 的在场而直接构成意义。这是因为它是在换喻构造中被标在括号中间的那个将被排出的所指。另一方面，这个换喻构造之可能性所特有的邻近性出现在联想链中。材料$\dfrac{S1}{s1}$（"性事故"），事实上，借助于联想链而换喻性地联结于材料$\dfrac{S2}{s2}$（"滑雪事故"）：他朋友的哥哥意外染上淋病。

梦的移置完全根据一种机制而起作用，在其结局中，我们重新发现了换喻法的产物，如图 8.2 所示。

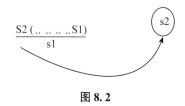

图 8.2

更一般地说，梦的工作的整体过程就是一个换喻工作。照此，它事实上支撑一个命名的转移的一般机制，弗洛伊德称为意义的"歪曲"或者"伪装"。梦不抵抗意义，除非是因为这种抵抗就是梦的工作的产物。我们在此想到拉康所给予的明确化，他提起，换喻的意义抵抗在于换喻总是一种表面的无意旨。[①]

对另一个梦的研究直接印证了梦的工作在整体上的这种换喻功能："跟我丈夫在一个房间里。我很难找到煤气开关。当我打开它时，煤气出来了。渐渐地房子倒塌了。我们要死了。这时，

---

① 参见上文。

我看到房子又重新耸立起来了。"①

　　对这个梦的分析逐渐地引向以下意义的显现："这是一个女人的梦，她的丈夫性无能，而她希望离婚。房间指示着与丈夫的同居。男性性器官由煤气开关所代表，而难以找到开关则代表着性无能。房子的毁灭和死亡的到来是婚姻的结束。重新耸立的房子代表着一段新的婚姻。"②

　　在这个例子中，我们不能说"难以找到煤气开关"确切地意味着"丈夫的性无能"。这里具有一种表面的无意旨。对意义的抵抗依赖于——但不仅仅依赖于——由梦的工作本身所连接起来的多种中介材料的链条。因此，如果对梦的分析在于透过这些相邻材料的链条来拆解梦的工作的话，那么说到底，所涉及的就是觅尽一条换喻的道路。

---

①　A. Garma, *La Psychanalyse des rêves*, *op. cit.*, p. 267.
②　Ibid., p. 267.

9. 妙词如同隐喻—换喻的过程

在某些语言过程和某些无意识过程——在梦之外，在其他的（尽管不说是所有的）无意识形式当中——之间的结构性分析是相一致的。妙词就是其中之一，它展现的有趣之处是同时结合了隐喻性凝缩和换喻性移置。

很早，弗洛伊德便确定了可能存在于凝缩机制与某些妙词构造之间的结构一致性："作为梦制作的元素之一，我描述了一种凝缩过程，它呈现了与妙词技术之过程的最大类似性。在这两者中，凝缩导致了省略，并创造了具有相似特征的替代形式。"①

其实，妙词能够制作出效法"Propylène"或者"Norekdal"的凝缩。② 也就是说，妙词同样通过能指的替换，即通过隐喻而产生。证据是著名的 H. Heine 的 familionnaire，弗洛伊德在他关于妙词的作品的第一章中分析了其机制。隐喻性凝缩通过以下方式构成：

$$\text{F A M I L I} \qquad \text{È R E}$$

---

① S. Freud, *Der Witz und seine Beziehung zum Unbewussten* (1905), *G. W.*, VI, *S. E.*, VIII, 在 M. Bonaparte 和 M. Nathan 的翻译中被引用, *Le Mot d'esprit et ses rapports avce l'inconscient*, Paris, Gallimard, 1930, pp. 45-46.

② 参见上文。

MILIONNAIRE
FAMILIONNAIRE①

这也让我们想到圣伯夫(Sainte-Beuve)关于福楼拜(Flaubert)的小说《萨朗波》的名言"Carthaginoiserie",故事情节发生在迦太基(Carthage):

CARTHAGINOIS
CHINOISERIE
CARTHAGINOISERIE②

妙词的制作可以使用另一个技术,即利用移置的无意识维度,此维度,如弗洛伊德所说,"存在于思想过程的偏离中,在某原始主题的精神强度向一个不同的主题的移置中"③。如此,这个技术借用了换喻的道路。

我们在一个临床的片断中来仔细分析这种妙词的换喻形式,其中呈现了完全是无意的这种有趣特性。换言之,我们将看到依据换喻模式而构成的妙词,发生在另一种无意识形式的地点和位置上:口误。

一个年轻女人,从新婚旅行的北非返回,在极好的自我克制

---

① S. Freud, *Le Mot d'esprit et ses rapports avec l'inconscient*, *op. cit.*, p. 30. 文中 FAMILIÈRE 是亲切的意思, MIL LIONNAIRE 是百万富翁,而妙词 FAMILIONNAIRE 是这两个词的凝缩。关于此妙词,参见第 23 章中的说明。——译者注

② Ibid., p. 35. 文中 CARTHAGINOIS 指迦太基的,而 CHINOISERIE 有烦琐之意, CARTHAGINOISERIE 则是这两个词通过凝缩而产生的妙词。——译者注

③ Ibid., p. 82.

中，她对她的分析家说自己做了一次非常令人兴奋的蜜月薄纱
（ *un très excitant voilage de noces* ）①。如果说在某些瞬间她的表达是
被禁止的，而在分析的进程中很快显现的是，新郎在旅程中的表
现并非真的有多么高明，那么她就很难再继续抑制住无意识指责
的急迫了。这种指责利用一个移置而得以表达，这种移置也同样
促成了妙词和口误的出现。因此，这种"混合"的无意识形式将在
一系列联想中交付它的解释答案，这些联想将戳穿潜藏的换喻
结构。

对这个女人而言，蜜月"旅行"首先联系于她的冲动的狂热，
也联系于对其满足的急切期待。相反，"薄纱"，是北非妇女的东
西，对她来说，象征着某种性奴的、爱的不幸的证据。除了此象
征符号也显示为处女膜的一个无意识能指之外，尤其是这种性的
不幸的观念将直接与她的强烈欲望所遭受的失望结合起来。

"婚礼"与"薄纱"之间的邻近关系足以使换喻以口误/妙词的
形式产生。换句话说，有了换喻性移置，也就是命名的转移。我
们可以通过以下方式重建这一机制：

元素蜜月旅行$\frac{S1}{s1}$首先是爱的欺骗事件，是她尽力忘记的性的
屈辱。被压抑之物的返回将通过联想元素"性奴"——它将确保与
换喻元素蜜月薄纱的邻近性——所导致的能指移置而实现，如图
9.1所示。

---

① 法文 voyage de noces 指蜜月旅行，而口误中 voilage 即"面纱"一词替代了
"voyage"旅行。——译者注

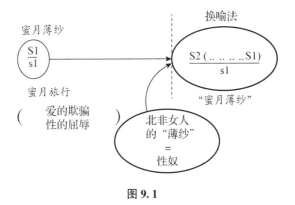

图 9.1

    作为结论，我们说，这个女人的"蜜月旅行/薄纱"的不幸经
历已得到了足够的松动，从而我们能够从中确定在事后通过精彩
的隐喻形式组织起来的症状之根源。

10. 症状如同隐喻的过程

我们将继续采用这段蜜月旅行的临床片断，它的苦涩是由配偶持续的衰弱所带来的。

考虑到了这种苦涩，或者就已经预告了无意识策略中的一个因素，它将促发这位怨恨的妻子的症状之构成。此时，我们应该追踪在之后的分析过程中所展开的言说线索。

一上来就要强调的是丈夫出人意料的衰弱所引起惊讶的效果。惊讶的效果在后面会显现出它整个的重要性；即便是因为它似乎作为一种真正的焦虑信号而发挥作用。换言之，那里涉及的是，在面对精神危险的逼近时被启动的一种防御装置，这个危险的兴奋流可能超出主体的经济学限度。

这个兴奋流的源头位于某个从前的焦虑情境当中，它应该能够找到一个足以警告主体进行防御的"警报"阈限。正是在此意义上，"惊讶的效果"作为对由伴侣当前的衰弱所唤起的、以前的创伤情感的预报符号而起作用。症状将围绕这个焦虑信号寻找到它的下脚点。

在第一时间中，"惊讶的效果"将作为防御过程而介入，防御某些当场会被压抑的、直接的和"局部的"思想。分析工作将一个接一个地清理这些思想。首先，是对在整个新婚旅行中痛苦地抑制力比多可能性的回忆。其次，是对无能的丈夫的强烈恨意的认同。最后，是对无法激起男人欲望的一种破坏性的自恋屈辱的承认。

在新婚旅行的事后，这些首先被压抑了的各种思想，将根据移置模式成为价值翻转的客体。实际上，通过一种照顾丈夫的方式，事情发生了转变。但是，就在这个女人亲切鼓励她的丈夫的同时，一个症状出现了，它以一种书写障碍的方式被构成。这个障碍在开始时是无足轻重的，但它很快地系统化，并在之后呈现出其完整的结构：手臂有节奏地抖动，其结果是几乎完全无法写字。大部分时间，这个无法理解的症状的出现还伴随着一种她对自己的隐约的愤怒，而她并不能解释其原因。

我们将看到，这个症状如同一个真正的隐喻一样被构成，即如同一个新能指对一个被压抑的旧能指的能指替换。新能指（症状）与它所取代的被压抑能指之间保持着一种类似性的关系。

辨识被压抑的能指需要数月的耐心的联想工作。对某些被遗忘记忆的再忆将标注出分析工作的主要阶段，这些被遗忘的记忆会在隐喻化的过程中相继发挥作用。

首先是关于一个表面上并不重要的事件的回忆：在新婚之夜，丈夫不小心打翻了一杯酒在婚床上。接下来是一段重现的青少年期的回忆。在等候医生时，有人托她照看旁边一位震颤性谵妄发作的病人。那个男人睡在一张床上，并不断地挥动他的手臂驱赶他幻觉中的害虫的侵扰。她被这个情景给吓坏了，她回忆起自己当时一直在发抖，直到医生到来。之后，是她艰难地提及的一个创伤事件的某些被遗忘的细节。对她结婚前的一段时间，这个女人发现她的父亲只是她的继父。受到这个被揭露的真相的影响，她决定去寻找她父亲的线索。对她当时所进行的那些调查，她完全忘掉了其中的一个。她这时想起来她曾经给她父亲的老朋友写过信。她当时对此线索抱着极大的希望，而结果是令人失望的，她等待了很长时间一直没有得到回应。终于，最后一个基本记忆将出现，并将对之前的记忆产生影响，同时也给出症状的意义。事实上，这个记忆将作为隐喻谜题的最后元素而出现。她回忆起大约在她十三四岁时，有一天，她的继父喝多了，他纠缠她、骚扰她，不停地摸她的胸部。她对此的直接反应是十分惊讶，因为这一举动异乎寻常、出人意料。她还记得她对自己所产生的愤怒，因为她发现了自己的无能，她无法摆脱这一处境。她正是带着焦虑，等待着她的继父最终停止乱伦的殷勤举动。

这是主要的回忆，其中的某些能指在症状的隐喻构造中起着重要的作用。按照它们在分析中出现的顺序，我们来一一复述这些能指：

（1）酒：倒在床上的一杯酒

（2）手臂：产生幻觉的隔壁酒鬼的手臂挥动

（3）发抖：面对隔壁谵妄病人时的身体颤抖

（4）书写：给父亲的老朋友写信

（5）令人失望的等待：在写信之后

（6）没有回应：没有回信

（7）十分惊讶：当继父摸她胸部时

（8）愤怒：在乱伦场景的发生过程中对她自己的愤怒

（9）无能：无法终止这个场景

（10）焦虑的等待：等待继父停止他乱伦性的为所欲为

从这些不同元素出发，更容易理解症状的选择性构造是如何进行的。首先，新婚之夜的失望这一事件所起的作用是激活已被压抑的乱伦场景。事实上，我们在这两个场景中找到了一个共同的激发元素，即惊讶的元素，我们看到它在新婚之夜的场景中作为焦虑信号而起作用，它激活了一股引起焦虑的兴奋流。然而，这种激活只能因为情感的类似性才有可能发生：没有力比多释放的性唤起。换言之，令人沮丧的性的精神紧张将构成一个类似性的场所，有助于症状的组成。

狭义的症状将以隐喻的模式构成。我们把继父的乱伦场景确定为元素 $\frac{S1}{s1}$，书写的症状为元素 $\frac{S2}{s2}$。如果我们参考隐喻机制的结构 $\frac{S1}{s1}\nearrow s2$，就容易理解，这种症状是对在乱伦场景中被压抑的爱若①兴奋的一种能指替换的产物。相似创伤的重复——新婚之夜的失望——引起了替代的过程。但是在目前的情况中（这正是与语言的隐喻机制的不同之处），参与到隐喻中的两个能指元素之间的类似性并没有直接显现。由此产生了症状的无法理解的特征。类似性只有经过耐心的联想才会显现出来，联想唤起了许多对于隐喻性替代而言必需的中间材料。这正是拉康的评论的意思：

　　"症状在语言的分析中被完全分解，因为它自身就如同

---

① 爱若，éros，源自希腊语中的爱与爱神。弗洛伊德早期用 éros 一词来指示性欲，并借此明确区分了精神分析所涉及的性欲与一般的生殖功能。后期弗洛伊德用它来指示性冲动的整体。为保持概念上的特殊性，在本书中将之音译为爱若。——译者注

一种语言那样被构成，它是其话语应被交付的语言。"①

无意识活动的特性是在一种组合中利用这些不同来源的材料，从而使被压抑欲望的表达变得无法辨认。然而，这些标记着症状的组成的材料，它们之间保持着一些共同的特征。我们首先认出了酒这个能指，它明确地或者暗暗地出现在被遗忘的多个记忆中：婚床上的一杯酒；（酒精引起的）震颤谵妄的发作；醉酒的继父。等待能指也是：她丈夫在床上饮酒而把她丢在一旁（令人失望的等待）；她一边照看着旁边发作的病人一边等待医生（产生焦虑的等待）；她徒劳地等待回信（令人失望的等待）；最后，她等待她的继父停止对她的抚摸（产生焦虑的等待）。所有这些相似的因素足以加速症状的形成。症状将通过连续的分层叠加，有点像梦的凝缩模式那样被制作出来。

需要注意一下这个女人描述其症状特点的方式本身。她将之描述为：由于手臂有节奏的抖动而引发的一种障碍，导致她几乎不可能书写，而这使她不断地感到愤怒。我们在对这个症状的描述中找到了这些分层的痕迹。一方面，能指写/书写来自一个被压抑的回忆。另一方面，手臂有节奏的抖动是来自另一个被遗忘回忆的两种材料的凝缩：隔壁病人在其动物幻视的梦样谵妄过程中的手臂的活动，以及面对此情景时她自己身体的颤抖。最后，不可能书写和随之而来的愤怒再次表达了她自身的无能——无力应对她继父的抚摸——以及同时产生的内在愤怒。

---

① J. Lacan, "*Fonction et champ de la parole et du langage en psychanalyse*", in *Ecrits*, *op. cit.*, p. 269.

在原发过程重组和安排这些不同材料的工作结束时，我们得到了症状(S2)，它以隐喻的方式替代了乱伦场景(S1)。

然而，最后要说的是这个被压抑元素 $\frac{S1}{s1}$ 的一个方面：因为她对继父的抚摸无能为力而产生的愤怒。这里有一个价值颠倒的例子，即一个换喻/移置。对她自身的愤怒不是别的，而正是无意识经历的被伪装的反面。她尤其对她的继父感到愤怒，因为，他在她身上唤起的爱若兴奋(它没有延续到一个不那么令人失望的尽头)让她痛苦。同样，焦虑的无能为力，表达的是被动快乐的反面，她在她继父的爱若的主动活动中找到了这种快乐。只是由于超我的要求立即引起感情价值向其反面翻转，欲望的表达才使人产生了罪恶感。

总而言之，被动地等待比她的欲望表达更受欢迎，因而借助于一种换喻性移置，她的道德没有受到损害。

易于理解，那些与新婚之夜配偶的衰弱有关的东西能够基于一种相同的移置效果，而同时地激活被动的兴奋和失望。事实上，一些隐思，如失望、对丈夫的恨和自恋性屈辱，很快地转化为照顾。为何有对于感情价值的这种换喻性的翻转？对于此，唯一的原因是：必须保持对突然被激活的和继父的乱伦场景的压抑。最有效的办法仍是引入一个翻转，对新婚之夜被启动的感情之价值的翻转。换言之，针对新婚之夜的感情而重复一种移置，就是加固对继父的乱伦场景的感情移置。

归根结底，在这个临床片断中，我们发现了一个症状的隐喻性结构的例子，而该症状的构成元素还成了换喻性移置的客体。更一般地说，就如同拉康所指出的：

症状是真相的返回。其解释只有在与另一能指的关系中才具有意义的能指的秩序当中获得。①

同样还有：

如果症状是一个隐喻，这不是一个要说出的隐喻……因为症状是一个无论我们想或不想都在说的隐喻。②

症状因而构成了"无意识像一种语言那样构成"这一主题的一个补充证明。作为决定性的证据，我们现在就将着手的父姓的隐喻机制也是如此。

---

① J. Lacan, *Fonction et champ de la parole et du langage en psychanalyse*, in *Ecrits*, *op. cit.*

② J. Lacan, *L'Instance de la lettre dans l'inconscient ou la raison depuis Freud*, in *Ecrits*, *op. cit.*, p. 528.

第二部分

父性隐喻犹如主体性之"结构性路口"

11. 石祖的优势性

就父性隐喻的过程可被视为无意识像一种语言那样构成之最好证据而言，在开始之前，需要做一些预备性的说明，涉及父性隐喻的问题本身所围绕的那个客体：石祖客体。

这些说明是必需的，首先因为石祖在各种分析评论中是最常受到不正确对待的概念之一。其次，因为石祖客体构成了俄狄浦斯问题和阉割的关键，而比如拉康就将其起源重新拉回到父性隐喻之维度的问题之上。

那么，我们先试着划定可称作是弗洛伊德著作中的石祖之不确定性的内容。拉康的理论大厦主要就是以对石祖客体的参考为支撑的。在返回弗洛伊德的观点中，拉康还努力地指出这种参考在弗洛伊德的著作本身当中是如何的始终如一并且占据着中心的地位的。从关于《精神病》①的讨论班开始，我们找到了其显在证据，主要是在以下这些简短的段落当中：

> 但最终，我强调，这个基准点，力比多辩证法的合力点，在弗洛伊德那儿，神经症的机制与发展所参考的东西，

---

① J. Lacan, séminaire, livre III : *Les Psychoses*, *op. cit.*, séminaire du 4 juillet 1956, p. 351.

正是阉割的主题……

　　这种优势性，是弗洛伊德所一直坚持的。在解释弗洛伊德理论的材料范围内，从一端到另一端，这是一种根深蒂固的不变性。在对任意精神分析现象的历史所登录的主体内部活动的理论调整中，他从未将之置于从属地位，甚至从未相对化过其位置……

　　在他的著作中，石祖客体在力比多经济学中占据中心的位置，在男人及女人那里。

　　这正是一个根本性的事实，是弗洛伊德所给予并坚持的所有理论化的特征所在。无论他对其理论化工作做过怎样的修改，历经他关于精神生活所能给出的图示化的所有阶段，石祖中心的优势性却从未被改变过。

　　虽然他强调要保持弗洛伊德那里的这种永久性参考，但照拉康看来相当矛盾的是，石祖客体的这一中心的和优势性的角色却常常成为分析理论中主要混淆的客体，在弗洛伊德的注释者们那里也是这样。从弗洛伊德最早期的学生琼斯（Jones）开始，对拉康来说，其失欲症概念的制作最贴切地证明了对于石祖问题的误解。

　　对于琼斯来说，失欲症表达了性欲望的消失。这个概念，与阉割情结的维度相连，体现了一种比阉割的恐惧更为根本的担忧，对男人和女人而言都是如此："在众多理由中，出于爱若的理由，许多男人想要被去势，这样他们的性欲就确定不会随着对阴茎的放弃而消失。"①

而琼斯的结论说，如果性欲的废除（失欲症）似乎和阉割混淆，这只是因为对阉割的恐惧向来所造就的正是失欲症。

对于拉康来说②，我们可以在那里看到关于弗洛伊德著作中所涉及的石祖客体之意义与范围的一种糟糕的理解。首先，琼斯在含糊地混淆了阴茎和石祖的情况下形成了失欲症的概念。也就是说，涉及一种对于石祖客体之性质的特殊的无知，而这一性质使得弗洛伊德赋予了它一个在男人和女人中的同等功能。此外，如果说琼斯制作失欲症概念与他在女性性欲领域中所进行的调查有关，这也并非偶然。据他所说，正是出于对与爱之客体相分离的担心，我们能够在女人中觉察到对于失欲症的担心。而且，应该在阉割情结之前去鉴别小女孩和小男孩的性欲之共同因数。

这已证实琼斯不接受小女孩的力比多演化是由阉割和石祖优势性所促动的。如果力比多的这一演化应该重新以某个东西为中心的话，那么它不是石祖，而是失欲症。

换言之，似乎琼斯所漏掉的正是参考石祖客体的意义本身。石祖的参考并非是经由阴茎的阉割，而是对父亲的参考，即参考一个功能，它是孩子与母亲以及母亲与孩子的关系之中介。此外，琼斯的混淆还同时支撑于有关客体缺失的本质的混淆。③ 大

---

① E. Jones, *Le Développement précoce de la sexualité feminine* (1927) - Early development of female sexuality (1927) - in *Papers on Psycho-Analysis*, Baillière, Londres, 5ᵉ éd., 1950, pp. 439 - 440, trad. J. Laplanche et J. - B. Pontalis in *Vocabulaire de la psychanalyse*, Paris, PUF, 1973, p. 31.

② J. Lacan, séminaire *La Relation d'objet et les structures freudiennes*, *op. cit.*, séminaire du 13 mars 1957 (séminaire inédit).

③ 我们将在后面重新提到存在于剥夺、挫折、阉割之间的客体的缺失的区别。

体来说，他并未以严格的方式来确定"剥夺"与"阉割"的区分；他参照了一个客体缺失的范畴，他认为它是阉割，但其所涉及的却是剥夺。

我们可以列出精神分析的著作与言说当中其他诸多的同一倾向的混淆。然而要看到，如果说这种石祖的参考在弗洛伊德的作品中占据优势，那么它通常是隐含性的，并由此隐喻了石祖客体对于主体而言的主体性地位：他不停地证明他拥有它；他还不断地宣称谁没有它，而归根结底，谁都没有它。有利于隐含性的这种石祖参考的差异似乎首先取决于支撑其运算特性的东西，即父性功能，如拉康提到的：

　　其观点，弗洛伊德从未完整地得出，但它占据了它的立场，相对于这种——如果可以说的话——据他所说的精神分析动力学倾向于被简化成为的冲动符号的规划而言。我谈到这些他从未放弃过的、对于一切可能的精神分析的理解而言所必需的术语，尽管只是近似的，因为通过以下方式的理解会更贴合，即父亲的功能和俄狄浦斯情结。

　　不可能单纯地涉及想象的元素。我们都知道，在想象中所找到的石祖母亲的形式并不类同于阉割情结，后者被纳入了俄狄浦斯的三角情势当中。弗洛伊德并未完全解释清楚这一情势，但因为它总是被坚持的，它在那儿是为了一种澄清，只有我们承认对于弗洛伊德来说重要的第三者即父亲具有一种不能缩减为任何一类想象装备的能指元素，这种澄清才是可能的。①

　　换句话说，从弗洛伊德的文本自身出发，石祖就不是想象性地以石祖母亲的方式给予女人的阴茎，而相反地，父亲作为俄狄浦斯情势中结构性的第三者，这仅仅是因为这个石祖是被赋予他的能指元素。似乎首先得到明确的是：石祖客体首先是一个其性质为能指元素的客体。

　　应该承认石祖客体的这一能指身份在弗洛伊德的作品中并不容易得到，因为石祖一词（法文名词：phallus）本身在弗洛伊德的文本中是尤其缺少的。如同 J. 拉普兰歇（Laplanche）和 J. -B. 篷达利（Pontalis）在他们的《精神分析词汇》②中所言，该客体最常通过"石祖的"（法文形容词：phallique）属性而被提及或者唤起（石祖组织、石祖期、石祖母亲）。然而，在"石祖的"一词被引入的所有情况中，都援引了某种符号的功能。即便一开始在弗洛伊德那儿，石祖客体最初的支撑来源于阴茎的解剖学现实，仍然清楚的是，赋予这一客体的功能绝不能归结于以下变化：有或者没有阴茎。同样，就石祖的优势性来说，它只是作为符号所指物才具有优势。

　　如果说弗洛伊德自 1905 年在《性欲三论》③之后已预感到石祖的优势性，那么其意谓在 1923 年的一篇文章中得到了明确——

---

　　① J. Lacan, séminaire, livre III, *Les Psychoses*, *op. cit.*, p. 355, séminaire du 4 juiller 1956.

　　② J. Laplanche et J. -B. Pontalis, *Phallus* in *Vocabulaire de la psychanalyse*, Paris, PUF, 1973, p. 311.

　　③ S. Freud, *Drei Abhandlungen zur Sexualtheorie* (1905), *G. W.*, V, 29–145, *S. E.*, VII, 123–243, trad. : Reverchon-Jouve, Paris, Gallimard, 1962.

《幼儿的生殖组织》①。弗洛伊德正是以此为标题呈现了《性欲三论》的一篇补充文本。在后一文本中，石祖的优势性以下列方式联结于阉割的问题："这个幼儿生殖组织的主要特点同时也将之区别于成人的最后的生殖组织。问题在于，对于两性来说都是一个唯一的生殖器官，即雄性器官在起作用。因而不存在生殖优先，而是一种石祖的优先。"②

在幼儿性发展的特定时刻只能从唯一的生殖器官来辨认主要功能这一事实，恰好说明优势性从一开始就处在解剖学现实之外、器官之外；就是说恰好处在这个器官的缺失可能主体性地呈现的水平之上。

我们在弗洛伊德那里找到了相同的有关于阉割的根本区分，与阉割相连的是石祖的秩序而非阴茎的维度："阴茎的缺失被构想为阉割的结果，现在孩子发现自己必须面对阉割与他本人的关系。之后的发展众所周知，因而没有必要在此重提。我们只是提出：唯有在考虑到阉割在石祖优势期中的突然出现的情况下，才能正确评估阉割之意义的价值。"③

弗洛伊德在该文本中所展现的论据给出了对于石祖客体本质的确切评估。一方面，正是缺失的概念引发了石祖客体的提升，并由此将之彻底地引向解剖学现实之外。其实，性别区分从一开

---

① S. Freud，"*Die infantile genitalorganisation*"（1923），*G. . W.*，XIII，293-298，*S. E.*，XIX，139-145，cité dans la trad. J. Laplanche："*L'Organisation génitale infantile*" in *La Vie sexuelle*，Paris，PUF，1969.

② S. Freud，"*Die infantile genitalorganisation*"（1923），*G. . W.*，XIII，293-298，*S. E.*，XIX，45，cité dans la trad. J. Laplanche："*L'Organisation génitale infantile*" in *La Vie sexuelle*，Paris，PUF，1969，114.

③ Ibid.，p. 115（我加的强调）。

始就围绕着缺失的概念而建立：女性生殖器官与男性生殖器官的不同只是由于它缺少了某个东西。另一方面，观察的结果（感知现实）直接以构想的模式被主体性地加工：弗洛伊德写得很清楚：阴茎的缺失被构想。缺失某物的这一构想无可避免地给被假定为缺失的东西指派一个唯一可能的地点：想象的维度。

换言之，孩子在一种典型的精神逻辑的领域之上着手性别区分的问题：能够复杂化，又为何要简化？事实上，两性的实在规定了性器官在解剖学上的不同。然而，我们观察到这一实在直接被孩子在某种建构中进行了精神上的加工，在那里，这种不同服从于缺失的秩序。换句话说，性别对于他来说之所以变得不同，正是、仅仅是因为他坚持想要缺失某物。面对这种不同的实在，此种想象的建构强制性地召唤一个缺失，隐含性地假设存在着一个本身是想象的客体：石祖。当孩子致力于构想应该存在的某物的缺失之时，这个想象的客体自始至终支撑了孩子所萌发的幻想。

石祖的想象性质因此规定了阉割难题的某种轮廓。强加给孩子的正是缺失，如弗洛伊德所说"他应该面对阉割与其本人的关系"。所涉及的并非是他个人与阉割的对峙。尽管这个差异可能很普通，我们的确看到弗洛伊德的阐述中所指示的，正是赋予阉割的外在的特征，这回应了石祖客体自身的外在性。然而，这个外在性是主体间的，因为它关系到主体与一种精神间形式的关系，后者的坚实性只是幻想。此外，这个锚定于想象中的石祖的问题还支撑于一个符号的维度，它将把我们直接引向父性隐喻的过程。换言之，作为想象客体的石祖的优先性，将在俄狄浦斯的辩证法中起到一个基础性作用，因为石祖动力学本身推动了一种开创性的符号运作，其变化伴随着父姓的隐喻的来临。

正是在这些对弗洛伊德的参考的土壤之上，拉康系统化了作为分析理论之基础的石祖的问题。特别地，在拉康那里，石祖将被设定为俄狄浦斯三角中欲望的原始能指。从而，在一种将以"是"和"有"的模式展开的辩证法中，俄狄浦斯情结的过程将围绕着石祖在母亲的、孩子的以及父亲的欲望中所确定的各个位置而起作用。

父性隐喻的过程在结构上与俄狄浦斯情势相连，在某种意义上前者构成了后者解决的顶点。拉康给予俄狄浦斯的理论表述主张将其意义的重心重新放在弗洛伊德告诉我们的唯一一个可理解的维度中。这个维度不仅具有想象的捕获领域的性质，还具有一个锚定点的性质——在此，这种想象的捕获与符号的维度相扭结。由于这种对想象维度的涉及，如拉康所评论的，看来"正因此分析理论具体化了主体间的关系，即俄狄浦斯情结，它具有神话之价值"①。反之，因为俄狄浦斯召唤这种主体间关系去寻找符号维度中的一个假定点，它因而是主体的一个建构过程。在对想象和符号的这种交叉参考之外，俄狄浦斯仍旧是心理学观念的陷阱。针对俄狄浦斯情结而发生的绝大部分的论战和隔阂似乎都源自这种观念学的误解。相反，既然俄狄浦斯的重心重新回到了这种双重参考(想象/符号)的可理解性的层面之上，大多数的反对意见也站不住脚了。

---

① J. Lacan, *"Le Mythe individuel du névrosé"*, in *Ornicar?* 1979, n°s 17-18, p. 292

12. 镜子阶段与俄狄浦斯

　　拉康努力地围绕着父姓隐喻①的过程来划定俄狄浦斯的这个可理解性的空间，这一过程主要连接了石祖功能与其相关变化：阉割情结②。将要协调这一连接的算符正是父姓能指，它将标记并构建整个俄狄浦斯的轨迹。

　　更一般地，根据拉康，俄狄浦斯的基本功能似乎与父性功能是同外延的。③ 那关系到一种功能，要将其理解为从根本上区别

---

　　① 父姓隐喻的问题在拉康 1957—1958 年的讨论班中被明确涉及：《无意识的形式》；主要是在其 1958 年 1 月 15 日，22 和 29 日的讨论班中。该讨论班的概要：由 J. -B. 蓬达利所编写（得到拉康的同意）的《无意识的形式》已发表在《心理学简报》（*Bulletin de Psychologie*）中：1957-1958, tome XI, n°s 4-5, pp. 293-296, 1957—1958, tome XII, n°s 2-3, pp. 182-192, n° 4, pp. 250-256.

　　② J. Lacan：*Les Formations de l'inconscient*, *op. cit.*, 1958 年 1 月 22 日讨论班。"正是在这个我们在此作为隐喻结构而提出的结构当中，存在着所有清晰地连接俄狄浦斯情结及其原动力——即阉割情结的可能性。阉割，因而从一方面来说，它深入地关系到乱伦禁忌的符号性陈述，而在另一方面，在我们的经验的首位，当然更多的是在那些优先客体即神经症患者的身上，它是某个显现在想象层面上的东西"（1958 年 1 月 15 日的讨论班）。

　　③ J. Lacan：*Les Formations de l'inconscient*, *op. cit.*，"没有父亲，也就没有俄狄浦斯的问题；相反，谈论俄狄浦斯，就是引入必不可少的父亲的功能。"（1958 年 1 月 15 日的讨论班）。

于父亲的在场的某个东西①，比如一些负面的情况，如缺席、不负责任以及所有父亲的"不稳定"的其他形式。② 这个功能被拉康理解为源自一个位置的确定，同时，这个位置也赋予其一个必要的符号的维度。同样，由于它是符号的功能，它可以适合于某种隐喻的运作。正是在这个意义上，拉康有理由询问这个父性的功能：

> 父亲不是一个实在的客体，那么他是什么？……父亲是一个隐喻。
>
> 一个隐喻是什么？……是一个来到另一个能指位置上的能指……。父亲是一个替代了另一个能指的能指。那就是父亲参与到俄狄浦斯情结中的根本动力、唯一动力。③

拉康把俄狄浦斯情结的启动确定在孩子成熟过程的开启之时，它证明了孩子的精神经历的某个特别时刻。这一时刻与镜子

---

① J. Lacan, Ibid., "在没有父亲的情况下，俄狄浦斯能否以正常的方式被建立？……人们发觉并非如此简单，当父亲不在时，一个俄狄浦斯还是能够很好地被建立。……完全正常的俄狄浦斯情结——两个方向的正常：一方面是使正常化，同样正常的是去正常化，我指的是其神经症化的效果——以一种与其他例子完全一致的方式而得以建立，甚至是在父亲不在的例子当中。"（1958 年 1 月 15 日的讨论班。）

② J. Lacan, Ibid., "关于不负责任，我只想简单地向你们指出，当父亲不负责任时，在我们谈论不负责的时候，我们从来不知道什么……我们瞥见了他不负责的问题，不是以直接的方式……但从一开始就显而易见，正是作为基本的三重奏的成员，家庭的三元，也就是说在家庭中占据他的位置，我们才能开始稍稍更为有效地谈论不……说他在家庭中不负责任并不是说他在情结中不负责。因为为了谈论他在情结中的不负责，必须引入不同于现实维度的另一维度。"（1958 年 1 月 15 日的讨论班。）

③ J. Lacan: "*Les Formations de l'inconscient*, *op. cit.*, (séminaire du 15 janvier 1958).

阶段①是同时的，对孩子来说，在此阶段中，某种基于与母亲的特殊异化关系的认同开始显露。

镜子阶段

"镜子阶段"主要基于一个基础认同的经验而组织起来，在这个经验的过程中，孩子获得了他自身身体的形象。孩子对这一形象的原始认同将推进"我（Je）"的构造，作为这个拉康指示为碎裂身体之幻想的独特精神经历的结束。实际上，在镜子阶段之前，孩子最初并未将他的身体感受为一个统一的整体，而是某种分散的东西。这种碎裂身体的幻想经验——其痕迹出现在某些梦的结构②中，还同样出现在精神病的破坏过程中——在镜子的辩证法中被检验，该辩证法的功能在于抵消令人焦虑的身体的分散，以利于自身身体的统合：

> 镜子阶段是一场戏剧，其内在推力突然加速，从不足到提前，对于受到空间认同之诱惑的主体来说，它策划了一些继身体的破碎形象之后的我们称为其整体性矫形的幻想。③

---

① J. Lacan，"镜子阶段。有关现实构成的一个结构性的成因时刻的理论，其构想关系到经验与精神分析的学说"（1936 年 8 月 3 日）。在第 14 届国际精神分析大会上所宣讲的报告，马林巴特，1936 年 8 月 28 日。该报告会的文本没有出版。通报以"照镜子阶段（The looking glass phase）"的题目被编入 *International Journal of Psycho-Analysis*，1937，I，1978。拉康在 1949 年 7 月 17 日在苏黎世的第 16 届精神分析国际大会上重提了这一报告的主题，题目为："构成在分析经验中为我们所揭示的'我（Je）'之功能的镜子阶段。"Cf. *Ecrits*, *op. cit.*, pp. 93-100.

② J. Lacan, "*Le stade du miroir comme formateur de la function du 'Je'*", *op. cit.*："这个碎裂的身体……通常出现在梦中，当分析运动触及个体的攻击性裂变的特定水平之时。它从而以分离的肢体形式出现"，p. 97。

③ J. Lacan, Ibid., p. 97.

孩子在镜子阶段的经验围绕三个标志着其身体形象的逐步获取的基础时间而组织起来。

最初，孩子似乎觉察到他身体的形象，那好像是另一个实在的存在，他尽力去靠近它、理解它。也就是说，经验的这第一个时间证实了在自身与彼者之间的最初混淆，孩子与其相似者之间所维持的刻板关系充分证明了这种混淆，它明确地说明，他首先是，尤其是在彼者中感受自己、标定自己的：

> 在六个月至两岁半之间经由人类外形的意象的这种捕获，支配了孩子面对其相似者时的整个行为之辩证法。在这整个期间，我们将记录下情绪反应和一种正常互易感觉的相关证据。打人的孩子说被打了，看的那个却哭起来了。[1]

如果镜子阶段的这第一个时刻明显强调了孩子对于想象维度的服从，那么第二个时刻则构成了认同过程中的一个决定性阶段。事实上，孩子慢慢地暗中发现镜中的彼者不是一个实在的存在，而是一个形象。除了他不再试图去抓它之外，他的整个行为都表明他从此以后懂得区分彼者的形象和彼者的现实。

第三个时刻辩证化了前面两个时期，不仅仅因为孩子确定镜子的映像是一个形象，而尤其是因为他获得了确信：它只是他的一个形象。透过这个形象重新认识自己，孩子就这样把碎裂身体的分散恢复为一个统一的整体，它是自身身体的表象。身体形象

---

① 　J. Lacan, "*L'Agressivité en psychanalyse*"（1948）, in *Ecrits*, *op. cit.*, p. 113.

对于主体的身份来说因而是构成性的，主体在那里实现了他的原
始认同。

总之，这种一致性的获得从头到尾都支撑于想象的维度，孩
子的认同是从某个虚的东西(视觉形象)出发的，那不是他，而是
他从中认出了自己。因此涉及的正是一种想象性认识，还可被一
些客观事实所证实。实际上，在这个年纪，孩子的成熟情况使他
不可能拥有关于他自身身体的特定知识。镜子阶段是一种经验，
其组织事实上是先于躯体图示①的到来的。另一方面，如果镜子
阶段符号化了"我(Je)"的"预形成"，那么在其建构原则中必须以
它在想象中的异化命运为前提。由镜中形象来认出自身——出于
光学的原因——其实现是从对称颠倒的外部迹象开始的。同样，
因而身体整体本身的出现也是外在于自身并且颠倒的。这种认出
的维度本身，对于在其身份的获得中到来的主体而言，就这样预
示了其想象的异化，也由此而开始显现出他将一直持有的对自己
的"持久无知"。

俄狄浦斯的第一个时刻

在镜子阶段的认同期结束之时，开始作为主体的孩子仍然停
留在一种与母亲的近乎融合的无区分的关系当中。这种融合的关
系产生自孩子对母亲所抱有的特殊立场，当他试图认同他所假定
的她的欲望之客体时。这种认同——透过此认同，孩子的欲望变

---

① J. Lacan, "*L'Agressivité en psychanalyse*" (1948), *op. cit.*, p. 112. "我自己认
为这是重要的：孩子在这些时机中在精神层面上提前获得了其自身身体的功能性统
一，这是此时在自主运动的层面上尚未达成的。那里有了形象的第一个捕获，认同之
辩证法的第一个时刻在此时得以显现。"

成了对母亲欲望的欲望——被母亲与孩子的直接关系(在照料和需要的满足水平之上)所促成甚至是诱发。换句话说,这些交流的亲近把孩子置于将自己变成母亲被假定缺失的客体的形势当中。这个有可能填补彼者①缺失的客体确切地说就是石祖。孩子因此在他与母亲的关系中与石祖的问题相遇了,他想要指定自己为母亲的石祖。以此方式,我们可以论及孩子与母亲之间的一种融合的无区分性,既然孩子的目的在于认同彼者欲望的唯一而独特的客体。如拉康所指出的,在俄狄浦斯的第一个时间,孩子的欲望仍然在根本上屈从于母亲之欲望:

> 孩子寻求的,是成为欲望之欲望,能够满足母亲的欲望,也就是说:'是或不是'母亲欲望的客体……。为了取悦母亲……必须是、只需要是石祖就够了。②

如拉康所言,要确定一件事,即"只要石祖是母亲欲望的客体,孩子与石祖的关系就是本质性的"③;另一件事是要看到,在这个水平上,孩子在是之辩证法的模式之上直接被异化于石祖的问题中:是或者不是石祖。因此,在这第一个阶段中,似乎孩子省掉了与石祖问题相关的一个基本偶然性:阉割的维度。事实上,在似乎没有任何第三因素介入孩子对母亲的石祖认同的情况下,才会有与母亲的融合关系。但相反地,证明这种坚信在根本

---

① 我们在后面将看到,这里所涉及的"彼者(l'autre)"被称作"大彼者(Autre)"。

② J. Lacan, "*Les Formations de l'inconscient*", *op. cit.*, séminaire du 22 janvier 1958.

③ Ibid.

上的想象特点的东西，正是孩子所认同的石祖客体本身的性质。因而，就中介机构（父亲）在此会被假设异于母子关系而言，这正是孩子在母子关系中的石祖认同的维度本身所预设的。简言之，逃避了阉割媒介对石祖客体的认同，更多地在是或不是石祖之间进行辩证摆动的场地之上召唤着阉割。

这样一种摆动的出现宣告了俄狄浦斯的第二个时间，孩子在这时由于父性维度的侵入而无可避免地被引入到阉割的维度当中。孩子在俄狄浦斯奥秘中的演变或许可以固定于某个不稳定的平衡点，它围绕着以下提问所构成的挑战：是或者不是石祖。拉康就这样确定了一个在该问题的悬置中有利于倒错性认同的铆定点。只要得到一点关于父亲的符号功能的歧义性信息，这种悬置就会使对阉割的动摇持续下去：

> 正是当信息以某种令人满意的方式被实现时，某些障碍和扰乱可能被建立起来，比如我们描述为'倒错的'这些认同。①

在此水平上所保持的某种模糊性将使孩子进入一种回避阉割的防御性策略中。但倒错者在主体的位置上没有让自己失望，这一位置将他联结于石祖想象之优势性。他还培养出其关于阉割的反常独特性，他相当合理地估计了阉割的影响。他所有的症状性的天赋——还有他所有的焦虑——都在于重建和维持他被捕获于其中的主体之圈套。确实需要不停地揣测阉割的范围，如果有人

---

① J. Lacan, "*Les Formations de l'inconscient*", *op. cit.*, séminaire du 22 janvier 1958.

总想更好地发挥其绕过阉割的才能的话。换言之，倒错的认同从反面提出了双重的但相关联的问题：剥夺母亲的石祖客体的问题和孩子脱离对这个客体的认同的问题。确切地说，即在俄狄浦斯情结的第二个结构性阶段中所体验到的主体间的挑战。

俄狄浦斯的第二个时刻

在母亲—孩子—石祖的关系布局中，以剥夺的形式出现的父性中介将起到决定性作用：

> 经验向我们证明，被认为剥夺了母亲的这个欲望客体——明确说即石祖客体——的父亲，他在整个过程中起了一个非常根本性的作用……，这可能是俄狄浦斯情结最容易最正常的情况。①

此外，父性在场的侵入性以禁止和挫败的形式被孩子所体验：

> 父亲的到来还是让人讨厌，不单是因为他的体量占了地方，而且因为他的禁止让人生厌。他禁止什么？……他首先禁止冲动的满足……
>
> 另一方面，父亲禁止了什么？好吧，这是我们的出发点，即属于他而不属于孩子的母亲。……父亲确确实实夺走

---

① J. Lacan，"*Les Formations de l'inconscient*"，*op. cit.*，séminaire du 22 janvier 1958（我做的强调）.

了孩子的母亲。①

也就是说，父亲侵入到母亲—孩子—石祖的关系中，这表现在表面上不同的维度中：禁止、挫败和剥夺。事情变得复杂起来，因为似乎父亲同时作为禁止者、挫败者、剥夺者的联合活动会对他作为阉割者父亲的根本功能产生影响。

客体的缺失

在研究俄狄浦斯情结第二时间的动力学之前，重新提到拉康带给客体缺失概念的阐释对于其理解来说是有用的。②

在孩子和成人那里，客体的缺失可能以三种特定模式表现出来：挫败、剥夺和阉割。尽管在三种情况中都涉及客体的一个缺失，但这个缺失的性质本身从质上来说是不同的。对于客体的类型来说也是这样。

挫败，是典型的追讨的领域，此外，在那里不可能提供任何满足的可能性。事实上，在挫败中，缺失是一种想象性损失。相反，挫败的客体，却完全是实在的。阴茎构成了这样一个客体的原型，小女孩正是以挫败的模式体验它的缺位的。更一般地，孩子将母亲身上阴茎的缺位体验为一种挫败。

相反，在剥夺中，缺失是实在的。拉康将这个客体的缺失指示为实在中的一个洞。但剥夺的客体是一个符号客体。

最后对于阉割来说，它所质询的缺失是一个符号性缺失，因

---

① J. Lacan, "*Les Formations de l'inconscient*", séminaire du 15 janvier 1958.

② J. Lacan, "*La Relation d'objet et les structures freudiennes*", séminaire, 1956-1957。参见 1956 年 12 月 5 日和 12 日的讨论班。

为这个缺失反映了乱伦禁忌这个典型的符号性参考。正因此，父性功能是操作性的，它支配着孩子对符号的接近。由阉割所指示的缺失首先是，如拉康的表述，一个符号性债务。但是在阉割中，缺失的客体根本上是想象的，而且在任何情况下都不可能是一个实在的客体：

> 拉康说，只有《摩奴法典》说与母亲睡觉的那个人应该自切生殖器，并且将其握在手中，一直向西，直到死亡的来临。①

阉割的这个想象客体，显然就是石祖。

这些缺失的不同种类以及与之对应的不同的客体之间的连接被各自安排在以下由让·乌利（Jean Uri）所虚构的记忆法图示之上：

其构造原则完全是基本性的：

（1）画一个六芒星

（2）正向旋转，在星形的两个三角形顶点上连续写下以下首字母：

· PCF（剥夺—阉割—挫败）

· SIR（符号—想象—实在）

缺失相对于其所对应的客体的各自分布被解读为随着箭头连

---

① J. Lacan, "*La Relation d'objet et les structures freudiennes*", *op. cit.*, séminaire du 12 décembre 1956.

续反向转动，如图 12.1 所示。

- 阉割是一个想象客体的符号性缺失，
- 挫败是一个实在客体的想象性缺失，
- 剥夺是一个符号客体的实在的缺失。

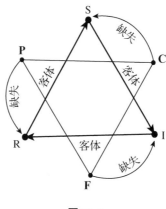

图 12.1

我们现在重新回到俄狄浦斯情结的第二个阶段，其开端是在母亲——孩子的主体间关系中父亲的侵入。这种侵入表现在双重方面。从孩子的角度，父亲的介入是以禁止的形式，其表现对他来说就像是对母亲"拥有权利"（拉康）。正因此这种介入被孩子感受为"一种挫败，关系到一个完全实在的客体（母亲）的想象行为"①。孩子因而被责令重新质疑其石祖认同的问题，并在同时，放弃成为母亲欲望的客体。相应地，从母亲的角度，父亲剥夺了

---

① J. Lacan, "*Les Formations de l'inconscient*", *op. cit.*, séminaire du 15 janvier 1958. 挫败总是一个实在客体的想象性缺失。

她在孩子被认同于其欲望客体的情况下所假定拥有的石祖：

> 因而正是在对母亲的剥夺的层面上，在俄狄浦斯演化的某个特定时刻，一个问题为主体提了出来：接受、登记、符号化他自己，以及赋予这种剥夺(母亲被证实为其客体)以意义……。这种与母亲、父亲、石祖之关系的构型有何特殊性，使得孩子只承认母亲被父亲剥夺了某个是她的欲望客体的东西？……这个构型就是结。在此水平之上，被提出的问题是：'是或者不是'、'*to be or not to be*'。①

在挫败和剥夺的双重关系之下、在是之辩证法中，孩子身上所产生的动摇的源点，从根本上讲取决于以下事实：父亲作为相对于母亲—孩子关系而言的"彼者"而在此出现。如此一来，在孩子的主体经验中，他的出现就如同母亲欲望的一个可能的客体，如同一个可能的石祖客体，孩子会假设自己和她身边的他在竞争。这场想象的竞争的关键事实上与石祖客体的移置(这导致孩子与父亲的法律相遇)是同外延的。

孩子与这个法律对峙，因为他发现母亲自己在满足的水平上依赖于它，就像她能够为孩子的请求带来满足一样。换句话说，孩子欲望之寄语无法避免地透过母亲而唤起彼者的法律：

> 在想象的层面上，父亲，确确实实地，作为母亲的剥夺者而介入，也就是说这里作为请求而被投向彼者的东西被返

---

① J. Lacan, "*Les Formations de l'inconscient*", *op. cit.*, séminaire du 22 janvier 1958 (我做的强调)。

回到一所高等法院、被接替，因为在某些方面，我们向览尽一切的'彼者'询问的东西，总是会在彼者那里遇到这个彼者的'彼者'，即他自己的法律。正是在此水平上产生了某个东西，它使得返给孩子的东西纯粹而简单地就是父亲的法律，因为这个法律被主体想象性地构想为对母亲的剥夺。①

在此情况下，孩子发现了最重要的维度，它把欲望结构为"使每个人的欲望都服从于彼者欲望的法律"②的东西。俄狄浦斯情结的这个强盛的时期，对孩子来说，向量化了母亲（对于他至今假定是她的客体的东西）的欲望的意义。母亲的欲望服从于彼者欲望之法律，这一事实意味着她的欲望本身依赖于彼者（父亲）被假定拥有或者没有的一个客体。孩子所发现的有之辩证法（有或者没有石祖），从此之后极化了母亲欲望的难题，因而回应着那时支配着其自身欲望的是之辩证法。

是或不是母亲的石祖，孩子不会突然发出这个私人的疑问，除非是在剥夺者父亲让他感到母亲承认他的法律作为她欲望的媒介的情况下，即她欲望的客体不再是孩子，而是假定父亲有或者没有的一个客体。即是说，在这个阶段中"某个东西拆开了主体与其认同，它在同时通过以下事实把主体与法律的初现连接了起来：母亲在这点上是依赖的，依赖于一个客体，这个客体不再简单地是她欲望的客体，而是彼者有或者没有的一个客体"③。

---

① J. Lacan, "*Les Formations de l'inconscient*", *op. cit.*, séminaire du 22 janvier 1958.

② J. Lacan, Ibid., séminaire du 22 janvier 1958.

③ J. Lacan, Ibid., séminaire du 22 janvier 1958.

拉康明确指出：

> 母亲向一个不属于她的法律所做的这种移交，与以下事实之间有着密切的联系：她的欲望的客体事实上被她所移交的法律所属的同一个'彼者'所'终审地'占有，我们有开启俄狄浦斯关系的钥匙，以及是什么构成了母亲的这种——我请你们将此关系孤立出来看待——不是与父亲的，而是与父亲话语的关系的如此根本、如此决定性的特征。
>
> 因其剥夺者的面貌，他就是支撑法律的那个人，这不再以遮遮掩掩的方式、而是以母亲作为中介的方式被建立：她将他确定为制订法律的那个人。①

俄狄浦斯的第二个时刻是孩子进入法律的符号化的必要条件，这种符号化标志着俄狄浦斯情结的衰退。在这种与父亲法律的相遇中，他其实面对着阉割的问题，它透过母亲的欲望从此后所依赖的有之辩证法而召唤着他。父亲所引入的针对母亲的中介——母亲承认他为她立法——召唤孩子将父亲提升到一个对他来说只能是石祖占有者的地位。

作为法律"代表"出现的实在的父亲，被孩子投注了一个新的意义，一旦他被假定掌握着母亲欲望的客体：他就这样被提升到

---

① J. Lacan, "*Les Formations de l'inconscient*", *op. cit.*, séminaire du 22 janvier 1958.

符号父亲的高度。赞同父性法律陈述的母亲，把父亲的话语①视为调动其欲望的唯一可能，她同样也赋予了父亲的功能对于孩子的一个符号性位置。在这点上，孩子因而被引至相对于父亲的这种能指功能——确切来说是父姓的符号性能指——来确定自己：

> 换言之，在关系中，母亲将父亲设立为某个东西的媒介，这个东西超越于她的法律和她的任性，它完完全全的确是法律，父亲从而作为父姓，也就是说作为整个弗洛伊德学派的发展向我们表明和推动的那样，紧密地联系于这个法律的陈述，那正是根本的东西，正是因此他被孩子接受或者不被接受，他剥夺或者没有剥夺母亲的欲望客体。②

在俄狄浦斯的第二个时刻结束时，孩子的确定是至关重要的，因为这尤其是相对于石祖客体的确定。他对于自己是母亲所欲望的石祖客体的确信遭到了动摇，由于父性的功能，孩子此后被迫接受，他不仅仅不是石祖，而且他和母亲一样没有石祖，他觉察到她在那儿欲望着它，在它被假定存在着的、从而有可能拥有它的地方。这就是阉割情结的结果本身，拉康明确指出不能称其为阉割情结，"如果以某种方式，让以下内容得不到强调的话：

---

① J. Lacan, "*Les Formations de l'inconscient*", *op. cit.*, séminaire du 22 janvier 1958., "因而在此，他对话的这个'彼者'，也就是母亲……有着某种与父亲的关系……这不涉及父亲与母亲之间那种私人关系……这确切地涉及一个应该被经历的时刻，它关系到的不单是母亲本人与父亲本人的关系，而是母亲与父亲的话语的关系。"（我做的强调。）

② J. Lacan, "*Les Formations de l'inconscient*", *op. cit.*, séminaire du 22 janvier 1958.

为了拥有它，首先必须认定不能拥有它，这种被去势的可能性在拥有石祖这件事的假定中是至关重要的。那儿就是要跨越的一步，就是在那儿，父亲在某个时刻必须有效地、真实地、确实地介入其中"①。

在获得石祖的假定中要跨出的那一步，将在第三个时间中——它将辩证化前两个时间——展开。

俄狄浦斯的第三个时刻

这第三个时刻，确切地说是"俄狄浦斯的衰落期"，它结束了母亲身边的石祖斗争，在这场斗争中，孩子安置了自己也想象性地安置了父亲。既然父亲被授予了石祖的属性，那么，如拉康所指出的，"他应当出示证据"②，因为"就他在第三个时间的介入是作为拥有石祖而非是石祖的那个人而言，某个东西可能产生了，它重建了石祖的机构——作为母亲所欲望的客体，而不再仅仅作为父亲能够从她那儿夺走的客体"③。

这个阶段的强盛期由法律的符号化所标志，它准确地表明孩子已接收了其全部意义。这个符号化的结构性价值在于，对他来说，重新定位母亲欲望的准确位置。父性功能在此条件下才能代表法律。孩子与石祖关系的对质得到了决定性地改变，也就是说他告别了是的问题，同意为自己协商有的问题。这只会发生在以下情况中：父亲对他来说不再是母亲身边与他竞争的一个石祖。

---

① Ibid.

② J. Lacan, "*Les Formations de l'inconscient*", *op. cit.*, séminaire du 22 janvier 1958.

③ Ibid.

因为有石祖，父亲就不再是剥夺母亲的欲望客体的人。相反，因为他是被假定的石祖的占有者，他将它重建在唯一的位置之上，在那儿，它可以被母亲所欲望。孩子和母亲一样，从而进入了有之辩证法中：没有石祖的母亲能够在那个占有它的人的身旁欲望它；同样缺少它的孩子，也将能够在它存在的地方觊觎它。

有之辩证法因此必然地唤起认同的活动。根据性别，孩子将有区别地登录到石祖利益所启动的认同逻辑中。放弃成为母亲石祖的男孩，通过认同于被假定拥有石祖的父亲而投入有之辩证法中。女孩可能同样地摆脱了母亲的欲望客体的位置，并以没有它的方式遭遇到有之辩证法。她因而在母亲那儿找到了一个可能的认同，因为和她一样，"她知道它在哪儿，她知道她应该到哪儿去得到它，正是在父亲的旁边，在拥有它的那个人那边"①。

石祖的重新建立对孩子来说是结构性的，不论其性别，只要被假定拥有它的父亲更讨母亲的喜欢。这样一种偏爱，它表明了从是之维度到有之维度的过渡，作为最明显的证据，它证明了父性隐喻过程的建立和与之相关的精神内机制的建立：源初压抑。

---

① J. Lacan, "*Les Formations de l'inconscient*", *op. cit.*, séminaire du 22 janvier 1958.

13. 父性隐喻—父姓

欲望的换喻

毫无疑问，弗洛伊德所描绘的 fort-da 游戏①，提供了在进入符号的过程中，父姓隐喻在孩子身上实现的最为清晰的例子，即对丧失客体的符号性掌控："有一天，我所做的观察印证了我的看法。孩子有一个木头线圈，上面缠着线绳。他并不想比如把它放在身后拖在地上走，玩小汽车的游戏；他十分敏捷地抓住线绳，把线圈丢了出去，线圈越过他那铺着被盖的小床的边沿，不见了，这时他发出了富含意义的 o-o-o-o② 的音；然后他拉着线绳把线圈拖出来，发出一声欢快的 'voila' ③来庆祝它重新出现。完整的游戏是这样的：消失和返回；我们通常只看到第一个行为，他不知疲倦地自己重复地玩这个游戏，尽管如此，显然最大

---

① S. Freud, *Jenseits des Lustprinzips* (1920), *G. W.*, XIII, 3-69, S. E., XVIII, 1-64 引用在 J. Laplanche 和 J. -B. Pontalis 的译本中, *Au-delà du principe de plaisir*, in *Essais du psychanalyse*, Paris, Payot, 1981, pp. 52-59, 2e éd.

② 德文："Fort"：远，离开。

③ 德文："da"。

的快乐是和第二个行为连在一起的。"①

弗洛伊德所观察到的完整游戏就是这样。他为之给出了这样的解释："游戏的解释不再呈现困难。游戏关系到孩子所获得的文化领域的重要成果、关系到他所实现的冲动的放弃（放弃冲动的满足）——他的母亲可以离开而不加阻止。可以说，他用他可以拿到的一些客体，将他自己置于相同的'消失—返回'的情境之中来获得补偿。"②

对于拉康的表达式：能指的替换，我们无法找到比 fort-da 更为准确的例子。这涉及一个双重的隐喻过程。这个线圈已成为母亲的一个隐喻；"在场/缺位"的游戏是其另一个隐喻，因为它符号化了返回和离开。另外，孩子的游戏活动——这正是弗洛伊德的观察中最富教益的事实——证明他已经完全将形势变得对他有利："在不带偏见的情况下，我们感觉孩子出于另一个动机把他的经验转换成了游戏。他曾是被动的，任由事件摆布；但现在像做游戏一样重复事件，可能同样是不愉快的，但他承担了一个主动的角色。"③

事实上，孩子很好地颠覆了形势，因为从此后是他符号性地离开了他的母亲。所发生的符号的颠覆是将一种掌控过程付诸行动的最明显的证据：借助于认同，孩子让自己变成了缺位的主宰。以前是母亲的不在场驱逐了他；而现在是他丢出线圈而驱逐了她。这让孩子无比欢腾，他发现他主宰着丧失客体（母亲）的缺

---

① S. Freud, *ibid.*, pp. 52-53.

② S. Freud, *Jenseits des Lustprinzips* (1920), *G. W.*, XIII, 3-69, S. E., XVIII, 1-64 引用在 J. Laplanche 和 J. -B. Pontalis 的译本中，*Au-delà du principe de plaisir*, in *Essais du psychanalyse*, Paris, Payot, 1981, p. 53.

③ Ibid., p. 54.

位。换言之，*fort-da* 向我们显示出，他之后可以从根本上控制自己不再成为母亲欲望的唯一客体，也就是说填补大彼者缺失的客体：石祖。孩子从而能够调动自己的欲望，作为主体的欲望，朝向丧失客体的一些替代性客体。但是，首先正是语言的到来（进入符号界），将通过支撑源初压抑的父姓隐喻的完成而成为对丧失客体的符号性掌控的无可置疑的征兆。

源初压抑作为一个根本上结构性的过程而出现，它包含了一个隐喻化。这个隐喻化正是法律的最初符号化活动本身，它在父姓能指对石祖能指的替代中得以实现。

这样一种符号化的假设是什么？首先，是主体经验，孩子将通过它而避免一种直接的体验，以便给出一个替代。这是拉康以下公式的最恰当意思：物应该被丧失以便被代表。孩子的直接体验建立在他被捕获在是之辩证法中的表达模式上：是母亲欲望的唯一客体，是填补其缺失的客体，是其石祖。为了给这个在"是"中的体验一个替代，孩子应该进入"有"的维度。然而，进入这样一个辩证法就假定了，孩子能够区分他自己与体验以及被召唤来代表体验的符号性替代。换句话说，这一操作必然导致孩子把自己扮作"主体"，而不再仅仅是大彼者欲望的"客体"。这个"主体"的到来在语言的初始运作中得以实现，其中，孩子尽力符号性地指明他对丧失客体的放弃。这样一种指明是不可能的，除非是建立在石祖能指的压抑——也被称为母亲欲望的能指——之上。我们将这样一个能指（S1）确定为将统治未来的整个能指链网络的那个能指，如图13.1所示。

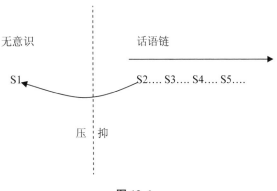

图 13. 1

源初压抑因而作为精神内干预而出现，它将确保从被直接体验的实在向其在语言中的符号化的过渡。通过一些应时的用语，拉康强调了这个基础事件：

"话语是对物的谋杀。"

"如果我们不能拥有物（丧失客体），那我们在用话语来符号化它的同时杀死它。"

为了理解源初压抑开启父性隐喻之通道的机制，让我们回到已经提出过的公式，以便理解隐喻性替换，如图 13. 2 所示。

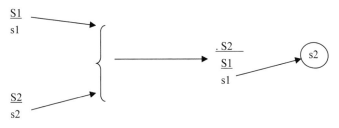

图 13. 2

隐喻过程在于引入一个新的能指（S2），使前能指（S1）来到意义的横杠之下，其结果是暂时使之保持为无意识的。通过以下这种隐喻计算，拉康概括了这个替换原则：

$$\frac{S2}{\mathcal{S}1} \cdot \frac{\mathcal{S}1}{x} \longrightarrow S2\left(\frac{1}{x}\right) ①$$

我们可以在 fort-da 的经验中阐明其机制，在那里，孩子试验着放弃用他母亲的那些在场/缺位表达其原始欲望：

　　她想要什么呢？我很希望她要的是我，但很清楚她想要的不只是我，有另一个东西影响她。影响她的就是 x，这是所指。这个母亲来来往往的所指，就是石祖。②

这个原始欲望的表达，我们假定它由能指的关系所指示：

$$\frac{S1}{s1} \Longleftrightarrow \frac{母亲欲望的能指}{母亲欲望的观念：石祖}$$

在俄狄浦斯发展的既定时刻，如我们所见，孩子被导致将其

---

①　拉康提出的准确公式如下：

$$\frac{S}{\mathcal{S}'} \cdot \frac{\mathcal{S}'}{x} \longrightarrow S\left(\frac{1}{s}\right)。$$

J. Lacan, " *D'une question préliminaire à tout traitement possible de la psychose* " (décembre 1957–janvier 1958) , in *Ecrits*, *op. cit.*, p. 557.

②　J. Lacan, " *Les Formations de l'inconscient* ", *op. cit.*, séminaire du 15 janvier 1958.

母亲的缺位与父亲的在场联系起来。母亲不在他身旁，只是因为他认为她在父亲身旁。我们发现了这一重要时刻，在孩子看来父亲首先是一个竞争性的石祖客体，接下来，他是被假设为掌握石祖的那个人。因而孩子制作了一种能指的关系，一旦他能够通过引用对拥有石祖的父亲——即符号父亲的参考，指明/命名他母亲那些缺位的原因。换言之，正是在此，与父亲所代表的符号法律相结合的父姓介入进来。父姓指称了对于在行使法律的地点中被确定的一种符号功能的认识。这个指称是一个隐喻的产物。父姓是新能指(S2)，它对孩子来说替代了母亲欲望的能指：

> 父亲在俄狄浦斯情结中的功能是作为一个替换能指的能指，即替换第一个被引入符号化中的能指，即母亲的能指……父亲依据一个我从前给你们解释过的隐喻的公式而来到母亲的位置上(S 替代了 S')，这个母亲是已经连接于某个东西 x 的母亲，也就是说某个在孩子与母亲的关系中作为所指的东西。①

在能指替换的过程中，母亲欲望的能指 S1，因此变成了压抑的客体(源初压抑)而成为无意识的。如同拉康所提醒的，"正是因为父亲替代了作为能指的母亲，隐喻的通常结果才得以产生，这被表达在公式中"②：

---

① J. Lacan, "*Les Formations de l'inconscient*", *op. cit.*, séminaire du 15 janvier 1958.

② Ibid.

$$\frac{父姓}{母亲的欲望} \cdot \frac{母亲的欲望}{对主体的所指} \longrightarrow 父姓\left(\frac{A}{石祖}\right)①$$

我们在这个公式中重新发现了一般的隐喻算式：

$$\frac{S2}{S1} \cdot \frac{S1}{s1} \longrightarrow S2\left(\frac{I}{s1}\right)$$

在公式的第二部分中，符号 I（无意识）向我们表明，S1 因为
S2 的替代而被压抑，S2 从此后是与母亲欲望的所指 s1（石祖）相
关联的能指。在前一个公式中，我们发现这个压抑的记号由符号
"A"（大彼者）的在场所代表，它向我们指出，"大彼者中能指的
在场，事实上是一种通常将主体拒之门外的在场，因为一般来
说，正是在被压抑的状态之下（Verdrängt），能指的在场在那里坚
持着，它也因此坚持要通过其重复的自动性（Wiederholungszwang）
而再现于所指中"。②

事实上，重复的自动性导致以下结论：通过"命名父亲"，孩
子其实一直继续地命名他的欲望的基本客体。但是他现在以隐喻
的方式来命名它，因为它对他来说变成了无意识的。语言的符号
因而负有以下使命：在主体不知道的情况下所进行的一种命名
中，表达欲望的基本客体的永恒。也就是说，如同拉康所言，通
过在主体间交流的符号维度中将之社会化，语言允许"永存其表

---

① J. Lacan, "*D'une question préliminaire à tout traitement possible de la psychose*", *op. cit.*, p.557.

② J. Lacan, "*D'une question préliminaire à tout traitement possible de la psychose*", *op. cit.*, p.557.

达"。俄狄浦斯情结内在的重要性也得以澄清，其中，父姓隐喻将证明阉割的现实化，阉割在其可被理解的唯一模式之上起作用：符号阉割。事实上，在俄狄浦斯期，石祖正是作为一个想象客体的符号性丧失而出现的。

欲望的换喻

通过源初压抑和父性隐喻，欲望被强加上语言的中介。更确切地说，正是父姓能指建立了欲望在语言中的异化。在转变成话语的同时，欲望变成了对自身的反映。为有的欲望而被压抑的是的欲望，使得孩子从此之后将其欲望投入到替代丧失客体的客体领域之中。为此，欲望的唯一出路就是通过展现在一个请求中而变成话语。但是，变成请求，欲望就越来越多地消失在言说的能指链中。事实上，我们可以说，从一个客体到另一个，欲望总是返回不确定的替代序列，同时，也是返回符号化这些替代性客体的不确定的能指序列；就这样在主体不知道的情况下，始终指示着他的原始欲望。

欲望因而永不满足于转变成语言的必要性。它不断地重生，因为从根本上说，它总是不在它所瞄准的客体中，也不在可以符号化这个客体的能指中。换言之，欲望投身于换喻的道路之中。父姓隐喻促使孩子把部分(替代性客体)当作整体(丧失客体)。如同"孤帆远影"用部分(帆)来指代整体(船)，欲望也同样坚持用部分的欲望表达(替代性客体)来指示整体的欲望(丧失客体)。

总之，在孩子的精神发展中，父性隐喻建立了一个根本上结构性的时刻。它通过使孩子摆脱其对母亲的想象性附属地位而开启了他朝向符号维度的通道，除此之外，它还赋予孩子以欲望主体的身份。但要从这种得到中获利，就必须以一种新的异化为代价。其实，一旦欲望主体出现，存在之言(Parlêtre)的欲望就成了语言的俘虏，消失其中，因为其呈现只借助于替代性能指，这强加给欲望客体以换喻客体的性质。

有理由说，父姓隐喻的出现，如拉康所言，的确如同一个构造道口，影响深远。其有多重内涵：失败可能引起精神病过程的建立；成功可能将主体的欲望异化于语言的维度中，同时构成一个主体切分的结构(Spaltung)，不可逆转地将主体的一部分与其自身分离，让无意识突然到来。我们现在正需要专注于研究这些影响。

14. 父姓的排除——精神病过程的研究

作为精神主体的创立者，父性隐喻具有一种结构性的功能。而且，如果源初压抑失败，那么父性隐喻就不会发生。关于这一点，拉康从弗洛伊德的工作出发，展开了他完全独创性的思考：

> 我们现在尝试构想一种主体的处境：与父姓的呼唤相对应的，不是实在父亲的缺位——因为这种缺位不仅仅并存于能指的在场，而是能指本身的缺乏……
>
> 我们从弗洛伊德的数篇文章中抽取出一个术语，在这些文章中对它的陈述足以说明这个术语在其中并不指示着一个被压抑物的清晰的无意识的功能。以我关于精神病的讨论班①的核心为例，即当我们思考精神病现象时，这个术语给出了这一思考的最必要的含义：术语 Verwerfung。②

这个 Verwerfung，被译作"排除"（forclusion），从而呈现为恰恰能够使源初压抑失败的机制。就本质而言，在弗洛伊德关于神

---

① J. Lacan, *Les Psychoses* (1955—1956), séminaire, livre III, Paris, Seuil, 1981.

② J. Lacan, "*D'une question préliminaire à tout traitement possible de la psychose*", *op. cit.*, pp. 557-558.

经症与精神病的元心理学区分这一问题的思考路线中，这一论点构成了拉康所引入的独特贡献。

19 世纪后半叶以来，为了理解这一区分，精神病学的思考常常试图制作在理论上中肯而在临床上具有操作性的论据。这种思考的其中一个大方向，主要是对精神病的心理发生病因学之假设的质问。在这一点上，弗洛伊德的工作带来了彻底的变革，我们可以说它具有双重的颠覆性。首先是因为弗洛伊德的论点似乎断然决裂于当时的器质发生的假设。其次是因为，弗洛伊德在分析的理论中考查精神病的概念时，认为强调心理发生的病因学论据的方法毫不新奇。而事实上，这一概念所具有的特异性是相当大胆的。一方面，它在最初被用于理解神经症病因学的理论主张中着手处理精神病过程的特殊性。另一方面，它试图将其论据建立在结构性思考之上，而非定性的和差别性的单一思考之上。

然而，尽管是创新性的，弗洛伊德关于精神病的精神分析概念仍是不令人满意的，因为它未能对精神病过程的病因学进行恰当说明。尤其，弗洛伊德所提出的理论参考并不能够制定出一个足够操作性的标准，来结构性地区分神经症与精神病。弗洛伊德对精神病的说明在某种方式上仍然是由其时代的精神病学概念所多重决定的。或许，这种多重决定的最分明的迹象，存在于弗洛伊德所发展的关于精神病中的主体与现实所维持的关系的概念当中。

我们知道，弗洛伊德最初倾向于将精神病过程的性质限定在"现实的丧失"及其影响的领域中，这使得主体必须以谵妄的方式重建他的这个被切掉的现实。① 如果说弗洛伊德在一个全然精神分析的解释领域中很好地触及了精神病过程的这两个方面，那么尽管如此，他仍然受到同时代精神病学条框的限制，这使得他隐含地以一种因果的关系模式将现实的丧失和谵妄性构造联系起来。而只要把谵妄的表现作为精神病过程的诊断指征本身，就足以得出这两个精神病临床症候的近乎必然的相关性。

不仅在症候学这点上是成问题的，此外，在弗洛伊德工作的末期，最初所引入的神经症与精神病之间关于现实的丧失问题的区分还会有些许调整。如此一来，神经症者逃避现实而精神病人则否认现实。1938 年，对 *Ichspaltung*（自我的分裂②）概念的深入思考迫使他进行这种修改。③ 对于弗洛伊德来说，现实的丧失此后只是一个部分的切口，因为在精神病中自我的一个部分可能单独地割裂于现实。此外，"自我的分裂"不仅出现在精神病中，还同样出现在神经症和倒错当中，如恋物癖的问题已经让他对此有

---

① S. Freud，

a）"*Neurose und Psychose*"（1924），*G. W.*，XIII，387-391，*S. E.*，XIX，147-153，trad.：D. Guérineau："*Névrose et psychose*"，in *Névrose*，*psychose et perversion*，Paris，PUF，1973，pp. 283-286.

b）"*Der Realitätsverlust bel Neurose und psychose*"（1924），*G. W.*，XIII，363-368，*S. E.*，XIX，181-187，trad.：D. Guérineau："*La Perte de la réalité dans la névrose et dans la psychose*"，in *Névrose*，*psychose et perversion*，Paris，PUF，pp. 299-303.

② 法译：le clivage du moi.

③ S. Freud，

a）"*Die Ichspaltung im Abwehrvorgang*"（1938），*G. W.*，XVII，59-62，*S. E.*，XXIII，271-278，trad.：R. Lewinter et J. -B. Pontalis："*Le Clivage du moi dans les processus de défense*"，in *Nouvelle Revue de psychanalyse*，1970，2，pp. 25-28.

b）Abriss der Psychoanalyse（1938），*G. W.*，XVII，67-138，*S. E.*，XXIII，pp. 139-207，trad.：A. Berman：*Abrégé de psychanalyse*，Paris，PUF，1967.

所思考。① 也就是说，"现实的丧失""自我的分裂"不再能构成区分神经症与精神病的一个操作性的元心理学标准。

拉康将从弗洛伊德的"精神的分裂"概念中获益，具体来说是在父性隐喻所产生的后果中。这是他把排除作为辨别精神病过程的一个操作性的元心理学标准的主要原因之一。首先，根据拉康，排除的概念使我们能够理解为何神经症的某些特征机制——特别是压抑——无法解释精神病过程的产生；其次，是因为当排除机制指向这个特殊的能指——父姓——时，它能够详细说明精神病的过程。此外，拉康相对于弗洛伊德的明确贡献也正是在此。如果父姓在大彼者的位置上被"排除"，那么父性的隐喻遭遇失败，以至于对于拉康来说，正是这个构成了"缺陷，它赋予了精神病其区分于神经症的结构的基本条件"②。

换言之，抵消了源初压抑的出现的父姓的排除，同时也导致了父性隐喻的失败，严重地影响了孩子对于符号界的进入，甚至划去了其可能性。欲望维度中产生的一种结构升级也被悬置，而陷入一种早期的组织中，孩子在当中仍旧停留在与母亲的想象的双人关系之中。

关于这种父姓的排除的后果，帕特里斯（M. Patris）的临床研究提供了一个极好的阐述，他在1981年的法语精神病学和神经

---

① S. Freud, "*Fetischismus*"（1927）, *G. W.*, XIV, 311 - 317, *S. E.*, XXI, 147 - 157, trad. : D. Berger：《Le Fétichisme》, in *La Vie sexuelle*, Paris, PUF, 1969, pp. 133 - 138.

② J. Lacan, "*D'une question préliminaire à tout traitement possible de la psychose*, *op. cit.*, p. 575.

学大会上提交了这份精神病学的报告。① 在对小安娜临床案例的研究中，两个通常主张父性功能的缺乏的临床维度被极好地凸显出来。一方面涉及父姓的排除，当这个能指在母亲的言说中被否认时。另一方面，涉及母系家族中石祖的流转问题，在此情况下没有留下任何位置给符号父亲、没有可能符号化父亲的法律，同时建立符号性阉割。围绕这两种临床情况，我们重新找到了拉康关于精神病过程的产生当中的能指因果性思想的一段有力文字：

> 我们想要强调的是，值得留意的不仅仅是母亲与父亲本人的相处方式，还有她对待他的话语即语句、他的威信的情况，换言之，即她在法律的推进中保留给父姓的位置。②

我们暂且搁置拉康对精神病的这种研究，之后再回头来看，并考虑来源于父性隐喻所引起的另一个基本后果的论据：主体的切分（Spaltung），以及其对于谵妄言语的影响。③

---

① M. Patris, "*L'Identification au père. Entre l'amour et la terreur du phallus*", in *La Fonction paternelle en psychopathologie*, Congrès de Psychiatrie et de Neurologie de langue française, LXXIXe session, Colmar, 29 juin-4 juillet 1981, Paris, Masson, 1981, pp. 38-47.

② J. Lacan, "*D'une question préliminaire à tout traitement possible de la psychose*" (1957), in *Écrits*, *op. cit.*, p. 579(我做的强调)。

③ 参见下文，第22章："交流公式与作为大彼者言说的无意识"。

15. 主体的切分与经由能指秩序的无意识的到来

在一个呼称之外，父姓的隐喻是精神发展的一个初始过程。除了允许孩子通过进入符号界（并进入母语的实践）而产生为主体之外，它还在这个主体中建立了一种不可逆的精神切分（*Spaltung*）的结构。然而，支配父性隐喻的原则本身只能依靠一种能指的效果，即能指的替换。因而确切来说，正是能指秩序使得主体在其切分结构中产生。另一种说法即主体被语言秩序本身所切分。另外，父性隐喻依赖于源初压抑，即依赖于无意识的到来，其结果是，像这样到来的无意识其自身因而也同样服从于能指的秩序。这个元心理学组织，可能构成了无意识像一种语言那样构成论题之最关键论据，需要被细致地研究，既在其构成原则中，也在其内涵中。

Spaltung 概念本身需要一些预备性的术语学说明。

如 J. 拉普兰歇和 J. -B. 篷达利所提到的①，精神切分的概念已经在 19 世纪末的许多精神病理学的著作中被隐含地进行了表

---

① J. Laplanche et J. -B. Portalis, *Vocabulaire de la psychanalyse.* Cf. : "*Clivage du moi*", pp. 67-70, Paris, PUF, 1967.

达；特别是在关于催眠和癔症的那些著作中。如出现在《癔症研究》①中的一些表达，仅举两例，如双重意识或者精神的分裂，其意思应该理解为精神切分。这个精神切分的概念被 P. 雅内（Jannet），尤其是 J. 布罗伊尔（Breuer）和 S. 弗洛伊德的工作所极大地清晰化。之后，我们发现它被依次表达如下：意识的分裂，意识内容的分裂，精神的分裂。而且，弗洛伊德的无意识的概念正是围绕着这样一些表达而获得了其为人所知的内容。从 1893 年起，弗洛伊德无可争议地提出，在癔症中，意识主体被分离于他的一部分表象。无意识因而作为一个自治之地而出现，它独立于意识的领域、在压抑的影响下被构成。在此意义上，我们已经可以将此精神切分视为一种主体的切分了。

在弗洛伊德那里，精神切分同样找到了一个合适的表达，即 *Ichspaltung*，法语翻译者们将之译为自我的分裂。② 这个概念在弗洛伊德的著作中被逐步澄清，主要是在他 1927—1938 年的工作当

---

① J. Breuer et S. Freud：*Studien über Hysterie*（1893-1895），*G. W.*，I，77-312，*S. E.*，II，trad. par A. Berman *Études sur l'hystérie*，Paris，PUF，1967. a）"在进一步研究这些现象时，我们总会更加地信服于以下事实：意识的分裂，在传统的观察报告中被称为双重意识，它存在于所有的癔症当中。"［Le mécanisme psychique de phénomènes hystériques］（J. Breuer et S. Freud）in *Études sur l'hystérie*，*op. cit.*，p. 8. b）"为了产生表象，心灵展开了一个部分意识、部分无意识的活动。这些表象能够或者不能够变成意识。所以不应该说是意识中的一种分裂，而是一种精神的分裂。"［Considérations théoriques］（J. Breuer），in *Études sur l'hystérie*，*op. cit.*，p. 181.

② J. Laplanche et J. -B. Pontalis，*Vocabulaire de la psychanalyse*. Cf.《Clivage du moi》，*op. cit.*，p. 67.

中。① 如此，"自我的分裂"概念在当中似乎与狭义的精神切分有所不同。如 J. 拉普兰歇和 J. -B. 篷达利所指出的②，"自我的分裂"首先是一种系统内的分裂；也就是说，一种自我机制之内的分裂。相反，弗洛伊德和布罗伊尔在《癔症研究》中所指示的精神切分从一开始就是一种系统间的切分。参考第二个拓比③，我们在这里可以回想起自我与它我之间的一种切分。

因此在弗洛伊德那里，*Spaltung* 概念相对而言似乎是多功能的。一方面，它显示出，精神装置被划分为机构。另一方面，它指示一个精神机构自身被切分。最终，在更一般的水平上，它说明了主体的一部分精神内容在压抑活动之下脱离了主体。

最后一个预备性评述把我们引向 *Spaltung* 一词的意义，因为伴随着 E. 布洛伊勒(Bleuler)的工作，它主要出现在精神病学的领域当中。无论如何，布洛伊勒的 *Spaltung* 不能与弗洛伊德的 *Spaltung* 混为一谈。在布洛伊勒那里，*Spaltung* 术语被赋予了一

---

① S. Freud：

a）"*Le Fétichisme*"（1927）in*La vie sexuelle*, *op. cit.*, p. 133 et sq.

b）"*Le Clivage du moi dans les processus de défense*"（1938），in*Nouvelle Revue de psychanalyse*, *op. cit.*, p. 25 et sq.

c）*Abrégé de psychanalyse*（1938），*op. cit.*

② J. Laplanche et J. -B. Pontalis, *Vocabulaire de la psychanalyse*, *op. cit.*

③ 拓比(学)，topique，自古希腊起使用的、指示地点理论的哲学术语。它在精神分析中涉及精神装置的理论，其假定了一些精神装置的系统，这些精神装置被描述为按照一定次序进行排列的精神地点，它们彼此分化并具有各自的功能特点。最典型的就是弗洛伊德在早期和后期所分别提出的两个拓比学，第一个主要区分了无意识、前意识和意识，第二个则区分了它我、自我与超我的结构。——译者注

个十分特殊的统称意义，指示精神分裂症的一种首要的临床事实。① 因而，*Spaltung* 同时处在一个症候学考虑的整体当中以及一种精神运作的组织原则当中，与精神分析的元心理学观点存在很大差异。布洛伊勒对于 *Spaltung* 的引用在今天被载入了"分裂"术语，在现代精神病学中，仅归属于精神分裂症候群。因此，这个概念涵盖了旧时的一些概念如沙兰（Chaslin）的"不整合（discordance）"或者斯特兰斯基（Stransky）的"精神内错乱（ataxie intrapsychique）"。

对于拉康来说，*Spaltung* 毫无异议地是定义主体性的最基本特征，因为主体正是因为它才产生的；主体因为它而以某种精神模式结构化。因此涉及的不是一种系统内的分裂。*Spaltung* 也没有引入一种系统间的分裂。在拉康看来，*Spaltung* 是建立了一个多系统的精神装置的东西。正因此，它能够被确定为主体的基础切分，其源自主体自身对于一个第三秩序即符号秩序的屈从，更确切地说，这一秩序将作为主体与实在的关系之中介，同时为主体联结想象和实在。这个操作在父性隐喻过程的建立中实现，其结果是，一个语言的符号（父姓 S2）将隐喻化地指代已变成无意识的欲望之原始客体（母亲欲望的能指，石祖能指 S1），如图 15.1 所示。

---

① 1911 年，E. 布洛伊勒受托为由 B. 阿沙芬伯格主编的精神病学专著编写有关于早发性痴呆的篇章，题目为：*Dementia Praecox oder Gruppe der Schizaphrenien*，Handbuch der Psychiatrie, Franz Deuticke, Leipzig, 1911, pp. 284-379, 501.61。这个文本从来没有被译为法文。有一个 J. 赞坎的英译本：*Dementia Praecox or the Group of Schizophrenia*, International University Press, 1ʳᵉ éd, 1960, 6ᵉ éd, 1964。正是在这个文本中，*Spaltung* 的概念被定义为精神分裂症过程的一个特定的症候学指征。

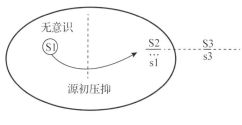

图 15.1

　　如果孩子一无所知地继续像这样通过能指化父姓来命名他所欲望的客体，那么唯一的结论是：孩子不再知道在他所陈述的东西中他说了什么。换句话说，在孩子不知道在他说的话里他讲了什么的同时，他进入了语言。语言因而呈现为这种主体性的活动，通过它，在我们的讲述中，我们讲着完全不同于我们以为所讲的东西。这个"完全不同的东西"，从根本上构成无意识，它不为说话的主体所知，因为它在结构上是与之分离的。

　　由于这个由能指秩序所引起的主体切分，语言因而显示为规定无意识的东西，它使无意识产生并将之保持在一个选定地点。拉康强调：

> 语言是无意识的条件……无意识是语言的逻辑内涵：其实没有无语言的无意识。①

　　说主体被切分，这就已经假定了唯有作为言之存在的主体（存在之言）。而且，也就承认主体的起因依赖于无意识的推动。

---

① J. Lacan, Préface in *Jaques Lacan*, Anika Rifflet-Lemaire, 1ʳᵉ éd., Bruxelles, Dessart, 1970, p. 18. 2ᵉ éd., 1977, p. 14.

换言之，因此承认正是能指秩序引发了主体，前者在一个使无意识产生的切分过程中结构了主体。

拉康理论工作的这些基础论题已经构成了与同代精神分析思想的一个决定性的决裂点。在 H. 埃（Ey）于 1960 年组织的关于"无意识"主题的博纳瓦尔研讨会中所发生的争论可为佐证。① 在此情形下，J. 拉普兰歇得出了截然相反的结论，赞成无意识作为语言之条件的论点，这可能导致了拉康的介入，以便明确表达其立场。②

透过这种主体的切分结构，源初压抑首先参与了无意识的产生。我们已经看到，这个源初压抑选择性指向母亲欲望的能指（石祖能指）。当然，更多的是出于简化教学的考虑，我们只说石祖能指。在这种概念的简化之上，还应看到很有可能会涉及许多可以作为石祖能指起作用的不同能指：所有这些能指都可以指示母亲欲望范畴的某个东西。我们将这样的能指称为原始能指。也就是一些提供隐喻替换的可能性的能指，其结果，它们将构成一个无意识的核心：源初被压抑物。

这个原始能指的源初被压抑物可能在弗洛伊德 1915 年发表的压抑理论中被重新确定。③ 弗洛伊德将压抑过程描述为在三个时间中组织起来的机制：（a）源初压抑；（b）狭义压抑或者事后压

---

① H. Ey（sous la direction de）：*L'inconscient*，6e colloque de Bonneval，Paris，Desclée de Brouwer，1966. *L'Inconscient：une étude psychanalytique*，J. Laplanche et S. Leclaire，op. cit.，pp. 95-130 et 143-177（discussion）.

② 拉康在《无意识的立场》一文中（in *Écrits*，*op. cit.*，pp. 829-850）重提了他对博纳瓦尔研讨会的干预内容（op. cit.，pp. 159-170）。

③ S. Freud，"*Die Verdrängung*"（1915），*G. W.*，X，248-261，*S. E.*，XIV，141-158，trad. par J. Laplanche et J. -B. Pontalis："*Le Refoulement*" in *Métapsychologie*，Paris，Gallimard，1968，pp. 45-63.

抑；(c)被压抑物在无意识形式中的返回。狭义压抑会受源初压抑的诱导，后者针对一些被强烈投注的基础表象的核；也就是说，针对这些与母亲欲望相连的原始能指。因为这种投注，源初无意识的核心因而具有强烈的吸引力。也正因此，弗洛伊德将源初压抑解释为一种反投注的过程，他告诉我们它"呈现了源初压抑的持久防御，而它同样保证了源初压抑的持久性。反投注是源初压抑唯一的机制"①。

在这些条件下，我们可以提出，正因为父姓能指是一个强烈反投注的客体，母亲欲望的能指才能被压抑并被保持在无意识中。这个源初被压抑物因此能够对其他可能的内容(能指)施加一种非常强的引力。更何况会加入来自如自我和超我这些高级机构的排斥力量。继发压抑或者狭义压抑将在这种双重过程的基础上被制作。因此，继发压抑可以说是永恒化了由父性隐喻所建立的主体切分。它(继发压抑)还同样把无意识的地点创建为一个由言说的结构组织起来的能指的地点，即类似于某种主体丧失了其支配权的语言组织的一个能指组织。正因此，拉康说无意识是大彼者的辞说(主体之彼者的辞说，因为 *Spaltung* 而逃脱了主体)。

无意识地点中这种能指组织的产生，可以通过图 15.2 进行隐喻。

这个图强调了通过连续的"隐喻化压抑"的介入而被组织起来的无意识能指链的逐步构成原理。如此，这个无意识的能指链将服从于原发过程。被压抑能指因而总能在隐喻性或/和换喻性能

---

① S. Freud, "*Das Unbewusste*"（1915），*G. W.*，X，264 - 303，*S. E.*，XIV，159 - 215，trad. par J. Laplanche et J. -B. Pontalis："*L'Inconscient*"，in *Métapsychologie*，Paris，Gallimard，1968，p. 89.

指替换的帮助下返回到主体。比如，这可能是一个在意识的话语链中冒出的口误，它基于这样一个替换的原则：

$$\frac{\dfrac{S_8}{S_{11}}}{s_{11}}（见图 15.2）$$

而且，如拉康所说，"只需要最小的一组能指的构成，就足以在能指链中建立一种双重性，它掩盖了其对主体的重复，而正是在这个话语中的主体重叠当中，无意识将能够如此被说出"[1]。

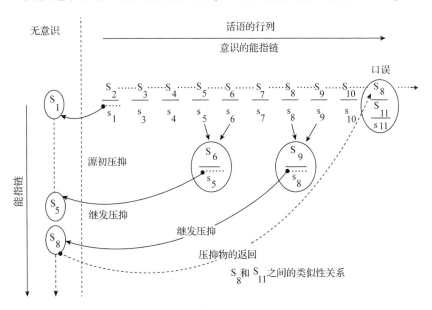

图 15.2

---

① J. Lacan, "*A la mémoire d'Ernest Jones; sur sa théorie du symbolisme*"（1959）, in *Écrits, op. cit.*, p. 711.

16. 主体的分裂：语言中的异化

经由能指秩序所进行的主体切分，建立了主体性的另一个基本特性：主体在语言中及通过语言的异化，这源自于其与符号界所维持的关系类型。正是在此关系中，主体验证了其从根本上非本质的特征，因为它以某种作为主体的方式，消失在能指链中。

语言阐述的特性是通过符号性替代的方式来展现一个实在，这必然造成在真实经历的实在与指示它的东西之间的一种分裂。换言之，指示这个实在的符号性替代并非实在本身，而这个实在是通过它而得以呈现，这与拉康的名言相一致：物必须消失以便被呈现。语言因此被赋予了一种特殊性质，即呈现某实在的在场以造就该实在的这种缺位；也就是说，如拉康所言，"通过已作为一种由缺位所造就的在场的词，缺位本身在无意中被命名"①。在这些情况下，主体与其自身言说的关系之间保持着同样的分裂效果。这就是说，只有以此同样的分裂为代价，主体才能显现在其自身的言说当中：他作为主体而消失，为了在那儿仅仅被呈现在一个符号中。这正是 J. -A. 米勒(Miller)用缝合这一术语确定为"命名了主体与其言说链的关系"的过程，他明确指出"他在那

---

① J. Lacan, *Fonction et champ de la parole et du langage en psychanalyse*, in *Écrits*, *op. cit.*, p. 276.

里作为缺失的元素、以一种替代的方式显现。因为，在那儿缺失，并不单纯地只是缺位"①。我们知道由此产生了某些有利于完成这一使命的符号："名字""我（主语）""我（宾语）""你""他""人们"。即一些代-词（在该词的词源学意义上），其功能是确保主体在其言说中的符号性表象。

因此，主体与其自身言说的关系依靠一种独特效果：在言说中显示自己存在的缺位，以此为代价，主体才在言说中被现时化。此外，这种关系再一次显示主体的切分结构，它强调，刚刚在语言中产生的主体迷失在这个使之产生的语言之中。不仅主体并非语言的原因，而且他是因它而产生的。这就是说，因语言而产生的主体只是以一种效果的模式而位于语言之中的；这种语言的效果，一旦它使主体存在，就即刻隐匿其存在的真实性。拉康把这种隐匿指示为主体的消逝，这迫使主体只能透过其语言，在通过掩藏其自身而使其异化的一个表象、一个伪装中去理解自己。这种主体在其自身言说中的异化即狭义的主体的分裂。

语言是一个对立的符号系统，即一个能指，在一个能指链中，相对于其他所有的能指而获得意义。这个索绪尔用符号价值来规定的特性，我们看到它与拉康的铆定点概念是同外延的②，如图 16.1 所示。

---

① J. -A. Miller, *La Suture* (*éléments de la logique du signifiant*) in *Cahiers pour l'analyse*, 1966, 1-2, p. 39.
② 参见上文，第 5 章"语言学符号的价值与拉康概念中的铆定点"。

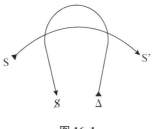

图 16.1

　　铆定点隐喻了语言的这种特性，它表明在话语链中，一个能指只在事后才获得意义，因为交付意义的——回溯性地——是最后一个被放置的能指。①

　　然而，父性隐喻归结于这一点上：如果正是能指秩序使得主体产生，那么主体的存在只能被呈现于这个使之产生的语言当中。

　　由此得到一个主要的结论，它把主体的关系镶入其言说的秩序之中：能指为了另一个能指而代表一个主体。这一结论，事实上，是由语言系统的内在结构所必然引起的。主体只能借助于一个代表才能出现在言说中，而且，如果是一个将之升级为言说中的主体的能指，那么这只能是从另一个能指的角度而言的。这就是为何主体应该被视为一个能指的效果，且仅仅作为一个效果。无论如何，他都不可能是能指的原因。拉康关于划杠主体($ 划 $)的概念基础整个得自于这一结果。主体只能作为被能指秩序划掉的主体而产生，也就是说自身被划掉：

　　　　一个能指为另一个能指而代表主体，能指的维度因此而

------

　　①　铆定矢径 $\overrightarrow{\Delta划}$ 的相反方向指示了这一特性。

得以建立。这正是所有的无意识形式的结构，即梦、口误以及妙词。这也解释了主体的源初切分的结构。

在大彼者的地点(尚未确定的)产生的能指使还没有话语的存在的主体在那里冒出，但这也是以将之固定住为代价的。他在那儿准备要说的东西……消失了，因为此后只是一个能指。①

拉康明确指出：

语言的效果，是被引入到主体中的动因。因为这一效果，他不是他自身的动因，他携带着分裂他的动因之幼虫。因为其动因正是能指，没有它，在实在中就没有任何主体。但是这个主体是这个能指所代表的东西，而这个能指什么也不能代表，除非是为了另一个能指，听话的主体此后就如此被简化了。

因而主体，我们不对他说话。它(Ça)在说他，而他正是在那里理解自己的，仅仅由于它对他说话，较之以前他就会更为必然地作为主体而消失在他所成为的能指之下，他本来完全是无。但这个无支撑他的出现，这个出现现在由大彼者中对第二个能指的呼唤所引起。②

我们先来解释这个拉康的主要论点的意思和意义：能指是为另一个能指而代表主体的东西。父性隐喻的原理本身首先阐明了

① J. Lacan, "*Postion de l'inconscient*", in *Écrits*, *op. cit.*, p. 840.
② J. Lacan, "*Postion de l'inconscient*", in *Écrits*, *op. cit.*, p. 835.

这个论点。在父姓的隐喻中，替代 S1 的 S2 的出现使言说主体产生，因此，S_2 就是对于另一个能指(S_1)来说代表主体的能指。相同的运作随着能指链的建立不断重复[①]，因为这个话语链被结构化，导致某个符号的意思依赖于其他所有符号的意思。但是，在某种方式上，符号的意思同样也依赖于一种符号化的活动，即符号本身通过一个能指与一个所指相联结而构成。因此，这个符号的出现仅仅是因为一个主体干预了其制作。为此，我们可以把符号的意思假定为代表一个主体的干预的东西。因为符号的意思依赖于其他符号的意思，它就实现了一个主体对另一个符号意思的干预。然而依据能指对所指的优先性，我们有理由这样拆分意思与符号。只考虑能指的话，那么看来一个能指的确是为了另一个能指而代表主体的东西。

还有一点要阐明：在这个与能指的关系中的所指是怎样的？应该从其始发点来考虑这个问题，也就是说在源初压抑的水平之上。让我们重述父姓隐喻的构成时刻的图示，以及通过以下方式进行补充的话语链的建立：

父性隐喻构成之后，进入语言的孩子再也不知道在他所陈述的东西(S_2)的水平上他说了什么(被压抑的 S_1)。在"话语的行列"中，话语链组织成为符号的离散序列，即与所指相连的能指的序列。某些形势可能导致继发压抑，后者以隐喻过程的形式被实现。作为这些过程的结果，某些其他的能指因而变成无意识的(图中的 S_5 和 S_8)。这不是说 $\dfrac{S_5}{s_5}$ 和 $\dfrac{S_8}{s_8}$ 从话语链中消失了。它们出

---

① 参见上文图示：图 14.1 和图 15.2。

现在那里，并仍然是由言语编码所支配的一直可利用的构造。主体在他的词汇中，总是掌握着这些具备某个确切意思的符号，这并不排除这些符号可能在不知不觉中在隐喻机制中相互结合。换句话说，构成被压抑能指（S_5 和 S_8）与言说中的这些相同能指之间的差异的，正是它们在无意识链与在话语链中的登录方式。同时，在狭义的能指之上产生变化的，正是能指的功能。

被压抑能指将以干扰的形式返回到主体的生活中，例如，在一种口误的情况中是对话语链的颠倒（见图 16.2：$\dfrac{S_8}{\dfrac{S_{11}}{s_{11}}}$）。

这也完全有可能是一个梦当中的隐喻性凝缩的情况。可能最有说服力的例子仍然是由恐惧症以及恐惧能指的构造所给出的。

作为例子，我们引用一个年轻女人的皮革恐惧症的临床片断。该恐惧症最初固着在一些皮具之上，后来扩展到皮制的衣物和其他物件之上。同大多数恐惧症一样，有一天她发作了，似乎没有直接的原因。分析逐步地清理出一些材料，使我们能够圈定那些参与了恐惧症客体之制作的能指因素。

最初浮现的是一个与恐惧症的出现大约同一时间的事件：在她 15 岁生日时她母亲给她的一个皮制的手袋。就在之后，她回忆起一个来自母亲的威胁，联系到一个创伤情景。在她 6 岁时，在参观动物园的过程中，她把食物投进了鳄鱼池里。她在那时被吓到了，因为一只鳄鱼迅猛地咔嗒一下合上了它的嘴。之后不久，当她在玩小孩子的游戏过程中手淫时，她母亲过来威胁她说："如果你继续做这种下流事，我就让鳄鱼咬掉你的手!"就这样，鳄鱼变成了性压制的能指，更根本地说是阉割的能指。几年

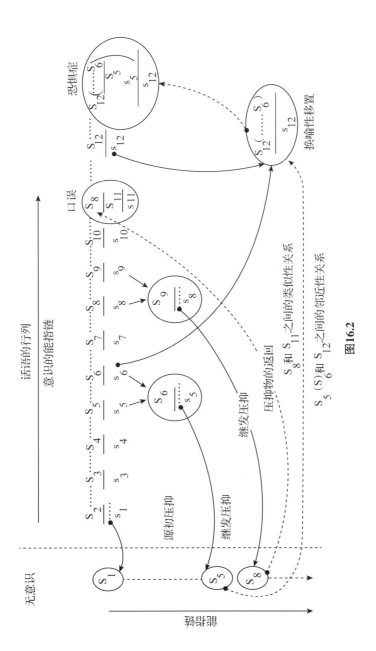

图16.2

之后她还在学校里了解到，人们用鳄鱼的皮来制作某些皮革制品。此后，所有这些有利条件都被结合起来，使得那些能指替换得以组织起来，这将导致在她母亲给她一个皮手袋的那天恐惧症的形成。事实上，母亲的礼物催化了一些无意识能指的联想，它们现时化了阉割威胁和母亲对于性活动的斥责，如图 16.3 所示。

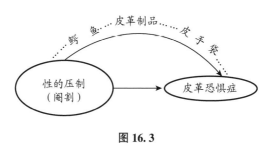

图 16.3

皮革恐惧症看来是一个隐喻性压抑和一个无意识的换喻性移置的组合的结果。

参考图 16.2，我们假定以下一些元素：

$$\frac{S_5}{s_5} \qquad 性的压制$$
$$\qquad （阉割）$$

$$\frac{S_6}{s_6} \qquad 鳄鱼$$

$$\frac{S_{12}}{s_{12}} \qquad 皮革$$

我们可以通过以下一系列的无意识运作理解恐惧症的构成机制：

（1）第一个能指：S_5 由于一个隐喻性的压抑而变成无意识的；

$$\frac{S_5}{s_5} \cdot \frac{S_6}{s_6} \longrightarrow \dfrac{S_6}{\dfrac{S_5}{s_5}} \longrightarrow \enspace \textcircled{s_6}$$

在这个运作过程中，一个新的能指 S_6(鳄鱼)将取代变成无意识的能指 S_5(性压制/阉割)。换句话说，S_6 在意识层面上继续行使着"鳄鱼"的一般能指的功能，但在无意识层面上，它还是一个从此以后隐喻了"性压制/阉割"(其特有能指已被压抑)的能指。S_6 因而也变成了一个无意识的"隐喻性鳄鱼"。

(2)第二个能指的运作之后在一个无意识的换喻性移置的帮助下组成。当小女孩知道人们用鳄鱼的皮制作皮革物品时，能指 S_{12}(皮革)自身将变成"鳄鱼"S_6 的换喻性能指：

$$\frac{S_6}{s_6} \cdot \frac{S_{12}}{s_{12}} \longrightarrow \frac{S_{12}(\cdots\cdots S_6)}{s_{12}} \longrightarrow \enspace \textcircled{s_6}$$

(3)恐惧症要得以组织起来，这时只需要母亲对女儿的一个不祥的干预就足够了：皮制手袋的礼物。这个母亲对女儿的干预凝聚了一个最终的能指替换，其结果就是所谓的皮革恐惧症：在前面的换喻结构中，因为能指 S_6(鳄鱼)无意识中还是"隐喻性鳄鱼"，它突然运转起来，这从而使得能指"皮革"S_{12} 换喻性地与被压抑的性压制能指 S_5 联系了起来，在这时，恐惧症发作了。

那么我们可以在以下的能指替换中用图 16.4 来表示皮革恐惧症：

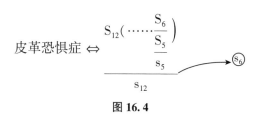

$$\text{皮革恐惧症} \Leftrightarrow \frac{S_{12}\left(\cdots\cdots\dfrac{\dfrac{S_6}{S_5}}{s_5}\right)}{s_{12}}$$

图 16.4

这些能指替换的结果强调了"皮革"能指同时指示着与皮革的观念完全不同的东西。这就是为何这个女人知道皮革是什么，却在同时又不知道她为什么会害怕它。而她不可能知道，因为在 S_{12} 继续反映的一般意义之外，它还在她不知道的情况下隐喻地及换喻地联系于无意识的 S_5。

总而言之，所指的命运相对于能指来说是次要的。从无意识的角度而言，唯有能指的那些替换是决定性的。在此意义上，主体与其自身言说的关系因而首先是一种在能指中以及经由能指的异化关系。尽管那些所指继续发挥着其自身的作用，然而特别是主体的分裂——在存在之言那儿——定义了他与能指链的异化关系。在主体身上，其欲望的真相在根本上屈从于言说秩序，即可为佐证。

17. 无意识主体—陈述主体—所述主体

在拉康的观点中，主体的划分意味着必须把我们主体性的一部分定义为无意识的主体，欲望的主体。通过 *Spaltung* 的效果，主体与其言说的关系的连接本身给出了这一结论。我们在拉康于《无意识的立场》中所提出的分析摘要中找到了其简要表达：

> 因而主体，我们不对他说话。它(Ça)在说他，而他正是在那里理解自己的。①

主体被能指秩序所切分，所有与此事实相关的元心理学的结论都隐含地集中在这两句话中。"它说"在此将指涉在其存在中的、在其欲望的真实性和真相中的主体。这样的一种真相，主体显然无法自己去说它，既然他从来都只是被呈现在其自身的言说中而已。他只能让真相说话。在父性隐喻之后，我们发觉正是 S2 让 S1 说话，因为主体的欲望(S1)只能以一种替代能指(S2)的方式才能让自己被听到。主体，在其欲望的真相中，因而被语言的维度所遮掩。相反，主体的欲望，它在他自身的言说中说它，而

---

① J. Lacan, "*Position de l'inconscient*", in *Écrits*, *op. cit.*, p. 835.

他对此一无所知。在此意义上，欲望因而似乎与无意识的维度是同外延的。在其欲望真相中的主体因而可被假定为无意识的主体。指示着这个无意识主体的"它在说他"，构成了我们必然被隔离开的、仅仅被呈现在语言中的东西。相应地，言说主体总是在"话语的行列"中讲着其欲望的某个东西。我建议在以下方式的能指链接中来图示化地阐释这种无意识主体、欲望主体的影响，如图 17.1 所示。

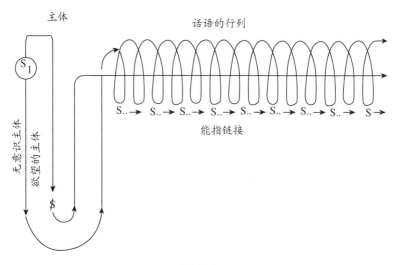

图 17.1

然而，使主体作为 8 而出现的语言是一种话语的技巧，它因此应该被联系于言说的通常结构。而一个言说的发出，假设规定了该言说的两个矢径可被确定下来：言说的所述矢径与制造该所述的陈述行为。但是这种语言学中经典的区分，在拉康的观点中，对于规定言说主体所维持的与无意识和欲望的关系来说是很根本的。

研究拉康如何利用这种区分的意义来生动地引入无意识以及其主体之前，我们先回到所述与陈述之间的这个区别在语言学中可能获得的意义，以及可能产生的结果。

语言学中，所述意味着什么？首先，即由一位说话者所讲出的一些词语的一个完成序列。一个所述的结束通常由言说主体所制造的一个沉默所确保，他以此来断句。此外，每一种言说都因一系列质量上不同的所述而被特征化。

自 1932 年巴利（Bally）的《普通语言学和法语语言学》专论发表以来，人们在传统上将所述与陈述对立起来。如同人们在制造和制造品之间所做的区分一样，这一对立基于同类型的区分。如果陈述在事实上是一种个人的言语行为的话，那么所述就应该被看作为一个陈述行为的结果，也就是言说主体的一个创造行为。

因此，陈述提出了某些语言学的问题，已然谈到的事实是，它是一种语言行为，即说话人的一种有意的自发性。然而，导致一个所述产生的整个因素与行为是复杂的。语言学的某些流派系统性地研究了这种话语行为的特性。我们特别要提到牛津语言学派，J. -L. 奥斯汀（Austin）①是当中最为杰出的代表之一。我们还要提到剑桥大学（美国）的约翰·塞尔（Searle）②，他十分关注陈述的问题。

奥斯汀努力地想要搞清楚，特别是当人们发出一个陈述时发生了什么。这首先导致他去弱化（而哲学通常更强调）言说的某些所述的特点：肯定性所述。其实，某些肯定从陈述行为的角度来看可以被宣告为真或假。奥斯汀因而区分了来自一种表述陈述的

---

① J. -L. Austin, *Quand dire c'est faire*, Paris, Seuil, 1970.
② J. Searle, *Les Actes de langage*, Paris, Hermann, 1972.

真正的肯定，与做了某事但并不因此被宣告为真或假的那些肯定：施为陈述。后面这些陈述行为因而看来是允许我们用话语本身来做事的一些陈述。正是在此意义上，奥斯汀被引至以下结论：一切陈述首先都是一个言说行为，其目的在于实现某事。

其次，奥斯汀的研究将促使他试图将这个陈述行为的方面作为言说行为而独立出来，他将把这个方面确定为话语的以言行事的价值。换言之，这涉及话语的一个方面，它能够实现某事，因为它构成某行为的一个部分。而奥斯汀引用以下施为句为例：对于以下经典的问题"您是否愿意某某成为您的妻子/丈夫?"当事人用以回答的这个"是"，从理论上来说是一个"施为的是"："作为开始，我通过一些例子把你们的注意力吸引到某些很简单的陈述之上，它们是大众所熟知的表述行为的或者施为的陈述。乍看之下，这些陈述似乎是'肯定'的，或至少包含着其语法修饰。但是我们看到，当进一步对它们进行研究时，它们显然并非是可以成为真或假的陈述。是'真'或'假'，这却正是一个肯定的传统特征。大家还记得，我们的例子之一就是'是'的陈述(我将这个女人作为我合法的妻子)，就如它在一个婚礼上被表达那样。在此我们说，在说出这些话语的同时，我们更多的是做了某事(我们结婚)而非意识到某事(我们结婚)。"①

应该承认，奥斯汀所指出这种细微差异在此情况下并非是微不足道的，因为它证明陈述严格来说与所述的提出是不同质的。因此，人们可以在语言学中通过一定数量的参数来限定陈述。但最为重要的参数仍涉及主体在其所述当中的呈现。这样一个参数

---

① J.-L. Austin, *Quand dire c'est faire*, *op. cit.*, p. 47.

必然反映了使主体呈现在其所述中的那个代表的性质，我们特别将之指示为所述主体。这一参数将总是以某一特定形式引入所述主体——根据它是被明确呈现的，或者相反的是相对缺位的。

经常地，主体通过"我（Je）"而实现在其自身的所述中，但所述主体还可以在"大家""你""我们"等当中找到适合的代表。对于主体来说，这些代词构成了一种显示对于其自身所述的某种主体性中立的方式，因此方式符合比如教导性言辞中的规则。在这种由事实所述所构成的言说中，主体以普遍性或者全称性的方式说出一些命题如："地球围绕着太阳转动""我们说所有的人都是要死的"。

这些所述事实上呈现了这一特征，即在所述主体与陈述之间挖开一段距离。相反，当主体出于自身考虑而说出一个所述"我要去电影院"时，这个距离似乎有缩小的趋势。然而，这样一种所述中的"我"仍然是主体在言说中的一个代表，甚至更确切地说，是主体在其陈述的活动本身当中所召唤的一个代表。因而应该区分狭义的所述主体与像这样在言说中召唤它的其完全主体性的参与。这种主体性的参与——它在一个言说中现实化一个作为所述主体的代表——将被确定为陈述主体。这里涉及说话者，因为他被考虑为一个主体单位，他是所述产生的地点和动因。

在某种意义上，在所述主体与陈述主体之间因而有一种对立，而这种对立只不过是重复了在主体的内部由主体的分裂所带来的对立。

所述主体与陈述主体的区分直接反映出拉康所指出的"所言（dit）"与"言说（dire）"的根本对立，与之相伴的结果关系到从来只能半说的主体的真相。

我们来参考拉康在《冒失鬼》中所讲的一些话：

> "它不说不行"，我们看到这是许多事物、大部分的情况，这里面甚至包含弗洛伊德的事物，如此我将之确定为真相的所言……正因此所言不说不行。但是，如果说所言总是装扮成真相，这却从未超越一个半说，言说与那里的联结只是外在的（ex-sister），即并非出自于真相的所言维度（dit-mension）。①

由于主体通过语言而产生，因此它正是在能指链接的活动本身当中、也就是说在陈述当中产生的。但是，我们已经看到，这个主体刚刚通过语言而产生，他就在当中迷失了其存在的真相，只能通过被代表而存在于其中。同时，对主体的真相而言，它只发生在主体自身得以产生的方式中，即语言的链接中、他的陈述当中。鉴于此，无意识的主体、欲望的主体因而被确定在陈述主体的水平之上，如同拉康所强调的："无意识的在场——为了置身于大彼者的地点——要在其陈述的一切言说当中去寻找。"②

无意识因而出现在说当中，而在所言当中，主体的真相消失了，而仅仅以所述主体的面目出现，因而为了让自己被听到，主体的真相没有别的出路，只能在那里半说。

从这些现实化了主体的分裂结构的"所述/陈述"或"所言/言

---

① J. Lacan, "*L'Étourdit*" (1972), in *Scilicet*, 1972, n° 4, p. 8.

② J. Lacan, "*Position de l'inconscient*", in *Écrits*, *op. cit.*, p. 834.

说"的对立中，引出了一个在治疗实践水平本身之上的逻辑结果。这特别涉及悬浮注意的问题，以及它所提出的一些含糊不清的不同因素。

拉康在对无意识的研究中所强调的所述主体与陈述主体之间的主体性对立，带来了关于悬浮注意的一个重要的新观点。

在他们的文章《（平均）悬浮注意》中，J. 拉普兰歇和 J. -B. 篷达利①非常详细地指出了精神分析家在其实践活动中的这种特殊的主体态度所引起的不同困难。这一"技术的"指示首先在于尽可能地悬置那些依据判断的倾向性而调动并支撑注意的通常动机，以及其他的个人见解。根据弗洛伊德的观点，这样一种悬置会有助于分析家自己的无意识活动，因为他不会先验地赋予患者的多种言说元素以特殊重要性。弗洛伊德自其 1912 年的论著《就分析的治疗给医生的建议》②开始就明确地提出了这一论点，其中，他明确指出，正是在这种主体性态度中，分析家能够记下患者的言说中的多元性元素，这些元素中的某一些，在后来将被证实维系着与主体欲望相关的无意识的连接。

尽管弗洛伊德已经把悬浮注意设定为与病人的自由联想态度相关联的态度，这一规则仍然激起了某些基础问题，就像 J. 拉普兰歇和 J. -B. 篷达利所指出的那样。③ 我们首先要注意，作为悬

---

① J. Laplanche et J. - B. Pontalis, *Vocabulaire de la psychanalyse*, " *Attention (également) flottante*" Paris, PUF, 1967, pp. 38-40.

② S. Freud, " *Ratschläge für den Arzt bei der psychoanalytischen Behandlung*" (1912), *G. W.*, VIII, 376-387, *S. E.*, XII, 109-120, trad. A. Berman: "*Conseils aux médecins sur le traitement analytique*", in *Technique de la psychanalyse*, Paris, PUF, 1953, pp. 61-71.

③ J. Laplanche et J. -B. Pontalis, *Vocabulaire de la psychanalyse*, *op. cit.*, p. 40.

浮注意原则之基础的弗洛伊德式直觉是建立在以下观点之上的：试图在分析家与其病人之间建立一种无意识与无意识的交流。他在以下著名的电话隐喻中解释说："简而言之，分析家的无意识应该针对病人所浮现的无意识运转，就像电话的听筒对于呼叫器一样。如同话筒将来源于声波的电话振动重新转变为声波一样，医生的无意识同样能够，借助于那些抵达他的、病人的无意识之衍生物，重建这个产生出丰富联想的无意识。"①

这样一个过程不可避免地引起一个重要问题：通过悬浮注意，分析家自己怎么能够摆脱其固有的无意识动机的影响？由上一问题引出另一个问题：如果在他的倾听中任何材料都没有先验地被赋予优先权，那么分析家应该从哪些特殊元素开始干预呢？

如果说拉康所制作的元心理学概念确实不能深入地解决这些不同的问题，它们至少在那些地方援引了一种独创的技术性观点。事实上，因为无意识通过联想的过程而出现在主体的言说中，因而悬浮注意似乎在所述及其主体的水平上是尤为浮动的。相反，倾听的敏锐性针对的是言说的维度本身。如果对于分析家来说涉及"接通"他的无意识与患者的无意识，那么对他来说尤其要对能指有敏感性，这些能指超越了在所言中组织起来的所指、透过说而发生。那么干预的时机就由对这些能指效果的标注所支配，干预的地点本身因而被限定于能指的序列。分析的干预摆脱了推动患者理解的问题，或者从他所带来的材料出发进行构建的

---

① S. Freud, "*Ratschläge für den Arzt bei der psychoanalytischen Behandlung*" (1912), *G. W.*, VIII, 376-387, *S. E.*, XII, 109-120, trad. A. Berman："*Conseils aux médecins sur le traitement analytique*", in *Technique de la psychanalyse*, Paris, PUF, 1953, p. 66.

问题。在此观点中，分析家的干预——同样也避免了说明性解释的无效——相反地只专注于通过一种音节划分来对患者的说进行断句，这将在陈述的地点当中让人听到意义的开启，而它必定会在所述结束时再次关闭。

在这一点上，应该回想起拉康所强调的这一名言"一个所言不说不行"；这一名言只不过是重提了他自"罗马演讲"以来就已认可的"话语/语言"的对立：

> 我们因此总是看到我们对于话语和语言的双重参考。为了释放主体的话语，我们将之引入其欲望的语言当中，也就是说初始语言当中，在那里，在他对我们所说的关于他的东西之外，他在不知道的情况下已经在对我们说话了，首先是在症状的那些符号当中。①

分析的干预因而拥有一种语言操作的地位，它发生的方式是在所言序列中的一个能指的切割，以便释放出在言说中被说出的无意识欲望的"初始语言"。

---

① J. Lacan, "*Fonction et champ de la parole et du langage en psychanalyse*" (1953), in *Écrits*, *op. cit.*, p. 293.

18. 主体在自我中的异化—L 图示—主体的排除

　　陈述主体与所述主体的分裂使得通过 *Spaltung* 而分隔的两个主体性维度显然不可能重合。只能通过被代表而出现在其言说中的主体，因而透过他的言说把自己寄托于一个假装的举动中。仅以一种"替代"的形式出现的主体，考虑到他欲望的真相，他说出了一个只能是假装的言说的言说。事实上，主体的切分构成了一个对所有诱惑开放的缺口。在以下事实中诱惑已经产生了：主体说出的关于自身的那些所述提供了一种真正的欺骗，他在其中异化于想象的维度中。换句话说，进入符号——使主体有可能摆脱他最初所属的想象的维度——把他从这种捕获中解救出来只是为了让他更加的陷入其中。事实上，凝结于言说秩序中的所述的"我（Je）"，倾向于越来越多地遮蔽欲望的主体。确切地说，通过这种遮蔽，一种主体的想象客体化将被构成，他的结果只能是越来越多地认同于那些在其言说中代表他的不同"替代"。他就这样进入一种完全的无知，不知道在其欲望的角度中他是什么。主体消失其中的那些多种多样的"替代"倾向于凝缩在一个想象的表象之上，它将成为主体从此以后能够给予自己的唯一表象，透过它来理解自己的唯一表象。这个在其固有地点上的主体的想象客体化就是自我。而且，自我(*Moi*)自以为是我(*Je*)，这句话最为贴切地展现了想象的捕获，而存在之言(*parlêtre*)越来越屈从于此。

由于自我是一个想象的构建，通过它，主体为了自己而透过他自身的表象被客体化，因此整个主体性被一种悖论所损害。

镜子阶段构成了这个精神发展的初始阶段，孩子在这时摆脱了与母亲的双人关系的捕获性维度。通过获得源初身份而展露的主体性之雏形，允许孩子开始发展他的主体性，朝向对符号的进入，由此，他结束了与母亲的想象的反射关系。然而，正是因为这种对符号的进入，才组成了主体在想象中的跌落，其顶点是自我的到来。

如此一种悖论的经济学在拉康以下的表述中找到了其最完美的表达："主体在言语中的悲剧，是他在那里体验了他的*存在之缺失*(manque-à-être)。"①即在此要从欲望的存在的方面、并依据(该主体经由能指的秩序相对于他自己而被建立的)这种无知去理解的一种存在之缺失。

在这个主体性的悖论之外，我们重新回到关于自我的想象问题，以便加以明确，就这一构建(主体在其中被异化)尤其关系到主体而言，它并不是独立于彼者的存在的。因为它是一个主体通过其各种代表而被投射的"形象"，自我只有通过彼者并相对于彼者才能获得它的表象价值。镜子阶段是这一辩证法的一个先兆过程。实际上，在大彼者(母亲)的某种承认的支持下，孩子对其镜像的认同才会成为可能：

---

① J. Lacan, "*Remarque sur le rapport de Daniel Lagache : Psychanalyse et structure de la personnalité*" (1960), in *Écrits*, *op. cit.*, p. 655.

在对镜中身体形象的假定的欢呼中所显示出来的，正是这个最易消失不见的、仅在那儿的边缘出现的客体：目光的交流，孩子转向那个以某种方式见证他的那个人，可能仅仅是因为他见证了他的游戏。①

事实上，只有当孩子揣测到彼者已经将他辩认为此形象时，他才会在他自身形象中认出自己。他就这样从彼者的目光中接收到了赞同：他所感知到的形象正是他的形象。在此意义上，在镜像阶段的水平上逐渐清晰起来的主体性的来临，预示着作为想象构造的自我为何显得如此顽固地依附于彼者的维度。拉康没有放弃对此点的强调。首先是在如下的一些激进的语式中：

如果我们不假定自我是一种想象的构造的话，就无法理解分析的辩证法是如何的。②

另一种十分明确的阐述如下：

我们所谈论的自我完全无法区分于想象的诱骗，在其起源和其身份中、在其功能和其现实性中，后者通过一个彼者并为了一个彼者而从头到脚地构成了它。③

---

① J. Lacan, "*De nos antécédents*" (1966), in *Écrits*, *op. cit.*, p. 70.

② J. Lacan, *Le Moi dans la théorie de Freud et dans la technique de la psychanalyse*, livre II, 1954-1955, séminaire du 25 mai 1955, Paris, Seuil, 1978, p. 284(我做的强调).

③ J. Lacan, "*Introduction au commentaire de Jean Hyppolite sur la Verneinung de Freud*" (1954), in *Écrits*, *op. cit.*, p. 374(我做的强调).

我们再引述《无意识的立场》中的这一小段：

唯一同类于意识的功能存在于自我由其镜像的想象性捕获中，以及在依然伴随着它的无知的功能中。①

除了这三段文字所清晰暗示的主体与其自我之间所维持的想象关系之外，我们可以从中预感到，自我与彼者的关系以某种方式被推定类似于分别由语言与话语所维持的关系。伴随此类似，凸显出一个根本性的问题，即作为进入语言的后果，主体异化在自我中，拉康在他著名的主体间辩证法的 L 图示中分析了这一问题的起因。②

①　J. Lacan, "*Position de l'inconscient*", in *Écrits*, *op. cit.*, p. 832（我做的强调）.

②　J. Lacan, *Le Moi dans la théorie de Freud et dans la technique de la psychanalyse*, séminaire du 25 mai 1955, op. cit., p. 53, 其简化形式：

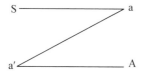

见于："*D'une question préliminaire à tout traitement possible de la psychose*", in *Écrits*, *op. cit.*, p. 548.

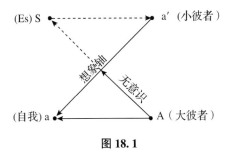

图18.1

我们来解释拉康在他 1955 年 5 月 25 日的关于《弗洛伊德理论中及精神分析技术中的自我》的讨论班中所引入的这个图示，如图 18.1 所示。

S：是主体，拉康明确指出，这是"无法表达的愚蠢存在"①的主体。换句话说，涉及被语言的网所捕捉的主体，他不知道他在说什么。但就主体处在 S 的位置上而言，这并不是他抓住自己的地方。

> 他在 a 处看到自己，因此他有了一个自我。他可能相信这个自我是他，所有人在那儿都是这样，无法摆脱。②

我们看到，这里影射了镜子阶段以及通过一个形象（首先被感受为一个彼者的形象，而后被承认为自身的形象）的身份的获得。因为主体正是从彼者的形象出发而通向他的身份（同一性），因而主体将进入到一个相应于彼者的主体运动当中。因此，主体

①　J. Lacan, *"D'une question préliminaire à tout traitement possible de la psychose"*, in *Écrits*, *op. cit.*, p. 549.

②　J. Lacan, *Le Moi dans la théorie de Freud et dans la technique de la psychanalyse*, séminaire du 25 mai 1955, *op. cit.*, p. 285.

同样也将以镜像彼者的形式（主体在镜中的自身形象）感知彼者，
也就是他的相似者，在图中位于 a′ 的位置上："这个小彼者的形
象与他的自我有着极大的关系，它可重叠于自我，我们把它写
作 a′。"①

　　主体与其自身所维持的关系因而总是以一条虚构线为中介：
aa′ 轴线。S 与 a（自我）的关系因而依赖于 a′，相反地，主体与小
彼者（a′）——其相似者——所维持的关系则依赖于 a。我们由此
可以说是一种由己到彼以及由彼到己的认同之辩证法。关于自
我，拉康对黑格尔的参考正是这样被理解的：

　　　　换言之，支撑我们经验的辩证法，处在主体有效性的最
　　具掩饰性的水平之上，它迫使我们从头到脚地在逐步异化的
　　运动中去理解自我，在此运动中，黑格尔现象学中的自意识
　　得以构成。②

　　图示 L 的第四项由 A 所代表：大彼者。在自我与小彼者的对
称平面的一旁，其实还存在着一个相交平面 A→S，拉康称之为语
言之墙。为了理解赋予这最后一项的功能，首先必须弄清楚当一
个主体对一个彼者说话时发生了什么：

　　　　当主体和他的相似者说话时，他在通用语言当中说，通

　　① J. Lacan, *Le Moi dans la théorie de Freud et dans la technique de la psychanalyse*,
séminaire du 25 mai 1955, *op. cit.*, p. 285.
　　② J. Lacan, "*Introduction au commentaire de Jean Hyppolite sur la Verneinung de
Freud*" (1954), in *Écrits*, *op. cit.*, p. 374. 这个黑格尔辩证法的运动在接下来的一章中
会被提出。

用语言把想象自我不单当作是外在的①而且是实在的事物。
无法知道在进行具体对话的领域中的是何物，它和一定数目
的人物相关，a，a′。因为主体将他们与其自身形象联系起
来，因此他说话的那些人也是他所认同的那些人。②

当一个主体与另一个主体交流时，这个交流（"通用语言"）总
是通过想象轴 aa′的中介。换句话说，当一个真正的主体对另外
一个真正的主体说话时，由于语言所执行的切分，所发生的是一
个自我跟另外一个、但与之类似的自我沟通。其结果就是，对一
个彼者说话，不可避免地等同于和他进行一种聋人的对话。语言
的中介遮蔽了主体，因此使得 S 在对一个真正的大彼者说时，他
从未直接抵达过他。这个真正的大彼者，事实上，被置于语言之
墙的另一边，同样，主体 S 其自身也被这个语言秩序驱逐于他的
主体真相之外：

> 我们事实上对 A1、A2 说话，它们是我们所不认识的东
> 西，属于真正的大彼者、真正的主体。
> 它们在语言之墙的另外一边，在那里，我（Je）在原则上
> 是从未抵达过它们的。从根本上说，每次我说出一个真正的
> 话语时，我所瞄准的正是它们，但我总是由于反射而遇到
> aa′。我总是瞄准那些真正的主体，而我必须满足于一些影

---

① 通过这种书写（ex-sistante/ex-sister）（外在），拉康隐喻了从其言说角度而言的
主体的地位。前缀 *ex*，以及拉丁语的词根 *sister*，实际上指示了总是"被置于……之外
的"主体位置。
② J. Lacan, *Le Moi dans la théorie de Freud et dans la technique de la psychanalyse*,
livre II, 1954—1955, séminaire du 25 mai 1955, *op. cit.*, p. 285.

子。主体被语言之墙分离于大彼者、真实。①

主体间性的辩证法，就其假设了一个真正的大彼者（其存在应被假定缔造了说话主体的发言）而言，最终变化为从自我到自我的一个想象的交流：

> 如果话语基于大彼者、真实的存在，那么语言的事实是为了把我们返回到客体化的小彼者那里，我们能够把小彼者变成我们想要的一切东西，其中包括认为它是一个客体，也就是说它不知道它在说什么。当我们使用语言时，我们和小彼者的关系一直都是模糊不清的。换言之，语言既能很好地把我们建立在大彼者之中，也彻底地阻止了我们对大彼者的理解。②

主体（"Je"）在语言中以及通过语言的异化的整个问题，因而都是为了自我（Moi）的想象而上演的。在此意义上，如拉康说："主体不知道他说的是什么，最好的理由是他不知道他是什么。"③

从此结构性的推论中，因而得出了有关分析治疗经验的一整个明确概念，它无可争议地表达了对于返回弗洛伊德的发现的鲜活之处的最为可靠的依据。"拉康说，分析应以一个真实话语的

---

① Ibid. , pp. 285-286.

② J. Lacan, *Le Moi dans la théorie de Freud et dans la technique de la psychanalyse*, Livre II, 1954—1955, séminaire du 25 mai 1955, *op. cit.* , p. 286.

③ Ibid. , p. 286.

过渡为目标，它连接了主体与语言之墙那边的另一个主体。正是主体与一个真正大彼者、给出意料之外的回答的大彼者的最终关系，定义了分析的终点。"①分析的经验因而取决于从一个空话——被想象轴 aa′ 所中介的话语——到一个实话、一个真话的过渡。对于拉康来说，那正是分析的首要意义，及对其基本目标的假定。他在以下这段杰出的摘录中对此进行了深入解释：

> 在整个分析期间，只要分析家的自我情愿不在那里，只要分析家不是一面活镜子，而是一面空镜子，那么所发生的事情，就发生在主体的自我和那些彼者之间。分析的整个进展，正是这个关系的逐步移置，主体不时地能够超越语言之墙而抓住它，比如属于他的、而他却不承认的转移。……分析在于让他意识到他的那些关系，不是与分析家的自我的关系，而是与这些所有的作为其真正的回应者、他尚未承认的大彼者们的关系。涉及的是，主体逐步地发现他真正地在对哪个大彼者说话，尽管是在不知道的情况下，他逐步地在他所在的位置、在他最初并不知道他所在的那个位置上去承担起那些转移的关系。②

弗洛伊德的著名格言 *Wo Es war, soll Ich werden*，在此出现在拉康所赋予它的词义中。对于不恰当的翻译"自我应该驱赶它我"，拉康在他关于分析目的的构想路线中提议："S 所在之处，

---

① Ibie., p. 288.

② J. Lacan, *Le Moi dans la théorie de Freud et dans la technique de la psychanalyse*, Livre II, 1954-1955, séminaire du 25 mai 1955, *op. cit.*, p. 288.

Ich 应在。"①也就是说，应该踏足它我的不是自我。以前一种前景为目的的分析，照拉康看来，可能会和自我心理学以及其他起规范和教育作用的心理矫正所重视的"强大自我"的那些策略结盟。对拉康来说，正好相反，自我应该逐渐地让步于 Es。而这个 Es，他明确指出"你们要把它当作字母 S。它在那儿，它一直都在那儿。这是主体"②。正是在此方面，自我的想象在分析中应该被处在其欲望的真实性中的主体所替代，其欲望的真相受到过多损害，就是因为主体在其分裂处的惯常异化。

借助于 L 图示，我们有可能重新回到这个异化的问题来试图评估其最为刻板的那些方面，它们被显示在教导性知识的发展中，而无意识的主体在那里是被排除了的。

在 L 图示中，主体的异化定位于 a→a′轴的旁边，它被运用于此。被语言秩序分离于其自身的主体，通过一个在 a 的位置上、自我的位置上发挥作用的"替代"而被代表。根据这一原理，自我能够装作"我(Je)"（主体）。换言之，所述主体似乎是在自我的地点中被想象性地召唤的主体，他不知道他在此被异化。在这种情况下，如果"缝合"表达了"主体与其言说链的关系"③，我们可以根据主体通过自我的异化程度来更准确地确定其影响。

参考拉康的这些论点，事实上有可能指出，依照言说的连接类型，真正的主体在代表他的这个所述主体中看来或多或少地被塞住了嘴巴。从此观点出发，某些言说策略在对无意识主体的驱

---

① Ibid.

② Ibid.

③ J.‑A. Miller: *La Suture*, in *Cahiers pour l'analyse*, *op. cit.*, p. 39.

逐中显得十分彻底。

这在所有的理性言说的策略中尤其明显，在那些科学的、数学的、逻辑的言说中更是如此，所述主体在当中以最漂亮的方式产生了自以为是这种主体的错觉。我们可以约定将这种真正主体的异化——为了有利于一个有优势的、在此情况中被指示为知道的主体或者认识的主体的替代——命名为主体的排除。

在某种方式上，知道的主体的活动是一种通过理性方法来规定事物的真相甚至主体自身真相的活动。因为他像这样承担了某些真的（或假的）所述的提出，这个知道的主体因而被提升到了认识论主体的高度。然而，这个由他自己为了自己而宣布属于真实知识的认识论主体，只有在他掌握了适合这一效果的言说工具的情况下，他才会产生关于其真相的错觉。而这样一些工具不足以保障一个肯定性认识的展开，除非是因为它们抵消了无意识的主体。出于这个原因，认识论主体必然横行于自我之地。如此，他似乎是自我的想象性能的最高成就，这些性能在一些完全服从于某个理想（它既涉及主体又涉及这个主体所追逐的客体）的言说范式中达到顶点。在主体方面，这个理想体现在超验主体①的类别之中。在目的方面，我们与绝对知识的观点相遇。同样，这两个理想的选择在科学理性主义中找到了它们最有利的表达。在科学的言说中，我们可以说缝合程度是最令人满意的，因为在那里无意识主体的嘴巴被最完美地堵上了。为了更进一步，我们还可以研究这种"塞子"在不同的科学学科领域中的认识论的类型和结

———————

① 即在康德术语的意义上，也就是说参照认识的先验条件。

构，以便在当中凸显出，如我已经指出的那样①，在主体的排除
中起作用的参量的性质。

① J. Dor，a）"*Suture scientifique et suture logique du sujet de l'inconscient*"，第四届
国际精神分析大会的报告会，1981 年 1 月 28-31 日，米兰。

b）"*Scientificita della psicanalisi? Una sovversione della cultura scientifica*" in Vel，Come
Comminore nel cielo-Saggi di formazione psicanalitica，1982，no 16，pp. 149-159.（第一届
国际精神分析运动大会的报告会，罗马，1982 年 1 月 28-30 日）。法文重载于 *Spirales*，
1982，no 13，p. 61 et no 14，pp. 63-64.

19. 意识的辩证法与欲望的辩证法

在与黑格尔的意识之辩证法相呼应的镜子阶段的原始认同——如 L 图示(见第 18 章)所假设的那样——之外，对于拉康而言，整个欲望的动力学也在这相同的辩证运动当中组织起来。事实上，欲望似乎总是从根本上被结构为"对大彼者欲望之欲望"。鉴于这两个原因，我们需要通过粗略的陈述来重提黑格尔在《精神现象学》①中所涉及的意识和欲望的辩证法。

L 图示强调主体 S 只能在 a 中抓住自己，也就是说作为自我。然而，对于主体来说，自我的发生只能通过对其镜像的认同：要么是对于他在镜子中的自身形象，要么是对于相似彼者的形象。主体与他自己所维持的关系因而依赖于 a 和 a′，以至于我们能够谈论一种真正的从自己到彼者和从彼者到自己的认同的辩证法，这就重新回到了黑格尔辩证法的范畴。

在黑格尔那里，意识辩证法的构想的形成，是为了试图理解主体在其表现中与其自身关系的构造运动。

黑格尔将此运动的源点置于自己的直接在场的水平之上，即他用源初身份来指示的东西。这涉及一个运动的出发点，在此运

---

① Hegel, *Phénoménologie de l'esprit*, trad. J. Hoppolite, 2 vol., Paris, Aubier - Montaigne.

动中，意识还未进入与其自身的关系中：这即是意识的自在。

第一时刻

辩证法的第一时刻是自己与己身的分离时刻。这个外化的运动是必不可少的，如果意识能够与其自身发生关系的话，也就是说构成为自意识，如图 19.1 所示。

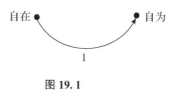

图 19.1

因此，意识首先被作为客体而分离于自身，而只有在这种自客体化中，它才能够拥有对某个外在于自己的事物的意识。这某个事物是自为，而第一个时刻也应该被假定为自为的自客体化。

对黑格尔来说，精神在自身之外的异化从这第一时刻开始。事实上，在外化运动结束后，意识把其自身的客体化当作给定的客体化，由于自为是自在意识的一个外在客体。意识因而已经以某种方式被异化了，因为它尚且只具有这种客体性意识，即它自身。

第二时刻

第一时刻的假定只是为了意识能够与其自身产生关系。同样，第二时刻只能被假定为返回的运动、自反运动，如图 19.2所示。

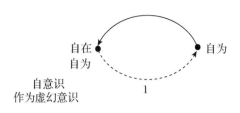

图 19. 2

在这个返回结束时，意识变成了自意识，因为它从此之后把自身理解为自身中的自为；也就是说作为自在的自为。因而在这点上，涉及意识的自在自为，因为它有了一个在它自身之外的客体的意识（自为），即它自己。我们可能认为在这第二时刻的最后，意识完全被结构为自意识。不是这么回事。对黑格尔来说，自意识作为自在自为，就是虚幻意识之类本身，因为这个意识从根本上说仍然是主体的。如此，它也是其异化的一个新的证据，因为在第二时刻结束时，意识深信不存在独立于它的客体性。

自在自为意识是一个排除一切与客体性——即在一个思考它的意识之外的客体——的确定关系的主体性。为了摆脱这个虚幻的意识，需要第三个时刻。

第三时刻

在第二时刻结束后，自意识在意识上不知道它是什么。它的确是自为意识，但它只是自在的自为。为了脱离虚幻意识，意识应该重新安置这个作为自意识的双重运动。在此条件下，与自己的关系才会是真正的自意识。

那么，已经建立的主体性（自在自为）必须像这样面对其自身而被客体化地放置、重新与其自身建立关系；它因此为其自身而客体化地成了它曾经只是主体化地所是的东西，如图 19.3 所示。

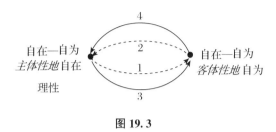

图 19.3

第三时刻因而在一种双重运动中展开：

运动 3

（1）将客体性确定为主体性（自意识）的客体性（自为）。

运动 4

（2）将主体性（自意识）确定为客体性（自为）的主体性。

在运动 3 的结尾，客体性（自为）已被确定为自身对主体性有意识的客体性。运动 4 结束之后，自意识（自在自为）已经被确定为对其固有客体性的主体性。自意识的实现在于以下事实：意识被客体化地构成为自为自在，即作为自为的自在和作为自在的自为。在此统一体水平上，意识成了理性，因此我们可以提出，如同黑格尔所阐述的那样：思想是这样的活动，它面对自己以便成为自为并在这另一个自己中成为自己。

正是在这样一种辩证运动的原理之上，构成了通过彼者的对自己的认识以及通过自己的对彼者的认识，就如 L 图示所阐释的那样。

在黑格尔那里，相互的认识从一开始就在欲望的维度中以辩证的模式建立起来，它服从于自意识的来临。为了理解其机制，必须事先阐明意识中的客体的地位。事实上，对意识而言，客体维持于一种矛盾，因为它同时依赖于又独立于这个意识。

在某些方面，被置于其自身之外作为客体（自为）的意识使得这个客体独立于它。实际上，在自为（le pour soi）的自客体化中，自为似乎在第一时刻结束时就独立于自在（l'en soi）。但在另一些方面，这个客体也是依赖于它的，因为只有通过在自身中对此客体的思考，意识才是自意识。换句话说，意识假定客体的独立性（自为）只是为了更好地确定其依赖性（自为—自在）。在此意义上，在自意识的水平上存在着对于客体的矛盾性。

欲望的实质的出现正是利用了这种矛盾性。意识不断地欲望客体的独立，只不过是为了把自身装扮成自意识。对于黑格尔，欲望的实质因而从本质上来说是矛盾的：它支撑于与一个不是自己的彼者（自为）的关系，这个关系应该同样也是与自己的关系（自在自为）。围绕此点，才能理解与彼者的关系也是与自己的关系，而与自己的关系也是与彼者的关系。意识事实上建立在一个矛盾的欲望之上。客体应该本身不同于作为自为的意识，但同时它又应该如此，也就是说如同意识本身作为自为—自在一样。由于这个矛盾的要求，意识遇到了一个它从一开始没有意识到的关于客体的真相。这个真相是：意识所假定的独立于它的客体（自为），必然同样是一个自意识，也就是说一个是自意识的另一个自己。而且它也必须如此，以便意识在此客体中自承认为自意识。然而，只有当意识把这个客体归于己时，它才能发现这个真相；即当这个客体成为主体时，它发现这个被置于它对面的彼者，正是它自身。

这个对于客体的矛盾以及意识从中所发现的真相，导致了一些结果。首先，需要承认必然存在着自意识的一种多重性。其次，（意识的）欲望维度无法避免地呈现为对彼者欲望的欲望。最后，一个意识无法在彼者中被承认，除非是因为彼者在意识中被承认。

如果说每一个意识，为了构成自意识，都应该在自身之外放置一个客体，如果这个客体被证实必然是另一个自意识，那么其结果是，每一个意识在放置自身之外的一个客体的同时，就欲望着在这个客体中找到一个自意识。在极端情况下，每一意识都欲望找到一个也同样欲望着它的客体。每一意识因而都欲望通过它所欲望的客体而被欲望着。在此意义上，欲望总是作为对彼者欲望的欲望而构成。

相互承认的辩证法将以欲望的辩证法为基础。如果欲望是对彼者欲望的欲望，这就意味着任何意识都欲望着在彼者中被认出，因为彼者欲望着在意识中被认出。主体性的辩证法处境相同。我欲望着在彼者中被认出。但因为这个彼者是自我，那么这个彼自我（Moi Autre）需要在自我中被认出。换句话说，我不能在这个彼自我中被认出，除非我承认彼者已经在自我中认出他自己；也就是说，如果我承认我是彼者的自我。

黑格尔将这个相互承认的问题指示为双重自意识。其原理作为基础被拉康运用在镜子阶段中和 L 图示水平之上。

在黑格尔那里，相互承认在主奴辩证法中找到了其最完美的说明。

最初，人所具有的身份只是有生命的动物。如此，他只不过是一个有需要的存在。为了获得他的身份，他必须成为欲望的存在，即欲望意识或者自意识。为了进入自意识，有生命的动物必须要消除作为有生命动物的彼者，因为自意识的来临要求能够在彼者中认出自己。但是，相反地，要这么做，彼者同样必须能够在意识中得以自认。在此，欲望的实质因而将在以下事实中找到其表达：一方必然是要在另一方中找到另一个有欲望的意识。他因此必然卷入一场殊死搏斗中，当中的每一方都欲望着消除作为有生命动物的另一方，以便能够在另一方中找到一个有欲望的意识。

然而，这场殊死搏斗的唯一结局是转变成威望的争斗，既然两个主角中必须有一个要屈服。换句话说，殊死搏斗最终只是建立一种奴役关系。一方战斗人员事实上停止了战斗，同时向另一方表示他作为有生命的动物害怕死亡，而在同时，他也放弃了被承认为自意识。从而主人被奴隶所承认，并知道自己被他所承认。从此刻起，这一过程反过来进入到奴隶意识的辩证法中。

奴隶对主人的承认是单方面的。因此，它是无效的。主人的确被奴隶承认为自意识，但他根本没有在奴隶中重新找到作为自意识的自己。他因而是被一个不是自意识的意识承认为自意识的。由于相似的理由，相反地，奴隶也没有在主人中认出自己。可无论如何，作为意识的奴隶也渴望着承认。恐惧让他放弃，但是成为真正的自意识的欲望仍在；奴隶因而是一个自为—自在的意识，也就是说其发展中止于虚幻意识阶段的一个意识。这个自为—自在意识没有为了自己而客体性地、在自己中主体性地重置这个自为自在。

对于奴隶来说，承认将通过奴隶的工作而实现。主人的欲望事实上只能透过一种未被承认为欲望意识而是奴化意识的意识而得到满足。出于这个原因，主人的欲望因而被异化为奴隶意识。唯有奴隶能够给主人所欲望的客体一种人的外形。如果情况如此，那么奴隶给予客体性一个主体意义，因而，他同时给予他自身的主体性一个客体意义。在这种情况下，自为变成了自在，而自在变成了自为。然而，人们正是因此才真正地进入了自意识。

　　总之，显然每个人作为自意识而存在，只是因为彼者作为对立于他的意识而存在。人类个体只有通过彼者的中介才自认为是自意识。然而，为了作为自意识而存在，就必须否认彼者是有欲望的意识。欲望主体的意识的产生所具有的意义，就只在于它对立于一个欲望的彼意识，他要求被后者所承认。因此，欲望从一开始就被构成为对被欲望的欲望，对欲望的欲望，如同拉康将基于黑格尔关于欲望的这个概念而提出的，对大彼者欲望的欲望，分析的经验证明，这个概念从根本上确定了人类欲望的深刻维度。

第三部分

欲望—语言—无意识

父姓的隐喻被拉康假定为一个"结构性路口"，因为它导致了与主体切分的不可还原性相连的多元的元心理学后果。出现在语言中的同时，被构成为切分主体的存在之言（parlêtre），在由此切分本身所建立的无意识地点中异化了其一部分的存在。从根本上，主体的欲望唯一的出路是把自己变成对彼者说的话语。等同于无意识主体的欲望的主体，被隐藏在这个话语（所言）似乎涉及的那个主体（所述主体）的面具之下，使得自己只能在陈述（言说）中被这个话语所指向的彼者听到。

主体的来临因而对于他自身来说是以欲望、语言和无意识的一种不可逆转的交错作为结束的，这种交错的结构从此围绕能指秩序而组织起来。拉康的理论论据因此在逻辑上导致对此交错结构的链接的深入研究。从拉康在需要、欲望和请求之间所引入的初步区分着手，这一区分引出了关于主体的无意识欲望的独特结构。这个欲望事实上倾向于在一种与小彼者的关系中、在"请求对需要的追溯效力"（拉康）中被构成。但正是因为主体与其欲望的初次相遇，发生在这个依赖于需要之意向性的与彼者的关系当中，因而他在此经验的过程中将首先把其欲望体验为对大彼者欲望的欲望。

由此产生的结果完整地表达在以下论点当中：无意识是大彼者的辞说（拉康），由此也定义了这样一种嵌入主体的无意识中的欲望的功能。拉康用以对此进行解释的，是所有那些说明其欲望图形制作中的连续阶段之论据的理论阐述。正因为此欲望图形，拉康从其最早的理论和临床思考开始就已涉及的返回弗洛伊德的意义最终得到确认。事实上，围绕着欲望图形，一些缔造了弗洛伊德式发现的原创性及意义的重要基本概念之间的连接得到整理，即构成主体性的三个维度的交错：欲望、语言、无意识。为此，欲望图形准备就这三个维度各自的以及它们相互作用的动力学进行说明。因此，这一制作似乎也是为无意识像一种语言那样构成这一最初假设所提供的基本结论之一。

20. 需要—欲望—请求

　　导致拉康对需要和请求进行阐述的欲望的问题，只有参考弗洛伊德关于早期满足经验的概念——弗洛伊德在当中确定了欲望的实质及其过程的性质——才具有其充分的意义。因此我们有恰当的理由对此进行一个简短的回顾。①

　　和弗洛伊德一道，我们可以尝试想象在早期满足经验水平上起作用的那些精神过程。我们知道一个冲动要能够被主体所知，那么它起码能在精神装置中找到一个表达的方法，即采取一种代表的形式。在此情况下，在早期满足经验的水平上发生了什么?

　　方便起见，我们来看有关食物满足的研究。冲动过程在孩子

---

　　①　关于弗洛伊德的早期满足经验和欲望实质的概念，主要参考以下文本：

　　a）S. Freud："*Entwurf einer Psychologie*"（1895）in *Ausden Aufängen der Psychoanalyse*, London, Imago, 1950. *S. E.*, I, 281–397, trad. par A. Bermann："*Esquisse d'une psychologie scientifique*", in *Naissance de la psychanalyse*, Paris, PUF, 1956, pp. 307–396.

　　b）S. Freud：*L'Interprétation des rêves*, *op. cit.*, cf. chap. VII "*Psychologie des processus du rêve*", pp. 433–527.

　　c）S. Freud："*Triebe und Triebschicksale*"（1915）, *G. W.*, X, 210–232, *S. E.*, XIV, 109–140, trad. sous la direction J. Laplanche et J. -B. Pontalis in *Métapsychologie*："*Pulsion et destins des pulsions*", *op. cit.*, pp. 11–44.

　　d）J. Laplanche et J. -B. Pontalis：*Vocabulaire de la psychanalyse*, cf. "*Désir*", "*accomplissement de désir*", *op. cit.*, pp. 120–122 et, pp. 4–5.

身上最初体现为一种不快乐的产生，这个不快乐由冲动的兴奋源所固有的紧张状态所引起。孩子处在需要的形势中，要求得到满足。从任何角度来看，在这个最早的满足经验的水平上，该过程的展开基本上是在器官的维度上。因此，这使我们承认，那时为了满足而提供给他的客体无需他去寻找就已提供给他，也无需他拥有它的一个精神表象。在此情况下，在这最初的满足经验中运行的冲动过程，严格来说揭示了一种纯粹的需要，因为冲动在没有精神的中介情况下得到满足。另外，这个满足过程是一种即时快乐——它与冲动的源初紧张状态的减少相连——的起源。

这个满足的最初经验在精神装置水平上留下了一个记忆痕迹，因为同样的满足，今后将直接与确保了这种满足的客体的形象/感知连接起来。对孩子来说，这个记忆痕迹构成了冲动过程的表象。

当冲动的紧张状态重新出现时，记忆痕迹将被重新激活。更准确地说，客体的形象/感知和满足过程所留下的记忆痕迹被复投注了。在最初的满足经验之后，冲动活动实际上再也不可能呈现为纯粹的需要了。它必然是一个与满足的记忆痕迹相连的需要。因而，在随后的满足经验过程中，孩子将辨别这个被兴奋所重新激活的表象。但是孩子会在第一时间混淆对过去满足的记忆唤起与对现时事件的感知。换言之，他混淆了与最初满足经验相连的记忆形象与对现时的冲动性兴奋的辨别。因此，混淆产生在过去满足的重现客体与能够保证一个现时的满足的实在客体之间，因为，根据弗洛伊德的观点，记忆形象的过多投注会引起"与一个实在的感知相同的现实指示"。

因而，孩子在第一时间倾向于通过一种幻觉性满足的方式来得到满足。只有在多次重复连续的满足经验之后，满足的记忆形象才会区分于实在的满足。相应地，孩子将利用这个记忆形象帮助寻找实在的满足客体，因为这个实在的满足客体被假定与记忆形象的客体相符。同时，记忆形象被构成为为了冲动的满足在现实中被寻找之物的模型。

因而，记忆形象在精神装置中的功能是作为冲动过程的动力论的相关满足的一个预示表象。正是在此意义上，我们能够谈到精神分析中的欲望。事实上，对于弗洛伊德来说①，一个冲动的兴奋的辨认与一个满足的记忆痕迹相连，欲望就诞生于对此记忆痕迹的一种复投注："由内部需要所引起的兴奋，在我们可以称作'内部修改'或者'心境变化的表现'的运动机能中寻求一条出路。饥饿的孩子拼命哭喊或焦躁不安。但情况并未改变，因为源于内部需要的兴奋对应于一个持续的活动而不是一种短暂的冲击。除非是当通过某种方式(在孩子的情况中是通过一个外来的干预)我们获得了消除内部兴奋的满足经验的时候，改变才能发生。此经验的一个重要元素，是某个特定感知的出现(在所选例子中是食物)，其记忆形象将一直联系于需要的兴奋的记忆痕迹。当需要再次出现以后，鉴于已建立的关系，一种精神的运动 (*Regung*)将会启动，它将再次投注记忆中这个感知的记忆形象，并将再次唤起感知本身，也就是说重建第一次满足的情境。我们称作欲望的正是这个运动；感知的重现是欲望的达成，在需要的兴奋之后对感知的完全投注是欲望达成的最短途径。"

就欲望不可解除地与冲动过程连接而言(欲望因此而找到了它的基础)，其连接方式是特别的。对记忆形象的复投注通过一

---

① S. Freud, *L'Interprétation des rêves*, *op. cit.*, p. 481(我做的强调)。

种冲动运动而被实现，即一种"冲动的行动"①，它似乎是从冲动兴奋出发的一个在精神中的委派信息。正是由于产生在精神中的第一个联想，冲动运动对记忆形象的复投注才能成为可能。对这样一个形象的复投注因而是一种动力学过程，既然它在另一方面能够预示幻觉形式的满足。而且，欲望的实质应该在这个动力论当中去寻找。在最早的满足中它找到了它的模型，而在此经验之外，它还能够充满动力地引导主体去寻找一个可以保证这种满足的客体。

因而必须承认以下结论：确切地说，不存在现实中的欲望的满足。尽管言说的妥协能够唤起欲望的"满足"或者"不满足"，欲望的维度除了精神现实以外没有别的现实。在现实中找到（或找不到）一个满足客体的是冲动，而它能够这样做完全是根据欲望，因此，弗洛伊德坚持对我们说，它（欲望）调动了主体朝向冲动的客体。但因此，欲望在现实中没有客体。

拉康的发展倾向于确定欲望客体的这种缺乏实在呈现的存在原因。在拉康那儿，欲望的维度似乎在本质上与一个任何实在客体都无法填补的缺失相连。冲动的客体因而只能是欲望客体本身的一个换喻性客体。此外，拉康对弗洛伊德的冲动概念所进行的思考，允许澄清此欲望的概念并将其动力论建立在一个与大彼者的关系框架之中。

在他的讨论班《精神分析的四个基本概念》②中，拉康从弗洛

---

① J. Laplanche et J. - B. Pontalis：*Vocabulaire de la psychanalyse*, *op. cit.*, cf. "*Motion pulsionnelle*", p. 259.

② J. Lacan, *Les quatre concepts fondamentaux de la psychanalyse*, séminaire, livre XI, 1964, Paris, Seuil, 1973.

伊德为了定义冲动的原理而提出的四个参量入手，研究了冲动的概念：起源、推力、目的、客体。在连续两次的讨论班中①，关于在冲动过程中将欲望和其客体相连的连接之性质，拉康给出了一系列极其清晰的评论。

在强调弗洛伊德不仅将冲动指示为"基本概念"，而且是"程式"之后，拉康首先强调冲动似乎应该被区分于需要。需要是一种节律性的生物功能，而弗洛伊德提出的冲动概念似乎尤其服从于一种稳定的推力。

此外，如果说冲动的满足如弗洛伊德所描写的那样达成其目的，那么拉康提出整个升华的问题来反对这一论点。事实上，弗洛伊德把升华描述为冲动可能的一种命运②，冲动在当中找到了一种满足办法，使其摆脱了压抑的命运。然而，矛盾的是，在升华中，冲动的目的受到了抑制，这就重新对其满足的观念提出了疑问。这个问题导致拉康对冲动满足的意义提出了一个一般性的意见：冲动并不必然被其客体所满足：

> 很清楚，我们与之打交道的那些人，那些患者们，并不满足于他们所是的样子。但我们知道无论他们是什么、他们感受了什么，这一切，还有他们的症状，都从属于满足。他们满足某个东西，它可能与他们自己能够得到满足的东西是相反的，或者可能更适合说，他们符合某个东西。他们不满足于自己的状态，但仍然，他们自己在这种不满足的状态中

---

① J. Lacan, *Les quatre concepts fondamentaux de la psychanalyse*, séminaire du 6 mai 1964 "*Démontage de la pulsion*", *op. cit.*, pp. 147–157. Séminaire du 13 mai 1964: "*La pulsion patielle et son circuit*", *op. cit.*, pp. 159–169.

② S. Freud, *Pulsions et destins des pulsions*, *op. cit.*, p. 25.

让自己满足。问题是要知道在那儿被满足的这个自己是
什么。①

　　接下来，通过对客体身份的研究，拉康将更加确定在冲动过
程和满足维度之间所存在的关系。在需要的客体和冲动的客体之
间存在着根本的不同。根据拉康，"从冲动的辩证法出发，如果
我们区分 *Not* 和 *Bedürfnis*、需要和冲动的要求，那么，这正是因
为任何 *Not*、任何需要的任何客体都不能满足冲动"②。换言之，
检验其客体的冲动发现，它不是通过这个客体而被满足的。例
如，如拉康所指出的，在食物的需要中满足冲动的，并不是食物
客体而是"嘴巴的快乐"。拉康在对弗洛伊德文本本身的参考中证
实了这一观点：

　　　　对属于冲动客体的东西，我们清楚地知道它确切说来并
　　没有任何的重要性。它完全是无关紧要的。③

---

① J. Lacan, *Les quatre concepts fondamentaux de la psychanalyse*, *op. cit.*, p. 151.

② Ibid., p. 153.

③ Ibid., p. 153. 拉康在此引述了弗洛伊德以下文本的一个片断：*Pulsions et destins des pulsion in G. W.*, Ⅹ, p. 215. *Es kann im Laufe der Lebenschiksale des Triebs beliebig oft gewechselt werden.* 在其作品，《弗洛伊德和拉康之间的癔症：精神分析中的身体和语言》(*L'hystérique entre Freud et Lacan: corps et langage en psychanalyse*, Paris, Editions Universitaires, 1983)中，Monique David-Ménard 逮住了拉康的一个误解："弗洛伊德并没有写客体确切来说没有任何重要性，也没有写它完全无关紧要。正好相反，其重要性在于它使满足成了可能，而这是因为主体能够接受其多变性。拉康的误解针对的是小写的 *beliebig*(如其所愿，随心所欲)，他用'任意的'，'无关紧要的'来替换。在弗洛伊德的文本中，*beliebig* 是一个副词，它与另一个副词(*oft*)相关联：客体如其所愿地经常改变。任意的微妙性并没有导向一种客体的无关紧要，而是导向改变的必要性，以使性满足成为可能。"*op. cit.*, p. 205.

若果真如此，那么有可能满足这一条件的一个冲动的客体就不可能是需要的客体。唯一能够符合这一特性的客体只能是欲望的客体，拉康将把这个客体指示为客体 a，同时是欲望的客体和引起欲望的客体，丧失的客体。因此，作为永久缺失的客体 a，铭刻了一个任何客体都可能占据的空洞的存在。由此，这样一个客体能够在一个冲动的满足源头中找到其位置，只要我们承认冲动环绕它兜圈。冲动的目的因而不是别的，而就是冲动朝向其起源的环路返回，这能够让我们理解为何一个冲动未抵达其目的却能够被满足。①

伴随着欲望客体的这种引入——拉康确定了其在冲动过程中的影响——从而使冲动过程被区分于需要的维度，我们被重新引向欲望的根本维度，欲望的生成预先假定了，超越需要地，大彼者的存在。拉康的思考在事实上大量贡献于，在弗洛伊德之后，对欲望概念的深入研究，特别是欲望似乎只能诞生在一个与大彼者的关系中。在这样一种经验空间中，欲望既找到了其诞生可能性的条件，也找到了其无法避免的重复的条件。更确切地说，欲望维度对孩子来说将有助于确保一个隶属于需要范畴的机体的俘获，以及从客体阶段到主体阶段的发展，因为，欲望似乎只能通过大彼者的欲望而处在一个与大彼者的关系维度之中。

我们继续采用早期满足经验得以实现的食物维度的例子，初生的孩子在其存在中，从体质上服从于需要的苛求命令。这些机体的迫切要求的早期表现被表达在身体的紧张状态中，其物理刻

---

① J. Lacan, *Les quatre concepts fondamentaux de la psychanalyse*, *op. cit.*, pp. 162-163.

板性构成了身体对于剥夺的反应。孩子自身无法满足这些机体的要求，这呼唤着、同时也说明了一个彼者在场的理由。这种彼者对孩子的养育是如何实现的呢？首先要指出，这些身体表现对于这个彼者来说直接具有了符号（*signes*）的价值，因为是他评估并决定理解孩子处在需要状态中。换句话说，这些身体表现只有在彼者赋予其一个意义的情况下才构成意义。因而我们不能说孩子他利用这些身体表现来向彼者示意某个事情。在这个最早的满足经验水平上，不存在孩子的任何意向性，要把其身体状态调动到可能具有给予彼者信息的价值的一些表现中。相反，如果这些表现对于彼者来说直接构成意义，这意味着孩子从一开始就被置于一个交流的世界中，在其中，彼者的干预被结构为一种对于某个首先被假定是一个请求的东西的回应。通过他的干预，彼者从而直接将孩子归诸一个语义的世界、一个他的言说的世界。在此方面，将孩子登入这个符号性参考中的彼者本身也被授权为对于孩子而言的一个特权彼者：大彼者。

母亲，就这样被提升到对孩子而言的大彼者位置中，她在同时使他服从于她自己的能指世界，一旦她透过提供食物客体而给出一种回应，她将这种回应给予她自己事先解释为一个被假定的请求的东西（身体的表现）。然而，从某种角度讲，我们不能不把这个被假定的请求视作大彼者欲望的投射。

当母亲用需要的客体来"回应"时，满足的最初经验过程在那儿之外得以继续。对于客体的同化作用，孩子身体的反应是一种与需要的满足有关的"机体的放松"。这个放松的时刻又一次被大彼者直接赋予了意义。正因为这个意义的基础是母亲在这个孩子身上所投注的欲望，因而机体的放松对母亲而言再次具有了一种价值，即孩子以"认出的证明"的方式传递给她的一个信息的价值。换句话说，孩子无法解除地登录在大彼者的欲望世界，因为他被大彼者的能指所俘获。

对于孩子身体的"机体放松"，母亲回应以一些动作、字句，这些对孩子来说会是一种延长放松的来源。确切地说，这种回应将在孩子的需要的满足之外让他获得享乐。在此意义上，我们可以划定一个整体满足的地点，由母亲的爱所支撑的外加的享乐将依赖于狭义的需要之满足。只有在这个满足经验结束时，孩子才会处在能够通过向大彼者提出的请求而欲望的位置上。

当需要重新出现时，孩子此后能够为了自己而利用在初次满足经验的精神经历中被给予的意义。在此，我们重新发现了弗洛伊德所描述的过程，其中，欲望的产生基于一个记忆痕迹在冲动兴奋的情况下的再次激活。被冲动运动所复投注的记忆形象，从此后滑入到一个由大彼者的能指网络所装填的经历中。欲望动力论因而能够把剥夺所产生的身体刺激向量化为一种符号组织，而孩子在对重复满足（以幻觉的方式暂时被接受）的等待中越来越有意地针对大彼者使用这个符号组织。因此，在此意义上，对孩子的身体表现的能指化运用构成了对于迫切期待的满足的一个真正的请求。伴随着这一请求，与大彼者的符号性交流被启动了，其结果将是通过父性隐喻而掌握说出的语言。通过这个请求，孩子证明他进入了欲望的世界，如拉康所说，它看来总是处在请求与需要之间。

如果请求首先是欲望的表达，那么它一上来就是双重的。在对需要的满足的请求以外，对"外加"的请求也显现出来，它首先是爱的请求。总的来说，请求是向他人表达和提出的。尽管它针对一个需要的客体，但它根本是"不重要的"（拉康），因为在爱的请求中，孩子欲望着成为（那个满足其需要的）大彼者的欲望之唯一客体。换言之，这个对大彼者欲望的欲望体现在对源初满足的一种"重新-发现"的欲望中，孩子在那时既未请求亦未等待地以享乐的方式被填满。事实上，这个享乐的独特性来自它在最初满足经验中的直接性，在那里，它的确没有经过一个请求的中介。因而从第二次的满足经验开始，请求的中介使孩子面临丧失的维度。在无精神中介地、被直接给予孩子的东西与应该是被请求的、被间接给予孩子的东西之间所产生的差别中，某个东西其实掉落了下来。

欲望的出现因而依赖于对第一个享乐经验的寻找和"重新—发现"。但是从第二次满足经验开始，服从于意义的孩子准备着发出请求以便他的欲望被听到。这因而导致他试图意指他所欲望的东西。然而命名的中介引起了一种不相符，在本质上被欲望之物与使自己在请求中被听到之物之间的不相符。正是这种不相符决定了重新-发现与大彼者的第一次享乐的不可能性。这个曾使孩子享乐的大彼者，就其被寻找、其相遇被期待来说，由于请求引起的断裂，它始终是无法达到和丧失了的。而且，这个大彼者变成了物①——*das Ding*——孩子欲望着其欲望，但支撑此欲望的他的任何请求都永远无法恰当地指示它。

物是无法命名的，其实质注定了"符号完备性的不可能"②，

_____

① 在他的第七个讨论班：《精神分析的伦理》（1959—1960）中，J. 拉康提起了"物"，并开始讲作为一个不可能客体的问题的欲望的问题。

② M. Safouan, *Le Structuralisme en psychanalyse*, Paris, Seuil, 1968, p. 44. 在本书的第一部分（"无意识"）中，作者从弗洛伊德的文本（《大纲》）出发重新讨论了满足经验的问题。

正因为指称确定了与物的不可能关系的事实；请求展开得越多，与物的间隔越大。从请求到请求，欲望从而结构为对需要的客体之外的一个本身不可能的客体的欲望；即请求努力想要意指的不可能的客体。因而欲望的重现不可避免地等同于其自身，作为其基础的是物所留下的缺失，以至于这个空既构成了引起欲望的东西也构成了欲望所追求的东西。这样一个空限定了一个可能被任何客体所占据的地点，除此之外，这些客体所构成的从来都只不过是缺失客体的替代性客体。因而在此意义上，除了把这样一个客体指定为"永恒缺失的客体"（拉康）之外，不存在狭义的欲望客体。拉康将这样一个客体——它同时是欲望的客体又是引起欲望的客体——称作客体 a。客体 a，由于它是某种丧失的证据，因而在这种丧失不可能被填补的情况下，它自身就是产生缺失的客体。

必然区分于需要的欲望，由于它首先是在请求之外的存在之缺失（拉康：*manque à être*），它因此把孩子登录在一个与大彼者欲望的永存关系中。正是因为孩子猜测（比说他发现更好）大彼者的欲望和他自己的一样是缺失的，他才能自己构成大彼者欲望的一个潜在客体；甚至通过对石祖客体的认同而成为有可能填补大彼者缺失的客体。从某种意义上，是大彼者欲望的唯一客体对于孩子来说等于否认欲望的根本实质，即缺失。孩子出于自身考虑越是否认这个缺失的维度，他就越是把自己装成这个缺失的客体而力图否认大彼者中的缺失。相反，承认大彼者中的缺失①是某种不可能填补的东西，证明孩子在其自身欲望的申诉中接受了缺

---

① 这个对大彼者中缺失的承认在拉康的书写中被体现为符号公式：S(Ⱥ)（大彼者中缺失的能指）。

失。这种承认是(如我们所知的)在俄狄浦斯辩证法中展开的石祖重要性的起源本身，在俄狄浦斯结束时，孩子为了欲望主体的位置而放弃了大彼者的欲望客体的位置，此时，他获得了拿回一些客体的可能性，这些客体被选定作为欲望的替代性客体而换喻性地来到丧失客体位置上。

21. 欲望图形 1：从铆定点到饶舌

　　以缺失的维度为基础的主体与其欲望的关系，绝不是建立在先定和谐之上的，因为欲望总是对异于请求所能传递之物的另一个东西（欲望的换喻）的欲望。欲望的悖论即在于此。尽管它建立在一个请求之外，但正是在请求中欲望找到了能指的材料来表达自己，以便使一个在不自知的情况下被说出的主体的无意识真相在请求之外被听到。

　　欲望，被迫在请求的模子中变作话语，因而被语言过程所俘获。然而，由于它在逻辑上先于使其产生的言说序列，因此是整个语言本身落入了欲望的无意识决定性的圈套当中。这种欲望、无意识和语言的交错的最直接证据表现在意义的根本偶然性上。言说在存在之言中的展开强加了这一结果：没有自在的意义。只有隐喻的意义。意义不会出现，除非是从能指链中一个能指对另一个能指的替代当中出现。换句话说，首先涉及的正是能指对于所指的优先性。拉康所提到的这个小故事再次为此提供了证明：

　　　　一列火车到站了。一个小男孩和一个小女孩，弟弟和姐姐，在车厢里面对面地坐着，身旁的车窗外展现着火车停靠沿线的车站建筑，弟弟说："看，女厕所！"姐姐回答："别傻了！你没看见吗，是男厕所。"①

在这个记录了人"使其公共生活服从于分开解手法则"②的公共厕所的小故事中，没有别的，只是提示一个能指只有在必然地反映另一个能指时才进入意义。能指不能代表所指。"男厕所"和"女厕所"对于两个孩子来说并不是两个不同的能指，除非是在它们依据别的能指而与同一所指相关的情况下。

我们已经强调了以下事实，对于拉康而言，能指对于所指的这种优先性导致了关于索绪尔所定义的意义分割的一种不同想法。③ 对于拉康，意义分割似乎把一个能指流与一个所指流直接联系起来，正是通过这一分割，可以暂时停止"否则是不确定的意义的滑动"④。铆定点构成了这个分割的运作，它恢复了在意义的过程中起作用的符号价值的功能⑤：

> 如果我们要找到一个最贴近能指链与所指链关系的方法，那就要通过铆定点这一粗略的形象……
>
> 很明显，比如，如果我开始讲一句话，只有在我说完时你们才会明白它的意思，因为我仍然需要讲出最后一个字，

---

① J. Lacan, 《L'Instance de la lettre dans l'inconscient ou la raison depuis Freud》in *Écrits*, *op. cit.*, p. 500.

② J. Lacan, 《L'Instance de la lettre dans l'inconscient ou la raison depuis Freud》in *Écrits*, *op. cit.*, p. 500.

③ 参见上文，第5章。

④ J. Lacan, "*Subversion du sujet et dialectique du désir dans l'inconscient freudien*" in *Écrits*, *op. cit.*, p. 805.

⑤ 参见上文，第5章。

以便你们理解第一个字在哪儿。①

就铆定点出现在索绪尔的"切口"位置上来说，它在语言学的分割原则——这在结构语言学的创立者那里确定了符号——之外引起了很大的回响。从拉康引入铆定点之后，在言说过程中显现出一个我们可指示为前-语言学的维度：欲望的维度。正是在此意义上，这个分割（即铆定点）的地形学表象构成了欲望图形的基本元素本身。

拉康在相继的两个讨论班过程中逐步制作出欲望图形：《无意识之形式》（1957—1958）和《欲望及其解释》（1958—1959）。②他在《主体的颠覆与弗洛伊德无意识中欲望的辩证法》③中重新采用了其简化结构。

图 21.1 为我们给出了图形的基本构成元素，即铆定点的轨

---

① J. Lacan, "*Les Formations de l'inconscient*", *op. cit.*, séminaire du 6 novembre 1957.

② 这两个讨论班的概要由 J. -B. 篷达利所编写，经由拉康同意刊登于《心理学简报》："*Le Formaitons de l'Inconscient*", 1957-1958, tome XI, ^{os} 4-5, pp. 293-296; 1958-1959, tome XII, n°s 2-3, pp. 182-192; n° 4, pp. 250-256. "*Le Désir et son interprétation*", 1959-1960, tome XIII, n° 5, pp. 263-272; n° 6, pp. 329-335.《欲望及其解释》的几节讨论班已经出版于 *Ornicar ?*: 4 mars 1959: Hamlet, Canevas I, *Ornicar?*, 1981, 24, pp. -17. 11 mars 1959: Hamlet, Canevas II, Ibid., 1981, 24, pp. 18-31. 18 mars 1959: Hamlet, Le désir de la mère, Ibid., 1982, 25, pp. 13-25. 8 avril 1959: Hamlet, Il n'y a pas d'Autre de l'Autre, Ibid., 1982, 25, pp. 26-36. 15 avril 1959: Hamlet, L'objet Ophélie, Ibid., 1983, 26-27, pp. 17-19. 22 avril 1959: Hamlet, Le désir et le deuil, Ibid., 1983, 26-27, pp. 20-31. 29 avril 1959: Hamlet, Phallophanie, Ibid., 1983, 26-27, pp. 30-44.

③ J. Lacan, "*Subversion du sujet et dialectique du désir dans l'inconscient freudien*" (1960), in *Écrits*, *op. cit.*, pp. 793-827.

迹线①，如图 21.1 所示。

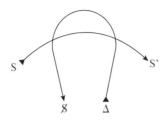

图 21.1　铆定点的轨迹线

在图 21.1 中，矢径 $\overrightarrow{\Delta8}$图示化了对 SS′所体现的能指链的铆定
运作。因此矢径 $\overrightarrow{\Delta8}$是所指的矢径。铆定的隐喻就如此确定了一种
双重的交叉，这阐明了言说的这一特性：伴随着话语序列中的最
后一个词，第一个词以及其后面的词才获得了它们的意义。换言
之，铆定矢径 $\overrightarrow{\Delta8}$的相反方向在图 21.1 中隐喻了索绪尔的符号的
价值，即意义的事后决定性，"每个词都在其他词的构造中被预
料，而相反地，通过其追溯效果来保证它们的意思"②。由铆定的
逆向所呈现的事后的维度因而记录下了对于存在之言的言说的分
析经验的最直接的教育。

如果说铆定点最贴切地阐明了语言过程中所指与能指的连接
原则，那么这种连接却不能被缩减为如图 21.1 所示的那样一个
简单的交叉过程。必须借助于一个更为结构化的表象，拉康在他
1957 年 11 月 6 日的讨论班上为我们给出了其模型③，我们之后将

　　①　J. Lacan, "*Subversion du sujet et dialectique du désir dans l'inconscient freudien*"
(1960), in *Écrits*, *op. cit.*, p. 805.

　　②　Ibid., p. 805.

　　③　J. Lacan："*Les Formations de l'inconscient*", *op. cit.*

以此为依据。那么我们重新提出这个铆定点的图形表象，同时要记得这里面的团状物▲始终代表着一个路线的起点，而箭头意味着终点，如图 21.2 所示。

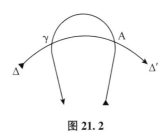

γ　A

Δ　Δ′

图 21.2

在这个新的图形中，能指链由矢径 $\overrightarrow{\Delta\gamma A\Delta'}$ 所代表。

由于能指对所指的优先性，此链因而构成了一个促成隐喻和换喻的操作可能性的有利地点，因为如我们之前已经看到的，隐喻和换喻总是以能指替代的方式被制作。

此外，矢径 $\overrightarrow{\Delta\gamma A\Delta'}$ 在实体上应该由一些音素所组成，即这些没有意义的最小单位，它们的组合将保证能指的产生。

每种语言都总是包含着特定的而数量有限的一些最小区分性单位，通过分析，即在一个话语序列的相同语境下将这样的两个单位进行替换，总能容易地辨别出它们。如果替换产生两个不同的意思，那么所涉及的就是音素。

例如：

"至少有一个第一（as）"

"至少有一个骨头（os）"

丨a丨和丨o丨的替换产生了不同的意思，因而丨a丨和丨o丨是真正的音素。也就是说，音素是由每种语言的编码所规定的，信息正是通过它们的对立系统而得以相互区分的。

因其音素结构，矢径 $\overrightarrow{\Delta\gamma A\Delta'}$ 因而可能潜在性地被用于实现一种能指效果的多元性。

让我们来完成这个铆定点的表象，我们建立一个新的回路，Aββ′γ，如图 21.3 所示。

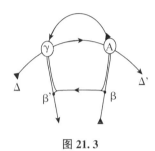

图 21.3

这个新的回路代表了言说的回路，理性的言说，也被拉康称作言说圈。这个言说不是别的，而就是日常的言说、大众的言说，它由义素所组成，即由一些有意义的元素所组成。因此，在言说圈中能指的使用——也就是说，在这样一种言说的运用中组成被编码决定的固定点的东西——被限定了。

编码被定义为不仅能够代表而且能够传递信息的符号（signes）与象征符号（symboles）的整体。这种能力之所以可能，是因为这些符号和象征符号的整体是被预先建立的惯例所支配的。言说编码授权并建立了主体间交流的基础。

由于编码所强加的规定，言说圈因而是一个话语的连接面，就意义在某种程度上被编码自身所规定来说，意义创造的可能性在那里被极大地缩减了。因此，言说圈是一个相对空的言说地点，一个空话的地点。即尽力让自己被听到的存在之言的实际言说的地点。

在这第一个图示当中，两个相反方向的矢径可以表明它们朝向彼此滑动，在两个可轻易识别的交叉点上相交。其中第一个，A 点，是各种能指的使用被固定的点，因而是编码的地点。如此，A 点是符号性参考的地点，也就是说，言说所参照的东西，因为它表达了一种主体间能力，使它明确地区别于没有此符号性保证作为基础的谵妄性言说。编码的地点因而显现为大写彼者的地点，拉康由此同时将之指示为"能指的宝库"和"语言的伴侣"。

第二个交叉点，完成环路的 γ 点，是与能指链相遇的地点，意义将在这里从编码出发得以构成。因此这是信息的地点。

信息是一个信号、象征符号的序列，它符合编码所严格决定的组合规则。信息的意义只能依据这个编码而获得，因为归根结底，领会一个信息的意义，也就是对最初被编码的一个信息的形式进行解码。

因为 γ 点的地点是信息的地点，它同样也是属于说话者的真相维度的某个东西最有可能以一个实话的形式到来的地点。然而，拉康指出，大部分时间中，没有任何真相来到信息的地点，因为言说没有真正地穿透能指链。它在这个链条的下面、在短路上经过，而没有经过从编码到信息的 $\overrightarrow{A\gamma}$ 的大回路。

在图形中由 $\overrightarrow{\beta\beta'}$ 的环节所体现的短路，使得一个言说对此真相完全无法说什么，因为它在不知疲倦地喃喃的重复中转向了空。通过这个短路，存在之言把自己耗费在饶舌（拉康）的空话维度中，这把我们带回到纯粹而简单地证明我们的言说动物状态的维度中：

这是这些什么也没说的话的共同辞说，多亏了它我们确信我们面对自己时不必承认人是野生的，即是一种残忍的动物。①

饶舌的短路通常经过这两个点 β 和 β′，因为这两个点代表了两个重要的机构。β′点是拉康放置换喻性客体的地点，也就是总是被换喻性地委派到欲望客体位置上的客体。② 至于 β 点，它注明了主体，我（Je），即在言说中，说话者的位置。

从这个欲望图形的第一阶段的制作开始，就可以强调某些既被语言学的分析也被分析的经验所证实了的根本特征。

首先，清楚的是，一个信息——无论它是什么——无法被制作，除非存在着这个完整的装置。其次，一个主体的真实话语（实话）无法在信息的地点产生，除非是因为一条能指链在支配其使用的一个编码的监管下得以展开。因此，任何让其言说进入饶舌的短路中的主体，必然使得其被听到的比他打算说的要长得多。这种意义的添加将产自位于装置上部的一种能指制作，就其被置于回路之外而言，它仍是隐含地在场的。

通过从无意识形式出发研究装置整体的功能，我们可以凸显出这种意义创造的构成机制。事实上，如果语言的衔接能够创造意义，那么这只能在隐喻和换喻过程的基础上达成。然而如我们

① J. Lacan, "*Les Formations de l'inconscient*", op. cit., séminaire du 6 novembre 1957.

② 关于换喻性客体的问题，可以参考讨论班《客体关系与弗洛伊德的结构》（1956—1957 的讨论班），拉康在当中分析了涉及小汉斯案例的这样一种客体的功能。（请参考 3 月 6 日、13 日、20 日和 27 日，以及 4 月 3 日、10 日的讨论班。）《客体关系与弗洛伊德的结构》讨论班的摘要由 J.-B. 篷达利所编写，经拉康同意发表于《心理学简报》，*Bulletin de psychologie*：1956—1957, tome X, nº 7, pp. 426-430, nº 10, pp. 602-605, nº 12, pp. 742-743, nº 14, pp. 851-854. 1957—1958, tome XI, nº 1, pp. 31-34.

所看到的，这两种过程一直都是无意识产物所选择的机制。

　　在他的《无意识之形式》讨论班中，拉康提出用一种无意识形式来验证该图形的功能，即弗洛伊德所提到过的妙词"famillionnaire"①，它最为贴切地表明了语言中意义的创造过程。

　　为了切实理解拉康在图形上所展开的对妙词制作的细致分析的出发点，从现在开始需要提出某些补充的理论论据。尤其是希望更彻底地澄清对大彼者的参照的基础特性，这种参照是交流过程的起源本身。这特别涉及要确信在交流中编码是大彼者地点的同位素，并由此得出无意识是大彼者的言说。

---

① S. Freud：*Le Mot d'esprit et ses rapports avec l'inconscient*，*op. cit.* p. 30.

22. 交流公式与作为大彼者言说的无意识

在言说中，"我（Je）"是作为说话者的主体出现的地点。我们已经知道这个拓扑的特性取决于主体的身份本身：主体事实上只在言说中、经由言说而出现，尽管他立即隐匿了。这种主体的消逝源于主体与其自身言说的关系，拉康明确指出其发生在"一个能指是为另一个能指而代表主体的东西"①的事实中。

由此切分结构，产生了一个至今尚未涉及的根本性结果；事实上涉及的是确定在言说过程中在两个地点之间无法消除地建立起来的区分：言说本身起源的地点，与其通过反射而产生的地点。也就是说，应予考虑的，是在言说链接中在大彼者和"我（Je）"之间所建立的关系。

为此，我们必须简单地回顾 L 图示，深入研究某些仍被搁置的点；尤其是连接图示中四项——S，a′，a，A——的不同矢径的方向，如图 22.1 所示。

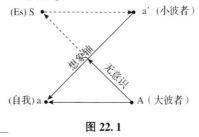

图 22.1

---

① 参见第 16 章："主体的分裂：语言中的异化"。

让我们简要地回想①某些结构化交流的结果，L 图示使它们变得明显。主体 S 从来都只是通过 a 点上的他的自我的形式来理解自己。构造其身份的其自我的形式，其自身仍严格地依赖于镜像彼者，就如镜子阶段为我们指出的那样。因此，主体所维持的与自身及那些彼者（他的客体们）的关系，仍总是在一个相互影响的关系中以想象轴 aa' 作为媒介。主体和其自我的关系必然依赖于彼者，相反地，他与彼者所维持的关系总是依赖于他的自我。这种由己及彼以及由彼及己的辩证法，诱导出一种在主体间交流中极其独特的关系模式。当一个主体 S 努力地与一个主体 A 交流时，他总是错过他的真实收信人，而由于想象轴 aa' 的在场，总是一个自我在与另一个与之相似的自我进行实际交流。换句话说，对大彼者说话的 S 从来都只是在与一个小彼者交流。在交流当中，主体就这样从根本上成了假象的俘虏，其自身的主体性异化将他引入其中。

在 L 图示中，箭头的方向依从这个主体间交流结构的发生顺序。对大彼者讲话的主体 S 一上来就遇到了小彼者（S ┄┄┄▶ a'），后者依据自我和另一个自我的想象性构造的轴线因而将他送回到他自己的自我（a' → a）。拉康强调这种必然是反射的关系的意义，因为一个自我也总是另一个自我，反之亦然。

其他矢径的方向同样需要被明确。我们已经提到从 A 出发朝向 S 的矢径在被 a' → a 打断之后继续其被间断的轨迹（A ┄▶ S）。另一个矢径也是从 A 出发，但通向自我（A→a）。这两条矢径的方向表面看来与先前的那些方向是矛盾的。在一个对大彼者

---

① 参见第 18 章："主体在自我中的异化。L 图示。主体的排除。"

讲话的 S 主体那儿，所发生的好像是，仅仅因为他对他讲话，某个东西从这个大彼者来到了他这儿。但来自大彼者的东西，其来到的方式相当特别，表明其特征的既有指涉无意识的标记，同时也有从与 $a' \to a$ 相交后的虚线的轨迹。因而似乎有某个来自大彼者的东西，它将在对他讲话的主体 S 的话语的衔接本身当中产生影响。同样，这个大彼者的某个东西将直接（实线）撞击在自我的水平上所实现的东西（$A \to a$）。

为了评述这些不同的方向，让我们跟随拉康的建议，以假借于电的传导原理的一种解释性隐喻为基础，"争取做出有魔力的灯"。① 让我们将 L 图示设想为一个电路，想象在符号方向 $\overrightarrow{SA}$ 和想象轴 $\overrightarrow{a'a}$ 的交点处安置一个电子三极管，即由一个阴极、一个阳极和一个栅极所组成的灯，如图 22.2 所示。

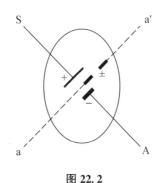

图 22.2

当电流通过回路时，在这样一种装置中将产生阴极对阳极的电子轰击。如果栅极被正电极化，电子将一直被传导向阳极，电流将通过。相反，如果它被负电极化，来自阴极的负电子将被负

① J. Lacan, *Le Moi dans la théorie de Freud et dans la technique de la psychanalyse*, séminaire, livre II, 1954—1955, *op. cit.*, p. 371.

电极排斥，电流不再通过。

根据拉康，这个电子的隐喻最为恰当地表明了想象界($\overrightarrow{a'a}$)得以"打断、划分在回路上经过的东西"①的方式。他明确指出："经过 A 和 S 之间的东西，本身具有一种冲突特性。回路阻碍、制止、切断、打断其自身。"②这一特性也应在话语的主体性回路中被看到。

从这个暗示着符号方向的冲突特性出发，能否——为了一个主体——构想我们能够视为基础话语的一个话语的产物？换言之，能否产生可能证明 S 与 A 之间真实交流的一个实话？即一种不会被 $a' \rightarrow a$ 的想象性干扰所扰乱的交流，从而能够提供证据，证明存在着对一个不是小彼者的大彼者讲的一个话语。这种可能性依赖于以下表面上很平常的问题所意味着的东西："话语是什么？"，即拉康对此给予的简洁回答："说话，首先是对彼者说话。"③

依据拉康，这正是允许从根本上区分一个话语和一个语言的载入的东西。

借助于 L 图示，有可能理解"对彼者说话"的意思。对一个彼者说话的一个主体，总是向这个他必定当作大彼者的彼者传递一个信息；就是说这个他对之讲话的彼者，他在多大程度上被认作为一个绝对大彼者，即一个真正的主体。但是，就主体将之认作为大彼者而言，拉康明确指出，他并不知道他是这样的，因为

---

① J. Lacan, *Le Moi dans la théorie de Freud et dans la technique de la psychanalyse*, *op. cit.*, p. 372.

② Ibid.

③ J. Lacan, *Les Psychoses*, séminaire, livre III, 1955—1956, *op. cit.*, p. 47.

"本质上正是这个在大彼者的相异性中的未知，显示了在说给彼者的话语水平上的话语关系的特点"①。

　　同样，在真正的话语中，大彼者是我们面对他让自己被认出的这个（大彼者），其严格的条件是我们已经隐含地这样认出了他。他必须是这样的，以便我们能够让我们自己被认作为实话的携带者。如拉康所强调的，这意味着"对一个绝对大彼者的认识，超越了你们所能知道的一切，对他而言，认识所具有的价值仅仅是因为他超越了已知。在认识当中你们建立了他，不是作为一个单纯的现实元素，一颗棋子，一个木偶，而是一个无法缩减的绝对，主体将话语的价值本身依附于其存在，你们就在这样的话语中让自己被认出"②。

　　因此，给予我们说出一个实话的动力的，是把真正的交流结构在信息中的起因本身，这种信息，主体以一种颠倒的形式将之结构为来自彼者的信息。换种方式来说，"发送者以一种颠倒的形式从接收者那儿接收了他自身的信息"③。还有一些同样根本的表述，比如"你是我的老师"或者"你是我的妻子"，它们构成同样多的严格来说充分指示着对立面本身的信息，即在话语的呈现中所说出的东西的对立面，由此最为贴切地显示了对大彼者的隐含的承认。

　　在这句"你是我的老师"中召唤大彼者的主体，事实上不言明地明确表达"我是你的弟子"，尽管在他现实的言说中他目前所说的仍是："你是我的老师。"正是因为主体已经暗中使自己被认作

① Ibid. , p. 48.
② Ibid. , pp. 62–63.
③ J. Lacan, "*le Séminaire sur la lettre volée*", in *Écrits*, *op. cit.*, p. 41.

为相对于大彼者的一名弟子，他才能在他的话语中明确地将这个大彼者认作为他的老师。这种交流的结构是绝对必要的，因为唯有它有可能解释主体从哪里得到准许他断言"你是我的老师"的突然判断的确信性。实际上："你是我的妻子——毕竟你们知道些什么？拉康指出，你是我的老师——事实上你们如此确定吗？确切地构成这些话语的基础价值的，正是信息中所涉及的东西，正是彼者是在那里作为绝对大彼者。"①主体放入这个"你是我的老师"当中的保证只有在一个其话语的别处才能有效地作为其支撑；甚至，更确切地说，在一个已经从这个别处到达他的信息中、通过这个信息，他自己已被认作为弟子：

> 你是我的妻子，或者你是我的老师，这意味着——你是仍然在我话语中的东西，而这个，我只能通过在你的位置上发言才能加以确认。这个来自于你，以便在当中找到我所担保的东西的确定性。这个话语是一个保证你是你的话语。作为两个主体的位置之基础的话语的统一性，被表达于此。②

这个隐含信息所来自的话语的别处因而就是大彼者，由此使得人类的语言依附于一个交流的形式，在此形式中，我们的信息以一种颠倒的方式从大彼者到达我们。③ 拉康另一种说明方式是"话语总是主观地包含其回答"④。在此情况下，一切的发生就如

---

① J. Lacan, *Les Psychoses*, *op. cit.*, p. 48.

② Ibid., p. 47.

③ J. Lacan, "*Ouverture de ce recueil*", in *Écrits*, *op. cit.*, p. 9.

④ J. Lacan, "*Fonction et champ de la parole et du langage en psychanalyse*", in *Écrits*, *op. cit.*, p. 298.

同讲话已经被构造为一种回答，以至于人们可以说在真正的交流中，说话，就等同于让大彼者这样说话。

在 L 图示中，我们在主体间交流过程中重新发现了大彼者的这种影响的实现。矢径 $A \dashrightarrow S$ 的方向表示，事实上主体 S 指向大彼者的话语已经以一种颠倒的形式抵达了他。但是这个来自于 A 的信息——因为它是隐含的——在 S 不知道的情况下到达 S；由此就有了沿着从 A 出发到达 S 的这个符号方向被运送的无意识的批注。此外，L 图示中 $\overrightarrow{Aa}$ 矢径的方向在那儿证明这个来自大彼者的信息在到达的同时逃脱了主体。对大彼者讲话的主体 S，在 a 点被听到，这是说话主体的想象性表象的点"你是我的老师"。"我是你的弟子"，这个最初在 A 处被构成的信息，只是因为想象轴 $a' \rightarrow a$① 的中介才以其颠倒的形式"你是我的老师"而抵达他。在此意义上，显然在自我的地点(a)，信息的发出因而完全是被来自于 A 的信息所超决定的($A \rightarrow a$)。

拉康所提及的语言之墙在这个阻塞模式中找到其证明，它阻止了主体与主体的直接交流。因此，我们可以提出无意识如同"大彼者的言说，主体以与指望相符合的颠倒的形式从中接收其自身被遗忘的信息"②。

我们无法更好地揭示这种讲话的后果，除了在拉康限定其最显著影响的文本中，即在《治疗的方向及其力量的原理》中：

我们再次从此重新出发，即对于主体，他的话语首先是

---

① 因此，在与 $a' \rightarrow a$ 轴相交之后是虚线的矢径。
② J. Lacan, "*La Psychanalyse et son enseignement*"（1957）in *Écrits*, *op. cit.*, p. 439.

一个信息，因为它在大彼者处产生。因此，他的请求本身来源于他，并像这样被列出，而不仅仅是服从于大彼者的编码。这是因为它始于这个大彼者的地点（甚至他的时间）。①

作为最后的证据，出于话语结构的原因，我们展现一个临床的例子，它通过谵妄话语的侵入，反向地提供了根本性的证据，证明大彼者的存在是作为符号性参考的保证。

这个临床片断，在《精神病》②的讨论班中被报告过，它来自拉康病人的介绍，其中一位患有偏执狂的妇女和他谈到了以下事件。

一天，当她出门时，她被她隔壁女友的情人、这个好色又特别没有教养的男人给骂了。这个男人讲了一个脏字，她一开始都没有办法去重述。然而，那个脏字，似乎并不是唯一。她承认她自己含糊不清地说了一些欠考虑的话，在经过这个男人时她对他吐露："我刚去了猪肉店。"

拉康从中推断，在这句话中应该有某种对指示下流人物的公猪或者猪的暗示。但为何是以暗示的形式来说出这种评价呢？为什么她对他说"我刚去了猪肉店"而不是简单地说"猪"呢？当她供认在她说话之后那个下流的人确切地回答她"母猪"时，这个疑问消除了一点，因为这就是那个一开始不可告人的脏字。

拉康立刻在那里看到了对交流公式的一种阐述：主体以一种

---

① J. Lacan, *"La Direction de la cure et les principes de son pouvoir"* (1958) in *Écrits*, *op. cit.*, p. 634.

② J. Lacan, *Les Psychoses*, séminaire du 7 décembre 1955："*Je viens de chez le charcutier.*" *op. cit.*, pp. 55-68.

颠倒的形式从大彼者那儿收到他的信息。但是，在当前案例中，这种交流形式在根本上是特殊的，因为在这个精神病妇女那儿，这个信息来自一个小彼者而不是大彼者。此外这是精神病言说的一个特有的表达方式，即这个被预感的、被颠倒的信息并非来自大彼者的地点。

拉康指出，一方面好像"母猪"的信息的确是主体自己的信息，通过反射而抵达她。另一方面，这个交流结构无法得到充分的证实，除非是考虑主体的问题。在此案例中，涉及偏执狂的一种典型形式，它以母亲与女儿之间的双人谵妄方式表现出来。这两个共生性地连在一起的女人，保持着一种孤立的关系和一种与世隔绝的生存方式。女儿结了婚，也不能离开她的母亲，反之亦然。她夫妻状况的悲剧性的演变只会加强这种病理性的相连关系。事实上，这对母女甚至被迫逃避她丈夫的情绪过度，他曾威胁要把他的妻子切碎。此后，拉康说，这两个女人将她们的整个生活都组织在一切男性因素之外，男性变成了永远受摈弃的相异因素。正是在这个完全女性的生活区域内，言说的问题将通过以下模式被构成：这两个女人不再从彼者那儿接收她们的信息，而是她们自己向彼者说出信息。这种在她们之间所建立的交流，就这样毫无例外地被投射到所有彼者那里。

在此情况下，辱骂的出现似乎只能作为在她们的关系中通过一个反射性言说的途径而冒出的防御方式。如果话语的结构使得在我们后面说话的总是大彼者，那么在当前的辱骂情况中，谁说出了"母猪"？拉康假设所发生的是，与下流的人的相遇启动了"母猪"一词的听幻觉，在此它作为对"我刚去了猪肉店"的回应而到达。因为明确涉及一个幻觉现象，邻居的情人因而被假定作为

某个说话的实在的东西而出现。而且，她自己的话语正是从这个
与她相似的小彼者那儿抵达她的。换言之，信息在此没有真正地
以其颠倒的形式而到达，因为在小彼者中的正是她自己的话语。
在实在中被说出的话语不是来自一个对话者的别处即大彼者；它
来自于主体自身的别处——并非符号性参考的别处，而是一个纯
粹主体性的别处。在此意义上，整个交流的图示因此趋向于朝向
谵妄话语的模式颠倒和展开。拉康总结说，讲话不再作为对于来
自于大彼者的一个信息的回复而说出。从这个想象的别处，反过
来，是回复在同时预先假定并诱导了讲话。在这里，正是"母猪"
操纵了"我刚去了猪肉店"。

　　L 图示允许以非常清晰的方式来解释这个谵妄性交流的动力
学，如图 22.3 所示。

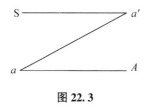

图 22.3

　　我们把邻居的情人放置在 a' 上，在 a 上，是主体的自我。在
当前的例子中，A 被完全置于回路以外。在 a 点上，来自 S 的信
息在自我的水平上通过以下形式被发出"我刚去了猪肉店"。相
反，下流的人，a 的另一个自我，被假设在 a' 中发出了辱骂"母
猪"。说话的人，从某种方式来说，她的确收到了她自己的信息，
以一种表面颠倒的方式来自 a' 即小彼者的信息。那么她所说的涉
及作为主体的她自己的别处。但是，在此，主体 S 没有真正地对
A 说话，后者仍在回路之外。她对 a' 说话，她从那儿得到她自己

的话语，却没有理解"她自己的话语在那个彼者中，即她自己、小彼者、她镜中的映像、她的相似者中"①。就这样，在这个谵妄话语中，如拉康所指出的，"回路在两个小彼者之上关闭了，它们(一个)是面向她的傀儡，它说话，在话里回响着给她自己的信息，和(另一个)作为自我的她自己，它一直是一个彼者并通过暗示来说话"②。拉康强调的事实是，暗示的结构是非常明显的，因为她不知道她说了她自己什么：

> 谁刚去了猪肉店？切下的猪肉。她不知道她说了这个，但她还是说了。她说话的这个彼者，她对他说她自己——我，母猪，我从猪肉商那儿来，我已经被拆散了，身体被分割，残肢断臂，谵妄发作，而我的世界支离破碎，如同我自己一样。③

总而言之，这个例子教给我们，在谵妄话语中，涉及言说主体的一切都在小彼者的地点上被实在地说出，因为大彼者被驱除在话语的回路之外。因此，能够在主体的言说中确立和保证一个实话的真相的东西在同时也被驱除了。

---

① J. Lacan, *Les Psychoses*, *op. cit.*, p. 63.

② Ibid. , p. 64.

③ Ibid.

23. 欲望图形 2：妙词的能指技术中意旨的创造以及语言中无意识的颠覆

　　除了前面被引入第一层次图形制作中的"饶舌"短路①之外，能指的链接也能够使一个实话突然产生。它总能如此，例如，借助于某种无意识形式，后者能够促成意旨创造之真实效果。曾经提到的妙词 *famillionnaire* 的例子直接地阐释了这个能指技术，我们可以在图形上理解其过程。

　　我们已经强调了可能存在于妙词的制作过程与隐喻—换喻构造之间的结构关联性。② 拉康提醒我们，针对妙词的理解，弗洛伊德从一开始就处在一个能指的结构理论当中。而且，如果说妙词首先出自于一个"能指技术"③，那么在所涉及的技术中，所指的作用是次要的，图形中 *famillionnaire* 的造词构造显然证明了这一点。

　　我们简要地回顾一下这个著名的妙词出现的背景。男主人公，赫希·亚森特（Hirch Hyacinthe），试图向他的对话者讲述萨

---

　　① 参见上文，第 21 章。
　　② 参见上文，第 9 章。
　　③ J. Lacan，《Les Formations de l'inconscient》，*op. cit.*，séminaire du 6 novembre 1957.

洛蒙·罗特希尔德(Salomon Rothschild)是如何招待他的。虽然他起初的意图是宣称"他很平等地对待我，非常亲切(familière)"，他却说："他对待我非常 *famillionnaire*。"弗洛伊德当即在这个造词构造中辨认出凝缩机制的痕迹，以下的排列布置可对其进行解释，所图 23.1 所示：

FAMILI   ERE

MILIONNA   IRE

FAMILIONNA IRE

图 23.1

让我们参考图形的第一个表象来显示在两条能指线之间引起这种"冲压"①的机制，所图 23.2 所示。

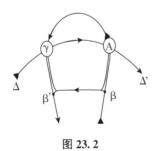

图 23.2

在此图形中，话语的回路表面看来起源于 β，主体作为说话者而产生的地点。但在结构上，如我们已经知道的，话语真正的起点要登记在 A 上，大彼者的地点，主体在那里以颠倒的形式收到他自己的信息。因此，话语真正的回路从图形中的 A 点(大彼

① J. Lacan, 《Les Formations de l'inconscient》, *op. cit.*, séminaire du 6 novembre 1957.

者的地点)出发，接着将反射在 β 上(因而是"我[Je]"所在的地方)，然后返回 A(编码的地点)以便接下来去向完成信息的 γ 点。

如果赫希·亚森特事实上说的是："他很平等地对待我，非常亲切"，那么此言说的回路就会是 $\overrightarrow{A\beta}$，$\overrightarrow{\beta A}$ 和 $\overrightarrow{A\gamma}$。换言之，正是在 A 的地点、编码的地点中，这样一句话才能被听者听到。但如拉康所强调的，由于"mil"以及"aire"神奇的同音特点，另一个信息才在 γ 点上被实现，即完全不同于 A 中的编码规定的一个新的能指组成。事实上，*famillionnaire* 一词源自发生在 γ 点上的能指撞击，其组成摆脱了由编码的联结规则所假定的音位结合。无论如何，造词仍然对听者构成意旨，后者在 A 上听到它。但涉及的是一个全新的意义，只能通过一个意旨的创造来解释。

这个能指撞击是如何在事实上实现意旨的创造的？说话的主体，从他说话的位置召集了他应该组成其言说系列的能指元素。为此，他从 Δ 发动了"对能指链的摇动"①。受到主体煽动的能指元素将按照 A 编码的结合规定而接连地被组合到一个言说当中。如果在 γ 中产生了一个未被 A 所假定的能指组合，这是因为最初的能指组成已被别的能指元素所扰乱。那么这些捣乱的能指元素是从哪儿来的呢？

主体在 A 中所召唤的能指材料的摇动逐渐引诱着 γ 中的信息，因为意义产生的原则在于(能指和所指的)两根链条反方向地朝向彼此的滑动。但是，如果主体通过召唤从 Δ 到 Δ' 的能指行列而组织他的能指言说，那么信息只能追溯性地被构成。事实上，只有在主体召集了最后的能指组合的时刻，信息才可能获得其意

① J. Lacan, "*Les Formations de l'inconscient*", *op. cit.*, séminaire du 6 novembre 1957.

旨(索绪尔的符号价值)。正是在信息在 γ 中显露的时刻，其他能指元素将与最初有意预备的能指组织发生相互冲突。在所举的例子中，最初预备的能指组合应该促成 *familière*(亲切的)一词。然而，在同时，另外一个多余的能指组合被制作出来以实现 *millionnaire*(百万富翁)一词，它将以某种方式和 *familière* 一致"移动"，但却是通过另一个回路。

这个偷偷摸摸的能指组织是从哪儿来的，如果它不是主体有意召集的？这样一种非法的能指形成来自于一种在图形中躲过主体而起源于 *β′* 的决定性。更确切地说，这个能指组合受到(是换喻的客体的) *β′* 的支配。在上下文中，换喻客体由 *mon millionnaire* (我的百万富翁)所代表，对赫希·亚森特来说，它占据了他的欲望的替代性客体的位置。因为，在当时，赫希·亚森特是一个面临破产的奖券收集者，他自然怀有这样的欲望：有一位"百万富翁"能够受他左右，让他享尽荣华富贵。尽管他有如此的希望，但在现实中并非如此，更多的是百万富翁萨洛蒙·罗特希尔德从某种意义上控制了他。也正因此，*mon millionnaire*(我的百万富翁)只能占据赫希·亚森特欲望的无意识客体的位置。

mon millionnaire 因而颠覆性地混入能指链的雏形中，以便与意向信息的能指组织相连，同时带来了某些额外的音节。因此有两个回路同时在发挥作用：回路 *β→A→γ* 和"非法的"回路 *β→β′* *→γ*。利用 *familière* 和 *millionnaire* 之间的部分的同音，撞击在 γ 点上发生在一个能指的凝缩中，这是未被作为意旨创造者的编码所预见的。在此，"信息越过的不是我们称为信使的那个人……

而是越过了话语的支撑"①。因为在 γ 点上能够以能指替换的方式发生一种意旨的创造，因而 γ 点，信息的地点，也是隐喻性替换的地点。由此就有了拉康的这个根本性评述：

> 在原则上，信息的造就是为了与编码的某种区分关系，但在那里，正是在能指本身的水平之上，它显然违背了编码。……妙笔，由于这种区分和这种差异，获得了信息的价值。信息存在于其与编码的差异本身之中。②

然而，为了一种非编码所预备的能指联结具有信息的样子，与编码的规定之间的区别就必须被确认为大彼者地点中的信息。在某种意义上，这事实上假设了大彼者作为第三者—大彼者(拉康)而起作用。这是讲话者和听者在大彼者的地点暗中分享的一种认识的必不可少的条件，以使得对于双方来说，新的能指组合能被接受为信息，即一个新意旨的创造。换句话说，正是这种对于大彼者的参照，把新的能指组合登记为一个在编码的地点中可能的信息。

在妙词中起作用的能指的无意识颠覆的例子，不仅证明了在意旨创造和隐喻过程之间所存在的关系，而且还同样阐明了言语发展的基本过程。在意旨创造的内在过程通过纯粹的能指替换活动而产生的情况下，一种言语有了发展。其实，正是在一个能指对另一个能指的替换关系中，将孕育一个能指与一个所指的新的

---

① J. Lacan, *"Les Formations de l'inconscient"*, *op. cit.*, séminaire du 13 novembre 1957.

② Ibid.

关系。如拉康所指出的，隐喻因而似乎是意旨生产中基本的创造力、孕育力：

> 通过隐喻的途径，也就是在某个位置的一个能指对另一个的替换活动，不仅创造出能指发展的可能性，而且还有总是出现新意旨的可能性。①

在妙笔之外，图形的功能对于如名字的遗忘这种无意识形式同样显得富有教益。尽管名字的遗忘在结构上与妙笔不同，在图形中其动力的制作过程仍是基本一致的。在遗忘中，能指元素的相互影响总是以替换的方式进行，因为，就其在言说秩序中碰巧缺少某个东西而言，某个其他的东西出现在这个位置。

在《无意识之形式》②中，拉康用图形来验证弗洛伊德在《日常生活的精神病理学》③中所提到的著名的有关 *Signorelli* 名字的遗忘。在被遗忘名字的位置上，弗洛伊德提出了一系列的替代：*Botticelli*，*Boltraffio*，以及后来的联想元素 *Bosnie Herzégovine*。被遗忘词语的这些替代并没有出现在言说中。它们都基于一种换喻的近似性而被召集，因为它们通过邻近关系而相互连接。另外，在这些换喻性替代物中，出现了换喻性客体的遗迹(拉康)，即被遗忘/被压抑词语的能指遗迹。比如，*Botticelli* 中的 *elli* 元素构成

---

① J. Lacan, "*Les Formations de l'inconscient*", op. cit., *séminaire du 13 novembre* 1957.

② Ibid.

③ S. Freud, *Zur Psychopathologie des Alltagslebens* (1901), *G. W.*, IV, *S. E.*, VI, trad. par S. Jankelevitch: *Psychopathologie de la vie quotidienne*, Paris, Payot, 1922, chap. I《Oubli des noms propres》.

了客体 *Signorelli* 的第一个换喻的遗迹。我们同样在 *Boltraffio* 中发现了出自 *Bosnie Herzégovine* 的一个遗迹。最后，*Bosnie Herzégovine* 中的 *Her*（老爷、先生）换喻性地连接于 *Signorelli* 的 *Signor*（先生），间接地呈现了弗洛伊德最好继续压抑的死亡（信息）。

换喻性客体的遗迹就这样通过联想线索而使对丧失能指的痕迹的辨认成为可能：

> 这是我们所拥有的换喻水平的痕迹、迹象，它使我们可以重新找到现象链，在言说中，在仍能够在这个点上被现时化的东西中；而在分析中被我们称作自由联想的东西就处在这个点上，因为这种自由联想允许我们跟踪无意识的现象。①

从妙笔到名字的遗忘——梦的情况也是一样，所有这些无意识形式都显示出一种共同的结构。这个结构此外可被提升到标准的地位。事实上存在着辨认无意识过程之起源的好办法：无意识过程的运行法则完全类似于语言的运行法则，因为无意识形式与语言中意义的形成机制是同构的。在各个例子中，意旨总是由能指的结合序列所产生的。

意旨的产生——图形允许理解其机制——直接引起言说中主体的问题，可被限定于两个术语之间的问题：现时之言与言之现时，或者重述拉康的另一个表达：现时之言说与言说之现时。②

---

① J. Lacan, "*Les Formations de l'inconscient*", *op. cit.*, séminaire du 13 novembre 1957.

② J. Lacan, "*Les Formations de l'inconscient*", *op. cit.*, séminaire du 20 novembre 1957.

现时之言，通过它我们能够确定说话者在其说话者现实性中的在场。这是在言说中自称"我（Je）"的东西，以及所有和这个"我"一起能够在这个言说中代表主体的称号。至于言之现时，它反映了言说中关于现在的东西。涉及某个不同于说话者的在场的东西，因为发生在实际信息水平上的东西有可能被主体的无意识欲望给彻底颠覆。

　　随着欲望维度的引入，应当进入到图形结构的一个新的阶段，以便呈现其与语言及无意识的准确联结。

24. 欲望图形 3：欲望与能指的共轭

弗洛伊德的无意识发现的深层意义为欲望之潜藏问题所固有。欲望越是在无意识形式中一直被伪装地呈现，一切无意识形式就越是作为证明对欲望的认识的东西而出现。但在一种无法直接理解的能指形式之下，同样还涉及一个认识的欲望①，作者丢失了对其言说进行编码的钥匙。

欲望的认识和认识的欲望不仅仅是格式用语。在欲望的认识的主题中，对于欲望来说，意味着让自己被听到、让自己被认识的必要性，可能是以症状、甚至其他的某种适合的即乔装改扮的形式为代价。相反地，在认识的欲望的部分，渗透了欲望的逻辑本身，我们已经知道它规定欲望只能是对大彼者欲望的欲望，并始终得不到满意的解决方法。

由于这种从根本上来说非本质性的结构，欲望从来都未能充分地说出。这并不是说它未被说出。它必须化作话语的队列中的请求。换言之，说话，可以说是请求，而请求就是欲望。照此理由，现在应该着手欲望与能指的连接的问题，就像图形中所显现出来的那样。

---

① J. Lacan, "*Les Formations de l'inconscient*", *op. cit.*, séminaire du 16 avril 1958.

俄狄浦斯的动力学和父姓的隐喻①允许非常准确地确定存在于欲望与阉割维度之间的关系。由于这种关系，似乎欲望与缺失维持着某种相关性。在此情况下，如果主体的欲望只有在经历一些阶段(在俄狄浦斯中)之后才能达到某种成熟，那么，作为欲望的原始客体的石祖，也应该带有某个东西的印记，它在阉割的威胁之外被如此保留了下来。反之，我们不会理解这样一个客体如何在整个俄狄浦斯期、甚至在之后能够保留其是欲望能指的特性。拉康明确指出②，该特点应被考虑为一个符号，主体通过它而辨认阉割的维度本身。略举几例，这个符号的特点同样透过某些宗教仪式而为我们揭示出来，比如割礼，青春期时的某些仪式化的登记形式，甚至还有刺青，以及主体装饰自己的其他种类的印记和印痕。

这些印记不仅只是承认的符号，而且在此之外还证实了一种与欲望的特殊关系，如拉康所提到的：

> 当涉及人时，这是指被印记的生命在此拥有一个欲望，它与此印记并非没有某种亲密的关系。……或许在这个欲望中从最初就有一个开口，使这个印记可能具有其特别的影响，但可确定的是，在构成人的欲望特征的东西与印记的影响、作用及功能之间有着最为密切的关系。③

印记的这样一种影响直接引起能指与欲望的对质的问题，因

---

① 参见上文，第12章，第13章。
② J. Lacan, "*Les Formations de l'inconscient*", *op. cit.*, séminaire du 26 mars 1958.
③ Ibid.

为，在人的身上，这个印记首先是像这样的能指。拉康将这种欲望和能指的关系起源重新置于三段连续公式①的表达中，其元素将在图形的构造中找到它们各自的位置，所图 24.1 所示：

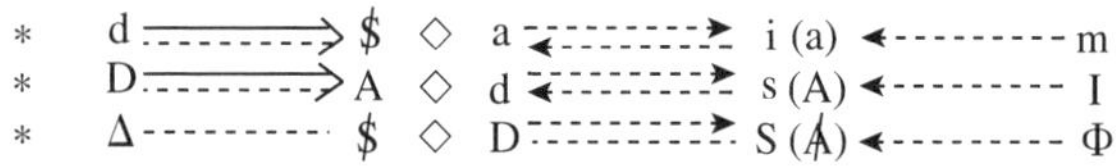

$$
\begin{array}{llll}
* & d \Longrightarrow \$ & \Diamond & a \dashleftarrow i\,(a) \longleftarrow m \\
* & D \Longrightarrow A & \Diamond & d \dashleftarrow s(A) \longleftarrow I \\
* & \Delta \dashleftarrow \$ & \Diamond & D \dashrightarrow S(\overset{/}{A}) \longleftarrow \Phi
\end{array}
$$

图 24.1

现在，让我们依次查看这些公式以及构成它们的符号元素的意义。

在第一公式中，*d* 表示欲望，*$* 是主体。符号 *a* 代表小彼者，它是主体的相似者，其另一个自我，就像它出现在镜子阶段中对镜像彼者的原始认同的过程中一样②。我们同样在 L 图示中重新找到这个彼者，图中强调了这个认同通过自我的形式③的想象性达成，而自我在第一公式中作为自恋性认同的极点被明确地符号化为 *m*。在此意义上，这个第一公式强调了欲望与自恋性认同的关系。箭头的方向企图表明在 *d* 和 *m* 之间不存在任何连续的解法，因为我们从公式的一端或者另一端出发，总有一个时刻一个箭头会遇上另一个相反方向的箭头。显然，这并不意味着在 *m* 和 *d* 之间不存在任何关系。此关系的制作围绕着一种特定类型的结构，其意义将在后面显现。至于符号◇(念作凿印)，它直接参照 L 图示，提示任何主体与大彼者的关系要得以实现，在此关系中

---

① Ibid.
② 参见上文，第 12 章。
③ 参见上文，第 18 章。

都要包含主体的自我 a' 和其客体 a①:

> 这就是我们在这个新的小菱形符号中所看到的意义，它仅仅意味着这里所涉及的一切都受某个东西所支配，确切来说即这种二次式关系，我们一直以来将之作为我们所阐述问题的基础，它提出了 S，它表示如果没有这种 aa'，A，S 的三元关系，就没有可构想、可表述、可能存在的 S。②

第二公式的箭头方向，仍然地，提示存在着一种关系，"它从任一端出发都不能被走到底，从任一端出发它都正好停在指示箭头自身与一个相反符号相遇的点上"③。这里所讨论的关系正是透过请求的欲望与话语的关系。符号 D 代表请求。大彼者，由 A 所代表，指示编码的地点，主体在他与一个(小)彼者的关系中所参考的话语的地点，即在交流过程中必然唤起的符号性参考的地点。在这个公式中，d 始终代表欲望，而 s 代表所指。因此 $s(A)$ 的书写表示在大彼者中借助能指而对主体具有所指价值的东西。因而所涉及的是之前已被指示为符号、印记的东西。拉康明确指出，正是在与这些符号的关系中，产生了对自我理想 I 的认同，即在俄狄浦斯情结衰退期时突然产生的这个精神机构，它不仅仅

---

①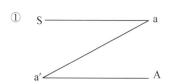

② J. Lacan, "*Les Formations de l'inconscient*", *op. cit.*, séminaire du 26 mars 1958.
③ Ibid.

是一种自恋的凝结过程的结果，而且也是对理想化父母和对集体理想的认同的结果。① 换句话说，涉及主体力求符合的一个理想模型。

至于第三公式，它直接表达欲望主体与能指的关系的建立。符号 Δ 从本质上表达了在主体中推动和强制他维持某种与能指 S 的关系的东西，因为"他的欲望经历了请求，他说了它而有了某些效果"②，$\$◇D$ 的书写所指示的即此。符号 Φ，代表石祖，此外它还在大彼者中实现了某个能指的东西(S$\cancel{A}$)，与主体和其欲望的关系密切相关。

通过这三个构成了欲望图形之基础的公式，拉康试图从弗洛伊德关于无意识欲望的最有活力的发现出发，来讲述"欲望和能指的有机关系"③。即强迫一个主体的欲望在向大彼者发出请求时产生异化而变成话语的这种关系。在极端情况下，主体的欲望因而建立在大彼者的话语水平上，因为如拉康所确定的，主体的话语本身就建立在大彼者的话语之中。拉康向我们指出，人类欲望的这种根本特性，其整个基础源自早期的满足过程④，孩子在那时通过使其欲望屈从于一个(依据大彼者话语的能指而得到保证的)话语而进入到欲望的世界中：

为了建立某种主体间的东西，带有一个大写 A 的大彼者

---

① 自我理想有别于理想自我，后者更多是产生于一种全能的自恋理想和英雄式的认同。

② J. Lacan, "*Les Formations de l'inconscient*", *op. cit.*, séminaire du 26 mars 1958.

③ J. Lacan, *ibid.*, séminaire du 26 mars 1958.

④ 参见上文，第 20 章。

必须说话；或者说因为它具有是大彼者之话语的话语的性质；又或者是因为在某个时刻一切原发欲望之表现必须处在弗洛伊德所谓的彼场景中，这对人的满足是必要的，同样明确的是，作为一个言之存在……他的满足必须经过话语的中介。①

但要建立在大彼者的话语之中，主体的欲望的唯一出路，就是在彼者欲望的根本维度中检验自身；它尽力揣度彼者之欲望，以发现其中所带有的石祖能指的印记。拉康在对弗洛伊德所分析的一个梦②所展开的评论中，对此提供了一个极好的说明，该梦的标题是"漂亮的屠夫妻子"的梦③。

在《释梦》的第四章中④，弗洛伊德报告了"漂亮的屠夫妻子"的梦的显义内容："我想在家里请客，但除了一点儿熏鲑鱼，我什么食物都没有。我想去买东西，但我想起来今天是星期天的下午，所有的商店都关门了。我想给几个供应商打电话，但电话出故障了，所以我必须放弃请客的欲望。"⑤

弗洛伊德的这个女病人，知道点儿关于梦的精神分析的理论，她要考验弗洛伊德。她实际上指望他好好说明这个梦怎么能证明欲望达成的论点，而相反地，似乎这个合理的有逻辑的梦趋向于显示欲望在梦中确实没有达成。

---

　①　J. Lacan, *"Les Formations de l'inconscient"*, *op. cit.*, séminaire du 9 avril 1958.

　②　S. Freud, *L'Interprétation des rêves*, *op. cit.*, pp. 133–137.

　③　J. Lacan, Ibid., Séminaire du 9 avril 1958.

　④　S. Freud, *L'Interprétation des rêves*, chap. IV：《La déformation dans le rêve》*op. cit.*, p. 133 et sq.

　⑤　Ibid, p. 133.

然而弗洛伊德毫不退步地提出以下解释:"我病人的丈夫是屠夫。一个精力十分充沛的正直的人。几天前他跟她说她长得太胖了。她想要减肥,她要早起,不会再接受宴请。她笑着讲述说,她的丈夫去了他常去的餐厅,结识了一个画家,那个画家想要画他的肖像,因为他还从未碰到过表情如此生动的脸。但她的丈夫以他惯常的粗鲁回复了画家,他向画家表示深深的谢意,但他深信相较于他的整张脸,画家会更喜欢年轻美女的屁股。"①

弗洛伊德通过以下方式继续他的评论:"我的病人实际上非常钟情于她的丈夫,她不断地让他担心。她还要求他不要给她鱼子酱。这是什么意思呢?"

"实际上,从很早以前开始她就希望每天下午都有一块鱼子酱三明治。但她不允许自己这样。如果她告诉她丈夫,她自然立刻就能得到她的鱼子酱,但相反地,她却请求他不要给她鱼子酱,以便能够因此让他担心更长的时间。"②

在他分析的这个点上,弗洛伊德插入了一段十分有教益的话:"在我看来,这些不够充分的情报有些牵强附会,通常来说,它们隐藏着未表达出来的一些动机。我们想到,伯恩海姆的被催眠者们在催眠后要完成一个任务,当有人问他们理由时,他们进行解释的方式,即他们给出的动机明显不够充分,他们回答说'我不知道为什么我要这样做'。鱼子酱或许就是这样一种动机。我注意到她被迫制造一个不满足的欲望。她的梦为她揭示了这一秘密,这种对她欲望的延迟,这种和其被确实实现的欲望的分

---

① 拉康译于 "*Les Formations de l'inconscient*", *op. cit.*, séminaire du 9 avril 1958.
② 拉康的翻译: Ibid., Séminaire du 9 avril 1958.

离。但是她为何需要一个不满足的欲望呢。"①

　　这段插入结束，弗洛伊德继续他的分析："目前她所想到的东西，无法用于这个梦的解释。我仍然坚持我的要求，因为当需要克服一个抵抗时，这是恰当的。她告诉我，昨天，她去拜访了她的一个女友。她很嫉妒她的女友，因为她丈夫老是说她女友的好话。幸运的是，女友又瘦又单薄，而她的丈夫喜欢丰满的体型。这个纤瘦的人谈到了什么呢？自然是她想要长胖的欲望。她还问她：'你们什么时候再邀请我们啊？在你们家总是吃得那么好。'梦的意思现在很明显了。我可以对我的病人说：这就像您已经在心里回答了她：'对啊，我会请你来，让你吃得好，让你长得胖，让你更加的讨我丈夫喜欢。我今生再也不想办招待了。'这个梦告诉我们，您不能请人吃饭，从而实现您丝毫不愿让您的女友变得更漂亮的愿望，而之所以决定不再接受晚宴的邀请，是因为有人告诉您社交晚宴让人长胖。所缺少的只是一个能证实此决定的机会。"

　　"我们还不知道熏鲑鱼在梦里回应的是什么。'您在梦里提到的熏鲑鱼从何而来？'她回答说，'这是我朋友最喜欢的一道菜。'很意外地，我碰巧也认识这位女士，在那儿面对熏鲑鱼时，我的举止与我的病人面对鱼子酱时如出一辙。"②

　　弗洛伊德用主要涉及认同的一段评论作为结论："她认同于她的女友。正是在此认同的影响下，也就是说因为她认同于彼

---

　　① 拉康的翻译：Ibid.

　　② 拉康的翻译，见 "*Les Formations de l'inconscient*", *op. cit.*, séminaire du 9 avril 1958.

者，她才在现实生活中给了自己一个不被实现的愿望。"①

这个弗洛伊德在《释梦》中所报告的梦，呈现了欲望与请求之辩证法的一个例证。而且，这种在癔症问题中起作用的辩证法是真正刻板的，因为弗洛伊德的分析，以不容置疑的方式，在此预示了他后来将以癔症性认同之名来指示的机制。②

事实上，在作为此梦之基础的背景中，对于漂亮的屠夫妻子来说，的确涉及对她所嫉妒的女友的认同。然而这种认同完全以弗洛伊德所描述的方式起作用，是当"与一个不是性冲动客体的人的某种共同性"③被感知到时，"虽然没有任何对彼者的性投注，主体仍可能认同于具有某个共同因素(比如被爱的欲望)的那个人"④。

在此认同过程之外，让我们进一步研究这个例子，对于漂亮的屠夫妻子来说欲望的赌注是如何被转让的。所发生的一切，就好像弗洛伊德的女患者归根结底似乎只是被发动去创造一个不满足的欲望：

> 让我们追随弗洛伊德的思想，在它强加给我们的这些迂回曲折中，我们不要忘记，在他本人从一个科学辞说的理想角度对它们加以探索时，他断言他受到其客体之驱使。

---

① 拉康的翻译：Ibid.

② S. Freud："*Massenpsychologie und Ich-Analyse*"（1921），in *G. W.*，XII，71-161，*S. E.*，XVIII，65-143，trad. collective：Pierre Cotet, A. Bourguignon, J. Altounian, O. Bourguignon, A. Rauzy："*Psychologie des foules et analyse du Moi*" in *Essais de psychanalyse*，Paris，Payot，1981，2ᵉ éd.，p. 169 et sq.

③ S. Freud："*Psychologie des foules et analyse du Moi*"，*op. cit.*，p. 170.

④ J. Laplache et J. - B. Pontalis：*Vocabulaire de la psychanalyse*，*op. cit.*，cf. "*Identification*"，p. 189.

因而我们看到这个客体等同于这些迂回曲折，因为在其工作的第一个转折点，在涉及一个女癔症患者的梦时，他得出了以下事实：通过移置，在此确切地说是通过对一个彼者的欲望的暗示，前一天的一个欲望在梦中得到满足，而这个欲望被维持在其突出的位置上，是由于一个完全属于另一秩序的欲望，因为弗洛伊德将之列为拥有一个不满足欲望之欲望。①

这个拥有一个不满足欲望之欲望会有何种功能呢？这样一种形式的欲望达成，只不过是确认了主体在请求的支持下对其欲望秩序的最基本的服从。撇开梦不谈，弗洛伊德的患者十分钟情于她的丈夫，她的请求的客体首先是爱。从这个角度来看，癔症患者们与其他主体并无不同，尽管这或许不同于拉康的评论：在癔症患者中常常"其问题比在其他人中稍大一些"②。漂亮的屠夫妻子首先欲望她的丈夫不给她鱼子酱。换句话说，为了找到一个能够满足她的爱的解答，首先她必须欲望其他的东西(鱼子酱)，接下来她使别人不给她这个其他东西，因而她满心期望"他不给她鱼子酱，以便能够继续被自己疯狂地爱着，也就是戏弄自己、让自己处在无尽的悲惨之中"③。

这个欲望策略富有教益。对于主体来说，似乎组织起来的一切都是为了在他与一个彼者的关系中制造一个不满足的欲望，而

① J. Lacan：*"La Direction de la cure et les principes de son pouvoir"* (1958)，in *Écrits*，*op. cit.*，pp. 620-621.

② J. Lacan：*"Les Formations de l'inconscient"*，*op. cit.*，séminaire du 9 avril 1958.

③ Ibid.

此彼者事先已被排除在对于请求的一个相互满足的可能性之外。在此情况下，所组织的一切仿佛都是为了主体的欲望能完全由彼者的欲望、并在彼者的欲望中被构成：

> 癔症主体几乎整个是从彼者的欲望出发而被构成的。主体在此所依据的欲望，也是彼者所偏好的欲望，甚至，在她将不能举办宴会的时刻，她只剩下了这个。她只剩下了熏鲑鱼，即同时指明了彼者的欲望的东西，它指示彼者的欲望是可被满足的，但仅对彼者而言。①

重提"漂亮的屠夫妻子"的梦是为了引入由请求作为中介的欲望与能指的共轭原则，我们以癔症结构为例，找到了其最完美的例证之一。

更一般地，应该在需要活动——它除了变成对彼者发出的请求之外，别无出路——的水平上重述这个问题。在这种指向彼者的请求中，从而构成了除狭义的需要客体之外的一种"请求的残余"②，我们能够在当中透过彼者所指示的东西而辨认出主体的欲望。事实上，主体与彼者的关系在根本上基于石祖功能的影响，因为石祖是标记彼者欲望之物的能指。正是因此而产生了拉康所揭示的这种根本影响："正是因为彼者被此能指所标记，主体应该、他只能由此通过这个彼者的中介而承认，他自己也是被此能指所标记的。也就是说，在能够通过这个能指的中介、即通过请

---

① J. Lacan：*"Les Formations de l'inconscient"*, *op. cit.*, séminaire du 9 avril 1958.
② Ibid.

求而得到满足的东西之外，总还剩下某个东西。"①拉康总结说：
"就彼者的欲望被划杠而言，主体将认识到他的被划杠的欲望、
他的不被满足的欲望。"②生殖的欲望以一种明显的形式体现了这
种由石祖能指所标记的（换言之，被阉割的印记所划杠的）欲望
法。"石祖"能指的功能因而支持了伪装的要求，把彼者欲望之物
伪装成某个被能指秩序所标记之物，即伪装成某个被划杠之物。
欲望与能指的共轭过程就处在这种能指的规范之中。目前只需将
此原则整合到欲望图形的布置当中，就足以解释言说主体中的欲
望、能指和无意识的不可解除的交错了。

---

① Ibid.
② Ibid.

25. 图形的"生成"

　　欲望图形的布置导致了不同的建构阶段的发生。然而，这些阶段并不代表连续的时间，后者可能唤起某种发生学的发展观点。相反，拉康坚持削弱任何一种起源的观点。至多涉及一种生成，即某个主体的东西在相对于后一时刻的某一时刻的逻辑先前性中被实现。[①] 这些不同的逻辑时刻被三个图示所隐喻，它们构成了出现在图形布置中的主要连续"阶段"。

　　图形的第一"阶段"建构了主体与能指的关系，如图 25.1 所示。

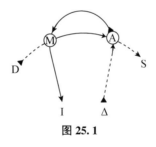

图 25.1

　　在语言的现实中，这样一个关系假定某个东西在时间中展

---

　　① 　J. Lacan, "*Le désir et son interprétation*", séminaire, livre VI, 1958—1959, 部分出版的讨论班，参见前文注释。Cf. Séminaire du 12 novembre 1958.

开，因为任何语言活动的组织都依照一种历时性的系列。

在图 25.1 中，矢径 $\overrightarrow{DS}$ 代表了这种历时性的系列，因而它就是能指链。但是此外，既然任何语言事实都意味着我们能够制造意旨，那么同样应该假设在能指链中出现了一个分割过程，它将通过支持某种能指的共时性而制造所期待的意思。这个必要性的来源是：一个能指只有在与其他能指的对立中才获得其价值，换言之，一个意义的产生只能通过能指对链条中其先行项的一种追溯效果而实现。由此产生了图 25.1 中的第二个矢径 $\overrightarrow{\Delta l}$，它实现了与 $\overrightarrow{DS}$ 链的一个逆向的相交，其意义在前面的相遇中被指示为铆定点。但在图 25.1 中，表示的符号不同于至此被指定给铆定点的表示符号。符号 D 展现了请求，它只在能指链的水平上被发出。

意义的效果源自于主体的某种意向性，这种意向性会通过需要状态之形式呈现其最古老的状态。需要，作为此意向链的源点，其位置在图 25.1 中由符号 所确定。从起源于需要的地点的意向出发，主体加入了 $\overrightarrow{DS}$ 能指链的活动当中，这种意向将在此链条上进行某种运作。这一运作由矢径 $\overrightarrow{\Delta l}$ 在 $\overrightarrow{DS}$ 上的两个相交地点所决定：C 和 M（即图 25.1 中的 A 和 M 点），我们已分别鉴别为编码地点以及信息的地点。来自需要的主体的意向事实上应该首先通过编码的地点，因为正是这个地点令其抵达其需要所寻找的满足。

> 正是在孩子求助于一个懂得说话的主体的情况下，他懂得了说话……，主体必须很早就学会，为了被满足，其需要活动

实际上必须屈尊通过的正是那里的一条隧道。①

换句话说，C 地点将优先地在需要上强加一个结构，对其可能在 $\overrightarrow{DS}$ 能指链上运作的方式进行编码。

在 M 点上，我们重新找到了意义在能指的追溯活动中尽量达成的其成熟的地点。根据编码规范的先前性，信息因此仅在事后才形成。在此情况下，编码地点因而十分明确地位于大彼者的地点上②，而最早是在母亲、这个孩子最初依靠的实在大彼者中。

图表生成的这第一个阶段可以被归纳为以下要点。寻求满足（从其未言明状态 出发的）某种需要的主体，通过请求的隧道投入其中。在此投入结束时，他抵达意向链的另一端，抵达图 25.1 中由字母 I 所代表的一个理想的实现。③ 事实上，在这个点上构成了主体最为原发的认同，如同他从他和小彼者的关系中所收到之物的第一个花押（拉康）。换言之，这个成熟点，它表明了请求在需要上留下的痕迹，证明了主体对语言形式的古老感知。图 25.1 的轨迹本身力求解读这种语言的感知。需要的特征——它必须被强制性地变成请求以便寻求其满足——导致的意义的冒出，该意义借助于参与信息之现实化的 $\overrightarrow{MC}/\overrightarrow{CM}$ 回路而得到统一。因此，此回路因其统一（实线）的特点而区分于能指的不连续性（虚线 $\overrightarrow{DM}$ 和 $\overrightarrow{CS}$）以及需要的尚未言明的状态（虚线 $\overrightarrow{\Delta C}$）。

但是这个语言的感知，因为它也是一个经验——其为主体奠

---

① J. Lacan, "*Le Désir et son interprétation*", *op. cit.*, séminaire du 12 novembre 1958.

② 参见上文，第 21 章，第 22 章。

③ J. Lacan, "*Le Désir et son interprétation*", *op. cit.*, séminaire du 12 novembre 1958.

定了他对彼者的感知的基础，因此对于主体来说构成了他与首先是彼者之欲望的欲望的初次相遇。我们由此抵达了图形生成的第二个阶段，如图25.2所示。

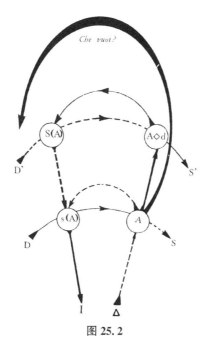

图 25.2

　　能为主体的呼唤带来某个回答的彼者，通过这个呼唤本身，被主体通过以下问题的形式所询问："*Che vuoi？*"，这是拉康借用卡佐特（Cazotte）的小说《爱魔》（*Le Diable amoureux*）中的"你想要什么"的表达。[1] 这一呼唤，作为"需要之上的请求的采用"[2]，将透过这个基本的询问把欲望结构为对彼者欲望之欲望。事实上，

　　① J. Lacan, "*Le Désir et son interprétation*", *op. cit.*, séminaire du 12 novembre 1958.

　　② Ibid.

彼者的回答恰好将证实，在为主体而返回时，主体在其请求中说出的能指系列不再构成等待确认的一个谜一般的提议，而是相反地，他所选择的这些能指传递了一个意义。请求的意思仍旧依附于彼者的"意愿"，通过他的回复的性质本身，他将赋予呼唤的能指串接以某种而非另一种意义。

因此，是彼者的"意愿"在交换性原则的水平上支配着请求的能指。事实上，因为请求的能指向彼者开放了一个可交换选择的可能性，请求的意思因而最终将由对被保留能指的可交换选择所交付，因而将是彼者所欲望的、其回复将证实的意思。彼者就这样固定了请求的意义，同时用一个横杠在主体的那些呼唤的能指之下登入一些所指。在此意义上，向彼者提出的请求完全支撑在一个"你想要什么"之上，既然它以主体体验到彼者之欲望的一个回答而告终：

> 向彼者提出的他想要什么的问题，换言之，主体由此而第一次与欲望相遇，欲望首先是作为彼者的欲望，多亏此欲望，他意识到他作为存在而变现了这个别处，围绕着这个别处，彼者让一个或另一个能指出现在或者不出现在话语中；他意识到彼者给了他其欲望的经验，同时是一个基础的经验，因为到目前为止，能指组都是自在的，在当中是可以做一个选择的；但是现在，在选择被证实是可交换的经验中，彼者可以让一个或者另一个意义存在、被纳入到经验之中，而在这个经验水平上，在首先单纯地意味着这一选择原则的接续原则之上，将加入两个新的原则。我们目前已经有了一个替换的原则，因为——这很重要——正是从此交换性出

发，对于主体来说建立了我称为(能指与所指之间的)横杠的东西，即在能指与所指之间存在着这种共存、这种同时性，它在同时被规定了某种不可穿透性；我的意思是在能指与所指之间保持着差异、距离：$\frac{S}{S}$。①

交换性原则首先是选择原则，它能够使某个而非另一个能指出现在请求的能指序列的链接中。如此，它因而是隐喻效果的生产者，因为它从根本上基于一个能指对另一个能指的替换特性。此外，彼者在主体的请求水平上进行的能指的可交换选择也是同构的，因为鉴于主体在其言说中的捕获，陈述重叠于、同时又区分于所述的表达。因此，例如，声音形象 *tymœR* 的发音必然引起言说中主体欲望的捕获，以便从这一音位的串接中传达出：要么是有关器官赘生物观念的能指(肿瘤：tumeur)，要么是有关某个悲剧性变故的观念的能指(你死：tu meurs)。使主体的无意识欲望在其自身话语的连接中出现之可能性也同样依赖于这样一种"捕获"。

在图 25.2 中，位于信息(图 25.1 中的 M)的地点中的符号 s(A)，代表着大彼者所指示的东西，即这种请求的信息：大彼者根据他的欲望所进行的能指选择，交付此信息的意义。因而从点到 $s(A)$ 点，主体从来只是作为话语的单纯支撑而出现。事实上，请求一直是隐含的，直到大彼者所指示的东西固定了请求的信息；此影响在图 25.2 中由从 直到 s(A) 的虚线的意向链表象

———————

① J. Lacan, "*Le Désir et son interprétation*", *op. cit.*, séminaire du 12 novembre 1958.

所代表。

矢径 $\overrightarrow{D'S'}$ 在图 25.2 中引入一个第二"层级",它对称性地重复了第一个结构,同时引入了无意识的维度。这里所涉及的,是强调主体那儿的一个请求能够一直存在于一种言语断续中,而没有任何有意识的意向作为支撑。换句话说,如果无意识是大彼者的言说,或者,如果无意识像一个语言那样被构成(拉康),那么这只是意味着无意识使大彼者的言说继续存在于主体的言说中。在此图示中,矢径 $\overrightarrow{DS}$ 由实线所呈现直到编码的地点 A,是为了体现在所述之组织中起作用的一些能指元素的离散序列,而所述本身来源于由主体的理性要求所支配的一系列意义单位。相反,对称的链条 $\overrightarrow{D'S'}$ 由虚线所呈现直到 A◇d 点,以便隐喻无意识的能指链。

主体的请求与此无意识能指链的相遇发生在 $A◇d$ 的地点,也指示着主体所不知道的东西,因为他正是在那里检验他对于大彼者的欲望的欲望。显然,欲望必然区别于需要(正如这个上"层"的对称结构所证实的),并在这个相交点 $A◇d$ 上询问大彼者的欲望是什么。

从需要的意向性出发,请求在大彼者的地点(A)召唤小彼者,A 也是编码的地点,请求的信息将从这里获得意旨[s(A)]。但是,在任何需要的满足之上,请求还构成了对大彼者的呼唤("*Che vuoi ?*"),正是在请求之上、大彼者的欲望这边,如同拉康所指出的,主体自身的欲望 A◇d 得以构成:

> 欲望,从其出现、其起源开始,在此间隙、此开口中表现出来,此开口区分了单纯的话语的语言链接与这个——它

标志着主体在那里实现了他自己的某个东西，它仅对话语的这种发出具有影响和意义，严格说来它是语言对其存在的命名。

正是在请求的一些变形和这些变形为之带来的变化，与另一方面，这个被彼者认识的要求——我们有时可以称为爱的要求——之间，坐落着对主体而言的一个存在的境域，所涉及的是知道是否主体能够抵达它。正是在此间隙、此开口中，存在着一个经验，欲望的经验，它首先被理解为是彼者的欲望的经验，而主体必须在此经验内部放置他自身的欲望。如此，他自身的欲望不得不只存在于这个空间中。①

主体的欲望首先认同于大彼者的欲望的命令，后者通过从大彼者所给出的能指 S(A)②向信息的地点的返回，将整个能指的影响赋予主体的请求。S(A) 与 s(A) 之间的分离，在图 25.2 中由虚线的矢径 $\overrightarrow{S(A)s(A)}$ 所体现，表达了能指转换的可能性，即隐喻性替换的情况。如果 s(A) 的地点之前在第一个图形表象③中已经被等同为隐喻的地点本身，这是因为在这个点上，大彼者所给出的、受 A◇d 支配的能指 S(A)，事实上可能将替代由 A 所编码的信息的能指。无意识请求的能指 $\overrightarrow{D'S'}$ 可能因此在隐喻的地点中撞击受需要之意向性支配的意识请求的能指 $\overrightarrow{DS}$。与 s(A) 相连接的 S(A) 的能指侵入，可能由此而产生一个意义的创造。这样一来，

---

① J. Lacan, "*Le Désir et son interprétation*", *op. cit.*, séminaire du 12 novembre 1958.

② J. Lacan, "*Le Désir et son interprétation*", *op. cit.*, séminaire du 12 novembre 1958.

③ 参见上文，第 23 章。

25. 图形的"生成" | 229

我们重新发现了索绪尔的能指与所指关系的算式，其中，意义的横杠由差异所体现，此差异区分了作为无意识机构的大彼者的言说，以及由主体的意向进行实际调整的言说。对横杠的跨越——我们已经知道它是隐喻机制的起源本身①——从而被具体化为矢径 $\overrightarrow{S(A)s(A)}$。

总的来说，这个欲望图形的第二个生成阶段强调了大彼者的言说对于从需要发出的意向性的优势性。事实上，如果大彼者的言说颠覆了主体的意向性实际上所说出的言说，这是因为无意识的欲望在请求对需要的追溯中形成的同时才会突然出现。我们因此能够理解这样一种表述："你明天把泰蕾丝嫁出去！（*Mais tu maries Thérèse demain*！）"如何能够在 s(A) 中根据意识意向性而导致某种信息，而反之，却能够根据大彼者的言说而在信息的地点交付一个完全不同的真相："明天杀死泰蕾丝的丈夫！（*Mais tue (le) mari (de) Thérèse demain*！）"即在 A◇d 中由主体的无意识欲望所决定的一个真相，它将发展出另一种能指的音律划分 S(A)，有可能使一个与有意投射的信息意义相异的意义在 s(A) 上突然出现。

这个"*Che vuoi*？"因而开启了主体关于其整个欲望实现的最为基本的问题。但以这个"你想要什么？"为支撑，这样一个欲望实现的过程首先只能让主体孤立无援，大彼者欲望的原始在场对于他来说是如此的"晦暗不明"（拉康）。此晦暗性恰如其分地被隐喻地表达为图 25.2 中"*Che vuoi*？"的问号形状②，它不可避免地把

①　参见上文，第6章。
②　依据拉康在《主体的颠覆和欲望的辩证法》(in *Écrits*, *op. cit.*, p. 815.) 中画出的图形。

主体召唤到其与彼者欲望之关系的困境之中，他将尽力通过想象维度的其自我与彼者关系的调停来化解此困境，如图 25.3 对此所进行的阐明。

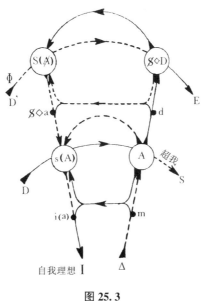

图 25.3

图 25.3 实际上在其结构中整合了一些想象的位置，主体通过这些位置来辨认自己。

图形生成的第三阶段将完善前两个阶段，从根本上确定欲望的功能——不仅相对于无意识，而且根据言说主体和能指所维持的关系。不应该忘记，如拉康明确指出的，图形的这两个"层级"，"它们都同时在最小的话语行动中发生作用"①，这假设在以下四个点上总是同时、同等地发生某个事情：

① J. Lacan, "*Le Désir et son interprétation*", *op. cit.*, séminaire du 19 novembre 1958.

- ：主体的意向

-A：作为言说"我（Je）"的主体

-D：请求的行为

-d：欲望

图形的这种运作原则完全是被主体与请求维度的源初关系所预先决定的：

> 主体，在请求的背景下——如果我可以这样说的话——正是我们的主体最初的未成型状态，我们试图用这个图形来表述此主体的一些存在条件。此主体不是别的，而是需要的主体，因为他在请求中所表达的就是这个。我整个的出发点在于指出，主体的请求是如何——在同时——被需要必须通过能指的隘道这一个事实所深刻改变的。①

"需要主体的未被结构的原始态"②因此必须支撑由能指强加的这些构造条件。这一情况已被详细说明在图 25.3 中、甚至在绘图的水平本身之上。请求的矢径 $\overrightarrow{DS}$ 从 D 到 A 是实线，而相反地，意向的矢径从 到 s(A) 是虚线。

现在我们来考虑引入图 25.3 中的四个新元素：m，i(a)，d，8◇a。这四个元素两两对称地排列在图形中。它们首先在矢径 $\overrightarrow{\Delta I}$ 上是两两对称的：m 和 d 相对于 A 对称；i(a) 和 8◇a 相对于 s(A)对称。而它们也在它们之间沿着两个新的矢径对称，这两个

---

① J. Lacan, "*Le Désir et son interprétation*", *op. cit.*, séminaire du 19 novembre 1958.

② Ibid.

新的矢径在每个层级上都构成了"平台"：d→$8◇a$；m→i(a)。

必须从一开始就将图形的第二层级考虑为对于说话的主体而言的无意识的地点。这也解释了为何第二层级是第一层级的严格的同形复制。在此意义上，作为主体的无意识而发生作用的正是大彼者的言说。对镜子阶段①的简要回顾可以解释在图 25.3 的下方层级中对 m 和 i(a) 的引入。在镜子的经验中，主体从一个形象出发而辨认自己，因为自我(m) 的构造是从一种对于一个想象彼者[i(a)]、即其自身形象的认同出发的。这个想象的认同参与了主体的原发认同。然而，此原发认同只有在与彼者、与母亲的一种依赖关系当中才能被建立。其证据是大彼者(母亲)的目光支撑了这一认同过程的发生。原发认同因而将渗入由源初的请求所标记的一个和彼者的关系中；孩子对彼者的依赖本质上是作为有关需要的、从而是对这些需要所引起的请求的依赖而被建立的。正是在此情况下，m 和其关联物 i(a) 在意向的链条 I 上占据了位置。

在图 25.3 中，在这第一层级的水平上，我们还辨认出一个从 A 出发的"返回道路"，它构成了 A，m，i(a)，s(A) 的回路。这一回路，其功能在之前已经以妙词的形成机制为例进行了研究。② 此外，A，m，i(a)，s(A) 的这一回路相对于 ，A，s(A)，I 的回路来说，从某种角度讲是逆行的，因为其运行似乎对立于原发认同 I。因此，它由 s(A) 与 i(a) 之间的一段虚线所代表。相反地，实线 i(a)→I，象征着理想自我对此原发认同的继

---

① 参见第 12 章和第 18 章。

② 参见第 23 章。

发性影响的结果，这有助于将原发认同提升到自我理想的功能。①
伴随着这一功能，超我的维度因而作为服务于此理想的主要压抑
工具而被引入，从而在同时使此言说——我们以绝对命令的形式
鉴别其特征——进入到无意识中。超我因此在图形中由一条虚线
的矢径所代表：矢径 AS。

图形的上部层级包含一个与下方层级相类似的结构，但它与
这个下方层级的连接处于某种遮蔽关系之中。这种遮蔽非常明
显，它关系到在此上部层级中确定无意识过程的地点。这种遮蔽
在图形中由一个矢径与矢径的、实线与虚线的对立所体现。

在此上部层级中，欲望 d 将被确定在 A 与 8◇D 之间路径的
某个点上。此外，它对称地对立于意向链另一侧之上的幻想
8◇a。并且，矢径 d→8◇a 的表示符号让人假设在欲望与幻想之
间存在某种方式的链接，拉康通过以下方式巧妙地提出了这个
问题：

> 当有人对一个女人说"我欲望您"时是什么意思？……这
> 是否是说：我要承认您的存在与我的存在有同等的——如果
> 不是更多的话——权利；要迎合您所有的需要；要考虑您是
> 否满意？天哪，您的愿望应优先于我的。这是否是这个
> 意思？②

拉康总结说没有人会弄错这个"我欲望您"的意思，它总是包

---

① 参见第 23 章。

② J. Lacan, "*Le Désir et son interprétation*", *op. cit.*, séminaire du 19 novembre 1958.

含着隐含的下文"和您睡觉"。但是同样地——正因此表述方式是复杂的——"我欲望您"总是对一个客体说的，一个超越了"根据惯例，他的明确目标被安排指向的这个东西"①的客体。此外，经验最经常地证明，这样一个目标的到来在事后根本无法与最初在"我欲望您"中的假设或者预感进行比较。事实上，这个"我欲望您"的客体从来都只是"围绕着它，所有这些谜一般的形象得以固着和凝缩的这个东西，这些形象的涌动，对于自我来说，就叫作我的欲望。我欲望您，因为您是我的欲望客体，换句话说：您是我那些欲望的共同点，上帝知道欲望激起了什么"②。

简言之，幻想的结构因而作为主体与其欲望客体之关系的中介而被召唤，以至于对一个彼者说"我欲望您"就总是在于对他明确表达：我将您包含在我的基本幻想中。③ 因而欲望有一部分与幻想相连，如同自我(m)有一部分与其客体[i(a)]相连一样。在与欲望的关系中的幻想，其在图形中的登入点位于一个虚线的回路中，这隐喻着无意识的地点，被压抑物在当中原地打转。④

那么，在一个说话的主体那儿欲望是什么？很容易理解，他像这样泄露出了欲望，正是这个说明了这一情况之特性。事实上，欲望在能指链中是无法定位的，除非我们交付其意思，因为在这条能指链 $\overrightarrow{D'E}$ 上，编码($\delta\diamond D$)和信息[$S(\text{Ⱥ})$]始终是说话主体的未知事物。换言之，只有对在无意识中被说出的这个能指链的一种解释性重构可能会使这个意思突然出现：

---

① Ibid.

② Ibid.

③ Ibid.

④ J. Lacan, "*Le Désir et son interprétation*", *op. cit.*, séminaire du 19 novembre 1958.

弗洛伊德所说的无意识水平上的主体的处境，是他不知道他用什么在说话；有必要向他揭示其言说所特有的能指元素。……换言之，在他期望之物的领域中，他不知道从对其请求的回答中抵达他的信息。①

　　解释性重构因而是这样的，鉴于欲望的影响，它将在编码点上决定主体所维持的与其请求的基本关系：$\delta \diamond D$。相反，在信息点上，解释性重构将使大彼者中一种能指的缺乏显现出来：S(Ⱥ)，主体将由此而形成其存在之缺失的经验。正是围绕着这个S(Ⱥ)，石祖从而将获得其能指的功能。石祖能指事实上是"被专门用于确切指示主体与能指之关系"②的能指，因为正是它启动了这个之前已遇到的后果：一个能指是为另一个能指而代表主体的东西。③

　　"说话，主体是否知道他做了什么？……正是为了回答这个问题，弗洛伊德说了：不。"④

　　据此，拉康的图形出色地实现了对一些所列事实的综合，这些列举的事实，不仅从根本上缔造了这一问题，而且还证明了弗洛伊德之回复的不容置疑性。这一巧妙的概要是其最好的证据，它抓住了主要的一些阶段：

---

① 　Ibid.

② 　Ibid.

③ 　参见上文，第16章。

④ 　J. Lacan：*"Le Désir et son interprétation"*，*op. cit.*，séminaire du 19 novembre 1958.

对于被语言所掩盖的东西，主体在那儿表现得好像能够熟练地、完整地和充分地操纵语言，这暗示着什么？就是某个我想要用以结束的东西，因为这正是我在三个阶段的发展中所讲的一切东西中所没有的，以便于在此，我想要跟你们讲的东西其动力、其起伏能够是完整的。

在第一个图示的水平上，我们有了单纯的形象。它是无意识的，当然是的，但这是一个仅仅请求抵达知道的无意识……

在图示的第二和第三阶段，我已经告诉你们，我们有了一个更为意识化的对知道的使用；我的意思是说，主体会说话，他说话。当他呼唤大彼者时他所做的就是这个，而严格说来，这正是弗洛伊德所发现的、他称作无意识的领域的独创性。即总是将主体置于其存在的一定距离之外的某个东西，它使得这个存在永不与之相聚，而正因为此，它是必需的，它能做的只是在这种主体中存在之换喻——即欲望——当中触及其存在。

为什么呢？因为主体自身进入话语、由此进入到与作为话语的地点的大彼者的关系中，在此水平上，有一个总是缺失的能指。为什么？因为这是一个能指，而此能指被专门指派给主体与能指的关系。这个能指有一个名字：石祖。

欲望是主体中存在之换喻；石祖是存在中主体之换喻。石祖，因为它是从话语链中逃逸的能指元素，而话语链约束了与彼者的一切关系，因此它是限定的原则，它使得主体——就主体被包含在话语中而言——受到阉割情结术语下所发展出的所有临床后果的威胁。①

由此，在此图形的生成结束时，一种精神内的过程得以展开，其来源不是别处，而正是弗洛伊德的发现归置言说主体之地。追随弗洛伊德，拉康致力于在当中确定欲望、能指和无意识的交错，其影响从根本上构成了对精神分析经验之贡献的基石。

---

① J. Lacan, "*Le Désir et son interprétation*", *op. cit.*, séminaire du 19 novembre 1958(我做的强调)。

参考书目

AUSTIN J. -L. , *Quand dire c'est*, *faire*, Paris, Seuil, 1970.

BLEULER E. , *Dementia Praecox oder Gruppe der Schizophrenien*, Handbuch der Psychiatrie, Franz Deutieke, Leipzig, 1911, 284–379, 501. 61, Ce texte n'a jamais été traduit en français, Il existe une traduction anglaise faite par J. Zinkin: 《*Dementia Praecox or the Group of Scbizopbrenia*》 , International University Press, 1re édition 1960, 6^t édition 1964.

DAVID-MÉNARD Monique, *L'Hystérique entre Freud et Lacan* : *corps et langage en psychanalyse*, Paris, Éditions Universitaires, 1983.

DOR J. , 《 Scientificita della psicanalisi? Una sovversione della cultura scientifica》, in *Vel*, Come Comminore nel cielo – Saggi di formazione psicanalitica, 1982, n° 16, 149 – 159. (Conférence au 1^{er}congrès du Mouvement freudien international, Rome. 28–30 janvier 1982.) Repris en frangçais in *Spirales*, 1982, n° 13, p. 61 et n° 14, pp. 63–64.

–《Condensation et déplacement dens la structuration des langages délirants》, in *Psychanalyse à l'Université*, 1982, tome 7, n°26, 281–298.

–*Bibliographie des travaux de Jacques Lacan*, Paris, Inter-Éditinns, 1984.

EY H. (sous la direction de) : 《L'Inconscient》 6e colloque de Bonneval, Paris, Desclée de Brouwer, 1966.

FREEMAN-SHARPE Ella, *Dream Analysis* (1937), London, The Hogarth Press, 5e édition, 1961.

BREUER J. –FREUD S. , *Studien über Hysterie* (1893–1895), *G. W.* , 77–312,

S. E. , II, trad. par A. Berman, *Études sur l'hystérie*, Paris, PUF, 1956.

FREUD S. , 《Entwurf einer Psychologie》(1895), in *Ausden Aufängen der Psychoanalyse*, London, Imago, 1950, *S. E.* , I, 281 – 397, trad. par A. Bermann: 《Esquisse d'une psychologie scientifique》, in *Naissance de la psychanalyse*, Paris, PUF, 1956, 307–396.

-*Die Traumdeutung* (1900), *G. W.* , II–III, 1–642, *S. E.* , IV–V, 1–621, trad. française révisée par Denise Berger : *L'Interprétation des rêves*, 2ᵉ édition, Paris, PUF, 1967.

-*Zur Psychopathologie des Alltagslebens* (1901), *G. W.* , IV, *S. E.* , VI, trad. par S. Jankélévitch: *Psychopathologie de la vie quotidienne*, Paris, Payot, 1922.

-*Drei Abhandlungen zur Sexualtheorie* (1905), *G. W.* , V, 29–145, S. E. , VII, 123 – 243, trad. par Reverchon-Jouve, *Trois essais sur la théorie de la sexualité*, Paris, Gallimard, 1962.

-*Der Witz und seine Beziehung zum Unbewussten* (1905), *G. W.* , VI, S. E. , VIII, trad. de M. Bonaparte et M. Nathan, *Le Mot d'esprit et ses rapports avec l'inconscient*, Paris, Gallimard, 1930.

-《Remarques psychanalytiques sur l'autobiographie d'un cas de paranoïa》(Le président Schreber) (1911), in *Cinq psychanalyses*, Paris, PUF, 1975, 7ᵉ édition, pp. 263–324, *G. W.* , VIII, 240–316, *S. E.* , XII, 1–79.

-《Ratschläige für den Arzt bei der psychoanalytischen Behandlung》(1912), *G. W.* , VIII, 376–387, *S. E.* , XII, 109–120, trad. par A. Berman: 《Conseils aux médecins sur le traitement analytique》, in *Technique de la psychanalyse*, Paris, PUF, 1953, pp. 61–71.

-《Triebe und Triebschicksale》(1915), *G. W.* , X, 210–232, *S. E.* , XIV, 109–140, trad. sous la direction J. Laplanche et J. – B. Pontalis, in *Métapsychologie*: 《Pulsions et destins des pulsions》, Paris, Gallimard, 1968, pp. 11–44.

-《Das Unbewusste》(1915), *G. W.* , X, 264–303, *S. E.* , XIV, 159–215, trad. par J. Laplanche et J. –B. Pontalis : 《L'Inconscient》, in *Métapsychologie*,

Paris, Gauimard, 1968, p. 89.

–《Aus der Geschichte einer infantilen Neurose》（1918），*G. W.*，XII，29–157，
S. E.，XVII，1–122，trad. par M. Bonaparte.《Extrait de l'histoire d'une
névrose infantile》（《L'homme aux loups》），in *Cinq psychanalyses*，Paris，
PUF，7e édition，1975，pp. 325–420.

–《Jenseits des Lustprinzips》（1920），*G. W.*，XIII，3–69，*S. E.*，XVIII，1–64，
trad. par J. Laplanche et J. –B. Pontalis,《Au-delà du principe de plaisir》，
in *Essais de psychanalyse*，Paris，Payot，1981，pp. 41–115，2e édition.

–《Massenpsychologie und Ich–Analysen》（1921），in *G. W.*，XII，71–161，*S.
E.*，XVIII，65–143，trad. collective par Pierre Cotet，A. Bourguignon，J.
Altonnian，O. Bonrguignon，A. Rauzy:《Psychologie des foules et analyse du
Moi》in *Essais de psychanalyse*，Paris，Payot，1981，2e édition，pp. 83
–175.

–《Die infantile genitalorganisation》（1923），*G. W*，XIII，293–298，*S. E.*，XIX，
139 – 145，cité dans la trad. J. Laplanche :《L'Organisation génitale
infantile》in *La Vie sexuelle*，Paris，PUF，1969，pp. 113–116.

–《Neurose und Psychose》（1924），*G. W*，XIII，387–391，S. E.，XIX，147–
153，trad. par D. Guérineau :《Névrose et psychose》in *Névrose, psychose et
perversion*，Paris，PUF，1973，pp. 283–286.

–《Der Realitäitsverlust bei Neurose und Psychose》（1924），*G. W.*，XIII，363–
368，*S. E.*，XIX，181–187，trad. par D. Guérineau :《La perte de la réalité
dans la névrose et dans la psychose》，in *Névrose, psychose et perversion*，
Paris，PUF，1973，pp. 299–303.

–《Fetischismus》（1927），*G. W.*，XIV，311–317，*S. E.*，XXI，147–157，trad.
par D. Berger :《Le Fétichisme》，in *La Vie sexuelle*，Paris，PUF，1969，
pp. 133–138.

–《Die Ichspaltung im Abwehrvorgang》（1938），*G. W.*，XVII，59–62，*S. E.*，
XXIII，271–278，trad. par R. Lewinter et J. –B. Pontalis :《Le Clivage du
moi dans les processus de défense》in Nouvelle Revue de psychanalyse，

1970, 2, 25-28.

-*Abriss der Psychoanalyse* (1938), *G. W.*, XVIII, 67-138, *S. E.*, XXIII, 139-207, trad. par A. Berman: *Abrégé de psychanalyse*, Paris, PUF, 1967.

GARMA A., *La Psychanalyse des rêves*, Paris, PUF, 1954.

HEGEL, *Phénoménologie de l'esprit*, trad. par J. Hyppolite, 2 vol., Paris, Aubier-Montaigne.

JAKOBSON R., *Essais de linguistique générale*, Paris, Minuit, 1963.

-《Towards a linguistic typology of aphasic impairments》 in Renck, O'Connor et al., *Disorders of language*, London, Churchill, 1964.

JONES E., 《Le Développement précoce de la sexualité féminine》 (1927), (《Early development of female sexuality》) (1927), in *Papers on Psycho-Analysis*, Baillière, Londres, 5ᵉ édition, 1950.

KRESS-ROSEN N., 《Linguistique et antilinguistique chez Lacan》, in *Confrontations psychiatriques*, 1981, n°19, pp. 145-162.

LACAN J., 《Le Stade du miroir》. Théorie d'un moment structurant et génétique de la constitution de la réalité, conçu en relation avec l'expérience et la doctrine psychanalytique》 (3. 8. 1936). Conférence prononcée au 14ᵉ congrès psychanalytique international, Marienbad, 2/8-8-1936. Le texte de cette conférence est inédit. La communication est indexée sous le titre 《The looking glass phase》 in *International Journal of Psycho-Analysis*, 1937, I, 78.

Lacan reprend le thème de cette conference au 16ᵉ congrès international de psychanalyse le 17-7-1949 à Zurich, sous le titre: 《Le stade du miroir comme formateur de la fonction du Je telle qu'elle nous est révélée dans l'expérience psychanalytique》, in *Écrits*, Paris, Seuil, 1966, pp. 93-100.

-《L'Agressivité en psychanalyse》(1948), in *Écrits*, Paris, Seuil, 1966, pp. 101-124.

-《Le Mythe individuel du névrosé》 (1953), in *Ornicar?*, nᵒˢ 17-18, 1979, p. 292.

-《Fonction et champ de la parole et du langage en psychanalyse》 (1953), in

Écrits, Paris, Seuil, 1966, pp. 237−322.

−Séminaire, livre I, *Les Écrits techniques de Freud* (1953−1954), Paris, Seuil, 1975, p. 127.

−《Introduction au commentaire de Jean Hyppolite sur la *Verneinung* de Freud》 (1954), in *Écrits*, Paris, Seuil, 1966, pp. 363−399.

− *Le Moi dans la théorie de Freud et dans la technique de la psychanalyse*, livre II, 1954−1955, Paris, Seuil, 1978.

−*Les Psychoses*, séminaire, livre III (1955−1956), Paris, Seuil, 1981.

−《La Chose freudienne au sens du retour à Freud en psychanalyse》 (1955), in *Écrits*, Paris, Seuil, 1966, pp. 406−436.

−《Situation de la psychanalyse en 1956》, in *Écrits*, Paris, Seuil, 1966, pp. 459 −491.

−《La Relation d'objet et les structures freudiennes》 (1956 − 1957), séminaire inédit à ce jour. Le séminaire 《La Relation d'objet et les structures freudiennes》 a fait l'objet d'un résumé rédigé par J. −B. Pontalis et agréé par Lacan, publié dans le *Bulletin de psychologie*: 1956−1957, tome X, n° 7, pp. 426−430, n° 10, pp. 602−605, n° 12, pp. 742−743, n° 14, pp. 851 −854; 1957−1958, tome XI, n° 1, pp. 31−34.

−《L'Instance de la lettre dans l'inconscient ou la raison depuis Freud》(1957), in *Écrits*, Paris, Seuil, 1966, pp. 493−528.

−《Les Formations de l'inconscient》(1957−1958), inédit à ce jour. Un résumé du séminaire : 《Les Formations de l'inconscient》 rédigé par J. −B. Pontalis (et agréé par Lacan) a été publié dans le *Bulletin de Psychologie*: 1957−1958, tome XI, n^{os}4−5, pp. 293−296; 1957−1958, tome XII, n°s 2−3, pp. 182− 192, n° 4, pp. 250−256.

−《La Direction de la cure et les principes de son pouvoir》 (1958), in *Écrits*, Paris, Seuil, 1966, pp. 585−645.

−《D'une question préliminaire à tout traitement possible de la psychose》(1958), in *Écrits*, Paris, Seuil, 1966, pp. 531−583.

-《Le Désir et son interprétation》(1958-1959), séminaire inédit. Résumé rédigé par J. -B. Pontalis et agréé par Lacan, dans le *Bulletin de psychologie*: 1959 -1960, tome XIII, n° 5, pp. 263-272, n° 6, pp. 329-335. Certaines séances du séminaire 《Le Désir et son interpréation》 ont été publiées dans *Ornicar?*: le 4 mars 1959 : Hamlet, Canevas I, *Ornicar?*, 1981, 24, 7-17; le 11 mars 1959: Hamlet, Canevas II, *ibid.*, 1981, 24, 18-31; le 18 mars 1959: Hamlet, Le désir de la mère, *ibid.*, 1982, 25, 13-25; le 8 avril 1959 : Hamlet, Il n'y a pas d'Autre de l'Autre, *ibid.*, 1982, 25, 26-36; le 15 avril 1959 : Hamlet, L'objet Ophélie, *ibid.*, 1983, 26. 27, 17-19; le 22 avril 1959 : Hamlet, Le désir et le deuil, *ibid.*, 1983, 26. 27, 20-31; le 29 avril 1959 : Hamlet, Phallophanie, *ibid.*, 1983, 26. 27, 30-44.

- 《A la mémoire d'Ernest Jones: sur sa théorie du symbolisme》(1959), in *Écrits*, Paris, Seuil, 1966, pp. 697-717.

-《L'Éthique de la psychanalyse》(1959-1960), livre VII, séminaire inédit.

-《Position de l'inconscient》(1960), in *Écrits*, Paris, Seuil, 1966, pp. 829 -850.

-《Subversion du sujet et dialectique du désir dans l'inconscient freudien》(1960), in *Écrits*, Paris, Seuil, 1966, pp. 793-827.

-Remarque sur le rapport de Daniel Lagache: 《Psychanalyse et structure de la personnalité》(1958), in *Écrits*, Paris, Seuil, 1966, pp. 647-684.

-*Les quatre concepts fondamentaux de la psychanalyse*, *séminaire*, livre XI, 1964, Paris, Seuil, 1973.

-《De nos antécédents》(1966), in *Écrits*, Paris, Seuil, 1966, pp. 65-72.

-《Ouverture de ce recueil》(1966), in *Écrits*, Paris, Seuil, 1966, pp. 9-10.

- 《Préface》(1969), in *Jacques Lacan*, Anika Rifflet-Lemaire, 1re édition, Bruxelles, Dessart, 1970; 2e édition, 1977, pp. 5-16.

-《L'Étourdit》(1972), in *Scilicet*, 1972, n° 4, pp. 5-52.

LAPLANCHE J. et PONTALIS J. - B, *Vocabulaire de la psychanalyse*, Paris, PUF, 1973.

LECLAIRE S., 《A la recherche des principes d'une psychothérapie des psychoses》, in *L'Évolution psychiatrique*, 1958, tome 23, n° 2, pp. 377 −411.

LEMAIRE A., *Jacques Lacan*, Bruxelles, Pierre Mardaga éditeur, 2e édition, 1977.

MILLER J. A., 《La suture》(Éléments de la logique du signifiant)》in *Cahiers pour l'analyse*, 1966, 1/2, pp. 37−49.

NANCY J. L. et LACOUE-LABARTHE P., *Le Titre de la lettre*, Paris, éd. Galilée, 1973.

PATRIS M. :《L'Identification au père. Entre l'amour et la terreur du phallus》, in *La Fonction paternelle en psychopathologie*, congrès de psychiatrie et de neurologie de langue française, LXXIXe session, Colmar, 29 juin−4 juillet 1981; Paris, Masson, 1981, pp. 38−47.

PIAGET J., *Le Structuralisme* (Que sais-je?), Paris, PUF, 1970.

SAFOUAN M., *Le Structuralisme en psychanalyse*, Paris, Seuil, 1968.

SAUSSURE F. de, *Cours de linguistique générale*, cité dans l'édition critique, Paris, Payot, 1980.

SEARLE J., *Les Actes de langage*, Paris, Hermann, 1972.

术语译名表

A

ABSENCE PATERNELLE 父性的
　缺位

ACTE DE DISCOURS 言说行为

ACTE DE LANGAGE 语言行为

ACTE DE LA PAROLE 话语行为

ACTE D'ÉNONCIATION 陈述行为

ACTE MANQUÉ 过失行为

ALGORITHME SAUSSURIEN 索绪尔
　的公式

ALIÉNATION DANS L'IMAGINAIRE
　想象中的异化

ALIÉNATION DU DÉSIR 欲望的异化

ALIÉNATION DU SUJET 主体的异化

ALIÉNATION DU SIGNE (语言)符号
　的异化

ANGOISSE 焦虑

　Signal d'angoisse 焦虑信号

　Angoisse de castration 阉割焦虑

APHANISIS 失欲症

APHASIE 失语症

APRÈS-COUP 事后

ARBITRAIRE DU SIGNE 符号的任
　意性

ASSOCIATIONS LIBRES 自由联想

ATTENTION FLOTTANTE 悬浮注意

ATTRIBUT PHALLIQUE 石祖的属性

AUTOMATISME DE RÉPÉTITION 重
　复的自动性

AUTONOMIE DU SIGNIFIANT 能指
　的自主性

AUTRE 彼者

　désir du désir de l'Autre 对大彼者
　欲望的欲望

　inconscient comme discours de
　l'Autre 无意识如同大彼者的言说

　iieu du code comme iieu do i'Autre
　作为大彼者地点的编码地点

parole de l'Autre 大彼者的话语

regard de l'Autre 大彼者的目光

signifiant dans l'Autre S（A）大彼者中的能指

signifiant de l'Autre S(A) 大彼者的能指

signifiant du manque dans l'Autre S(A̸) 大彼者中的缺失的能指

signifié dans/de l'Autre s(A) 大彼者(中)的所指

Autre 大彼者

AUTRUI 他人

AVOIR 有

problématique/dialectique de l'avoir 有之问题/辩证法

désir d'avoir 有之欲望

AXE DE LA PAROLE 话语轴

AXE DES COMBINAISONS 组合轴

AXE DES OPPOSITIONS 对立轴

AXE DES SÉLECTIONS 选择轴

AXE IMAGINAIRE $a \rightarrow a'$（L 图示）想象轴

AXE PARADIGMATIQUE 聚合轴

AXE DU LANGAGE 语言轴

AXE SYNTAGMATIQUE 组合轴

B

BARRE DE LA SIGNIFICATION 意义的杠

BESOIN 需要

intentionnalité du besoin 需要的意向性

objet du besoin 需要的客体

prise du besoin sur la demande 需要对请求的控制

BUT DE LA PULSION 冲动的目的

C

ÇA 它我

CAPITON（POINT DE . . .）锚定（点）

CAPTURE IMAGINAIRE 想象的捕获

CARACTÈRE LINÉAIRE DU SIGNIFIANT 能指的线性特征

CARENCE PATERNELLE 父性的缺乏

CARREFOUR STRUCTURAL 结构性路口

CASTRATION 阉割

castration symbolique 符号性阉割

complexe de castration 阉割情结

menace de castration 阉割威胁

CATHATIQUE（MÉTHODE . . .）宣泄(法)

CERCLE DU DISCOURS 言说圈

CHAÎNE 链

chaîne d'association 联想链

chaîne intentionnelle 意向链

chaîne parlée 话语链

chaîne signifiante 能指链

chaîne signifiante inconsciente 无意识能指链

chaîne des signifiés 所指链

CHE VUOI？你想要什么？

CHOSE（DAS DING）物

CHOSE FREUDIENNE 弗洛伊德的物

CLIVAGE DE LA CONSCIENCE 意识的分裂

CLIVAGE DU MOI 自我的分裂

CLIVAGE PSYCHIQUE 精神的分裂

CODE 编码

code de la langue 言语编码

lieu du code 编码的地点

COMBINAISON 组合

COMMUNICATION 沟通

COMMUTATIVITÉ DES SIGNIFIANT 能指的交换性

COMPAGNON DU LANGAGE 语言的伴侣

COMPLEXE DE CASTRATION 阉割情结

COMPLEXE D'ŒDIPE 俄狄浦斯情结

CONCATÉNATION 串接

CONCEPT 概念

CONDENSATION 凝缩

condensation sémantique 语义的凝缩

CONSCIENCE 意识

dialectique de la conscience（chez Hegel）（黑格尔的）意识的辩证法

conscience désirante 欲望意识

conscience illusoire 虚幻意识

conscience servile 奴隶意识

conscience de soi 自意识

conscience de soi doublée 双重自意识

en soi de la conscience 意识的自在

en soi-pour soi de la conscience 意识的自在-自为

pour soi de la conscience 意识的自为

CONSTRUCTION-DÉLIRANTE 谵妄性构造

CONTENU LATENT 隐义

CONTENU MANIFESTE 显义

CONTIGUÏTÉ 邻近性

CONTRE-INVESTISSEMENT 反投注

CORPS MORCELÉ（FANTASME DU...）碎裂身体（的幻想）

CORPS PROPRE 自身身体

COUPURE 切口

    coupure signifiante 能指的切口

CRÉATION DE SENS 意旨的创造

D

DÉCHAÎNEMENT DU SIGNIFIANT
能指的解链

DÉFILÉ DE LA PAROLE 话语的行列

DÉGUISEMENT DU SENS 意旨的
伪装

DÉLIRE 谵妄

    délir à deux 双人谵妄

    construction délirante 谵妄性构造

DEMANDE 请求

    demande d'amour 爱的请求

    rétroaction de la demande sur le
besoin 请求对需要的追溯效力

    signifiant de la demande 请求的
能指

DÉNI 否认

    déni de la réalité 对现实的否认

DÉPLACEMENT 移置

    déplacement métonymique 换喻性
移置

    déplacement syntaxique 句法的
移置

DÉPLAISIR 不快乐

DÉSIR 欲望

accomplissement de désir 欲望的
达成

aliénation du désir 欲望的异化

dialectique du désir 欲望的辩证法

désir du désir de l'Autre, de
l'autre, de la mère 对大彼者、小
彼者、母亲之欲望的欲望

désir inconscient 无意识的欲望

désir de la mère 母亲的欲望

désir de reconnaissance 认识的
欲望

essence du désir 欲望的实质

être du désir 欲望的存在

graphe du désir 欲望图形

insatisfaction du désir 欲望的不
满足

métonymie du désir 欲望的换喻

objet du désir de l'Autre, de la
mère 大彼者的、母亲的欲望客体

objet a, objet cause du désir 客体
a，引起欲望的客体

reconnaissance du désir 欲望的
认识

satisfaction du désir 欲望的满足

signifiant du désir de la mère 母亲
欲望的能指

vérité du désir 欲望的真相

ÉTAT DE TENSION 紧张状态

ÊTRE 存在，是

  dialectique de l'être 是之辩证法

  désir d'être 是的欲望

  être du désir 欲望的存在

  être du sujet 主体的存在

  manque à être 存在之缺失

  métonymie de l'être dans le sujet 主体中存在的换喻

EXCITATION PULSIONNELLE 冲动的兴奋

EXPÉRIENCE DE SATISFACTION 满足经验

F

FADING DU SUJET 主体的消逝

FAMILLIONNAIRE "亲切的百万富翁"（妙词的例子）

FANTASME 幻想

  fantasme du corps morcelé 碎裂身体的幻想

FÉTICHISME 恋物癖

FIXITÉ DU SIGNE LINGUISTIQUE 语言学符号的固定性

FLUX 流

  flux de pensées 思想流

  flux de signifiants 能指流

  flux de signifiés 所指流

flux de sons 声音流

FONCTION PATERNELLE 父性功能

FONCTION SYMBOLIQUE 符号功能

FORCLUSION（DU NOM-DU-PÈRE）父姓的排除

  forclusion du sujet 主体的排除

FORMATION 形式，形成

  formation composite 合成形式

  formation de l'inconscient 无意识形式

FORT-DA 线圈游戏

FRUSTRATION 挫败

FUITE DE LA RÉALITÉ 逃避现实

FUSION（CONDENSATION PAR…）（通过）融合（的凝缩）

G

GLOSSOLALIES 语词新作

GRAPHE DU DÉSIR 欲望图形

H

HALLUCINATION 幻觉

HYPNOSE 催眠

HYPNOTIQUE（MÉTHODE…）催眠疗法

HYSTÉRIE 癔症

I

ICHSPALTUNG 自我的分裂

IDÉAL DU MOI 自我理想

IDENTIFICATION 认同

identification hystérique 癔症性认同

identification narcissique 自恋性认同

identification perverse 倒错性认同

identification phallique 石祖认同

identification primordiale 原始认同

identification de soi à l'autre et de l'autre à soi 由己到彼和由彼到己的认同

identification spéculaire 镜像的认同

IDENTITÉ 同一性，身份

conquête de l'identité 身份的获得

identité originaire 源初身份

ILLOCUTION DE LA PAROLE 以言行事

IMAGE 形象

image acoustique 声音形象

image spéculaire 镜像

IMAGINAIRE 想象

axe imaginaire $a{\rightarrow}a'$ 想象轴（L图）

aliénation dans l'imaginaire 想象中的异化

captation/capture imaginaire 想象的捕获

dommage imaginaire 想象性损失

objet imaginaire 想象客体

relation imaginaire à la mère 与母亲的想象关系

IMMUTABILITÉ DU SIGNE 符号的不变性

INCONSCIENT 无意识

inconscient comme discours de l'Autre 无意识如同大彼者的言说

sujet de l'inconscient 无意识主体

vérité de l'inconscient 无意识的真相

INDISTINCTION FUSIONNELLE MÈRE/ENFANT 母亲/孩子融合的无区分性

INJECTION FAITE À IRMA (RÊVE DE L'…) 爱玛打针（的梦）

INSATISFACTION DU DÉSIR 欲望的不满足

INSTANT DU REGARD 看的瞬间

INTENTIONNALITÉ DU SUJET 主体的意向性

INTERDICTION 禁止

INTERDIT DE L'INCESTE 乱伦禁忌

INVESTISSEMENT 投注

J

JE(主语)我

JOUISSANCE 享乐

L

LANGAGE 语言

    langage délirant 谵妄语

    accès au langage 进入语言

    acte de langage 语言行为

    compagnon du langage 语言的伴侣

    mur du langage 语言之墙

LANGUE 言语

    code de la langue 言语编码

LAPSUS 口误

LATENT（CONTENU/PENSÉE）隐（义/思）

LETTRE VOLÉE（SÉMINAIRE DE LA…）被窃的信（被窃的信的讨论班）

LEXICAL/LEXIQUE 词汇的/词汇

LIGNE DE FICTION $a \rightarrow a'$ 虚构线 $a \rightarrow a'$（L 图示）

LINGUISTERIE（拉康的）语言学

LOI 法律，规则

    loi du désir de l'autre 彼者的欲望的法律

    loi du père 父亲的法律

    symbolisation de la loi 法律的符号化

LUTTE À MORT 殊死搏斗

LUTTE DE PRESTIGE 威望的争斗

M

MAÎTRISE DE L'ABSENCE（DE L'OBJET PERDU）对缺位（丧失客体）的掌控

MANIFESTE（CONTENU）显（义）

MANQUE 缺失

    manque à être 存在之缺失

    manque de l'objet 客体的缺失

    manque du pénis 阴茎的缺失

    objet du manque 缺失的客体

    signifiant du manque dans l'Autre S（Ⱥ）大彼者中的缺失的能指 S（Ⱥ）

MÉCONNAISSANCE 不知，不识

MENACE DE CASTRATION 阉割的威胁

MÈRE PHALLIQUE 石祖母亲

MESSAGE 信息

    message intentionnel 意向信息

    lieu du message 信息的地点

MÉTAPHORE 隐喻

MÉTAPHORE DU NOM-DU-PÈRE 父姓隐喻

MÉTONYMIE 换喻

    métonymie du désir 欲望的换喻

    métonymie de l'être dans le sujet 主体中存在的换喻

métonymie du sujet dans l'être 存在中主体的换喻

objet métonymique 换喻性客体

ruines de l'objet métonymique 换喻性客体的遗迹

MI-DIRE 半说

MOI 自我

aliénation du sujet dans le moi 主体在自我中的异化

idéal du moi 自我理想

moi-fort 强大自我

objet du moi i(a) 自我的客体 i(a)

MOMENT DE CONCLURE 结论时刻

MONÈMES 符素

MOT D'ESPRIT 妙词

MOTION PULSIONNELLE 冲动运动

MOULIN À PAROLES 饶舌

MUR DU LANGAGE 语言之墙

N

NÉOLOGISMES 造词

NÉVROSES 神经症

NOM-DU-PÈRE 父姓

forclusion du Nom-du-Père 父姓的排除

NON-SENS 无意旨

NOREKDAL(梦的凝缩的例子)

O

OBJECTIVATION IMAGINAIRE DU SUJET 主体的想象客体化

OBJET 客体

objet a 客体 a

objet cause du désir 引起欲望的客体

objet de la pulsion 冲动的客体

objet du désir 欲望的客体

objet du manque 缺失的客体

objet imaginaire 想象客体

objet impossible 不可能的客体

objet du moi i(a) 自我的客体

objet métonymique 换喻性客体

objet perdu 丧失的客体

objet phallique 石祖客体

objet phobique 恐惧症客体

objet substitutif 替代性客体

ŒDIPE 俄狄浦斯

dialectique œdipienne 俄狄浦斯辩证法

triangulation œdipienne 俄狄浦斯三角

OMISSION 遗漏

ORDRE SIGNIFIANT 能指秩序

ORGANISATION GÉNITALE INFANTILE 幼儿生殖组织

OUBLI DES NOMS 名字的遗忘

P

PARADIGME/PARADIGMATIQUE
聚合/聚合的

PARANOÏA 偏执狂

PARLÊTRE 存在之言

PAROLE 话语

parole pleine 实话

parole vide 空话

parole vraie 真话

acte de la parole 话语行为

défilé de la parole 话语的行列

illocution de la parole 以言行事

moulin à paroles 饶舌

PÉNIS 阴茎

manque de pénis 阴茎的缺失

PÈRE 父亲

père symbolique 符号父亲

PERSONNES COLLECTIVES/
COMPOSITES 集合人物/合成人物

PERTE 丧失

perte de la réalité 现实的丧失

PHALLUS 石祖

phallus maternel 母亲的石祖

attribut phallique 石祖属性

fonction phallique 石祖功能

identification phallique 石祖认同

objet phallique 石祖客体

primauté du phallus 石祖的优先性

rivalité phallique 石祖竞争

signifiant phallique 石祖能指

PHOBIE 恐惧症

objet phobique 恐惧症客体

PHONÈME 音素

PLAISIR 快乐

POINT DE CAPITON 铆定点

POUR SOI DE LA CONSCIENCE 意
识的自为

POUSSÉE DE LA PULSION 冲动的
推力

PRÉSENCE PATERNELLE 父亲的
在场

PRÉSENT DU DIRE 言之现时

PRÉSENT DU DISCOURS 言说之
现时

PRIMAUTÉ DU PHALLUS 石祖的优
先性

PRIMAUTÉ DU SIGNIFIANT 能指的
优先性

PRIVATION 剥夺

PROCESSUS PRIMAIRE 原初过程

PROPYLÈNE 丙烯

PSYCHOSES 精神病

PULSION 冲动

pulsions sexuelles 性冲动

but de la pulsion 冲动的目的

excitation pulsionnelle 冲动兴奋

motion pulsionnelle 冲动的运动

objet de la pulsion 冲动的客体

poussée de la pulsion 冲动的推力

représentant de la pulsion 冲动的
代表

satisfaction de la pulsion 冲动的
满足

source de la pulsion 冲动源

R

RAISON(chez HEGEL)理性(黑格
尔)

RÉALITÉ 现实

déni de la réalité 对现实的否认

fuite de la réalité 逃避现实

perte de la réalité 现实的丧失

RECONNAISSANCE 认识

reconnaissance du désir 欲望的
认识

reconnaissance imaginaire 想象的
认识

reconnaissance réciproque des
consciences 意识的相互的认识

RÉEL 实在

objet réel 实在客体

REFENTE DU SUJET 主体的分裂

RÉFÉRENT SYMBOLIQUE 符号性
参考

REFOULEMENT/REFOULÉ 压抑

refoulé originaire 源初被压抑物

refoulement après coup 事后压抑

refoulement métaphorique 隐喻性
压抑

refoulement originaire 源初压抑

refoulement secondaire 继发压抑

retour du refoulé 被压抑物的返回

RÉINVESTISSEMNET 复投注

RELATION 关系

relation fusionnelle mère/enfant 母
亲/孩子的融合关系

relation imaginaire à la mère 与母
亲的想象关系

relation spéculaire à la mère 与母
亲的镜像关系

RENVERSEMENT DES VALEURS 价
值的颠倒

REPRÉSENTANT DE LA PULSION
冲动的代表

REPRÉSENTAITON DE CHOSES 物
表象

REPRÉSENTATION DE MOTS 词
表象

RÉSISTANCE 抵抗

RETOUR À FREUD 返回弗洛伊德

RÉTROACTION 追溯

RÊVE 梦

    rêve de la belle bouchère 漂亮的屠夫妻子的梦

    rêve de l'injection faite à Irma 爱玛打针的梦

    rêve de la monographie botanique 植物学专著的梦

    rêve de l'homme anx loups 狼人的梦

RIVALITÉ PHALLIQUE 石祖竞争

S

SATISFACTION 满足

    satisfaction du besoin 需要的满足

    satisfaction du désir 欲望的满足

satisfaction hallucinatoire 幻觉性满足

satisfaction de la pulsion 冲动的满足

SAVOIR ABSOLU 绝对知识（黑格尔）

SCHÈMA L L 图示

    axe imaginaire a→a′想象轴 a→a′

SCHIZOPHRÉNIE 精神分裂症

SÉLECTION 选择

SÉMANTÈME 义素

SEMBLANT 假装

discours de semblant 假装的言说

SENS 意旨

    création de sens 意旨的创造

    effet rétroactif du sens 意旨的追溯效果

    sens métaphorique 隐喻性意旨

    travestissement du sens 意旨的歪曲

SIGNAL D'ANGOISSE 焦虑的信号

SIGNE LINGUISTIQUE 语言学符号

    altération du signe 符号的可变性

    arbitraire du signe 符号的任意性

    caractère aléatoire du signe 符号的偶然特性

    délimitation du signe 符号的界定

    fixité du signe 符号的固定性

    immutabilité du signe 符号的不变性

    valeur du signe 符号的价值

SIGNIFIANT 能指

    autonomie du signifiant 能指的自主性

    caractère linéaire du signifiant 能指的线性

    caractère primordial du signifant 能指的首要性

    commutativité des signifiants 能指的交换性

coupure signifiante 能指的切口

déchaînement du signifiant 能指的
解链

flux de signifiants 能指流

logique du signifiant 能指逻辑

ordre signifiant 能指秩序

primauté du signifiant sur le signifié
能指对于所指的优先性

signifiant de la demande 请求的
能指

signifiant du désir 欲望的能指

signifiant phallique 石祖能指

substitution signifiante 能指的替换

suprématie du signifiant sur le signifié
能指对于所指的至上性

télescopage de signifiants 能指撞击

trésor des signifiants 能指的宝库

SIGNIFICATION 意义

glissement de la signification 意义
的滑动

résistance à la signification 意义的
抵抗

SIGNIFIÉ 所指

flux de signifiés 所指流

signifiés dans/de l'Autre s(A) 大
彼者（中）的所指 s(A)

SIMILARITÉ/SIMILITUDE 类似性

EN SOI (DE LA CONSCIENCE)（意
识的）自在

EN SOI-POUR SOI (DE LA
CONSCIENCE)（意识的）自在-
自为

SPALTUNG 分裂

SPÉCULAIRE 反射的，镜像的

reflet spéculaire 镜面反射，镜像

STADE DU MIROIR 镜像阶段

STADE PHALLIQUE 石祖期

STRUCTURE/SYSTÈME
STRUCTURAL 结构/结构系统

structure de groupe 群体的结构

structure linguistique 语言学结构

SUBLIMATION 升华

SUBSTITUTION SIGNIFIANTE 能指
的替换

SUJET 主体

sujet barré Ƨ 被划杠的主体Ƨ

sujet connaissant/ de la connaissance
知道的主体/认识的主体

sujet désirant/ du désir 欲望主体

sujet divisé 被切分的主体

sujet de l'énoncé 所述主体

sujet de l'énonciation 陈述主体

sujet épistémique 认识论主体

sujet de l'inconscient 无意识主体

sujet parlant 言说主体

sujet transcendantal 超验主体

aliénation du sujet 主体的异化

aliénation du sujet dans le moi 主体在自我中的异化

division du sujet 主体的切分

éclipse du sujet 主体的隐匿

être du sujet 主体的存在

fading du sujet 主体的消逝

forclusion du sujet 主体的排除

intentionnalité du sujet 主体意向性

métonymie du sujet dans l'être 主体存在中的换喻

objectivation imaginaire du sujet 主体的想象客体化

refente du sujet 主体的分裂

vérité du sujet 主体的真相

SUPERPOSITION (CONDENSATION PAR…) 重叠 (通过……的凝缩)

SUPRÉMATIE DU SIGNIFIANT 能指的至上性

SURDÉTERMINATION 超决定

SURMOI 超我

SUTURE 缝合

SYMBOLE 象征符号，符号

SYMBOLIQUE 符号的，符号

accès au symbolique 进入符号

dette symbolique 符号性债务

fonction symbolique 符号功能

objet symbolique 符号性客体

ordre symbolique 符号界

père symbolique 符号父亲

référent symbolique 符号性参考

SYMBOLISME 象征主义

SYMPTÔME 症状

symptôme comme métaphore 症状如同隐喻

SYNCHRONIE 共时性

SYNTAGMATIQUE/SYNTAGME 意群的/意群 (在 *Axe syntagmatique* 中译为组合轴)

T

TEMPS POUR COMPRENDRE 理解时间

TEMPS LOGIQUE 逻辑时间

TENSION (ÉTAT DE…) 紧张状态

TRACE MNÉSIQUE 记忆痕迹

TRANSFERT 转移

transfert de dénomination 命名的转移

TRAVAIL DU RÊVE 梦的工作

TRAVESTISSEMENT DU SENS 意旨的歪曲

TRÉSOR DES SIGNIFIANTS 能指的

心理学经典译丛·法国精神分析

下卷

INTRODUCTION À LA LECTURE
DE LACAN

拉康导读

主体的结构
La Structure du sujet

［法］若埃尔·多 著
Joël Dor

刘瑾 译

北京师范大学出版集团
BEIJING NORMAL UNIVERSITY PUBLISHING GROUP
北京师范大学出版社

下　卷

主体的结构

　　我诚挚地感谢弗朗索瓦兹·图贝内谨慎而细致的校订工作和宝贵的文献整理工作。

　　我同样感谢塔妮娅及弗雷德里克·多，是他们制作完成了此书中出现的所有图示及图形复制。

前　言

　　拉康的初始论点："无意识像一种语言那样构成"①总结了主体对于能指秩序的依赖。当我们假定其主要证据建立在"对弗洛伊德的返回"中时，其中的基础工作能够支持其论据作为无意识的根本内涵，但仍然存在一个问题。如何限定这种能指屈从性——分析实践不断指出这种能指的屈从在某种根本异化之上规定了主体性的结构本身——的确切性质？

　　在 20 世纪 60 年代初，拉康的思考似乎想要探索这一至关重要的问题：

　　　　我们的这个根本的假设，它将主体置于其依赖性的构造中，置于一个相对于能指的次要位置中，它使主体变成这样一种能指的效果，而这不能不波及我们的经验……

　　　　能指决定主体……就必要而言，这就是分析的经验想要说的。但我们要跟随这些必要前提的结论。能指决定主体。主体获得其一个结构……我试图让你们更为深刻地领会能指

---

　　① 参见：J. 多，《拉康导读》，上卷。

与主体结构的这一关联。①

　　事实上，在此时期，拉康的思想开始发生一个重要的转变。通过他对认同问题进行的不断反思，由这种屈从性所提出的问题，透过涉及"外在于"②主体、客体 a 和大彼者之间关系的种种决定性的临床理论上的进展而得到很大程度上的澄清，似乎我们在"存在之言"身上所看到的、处在整个能指偶然性中的欲望动力学也归结于此关系。

　　要对拉康工作进行展现似乎举步维艰，恰当的做法首先是预设一些指示其行程的路标，以便一步一步地尽力呈现所有那些强调了其内在逻辑的衔接点。

　　在那时，再用一种推论的方法来阐述一些基本的概念，如元征，请求与欲望的辩证法，切口，认同，分析行为，幻想，性化……没有这些，就无法理解在能指逻辑统治之下的主体结构的构造。毫无疑问，对此问题的研究代表着在拉康的思考中最为密集和最为复杂的时刻之一。由此而得到了他将用于拓扑学旅程的合理部分，以试图对此进行回答，而这出于某些谨慎而重要的理由：

　　　　我带给你们的教导是由我们的经验道路所左右的。这可能显得过分、甚至令人讨厌，这些道路在我的教导中呈现出

---

　　①　J. Lacan, *L'identification* (1961–1962), inédit, séminaire du 30 mai 1962（我做的强调）。
　　②　原文为"ex-siste"，与"existe"（存在）同音，而拉康在此用 ex- 的前缀，表明"在……之外"的意思。可参考本书上卷第 18 章的注释。——译者注

一种拐弯抹角、甚至罕见的形式，因此确切来说可能显得过度了……

无论如何，你们不应该感到惊奇，在我们的解释中可能包含这样的一些领域、范围，比如说……拓扑学，既然在事实上，我们必须踏遍的道路牵涉到一个与主体的这种最为根本的构造同样基本的范畴。①

似乎同样有必要有条理地展现这些拓扑学客体的操作功效，只要这些抽象的解释性载体可被严格地呈现于一种综合性论据之中，后者为清晰起见而打破了它们的枯燥乏味。让我们期望能够达成目标——就这本书而言，从而更加普遍地证明拉康反复重申的警告之一：

请你们原谅，我让你们走上了一条可能在你们看来很枯燥的道路，我必须让你们亲历其过程，以便向你们显示我们能够从中得到什么。②

萨尔瓦多港

1992 年 5 月

---

① Ibid. (我做的强调).

② Ibid.

第一部分

主体基底结构及其拓比学

1. 图示 R——图示 I

精神病过程的第二种研究方式①

自 1953 年始，在"返回弗洛伊德"的运动中，拉康强调了符号、想象和实在三个维度在无意识经验中的影响：

> 我认为，对弗洛伊德文本的回顾——这构成了我这两年来的课程的客体——总是让我更加确信，弗洛伊德式经验所做的对人类现实的把控，没有比之更为完整的了。②

拉康立即将这种经验的领域限定于"三个维度，它们也正是人类现实的根本维度，这几个区别性维度称为：符号、想象及实在"。③

---

① 精神病过程的第一种研究在《拉康导读》第一卷中已被提出，见第 14 章："父姓的排除——精神病过程的研究"。

② J. Lacan, "Le symbolique, l'imaginaire et le réel", in *Bulletin de l'Association freudienne*, n° 1, novembre 1982, p. 4.

③ Ibid.（作者所做强调）。

这三类范畴(S. I. R.)①是在拉康推荐给弟子们的对弗洛伊德的重读中、从他所进行的详细解读过程中逐步得出的。我们在拉康制作于20世纪50年代的所有作品中找到了一致证明②，即赋予这三个维度的重要性，它们的联结构成了整个拉康建筑的支柱之一。

一方面，这三种机构的相互作用被证实在结构上同构于俄狄浦斯的辩证法，因为拉康沿着弗洛伊德的道路，从镜子阶段出发详细说明了其石祖功能的、阉割情结的和父性隐喻的动力学。③另一方面，这三个维度的纽结给出了拉康在他其后的作品中不断深化的主体性构造模式之雏形。由此已经预示了主体构成中所固有的不匀称：即经由幻想之中介的与欲望客体的不可缩减的分离。

这一主体性构造的原理从 R 图示的配置开始被记载下来，拉康在1957年至1958年的文章《论精神病的一切可能治疗的一个先决问题》中阐述了此图示的逻辑。④ 精神病的研究变得更加清晰了，因为在此研究中，拉康尽力勾勒出精神病的过程，通过将之符号化在从 R 图示到 I 图示——也被称作"施伯图示"——的

---

① 在返回弗洛伊德的时期，这三个基本维度事先被排列在逻辑顺序：S. I. R. 中，有鉴于拉康赋予了符号范畴以优先性。之后，实在维度逐步得到强调，结的结构逐步依据R. S. I. 的顺序而被模式化，作为佐证的，如拉康的重要文本"第三者"(罗马会议，1974年10月31至11月3日)，in *Lettres de l'École freudienne*，n° 16，novembre 1975，pp. 178-203，以及他的讨论班《R. S. I.》(1974-1975)，in *Ornicar?*，1975，n° 2：pp. 88-105，n° 3：pp. 96-110，n° 4：pp. 92-106，n° 5：pp. 16-66.

② 参见 J. 多，《拉康导读》上卷，第12章，第13章。

③ Cf. J. Dor, *Introduction à la lecture de Lacan*, tome 1. *L'inconscient structuré comme un langage*, *op. cit.*, chap. 12: "*Le stade du miroir et l'œdipe*", pp. 97-113 et chap. 13: 《La métaphore paternelle-le Nom-du-père-La métonymie du désir》, pp. 114-122.

④ Cf. J. Lacan, "*D'une question préliminaire à tout traitement possible de la psychose*" (décembre 1957-janvier 1958), in *Écrits*, Paris, Seuil, 1966, pp. 531-583.

转变中。①

　　然而，尽管这两个图示由于其所隐喻的精神要素的复杂性而十分重要，拉康却在对它们所作的评述中显现出一种奇特的对解释的吝啬。

R 图示

　　真正体现 R 图示的概念密度的，是其内在的基底结构。因此，有必要逻辑性地展现促成其结构的不同阶段。这一制作能够简略地通过以下方式进行排列。②

---

　　① Ibid., p. 571.

　　② 这种对 R 图示配置的解释重新采用了一种更为详尽的方式，某些论据由法拉德（S. Faladé）在其文章中提出："神经症、精神病及倒错的结构性标志"，见《精神分析提纲》第 7 期，1987 年春，29–51 页。

　　它同样也参考了《客体关系与弗洛伊德的结构》讨论班（1956-1957）。关于"家庭的三角"以及每位主角：父亲、母亲、孩子在不同的俄狄浦斯阶段中相对于石祖的各自的位置，特别参见 1956 年 11 月 28 日、1957 年 1 月 16 日、3 月 6 日、6 月 5 日、6 月 19 日和 7 月 3 日的讨论班。关于"小汉斯"的临床个案，拉康进行详述以阐明其意图，特别参见 1957 年 5 月 22 日的讨论班，他在那里清楚地解释了"将在恐惧症的神话中展开的一切东西的图示"，即想象与符号之间的一种维度的混淆："想象项对他来说将成为符号元素……在与小汉斯相关的关键期中，分析的理论将之指为俄狄浦斯期，实在无法被重新安排在新的符号结构中，除非是以重新激活所有最为想象化的元素为代价，以一种主体对其初次接触的真正的想象性退行为代价。我们在那儿拥有了小汉斯的神经症的最早期——我指的是幼儿神经症——的模型和图示。"为了更好地让人理解这种理想化的、退行的和致命的想象性捕获的力量，拉康发明了一个不规范词语：实在的"想象化（l'imaginification）"（1957 年 6 月 5 日）。此外，他还考虑了列奥纳多·达·芬奇的圣安娜。一方面，他说，"这种母亲形象的双重化……正是观察所提出的结构问题之一……这竖立的手指……也正是某个说出一切的东西，在那儿，你们看到这种实在母亲与想象母亲、实在孩子与隐藏石祖的二重性的形象化表达"（1957 年 7 月 3 日）；另一方面，他补充说，这种"人的三位一体"提供了一个结构，它引入了"一个第四者……以这羊羔的形式"（1957 年 6 月 19 日），然而，"第四元素"在形象化石祖的同时引入了死亡的观念："从与第四者的这种关系被体现的时刻开始……我们就该看出死亡的主题"（1957 年 7 月 3 日）。

在这种通常被指示为融合的未区分关系的源初形势伊始，孩子就被卷入一个向母亲的欲望异化的欲望动力学中，因为他尤其认同于她的石祖。我们在镜子阶段的经验水平上观察到这种由石祖认同所代表的典型的异化。①

让我们用图 1.1 来示意这一关系。

图 1.1

然而，母亲与孩子之间的欲望动力学的相互影响只有在面对缺失时才密切相关。事实上，被揣测有着缺失的母亲总是能够想象性地被她所缺少的欲望客体所填补。这就是为何，同样是想象性地，孩子将很乐意认同于大彼者中所缺失的客体。

这种关系的空间因而并不表达一种简单而纯粹的二元经验，更不必说"共生"，因为我们发现这个术语时常被提及。融合的未区分性得以建立，只是因为在此之前就存在着一个第三项：缺失，以及一个在想象中存在的可以填补它的客体：石祖。因此，正是这种缺失的客体引起并维持了融合关系的动力。由此必然要修改源初的图示，为想象石祖φ的介入留出位置，如图 1.2 所示。

---

① 参见：J. 多，《拉康导读》上卷，第 12 章。

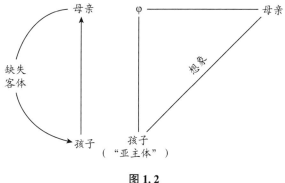

图 1. 2

这第一个三角结构奠定了俄狄浦斯中欲望逻辑的基础，它所启动的只是一系列想象的成分。孩子对于母亲的这样一个客体的想象认同，所对应的就是被假设填补了大彼者的缺失的想象石祖。

这第一个母亲—孩子—石祖的三角代表了想象维度的空间本身，它构成了 R 图示的基础部分。从此早期水平开始，我们已经能够知道欲望的客体如何介入到主体的潜在组织当中，这个时期的主体被拉康视作"亚主体"①。在想象性地认同于母亲欲望之客体的同时，孩子的欲望已经表达为对欲望之欲望。作为对大彼者欲望之欲望的主体欲望的动力学构造，就这样在这个对想象石祖的源初认同过程中找到了其锚定点。

让我们继续追随俄狄浦斯辩证法的进程，直至这一决定性的阶段，其标志是父性人物闯入到母亲-孩子相融合的未区分关系中。就本质而言，这一闯入将表现为以一种双重的符号化开端作

---

① 法文为 assujet，其构词类似于注文 assujetti，有被奴役及屈从之意。同时 sujet（即主体）前的 a-前缀，作为否定前缀，表达否定或缺失的含义。综合意思并取其发音，在此译为"亚主体"。——译者注

为基础而重新提出石祖认同的问题。一方面，孩子显得越来越敏感于在现实中母亲对父亲的兴趣。另一方面，他开始确信：在他的存在的现实中，他永远不可能是大彼者的全部。这些实际经验的重复将逐渐地在孩子身上产生某些能指的关联。

如果孩子不是母亲的全部——证据是她对于父亲的兴趣——那么他就不可能是填补其缺失的客体。父亲意味着引发她的欲望的一个吸引端，因而在融合的未区分关系的想象空间中就更好地揭露出母亲对于石祖的缺乏。这两个有意义的变化在一段时间中足以维持想象父亲的化身①——大彼者身边的孩子的竞争石祖。唯有这个父亲的形象有可能在孩子的欲望逻辑中向量化一系列决定性的移置，此后孩子的欲望逻辑悬置于以下问题之上："是或不是'to be or not to be'石祖？"②

首先，一个新的主角，父亲，介入到母亲—孩子—石祖的想象的三角中。

其次，从重新提出石祖认同的问题出发，石祖流通起来。

再次，相对于源初的想象结构的空间，石祖位置的这种摇摆引起了母亲本身的移置。

最后，所有这些移动将依据孩子此后再也无法避免的现实的意外情况所具有的可靠性而被分配。

在现实的影响下，与父亲的闯入相关的母亲的想象性原始位置的移置，如图 1.3 所示。

---

① 通过"想象父亲"的称呼，拉康规定了以父性功能的名义而出现的形象之一，此外还有"实在父亲"和"符号父亲"的形象。Cf. J. Dor, *Le père et sa fonction en psychanalyse*, Paris, Point Hors Ligne, 1989, chap. 4: *Le Père réel, le Père imaginaire et le Père symbolique: la fonction du père dans la dialectique œdipienne*, pp. 51-65.

② J. Lacan, *Les formations de l'inconscient* (1957—1958), inédit, séminaire du 22 janvier 1958.

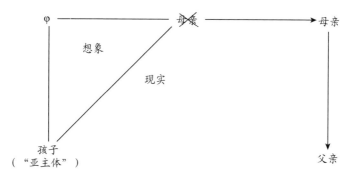

图 1.3

然而，以这些不同移置为特点的第一个时期在主体的精神构造中有可能是无效的，如若它仍然固着在这个孩子与母亲身边的父亲之间的想象性石祖竞争阶段。[1] 允许孩子超越对其石祖认同的质疑并最终摆脱它的动力学假定孩子自身也实现了一个移置。这不仅仅是由在最初的想象领域之外的各种现实变故所引起的，而且还是——甚至尤其是——由母亲所进行的一种能指中介的后果所唤起的。而且，正是透过此中介，符号维度闯入了俄狄浦斯的辩证法中。

这一中介的动力有哪些呢？

无论是在她的行为举止还是在她对他的言说中，重要的是母亲要尽力让孩子理解，父亲对她自身的欲望所起到的特殊作用。就这样产生了一个符号性指示，它清晰而明确地告知他(孩子)，正是从他那儿、她的丈夫那儿，她期望获得她所缺少的客体。就这样，孩子从母亲的言说中得到了以下保证：对于他对石祖的想象性认同，他没什么可指望的，因为母亲会符号性地表明，对其

---

① 参见：J. 多，《拉康导读》上卷，第 12 章。

欲望的客体，她有赖于父亲而不是他。

事实上，通常当这种母性依赖的符号意义被展现出来时，某些后来向孩子开启的精神构造的道路才能够表现为妥协。拉康在这里确定了倒错的"锚定点"①，含糊的、符号的歧义性在构成现实中规则的同时，把孩子固着在石祖竞争的享乐地点中。②

由此符号指示所促成的中介作用，只有在父亲的侵入性存在本身对此做出符号性回应的情况下才是结构性的。母亲应该告知孩子她对于父亲欲望性的依赖，而父亲也应该证实其影响，通过装出"为母亲立法"者的样子。③

因此前面提到的移置的逻辑可以前进一大步。一个增加的元素必须加以考虑：符号维度的侵入，它今后介入孩子在父母之间所建立的新的关联中。这个维度将孩子猛地拉向另一个地点，在那里，他的欲望将经历一场新的挑战：有之辩证法。这假设孩子已经放弃认同于母亲欲望的客体，因而他愿意承认父亲不仅是拥有石祖的那个人，而且能够把它给予因此而依赖于他的母亲，因为她没有石祖。④

这种承认证明以下事实：孩子因此准备从阉割的卡夫丁峡谷通过⑤。而且它还表明了一个特有的移置。摆脱对母亲欲望的屈

---

① Cf. J. Lacan, *Les formations de l'inconscient*, *op. cit.*, séminaire inédit du 22 janvier 1958.

② Cf. J. Dor, *Structure et perversions*, Paris, denoël, 1987, chap. 10: "*Point d'ancrage des perversions et mise en acte du processus pervers*", pp. 141−150.

③ J. Lacan, *Les formations de l'inconscient*, *op. cit.*, séminaire inédit du 22 janvier 1958.

④ 参见：J. 多，《拉康导读》上卷，第12章。

⑤ 卡夫丁峡谷，公元前32年萨姆尼特人在此击败罗马军队并强迫他们通过轭形门。指遭受莫大的侮辱。——译者注

从的同时，他放弃他最初的亚主体位置，为了开始显露的欲望主体的位置。最后，这个移置转变了母亲—孩子的连接形式，它不再仅仅具有起源三角形的想象空间的性质。在现实的检验的另一边，这个连接被锚定在符号的空间中，父亲与母亲今后在此空间中被指涉。

这些不同的移置在孩子的主体构造中引起了交互的影响。如果说母亲—孩子连接线（见图 1.4）表达一种严格地想象关系，那么，母亲与孩子各自的移置会留下两个空位，在精神组织当中，将形成这些先前想象的位置的永存遗迹。

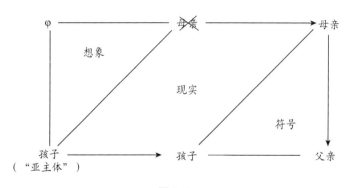

图 1.4

在孩子曾经放置母亲的最初地点，将构成一个欲望的基础客体(母亲)的想象表象，即镜像"i"。至于孩子最初所在的位置，他将让给一个他自己的想象表象：他的自我"m"，就这样将他所曾是的亚主体的异化身份唤回到记忆中。

在对应于孩子的新位置的另一端，相反地显露出主体必须成为的某个东西，这是在父亲的符号性影响下才能发生的自我理想"I"的要求。为此，自我理想因而将在逻辑上处在对立于自我 m

的符号空间中。

图示的构成发生了相应变化。从此，想象三角与符号三角各自分布在拉康后来将定义为实在的现实带的两边，如图 1.5 所示。①

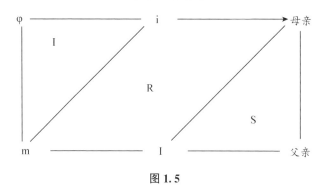

图 1.5

R 图的最后结构阶段直接反映了父姓隐喻的介入所辩证化的

---

① 注意我们在本章开头所提出的保留意见。在达成一个简明而幽默的隐喻性定义："现实……要理解成实在的鬼脸"(in *Télévision*, Paris, Seuil, 1974, p. 17)之前，拉康用了很长时间来阐释实在与现实之间的概念性区分，这始于《客体关系与弗洛伊德的结构》。在 1956 年 11 月 28 日的讨论班中，他谈到这个"至今仍晦涩不明的著名的实在"，他还说："一旦触及它，我们就意识到实在不止一个意思……实在可能是我们经验之极限的某物，对此我们不必感到惊奇。"因此，应该知道我们在说什么，当我们援引"实在或者现实这个词……当我们说实在，我们可能针对好些东西。首先，所发生事实的整体，这是包含在德语词当中的现实的概念，而该德语词具有法语所没有的优势，能够在现实中区分出一个功能，*Wirklichkeit*，其中包含着 *Wirkurg* 事实的整个可能性，机制的整体……有效性范畴，这正是现实的第一个概念……"弗洛伊德所带来的两个原则的区分："现实原则"和"快乐原则"，使我们有可能深入探讨精神分析理论中"现实"一词所承担的意思。事实上，"很清楚，快乐原则并非是以不那么实在的方式运转的，我甚至认为分析能够证实与此相反。在此，现实术语的用法完全不同"。如果没有此意义的滑动，"快乐原则/现实原则"的辩证对立站不住脚。为了证实温尼科特以及对母子关系的观察——其中，母性功能"在孩子对现实的理解中是绝对首要的、决定性的"——相较于确实填补了孩子的这种对实在的抓捕，拉康试图以幻觉性满足的存在作为证据："将要涉及的，正是母亲逐步地教孩子去忍受这些挫败，同时通过某种初始紧张的形式去感知现实和幻象之间所具有的差异，而差异的实现只能经由幻灭之路，即一次次地不让现实与欲望产生的幻觉相重合(我做的强调)。"

俄狄浦斯动力学的结果。始于原始想象空间的所有移置，事实上，被父亲的符号功能——最初以母亲的言说为中介而被引入——的结构化作用所引发。不同父亲形象——挫败者、剥夺者、阉割者、施予者父亲——的协同作用不能保证从是到有的结构化过渡，除非是在父亲最终被赋予了石祖归属的情况下。也就是说作为符号父亲，他因而被假定给予母亲她所缺失的客体。①

换言之，从想象空间到符号空间的位移表达了石祖客体的流动，没有这种流动，孩子无法确定母亲的欲望客体的准确位置，而这种定位使他有可能从亚主体的状态转入主体的状态。以父姓能指为基础的这个定位，解释了符号 P 作为符号石祖"Φ"的登入地点而被引入图示。母亲的欲望客体就这样被孩子所确定，孩子从而作为主体而出现在他对母亲之欲望客体的想象性原始认同的位置φ上：由此符号 S 在想象石祖φ的位置上登入。

在这个主体的结构化结束时，仍然存在着由 i 和 m 的位置所体现的想象的内涵，也就是"自恋关系的两个想象项，即自我和镜像"②。同样，我们能够在图示中标注源于彼者的所有想象表象的表达，这些表象在母亲的想象的原初外形 M 中找到它们的基点。矢径 $\overrightarrow{iM}$ 因此以镜像的一般表达隐喻化了所有的这些想象彼者的不同外形 i(a)。由此产生将彼者 a 登入 M 地点的机会。相反，在 $\overrightarrow{mI}$ 的矢径上，所有屈从于自我理想 I 的父性认同的、构成自我的想象性认同将登入。③ 因而可以合理地在 I 的地点上放置

---

① 参见：J. 多，《拉康导读》上卷，第 12 章。

② J. Lacan, "*D'une question préliminaire à tout traitement possible de la psychose*", in *Écrits*, *op. cit.*, p. 553.

③ Cf. *ibid.*

符号 a′，它在主体与其客体的想象关系中与 a 相关联。另外，根据一个初始的能指运作，确切说即隐喻，P 象征着父姓。这样一个能指因而只能被确定在大彼者的地点，孩子在那里遇到一个对他而言的一个父亲的能指。从而，A 在 P 地点中找到其逻辑位置。

主体间辩证法的 L 图示的结构因而将整合，在 R 图示的结构本身中，提示作为通过父性隐喻而进入符号的直接结果的主体在自我中的异化秩序。①

我们因而重新发现了 R 图示的完整结构，就如拉康在其论著《论精神病的一切可能治疗的一个先决问题》②中为我们呈现的一样。如图 1.6 所示。

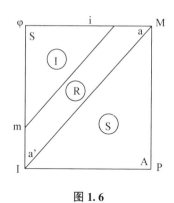

图 1.6

---

① 参见：J. 多，《拉康导读》，上卷，第 18 章。

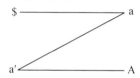

② J. Lacan, "D'une question préliminaire à tout traitement possible de la psychose", in *Écrits*, *op. cit.*, p. 553.

"MimI"的实在带分离了想象三角与符号三角，也联结着它们。这个动力学的特性只有通过给予 MimI 带以一个莫比乌斯带的结构才能够被理解。① 即便拉康在他的《精神病》②的讨论班中没有向此领域前进，他却在 1966 年为其文章《论精神病的一切可能治疗的一个先决问题》所加的一个注释中提到了此特性。更一般地，拉康将在这同一时期把 R 图示与一个投影面的展开进行比较。实在带就这样成了整个交叉帽结构所依存的莫比乌斯切口③：

> 或许最好承认，虽然像谜一般，但对于知道结果的人而言却是完全清楚的，因为如果我们想要对之加以利用的话，情况就是如此：R 图示所展开的，正是一个投影面。

> 尤其是这些点，我们所选择的字母，并非偶然（也不是游戏），它们对应于 m M，i I，它们勾勒出图示中唯一有效的切口（即 $\overrightarrow{mi}$，$\overrightarrow{MI}$ 切口），足以指示这个切口在区域中分离出了一个莫比乌斯带。④

正是这个四边形 miMI 的某些结构性改变允许呈现精神病中所发生之事，就如同图示 I 所显现的一样，但相较于此，似乎在此实在带的功能问题上稍作停留更为重要。

---

① 参见下文，第 8 章。

② Cf. J. Lacan, *Les psychoses*, Livre III（1955—1956），Paris, Seuil, 1981.

③ 参见下文，第 11 章，有关从 R 图示到投影面的平移工作，参见：1）J. Lafont，"*Du schéma R au plan profectif*"，in Littoral，*n° 3/4 l'assertitude paranoïaque*，*février* 1982，*Éres*，pp. 135-146；2）*J. Granon-Lafont*，La topologie ordinaire de Jacques Lacan，Paris，*Point Hors Ligne*，1985，pp. 82 *sq.*

④ J. Lacan："*D'une question préliminaire à tout traitement possible de la psychose*"，in *Écrits*，*op. cit.*，note 1，p. 553.

要得到一个莫比乌斯带，只需要缝合一个基础多边形的两条相反向量的边，使它们朝向同一个方向，也就是说进行一次扭转。我们由此得到一个单边表面（有唯一的面和唯一的边），我们可以整个走完它而无需跨越任何的边。①

在 R 图示上，如果我们连接 i 和 I，m 和 M，我们就给予实在带一个莫比乌斯结构。从而，想象和符号的空间就构成一个唯一的"环圈"，与此实在带缝合成为整体，因为这唯一的边定义了莫比乌斯带的表面。在此意义上，R 图示是一个投影面，其二维表象只不过是通过一条使带子摊开的切口而获得的一种"平面化"，这个切口允许重现最初的带着其两条向量化边的基础多边形。②

这能够让我们理解符号和想象之间如何被实在连接，以至于我们能够以连续的方式从一个到另一个。俄狄浦斯的动力学尤其强调这一特性，它显示了符号的获得如何同样也借助于想象。事实上，刚刚在符号中产生的主体就在想象中被异化，同时产生分裂。③ 从此角度，被构想为莫比乌斯结构的实在带，似乎是理解主体结构化组织的一种基本表象。

I 图示

当父姓能指没能够登录大彼者的地点（R 图示中的 A 点），实在带的整个结构经受了一个重大的修改，由此表达了因为这种在主体组织水平上登录的缺乏而导致的改变。这个特殊情况被拉康

---

① 参见下文，第 8 章。
② 参见下文，第 11 章。
③ 参见 J. 多，《拉康导读》上卷，第 15 章及第 16 章。

另称为：父姓的排除①，它说明了图示 I 的动力学。

　　让我们从此图形出发，在这里，符号父亲并未降临，也就是说在此情形中，为一个言说主体建立能指链的父姓能指未能替代母亲欲望的能指。除了由此产生的进入符号时的根本缺乏，这个登录的缺位也表明孩子处在不可能性中，即无法确定自己相对于想象石祖φ的位置。在这种情况下，他别无出路，只能继续被俘于和母亲的一种直接性的关系，此关系因未参考父性机构而受到损害。我们可以依照图 1.7 来表现这两个根本性的登录的缺乏。

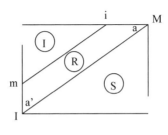

图 1. 7

　　想象石祖φ和父姓能指 P 的缺位意味着孩子与母亲的一种排他性的连接，我们可以通过 m → M 的线条来体现，即在自我与狭义的母亲之间所建立一种关系。

　　在其论著《论精神病的一切可能治疗的一个先决问题》中，拉康仍特别地影射了此方面的问题。因而我们必须借助于图示 I 之外的多种解释，来理解其中的不同关联点，尤其是 L 图示和欲望图形。

---

　　① 参见 J. 多，1)《拉康导读》上卷，第 14 章；2)《父亲及其在精神分析中的功能》(*Le père et sa fonction en psychanalyse*)第 6 章："排除概念的弗洛伊德式起源"及第 7 章："父性功能及其失败"。

正是由于父姓的排除，主体 S 将永远无法成为 $, 即被阉割的能指 Φ 划杠的主体。

对欲望图形的分析教给我们，一切信息都在编码的地点打上印记，也就是在作为"能指宝库"①，或者作为符号认证的守卫和保存者的大彼者的地点。② 在此意义上，父亲的功能透过父性隐喻的过程，首先把孩子引入确保这样一种符号认证的维度之中。要是主人能指父姓没有在这个隐喻替换的过程中发生，那么主体所维持的与符号界的整个关系也会产生紊乱。以图解的形式，这个在进入符号时所引入的缺乏能够通过以下方式被呈现在·铆定点的水平上（图1.8）。③

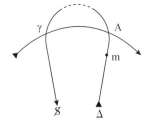

图1.8

规定了对符号的进入的父姓是缺失的，γ 点上对信息的符号性认证不会被 A 所保证。这个符号过程中的"洞"可在图形中被体现为矢径 $\overrightarrow{\Delta\$}$ 上所存在的一段虚线。另一种展现主体与大彼者关系的扰乱的方式，是在话语回路④的水平上，它从 A 点出发，然后将在自我的 m 点上反映出来——在此，主体被听见说话——以便接下来返回 A 点并最终走到信息的地点 γ。

由于没能参考父姓能指，孩子的自我仍然依赖于与母亲的单一关系，母亲被构建为大彼者，他努力围绕她而寻求符号性认证。如拉康所述，说导致精神病的母亲在"法律之外"或甚至"制

① J. Lacan, "*Subversion du sujet et dialectique du désir dans l'inconcient freudien*" (1960), in *Écrits, op. cit.*, p. 818.
② 参见 J. 多，《拉康导读》上卷，第 21 章。
③ 同上。
④ 参见 J. 多，《拉康导读》上卷，第 23 章。

定法律"，这强调了一位保管着并非是她的一个法律的母亲的影响；这个法律完全没有参考父性的符号法，纯粹是私人的。在这种情况下，母亲因而在大彼者的地点保证了一种符号功能，它无法如父亲的法律将做的那样认证什么。符号性认证的这种缺乏，从根本上以 m 与 M 之间的一个断裂的形式构成了孩子与母亲的关系之基础。

因此，经由实在的想象和符号的链接将以不同方式被构成。从想象到符号的相互连续的通道无法被获得，如我们所知，除非是在我们根据一个莫比乌斯结构来设想 miMI 带的情况下。这假定我们能够在 I 和 i、然后在 m 和 M 之间建立逐点的对应。既然在 m 和 M 之间存在断裂，i → I 的连接将围绕此裂缝产生扭曲，以至于不可能在想象和符号之间建立相互的连续性。这样，我们就得到了双曲线的两个分支，它们永远无法相交，同时向两个"洞"开启：一个示意着大彼者地点中父姓能指的缺位 Po；另一个指示着想象石祖的缺位 Φo，它使孩子能够相对于大彼者而结构为主体。我们就此从 R 图示出发得到一个 I 图示①的结构，如图 1.9 所示。

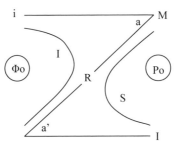

图 1.9

① 参见，J. 拉康对图示 I 的详尽描述，见《论精神病的一切可能治疗的一个先决问题》，in *Écrits, op. cit.*, p. 571.

易于理解，受这些改变影响的主体结构，开启了一些紊乱的道路，它们必然在符号和想象的方向上展开：

> 图示中保留了 R 领域的布局，因为它代表着一些条件，现实在这些条件下得以为主体而恢复：它对他来说如同孤岛，其坚实性由其恒定的检验而强加于他，对我们来说其恒定与使之成为他可居住之所的、但也使之扭曲的东西相关，即想象 I 与符号 S 的离心变化，把它缩减为它们偏移的领域。①

临床上，我们在偏执狂的谵妄表现和精神分裂症的产生中观察到其最具代表性的模态：

> 图示 I 中路径 Saa'A 的保留在那儿象征着我们在对此病例的研究中所采取的意见，即与彼者的如同与其相似者的关系，甚至是一种被提升至亲密关系——在亚里士多德将之作为夫妻关系实质的意义上——的关系，可完美地并存于与大彼者关系之偏离，以及当中所包含的整个根本上的畸形——虽不确切、但也有些接近地在旧时临床中被称为部分谵妄。②

我们应当指出这些不同紊乱的总称：符号界与想象界之阙如。其实，我们观察到偏执狂患者努力地符号化想象，而精神分

---

① 参见，J. 拉康对图示 I 的详尽描述，见《论精神病的一切可能治疗的一个先决问题》，in *Écrits, op. cit.*, p.573.

② Ibid., p.574(我做的强调)。

裂症患者则试图想象化符号。①

在偏执狂中，谵妄者正是在被"切断"符号界的情况下，被想象界所侵占。因此，他将试图符号化想象界。因为不成功，他就赋予一切以意义。L图示的逻辑允许我们最接近地剖析偏执狂式交流中所使用的战略。在拉康1955年12月7日的讨论班中所分析的典型例子："我从猪肉商那儿来"②之上，我们能够得出一些有关谵妄话语之回路的确切结论。事实上所发生的一切就如同，在其交流中主体被切掉了大彼者，也就是说切掉了获得其信息的符号认证的地点。话语的回路因而只在三个点之间转动：S，a，a′，即在一个完全想象的维度当中。正如塞尔吉·勒克莱尔（Serge Leclaire）在其论著《精神病的一种精神治疗之原则研究》中所给出的十分恰当的评论：

> 因而能够在我们的图示上展现这一状态，通过S与a之间以及A与a′之间的一种断裂，这使所剩余的唯一道路是a-a′，依据我们的定义，它构成了主体间交流的想象轴。正是这样，我们被导致去设想偏执狂的谵妄关系类型，它建立在

---

① 这些紊乱的一个极好的例子被呈现在对拉康的一篇病人介绍：《强制话语者》（1976）的解释中，它是由M. 切尔马克和J. -L. 杜阿梅尔的一段非凡评论所引入的，在其中，除了别的一些相当宝贵的临床思考之外，父姓的排除问题亦得到根本的讨论。参见："*L'homme aux paroles imposées*"，in *Le Discours psychanalytique*，n° 7，février 1992, Éditions J: Clims- Association freudienne, pp. 7-54 et en "annexe"，"*Entretien de J. Lacan avec M. Gérard Mumeroy*"，*ibid.*，pp. 55-92. 更一般地，涉及拉康有关精神病的系列问题，也参见：M. Czermak, *Passions de l'objet. Études psychanalytiques des psychoses*, Paris, J. Clims Éditeur, 1986.

② 参见：J. Lacan, Les psychoses, op. cit., séminaire du 7 décembre 1955, pp. 55-68. 同样参见：J. 多，《拉康导读》上卷，第22章。

两个"我"之间、两个想象之间，因此注定有此想象维度所固有的明显矛盾，在病理学上，它分离于对现实的一种健全理解所必需的相关物，即符号维度。①

此外，势必观察到谵妄者并不清楚他所说的。如塞尔吉·勒克莱尔所指出的，就他承认"在他身上'它在说'"②而言，这尤其证实他没有自认为是他所说的东西的主体。而同样，相反地，他也无法接收来自彼者的话语，作为一个真正主体所发出的话语。从一方面或另一方面，主体不能面对符号性参考（即大彼者）而确定其话语。可以说"谵妄者'被说'而他不再说"③。交流就这样在一个纯粹反射的维度中展开，当中的规则是放任投射和谵妄思维所特有之构造自由发展。因为无法相对于大彼者——他是主体性的重心——而确定自己，谵妄者不再掌握着他所说的语言。因为没有参考大彼者的编码，语言学符号被拆散，能指反映着任何的所指。因而，被剥夺了这种符号性参考的谵妄者在无意中导致到处引入符号。这就解释了偏执狂的谵妄性符号化的产生（通常是天马行空的），其首要的例子由施伯院长的"基本语"带给我们：

没有什么能更好地同时阐释谵妄过程的机制以及它从而供我们理解的东西，除了施伯的'基本语'题材之外，此完成形式源于以下计划：为一个被免除了一切形式化'化身'的符

① S. Leclaire, "*A la recherche des principes d'une psychothérapie des psychoses*", in *L'Évolution psychiatrique*, 1958, tome 23, nº 2, p. 401.

② S. Leclaire, "*A la recherche des principes d'une psychothérapie des psychoses*", in *L'Évolution psychiatrique*, 1958, tome 23, nº 2, p.400（作者所做强调）.

③ Ibid., p. 402（作者所做强调）.

号层面重新找到想象性安排。①

在精神分裂症领域中，短路的是 a→a′轴。精神分裂症患者因而被困在一种直接与大彼者交锋的交流当中。因此，一切都立刻构成意旨，而没有中介。被切掉了想象，就不再可能有空间提供给能指游戏了。任何与彼者关系的体验，精神分裂症患者的体验，都处在想象性认同的完全缺位中。在某种意义上，他被剥夺了"自我"：

> S-A 轴受到重视而无关紧要的 a-a′ 的弯道被弃之不顾……似乎精神分裂症患者忽略了其想象的和形式的面向，以至于只看到事物中的符号价值。正是以一种（在对一切所掌握的想象性认同的原始否定中）被删除的主体性的方式，精神分裂症患者经历着他与'彼者'的关系，后者无益于其（自闭的）根本的主体性，甚至不配这个彼者之名。②

正是在此意义上，吉塞拉·潘科夫（Gisela Pankow）主张在精神分裂症患者那里进行想象的"嫁接"③，这完全遵从了塞尔吉·勒克莱尔所明确提出的治疗指示：

---

① S. Leclaire, "*A la recherche des principes d'une psychothérapie des psychoses*", in *L'Évolution psychiatrique*, 1958, tome 23, nº 2, p. 402（作者所做强调）。

② Ibid. , p. 403（作者所做强调）。

③ Cf. G. Pankow, *Structure familiale et psychose*, Paris, Aubier, 1983, p. 144：
"［……］我的方法是一种嫁接的疗法，就如同建筑师的工作，他安装一些扣钩以固定产生裂缝的墙壁"（我做的强调）。

在治疗中，整个工作就在于通过可能的某种方式为他重建其(a-a′的弯道的)想象功能的用途，使其抵达某个想象性质的认同，换言之，给予他一个"自我"。①

更一般地，拉康——经由 L 图示——所提出的 I 图示，为我们开启了一个治疗的反思，相对于神经症，其方案被定义的方向，似乎是一种对在主体间过程中被假定缺乏的轴线的修复：要么在精神分裂者那里重新引入短路了的想象轴 a → a′，要么在偏执狂中重新引入 A → S 轴。但在此情况下，有必要对此精神病过程的研究基础做一些补充说明。尤其是整个思考似乎在此之后打开了 *Verwerfung* 这个概念的话题，拉康要我们以排除之名去理解它。作为佐证，我们提出当代的两个观点，在某方面，它们指明关于此概念的一种不同理解：其一最近由巩达尔多·卡利加里(Contardo Calligaris)在其著作中提出：《精神病的鉴别性临床》②；另外一个由胡安·大卫·纳索(Juan David Nasio)在其书中所涉及：《洛尔之眼》③。

在参考拉康的文章：《论精神病的一切可能治疗的一个先决问题》的同时，卡利加里认为这一先决问题可以用以下方式加以总结"精神病之特性即父姓的排除"④。他认为，该概念是不恰当

---

① S. Leclaire "*A la recherche des principes d'une psychothérapie des psychoses*", in *L'Évolution psychiatrique*, *op. cit.*, p. 403.

② Cf. C. Calligaris, *Pour une clinique différentielle des psychoses*, Paris, Point Hors Ligne, 1991.

③ Cf. J. - D. Nasio, *Les yeux de Laure. Le concept d'objet a dans la théorie de J. Lacan*, Paris, Aubier, coll. La psychanalyse prise au mot, 1987.

④ C. Calligaris, *Pour une clinique différentielle des psychoses*, *op. cit.*, p. 26.

的，因为说精神病是排除的结果，这明确提出了一种否定性肯定。父姓的排除概念似乎是构想精神病之一般概念的唯一方式，因为它允许在整体上谈论精神病。正是在此意义上可能存在着精神病的一般概念：父姓的排除。但是，为什么呢？

涉及一种否定性的一般概念，它应该基于神经症中普遍具有的东西，即父性的参考，因为它在这里是缺失的。此外，此否定性一般概念在拉康的思考中，得到了精神病发作的启动问题的支持。正是面对着启动之显在临床事实，精神病才呈现为一种排除的效果。

换句话说，在发作的启动中似乎一直存在一个指令，让精神病主体去参考一个父亲的锚定；这对他来说恰好是不可能的，既然他没有符号化过这样一个锚定。

然而，卡利加里强调说，如此考虑的排除概念并未回答一个重要的问题：

> 在发作之外的一个精神病性知道的组织确切来说会如何？①

一个未发作的主体其结构因而是怎样的，也就是说一个可能还未遇到发作的主体？

从同样的对拉康的参考出发②，纳索提出了一个关于父姓的

---

① C. Calligaris, *Pour une clinique différentielle des psychoses*, *op. cit.*, p. 27（作者所做强调）。

② Cf. J. Lacan, "*D'une question préliminaire à tout traitement possible de la psychoses*", in *Écrits*, *op. cit.*

排除的解释，与前一观点截然不同。

　　纳索首先坚持的事实是，父姓不能被考虑为一个存在，而是一种功能，最好将之分为两个方面：一方面，是替换的动力学，确切地说，被指示为父性隐喻；另一方面，是这种替换所产生的无论哪个能指将会出现的地方。这"无论哪个能指"①从而恰好就是承担父姓能指之性质的那个能指。在此情况下，当我们使用父姓的排除这一表达时，我们想说的是什么呢？纳索认为，这并不意味着一个被假定为"父姓"的能指被抛掉了，而是相反地，一个"任意能指"没有在某个确定时刻来回应呼唤。换种说法，它没有来接继任者的班。

　　如果排除确实显现为一个能指没有来到继任者的外部位置上，那么只要没有呼唤，它就无法得到证实。那么被排除的是什么？纳索强调，不是那个"父姓"能指，它并不作为唯一能指而存在，甚至也不是这个没有来到期待位置上的"任意能指"，而是应该将它安置在那里的运动。被排除的只是动力，而不是运动的元素。

　　这假设，当然，应该用复数来书写这个表达，"父姓们"，正如拉康曾多次提醒我们注意的那样。

　　这个有关父姓排除的双重变化已经给了我们一个极富意义的概貌，涉及拉康在精神病领域中引入的这种思考为理论—临床的制作所提出的问题之复杂程度。

---

① J.-D. Nasio, *Les yeux de Laure. Le concept d'objet a dans la théorie de J. Lacan*, *op. cit.*, p. 123.

2. 光学图示与人之理想

理想自我与自我理想

在弗洛伊德的整个著述中，他都试图依据一种原则不变的组织模型，即一种多系统的结构来描述主体拓比学，第一个和第二个拓比学的相继发展可为证明。[1] 在这个精神装置的描述场域中，弗洛伊德尤其强调这种主体组织的复杂性：一种多机构的结构，机构之间依据同时是系统间和系统内的关系网络而协调连接。

---

[1] S. 弗洛伊德，"第一个拓比学"，一方面参见："*Briefe an W. Fliess, Abbandlungen und Notizen*"（1887—1902），in *Aus den Anfängen der Psychoanalyse*, G. W. pp. 45-305, S. E. I, pp. 173-280；trad. A. Berman, "*Lettres à Fliesse*", *in La Naissance de la psychanalyse*, Paris, P. U. F., 1979 第四版（尤其是以下信件：n° 39, 1-1-96, pp. 125-129, 及 n° 52, 6-12-96, pp. 153-160）；另一方面见：*Die Traumdeutung*（1900），G. W. II-III, pp. 1-642; S. E. IV-V, pp. 1-621; trad. I. Meyerson, *L'interprétation des rêves*, Paris, P. U. F., D. Berger 所做修订增补版，1967, 第七章, pp. 433-527.

至于"第二个拓比学"，尤其参见：*Das Ich und das Es*（1923），G. W. pp. 237-289; S. E. XIX, pp. 1-59；第一版翻译（1924），S. Jankélévitch, 由 A. Hesnard 校订，第二版翻译（1981），J. Laplanche, "*Le Moi et le Ça*", in *Essais de psychanalyse*, Paris, PBP, n° 44, 1984, pp. 219-275.

最后涉及应被提及的第三个拓比学的雏形，参见：*Abriss der Psychoanalyse*（1938—1940），G. W. XVII, pp. 67-138; S. E., pp. 139-207; trad. A. Berman, *Abrégé de psychanalyse*, Paris, P. U. F., 1949, 尤其第四章, pp. 18-27.

在弗洛伊德之后，拉康继续进一步阐释了这个主体的拓比学，其结论指向主体切分及其影响之事实。①

此外，我们刚刚看到 R 图示和 I 图示之逻辑学如何表达了从实在出发、在想象维度与符号维度之间为了一个主体而被建立起来的各种相互作用的方式。这种动力学给予我们有关主体结构之雏形及其对于能指秩序之依赖的最初概况。证据就是 L 图示整合到 R 图示当中，由此能指的回路将得以投射，也就是说对于一个主体而言的话语的基本结构。

这种对于符号/想象/实在三界的服从，一般来说是对于能指的服从，在拉康基于光学图示的隐喻而为理想自我和自我理想的分析所贡献的发展当中找到了重要的确证点。

拉康的光学图示，也被称为人之理想图示，在《关于丹尼尔·拉加什之报告："精神分析与人格结构"的评论》中被呈现并评述。②

写于 1960 年的这篇论著，是对丹尼尔·拉加什在罗伊奥蒙特的研讨会（1958 年 7 月）上所做发言"精神分析与人格结构"③的回应。拉康对这篇发言所做的评论，其评判论据相当深入，其间，作者在题为"人之理想"的段落中阐述了他著名的图示。但在此情况下，其所涉及的是对他的最初阐述的重新提及，其最早的

---

① 参见：J. 多，《拉康导读》，上卷，第 15 章。

② Cf. J. Lacan，"*Remarque sur le rapport de Daniel Lagache*："*Psychanalyse et structure de la personnalité*"（1960），in *Écrits*, op. cit.，pp. 647–684.

③ Cf. D. Lagache，"*Psychanalyse et structure de la personnalité*", in *La Psychanalyse*, n° 6, *Perspectives structurales*, *Colloque international de Royaumont*, Paris, P.U.F., 1961, pp. 5–54.

介绍是在他关于《弗洛伊德的技术文集》的讨论班的一节课程当中。①

　　光学图示力求在弗洛伊德的材料土壤之上，以一种概括的形式，从想象、符号和实在的错杂出发来解释理想自我和自我理想机构的相互作用。在弗洛伊德的解释包含某种含糊性之处，拉康努力澄清这两个自恋机构所固有的系统内影响所提出的棘手问题。

　　事实上，理想自我与自我理想之间(甚至还有超我)的区分在弗洛伊德文本本身之中也难免混淆。这是 J. 拉普兰歇和 J. -B. 篷达利的共同意见。他们一上来就强调，如果说弗洛伊德创造了理想自我术语，那么对于他而言，这个概念仍未区分于自我理想，但他们很快又补充：

　　　　在弗洛伊德之后，某些作者重新采用了这两个术语所构

---

　　① Cf. J. Lacan, 1954 年 2 月 24 日讨论班, in *Les écrits techniques de Freud*, Livre I (1953–1954), Paris, Seuil, 1975, séminaire du 24 février 1954, pp. 90–103.

　　该图示在拉康的著作中将多次被重新提及："我要向你们坦承——每天我都加一点进去。我带给你们的不是成品，就像弥涅尔瓦从朱庇特脑袋里产生出来一样，而我不是。我们一路跟随它，直到有一天，它开始让我们厌烦了，那时我们就丢开它"(参见同上，1954 年 4 月 7 日的讨论班，182 页)。

　　作为信息，这里是拉康对光学图示进行了重新解释的一些课程的不完整清单：1)同上讨论班，1954 年 3 月 24 日，141–147 页；1954 年 3 月 31 日，160–163 页；1954 年 4 月 7 日，165–169 页以及 178–182 页；1954 年 5 月 5 日，187–188，最后是 1954 年 7 月 7 日，312–313 页。2)《转移》，第八个讨论班(1960–1961)，巴黎，门槛出版社，1991，1961 年 5 月 31 日，398 页；1961 年 6 月 7 日，402–402 页以及 410–414 页；1961 年 6 月 14 日，421 页；1961 年 6 月 21 日，434–437 页；以及 6 月 28 日(错记为 6 月 21 日)，456 页。3)《焦虑》(1962–1963)，1962 年 11 月 28 日的讨论班。4)《精神分析的四个基本概念》，第十一个讨论班(1964)，巴黎，门槛出版社，1973，1964 年 4 月 22 日，132–133 页。

成的对子，以指示两种不同的精神内的形式。①

当在《精神分析词汇》中，词条自我理想并不暗示着理想自我的情况下，如何理解归咎于弗洛伊德的概念性区分的缺乏？对于D. 拉加什(Lagache)②来说，他坚持在这两个机构之间可能存在着一种特别区分。在其语境中，弗洛伊德的术语究竟是什么？为了回答这个问题，让我们来听取 J. 拉普兰歇和 J. -B. 篷达利的高明见解。

弗洛伊德从第二个拓比学开始引入自我理想的概念。在其著作《自我和它我》中，自我理想和超我作为几乎无差别的机构而呈现。然而，自 1914 年起，在《论自恋》③中，弗洛伊德以完全不同的方式引入自我理想：一种自主的精神内形式，它似乎相对于自我而执行一种能够评估其实际成效的参考榜样的作用。而且，弗洛伊德还补充说，涉及一个从根本上起源于自恋的、从而直接产生于自我的幼儿期膨胀的机构。父母对孩子显示出的夸大观念的压制可能促使在精神机构中建立一种内化，它将以自查的方式而承担检查的功能。因此，在其自恋的兴奋中，自我留意着自身，同时对质于一种理想价值，后者将构成自我理想的基础。

① J. Laplanche, J. -B. Pontalis, *Vocabulaire de la psychanalyse*, Paris, P. U. F., 1967, p. 255.

② Cf. D. Lagache, "Psychanalyse et structure de la personnalité", in *La Psychanalyse*, n° 6, *op. cit.*, pp. 38 sq.

③ Cf. S. Freud, *Zur Einführung des Narzissmus* (1914), G. W. X, pp. 138-170; S. E. XIV, pp. 67-102; trad. J. Laplanche, "*Pour introduire le narcissisme*", in *La Vie sexuelle*, Paris, P. U. F., 1ʳᵉ édition 1969, pp. 81-105.

之后，在他 1921 年的著作《集体心理学及对自我的分析》①
中，弗洛伊德将给予自我理想一些补充说明。特别是他将此机构
作为不同于自我的一种形式而提出，这使他有可能去解释一些特
殊的精神活动，比如爱之魔力，对领导的服从，对催眠和暗示的
依从，即主体在其自我理想的位置中辨别出某个第三者的多种形
式的情况。更普遍地，弗洛伊德将此特性延展至人类的集体，它
从个体"自我理想"的一种重新整合中获得其凝聚力：

　　一定数量的个体将一个唯一的、相同的客体置于他们自
我理想的位置上，由此，他们在其自我中彼此相互认同。②

　　除了此基于认同领域的自我理想之概念以外，弗洛伊德在
《自我和它我》中提出了自我理想和超我之间的一种含糊不清的比
照。从多个方面来看，似乎都涉及一个唯一而相同的机构，源于
俄狄浦斯情结衰落时刻对父母的一种认同过程，那时禁止维度和
理想维度将互相结合。
　　1933 年，在《精神分析引论新编》③中，弗洛伊德带来了另一
区分。超我超出了自我理想的作用范围。它被定义为注入了三重
功能的一个总机构：自察，道德良心，理想的功能。如拉普兰歇

　　① Cf. S. Freud, "*Massenpsychologie und Ich-analyse*" (1921), G. W. XIII, pp. 73
-161; S. E. XVIII, pp. 65 - 143; trad. P. Cotet, A. Bourguignon, J. Altonian, O.
Bourguignon, A. Rauzy, "*Psychologie des foules et analyse du Moi*", in *Essais de
psychanalyse*, *op. cit.*, pp. 117-217.
　　② Ibid., p. 181.
　　③ Cf. S. Freud, *Neue Folge der Vorlesungen zur Einführung in die Psychoanalyse*
(1932—1933), G. W. ; S. E. XXII, pp. 1 - 182; trad. R. - M. Zeitlin, *Nouvelles
conférences d'introduction à la psychanalyse*, Paris, N. R. F., Gallimard, 1984.

和篷达利所指出的，弗洛伊德一直试图对于后两种功能的影响进行深入研究。概括地说，如果罪恶感和自卑感被考虑为自我与超我之间的一种紧张，那么前者应该与道德良心相关，而后者应与自我理想有关。因而，从根本上来说，超我与自我理想并不是同构的。这一区分甚至导致一种共识的建立，对此，丹尼尔·拉加什为我们给出了一个特别有意义的例子。在断定存在着一个"超我—自我理想"系统的同时，他确定了一个特殊的区别：

> 超我对应于自我理想的权威性，其方式是主体的表现必须符合权威的期待。①

同样地，在弗洛伊德的著作中越是看似不存在着自我理想与理想自我的根本上的明确区分，评论者们就越是致力于强调此点。作为例证，让我们参考丹尼尔·拉加什的评语：

> 被构想成一个全能的自恋理想的理想自我，不可简化为'自我和它我的联合'，而是包含着一种对于另一个被全能投注的存在即母亲的原发性认同。②

正是在此意义上，理想自我能够充当"英雄式认同"（拉加什）的支撑，也就是说一种对杰出或知名人士的认同。但是，拉加什

---

① D. Lagache, "Psychanalyse et structure de la personnalité", in *La Psychanalyse*, n° 6, *op. cit.*, p. 39.

② D. Lagache, "Psychanalyse et structure de la personnalité", in *La Psychanalyse*, n° 6, *op. cit.*, p. 43.

补充道:"随着治疗推进,我们看到理想自我作为自我理想的一种不可还原的形式而浮现出来。"①

拉康重新采用了这一区分,同时将理想自我限定于一个根本的自恋形式的领域中。它在镜子阶段水平上找到其起源,因而完全具有想象维度的性质。

拉康强调光学图示的隐喻特性,由此迎合弗洛伊德所重视的解释规程:

> 我用图来表示,你们对之感觉良好,但是一个隐喻、一种思想装置的提出必须从一开始就让人明白它的用处。②

> 这个模型,我已向你们指明它就处在弗洛伊德所希望的路线中。他在多处,特别是在《释梦》和《纲要》中阐明,那些基本的精神机构大部分应被设想成呈现出一个摄影装置当中所发生的东西,即设想成其运作所产生的形象,虚的或实的。机体器官代表装置之机制,而我们所领会的正是一些形象。它们的功能并不一致,因为一个实像或者一个虚像,这并非一回事。弗洛伊德所制作的那些机构,相对于装置自身的改变来说,不应被认为是主要的、次要的。因此这些机构应该通过光学图示而得到解释。这是弗洛伊德多次指出、但从未实现过的想法。③

---

① Ibid. , p. 42.

② J. Lacan, *Les écrits techniques de Freud*, *op. cit.*, séminaire du 24 février 1954, p. 94.

③ Ibid. , séminaire du 24 mars 1954, p. 142.

光学的选择对于拉康来说是另一种合理的方法，把主体的拓比学插入它所依存的、同时是想象、符号和实在运作的三棱镜中：

> 在此模型中，直至其光学性质中，我们所做的不过是学弗洛伊德的样子……以类似方式在当中出现的那些连接，我们将看到，显然和主体(内)的一些结构相关，在当中代表着与彼者的关系，并允许在其中区分出想象与符号的双重影响。我们要指出此区分对于主体构建的重要性。①

> 为了具有光学效果，则对于实在空间中的每一给定点，必须在另一空间即想象空间中有唯一一个对应点……想象空间与实在空间相互混淆。尽管如此仍应认为它们是不同的。在光学中，有许多进行区分的机会，向你们表明在一个现象的表现中符号动力有多么重要。②

拉康补充说：

> 这个图示……使我们有可能用特别简单的方式指出在精神经济学中想象世界与实在世界的紧密交错所产生的结果——你们现在将看到是如何发生的。③

在此光学领域中，首先让拉康感兴趣的是在主体位置的视角

---

① J. Lacan, "*Remarque sur le rapport de Daniel Lagache*：'*Psychanalyse et structure de la personnalité*'", in *Écrits*, *op. cit.*, p. 674.

② J. Lacan, *Les écrits techniques de Freud*, *op. cit.*, séminaire du février 1954, pp. 90-91 (我做的强调)。

③ Ibid., p. 93 (我做的强调)。

中——在此是观察者的"眼睛"——"形象"与"客体"的相互结合①。在此情况下，拉康参考了精彩的"颠倒花束"的经验，后者借自于 H. 布阿斯(Bouasse)的著作《几何光学与测光学》②。

为了更好地理解拉康赋予此经验之隐喻意义，让我们来看看有关光学中形象与客体概念的一些基本定义。

客体由汇聚于一个光学仪器的所有光线的交叉所代表。形象，相反地，由从仪器发出之光线的交叉点所构成。如果光线交叉点的确定是在光学仪器之前，那么该客体就是一个实在客体；如果在之后确定，我们所遇到的就是一个虚拟客体。

在其著作中，布阿斯明确指出："对伸展的身体形象的构成研究归结于对一个光点形象的构成研究。"③如此，客体从而可以被考虑为光点的整体。布阿斯接下来提出一个重要的评论，关系到的不再是客体，而是记录它的光学装置，在当前情况下即主体的眼睛：

> 当光线到达眼睛时，它们所产生的感觉仅仅依赖于它们

---

① Cf. J. Lacan, *Les écrtis techniques de Freud*, *op. cit.*, séminaire du février 1954, p. 90："光学呈现出独特的多样性——某些是纯粹主观的，我们称之为虚拟的，而另外一些是实在的，即在某些方面，它们表现为客体并能够被实在地获得。更独特的是——这些是一些实像(实在形象)的客体，我们可以给出它们的虚像(虚拟形象)。在此情况下，实像所是的客体，有理由获得虚拟客体之名。"

② H. Bouasse：*Optique et photométrie dites géométriques*, Paris, Delagrave, 4ᵉ édition 1947, p. 87[拉康对此的参考见《关于丹尼尔·拉加什之报告："精神分析与人格结构"的评论》(in *Écrtits*, *op. cit.*, p. 673)]。

③ H. Bouasse, chap. I："*Hypothèses fondamentales. Miroirs plans*", in *Cahiers de lectures freudiennes*, nᵒ 13, *Le schéma optique. Miroirs-Spécularité*, Lysimaque, mars 1988, p. 20.

最接近眼睛之前的方向。①

　　根据位置的不同，眼睛也可能混淆一个客体的实像(实在形象)和被错觉地理解成一个光点的某个点的虚像(虚拟形象)。相反，至于实像，它是光线的实在的聚焦地点，而虚像是实在光线之延长线的交叉点。

　　我们来看当我们引入一个平面镜时发生了什么。从实在客体发出的光线朝平面镜的方向发散，并在镜子之外、在一个虚拟空间中构成一个虚像。所有位于此光线延长线中的光学仪器都能够捕捉这一形象。眼睛即如此，其晶状体透镜使发散光线在视网膜上会聚，客体的实像在那里被构成。

　　面对平面镜，眼睛就这样执行了一次对形象的根本转变。平面镜给予实在客体一个虚像，而眼睛则将构建虚像的实像，而此虚像正是实在客体的虚像。

　　我们现在来复制这一运作，利用布阿斯的"颠倒花束"实验中所使用的凹面镜，如图 2.1② 所示。

---

① Ibid. p. 21.

② Cf. J. Lacan："*Remarque sur le rapport de Daniel Lagache*：'*Psychanalyse et structure de la personnalité*'"，in *Écrits*, *op. cit.*，673 页的图示，我在上面添加了两个说明："实像"和"实在客体"。

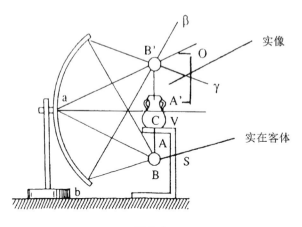

图 2.1

与平面镜相反，凹面镜呈现出这种制造客体的一个相反对称
的实像的特性。从实在客体出发抵达镜面的所有光线的交叉点，
在反射之后，并不处于虚拟空间中，而是与客体处于同一空
间中：

> 球面镜产生实像。从置于一定距离的——最好是球面中
> 心的距离——一个客体的任何点上所发出光线的每个点，都
> 在相同距离上通过球面上被反射光线的会聚而对应着另一个
> 光点——它产生出客体的一个实像。①

布阿斯所设想的布置中，面对着镜子，一个空的盒子被置于
半球的中心位置上。一个花瓶被放置在盒子上，盒子当中装有一

---

① J. Lacan, *Les écrits techniques de Freud*, *op. cit.*, 1954 年 2 月 24 日的讨论班，
pp. 91-92.

束花。

　　从花束——实在客体——发出的光线，将在镜面上产生反射，会聚在相对于弧面中心的一个对称点上。由此而组成花束的一个实像。只要观察者的眼睛处在一个有利点上①，就会产生错觉，花在花瓶颈上出现：

　　　　虽然你们看不到实在的花束，它被遮住了，但如果你们处在恰当的视野中，就会看到出现了一个特别奇怪的想象花束，它正好出现在花瓶的瓶口处。②

　　我们不要忘记，重复布阿斯的实验对于拉康来说，其价值只不过是作为隐喻的基础。重要的是考虑"颠倒花束"的错觉的设置在哪些方面阐明了，对一个主体来说，"其中，想象能够包含并同时形成实在、而实在同样能够包含并同时确定想象的一个世界"③是如何被构成的。另外，此设置亦得到了另一种类比解释，因为拉康让我们把花瓶想象为我们自己的身体，花束为欲望的客体，而眼睛将在此象征着主体，后者处境之"特征主要由其在符号世界、换言之在话语世界中的位置所显示"④。

---

　　① Cf. J. Lacan, "*Remarque sur le rapport de Daniel Lagache*：'*Psychanalyse et structure de la personnalité*'", in *Écrits*, *op. cit.*, p. 673："［……］错觉的产生要求眼睛处在光锥 βBγ 的内部，光锥由一个发生装置所形成，它结合球面镜外廓的形象 B'的每一点，而对于该形象的每个点，眼睛所捕捉到的会聚光的光锥是相当微小的，其结果是距离眼睛越远，形象在其位置上就越清晰"。

　　② J. Lacan, *Les écrits techniques de Freud*, *op. cit.*, 1954 年 2 月 24 日的讨论班，pp. 92-93.

　　③ Ibid., p. 94.

　　④ Ibid., p. 95.

正是这一观点使得拉康在最初的设置当中引入了两个变化，使他不仅能够以一种范本的方式明确指出主体的这个位置以及其对于想象、符号和实在的依赖，而且也明确了主体面对与理想自我和自我理想相关的自身形象而产生的结构。事实上，这个新的装置是要为我们显示"在想象和实在的相符中，彼者、人类彼者的功能是什么"①。

一方面，花瓶此后被放置在盒子中而花束放在上面。另一方面，拉康插入了一个面对凹面镜的平面镜。为了错觉的产生，观察者因而必须来到球面镜的边缘上面，如图 2.2 所示②。

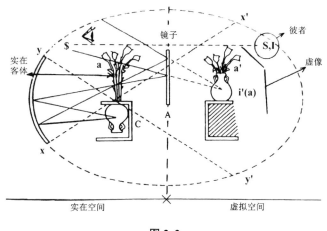

图 2.2

在这个新的装置中，形象与客体相互间的游戏被颠倒过来

①　J. Lacan, *Les écrits techniques de Freud*, *op. cit.*, 1954 年 3 月 31 日的讨论班，p. 160.

②　Cf. J. Lacan："*Remarque sur le rapport de Daniel Lagache*：'*Psychanalyse et structure de la personnalité*'"，in *Écrits*, *op. cit.*，674 页的图示，我在上面添加了某些细节。

了。由于其位置，观察者 8 无法再像在前一设置中那样直接看到实像。相反，他在平面镜 A 所提供的实像 i(a)——图示中是缺位的——之虚像 i'(a) 中重新构成了颠倒花瓶的错觉。但是主体 8 不能在镜中看到这个虚像状态的实像，除非是因为他能够被一个在镜子那边、光锥内的虚拟主体 SI 所替代——如同在前一图示中一样，光锥限定了错觉之可能范围——也就是说，在主体看见其自身形象的那个位置。总之，为了这个装置起到"理论模型"①的作用，我们必须设想：

1° 花瓶在盒子当中，它的实像恰好用瓶颈围绕住已被提上来的花束，对于某只眼睛来说，这束花将起到支撑视觉调节的作用，我们刚刚指出这对于错觉的产生是必要的：现在指的是颠倒花瓶的错觉；2° 一位观察者处在装置的某个部分，比如在花儿中间，或者为清晰起见，处在球面镜的边缘之上，无论如何都是在瞧见实像的范围之外（它因而未被呈现在图示当中），他力图在置于 A 处的一张平面镜所能给出的实像之虚像当中去实现错觉，这是可以理解的，而无需打破光学规则。

为了主体 8 在镜子 A 中看到这一形象，只需他自身形象在实在空间中（通过平面镜而产生的虚拟空间与之点对点对应）处在限定错觉之可能范围的光锥内部即可（图示中 x'y'

① Cf. J. Lacan："*Remarque sur le rapport de Daniel Lagache*：' *Psychanalyse et structure de la personnalité* '"，in *Écrits*，*op. cit.*，p. 674.

的领域）。①

我们再次说明，该装置的益处正是在于其在解释中的隐喻能力。如拉康所指出的，"形象 i'（a）和 i（a）的那些关系并非按照其光学的从属关系的意义来理解，而是支撑着一个类比的想象从属关系"②。实际上，镜子和形象的游戏在此将重新唤回镜子阶段的辩证法③：

> 虚拟主体，神秘眼睛的映像，即我们所是的彼者，在那儿，我们首先看到了我们的自我——在我们之外的人的外形……人的存在看不到他现实的、完整的外形，他自身的幻影，除非是在他自身之外。④

拉康补充说：

> 彼者对人而言具有诱惑的价值，鉴于在镜中或在相似者的每个现实中被感知到的统一形象所代表的预期。⑤

克劳德·孔泰（Claude Conté）正确地指出，那里已经出现了

---

① Cf. J. Lacan："*Remarque sur le rapport de Daniel Lagache*：'*Psychanalyse et structure de la personnalité*'"，in *Écrits*，*op. cit.*，pp. 674-675（我文本中的图示代替了拉康文本中的图示 2）。

② Ibid.，p. 675（我做的强调）。

③ 参见：J. 多，《拉康导读》，上卷，第 12 章。

④ J. Lacan，*Les écrtis techniques de Freud*，*op. cit.*，1954 年 3 月 31 日讨论班，p. 160.

⑤ Ibid.，p. 144.

想象对于符号的从属关系，正因为孩子的镜像认同所取决的条件是得到大彼者的肯定，孩子尤其在其目光中寻求支持：

> 因此条件是把自己置于大彼者中的某个被选择的理想视角中——在此是 I；从那里，我把自己看作是可爱的，此地点是作为自恋的爱的支撑——主体能够保持错觉……换言之，正是以主体赖以被理想地安置于大彼者中的方式，实像的突现必然地发生了：I 是错觉得到支撑的悬挂点，它指示着对大彼者的元征的认同：代表自我理想之模板的符号性参考，独自支撑着这个想象的效果；在当中，自我的核通过理想自我的系列而被构成，由此，对身体形象的掌握从镜子阶段开始得以实现。①

继续对光学图示的隐喻化解释，拉康建议我们把花瓶想象为代表着现实中力比多身体的外壳，也就是说基本上是逃脱于主体的。其实，在该装置中，花瓶的现实（藏在盒子里）是观察者看不到的，它的实像也是如此：

> 此模型用藏在盒子里的花瓶来指明的，正是主体难以抵达这个他在其内部所丧失的身体的现实，其边界是外壳上层叠的折皱，通过在一些孔洞周围拼凑自己，他将之想象为一

① C. Conté, "*Le clivage du sujet et son identification*", in *Le Réel et le Sexuel － de Freud à Lacan －*, Paris, Point Hors Ligne, 1992, p. 200(作者所做强调)。

只可以翻转过来的手套。①

    与花瓶相反，花，a，是显现出来的，因而构成一个实在客体。它们在此隐喻了部分客体的功能，即欲望客体之分散，只有当它们被集中在花瓶的实像 i(a) 中、形成花束的形式时才实现一个整体。然而这个实像 i(a)，主体只能捕捉住其虚像的状态 i'(a)，也就是说，在其之外、在其镜像中、在其与彼者的关系中。

    至于平面镜 A，它为主体 8 规定了实像 i(a) 和虚像 i'(a) 的相互活动，它代表大彼者的领域，后者要主体遵循其能指的因果性：

>   我们可能错误地认为，言说大彼者在主体与彼者关系的任何距离中都是缺位的，这后一彼者作为小彼者与大彼者相对，是想象二元的彼者。②

    图示在形象 i(a) 和 i'(a) 的相互影响中对自恋的确切展现从而得到证实，其所依据的光学辩证法，类比于理想自我和自我理想的相互作用：

>   自我的形象——只因为它是形象，而自我是理想自我——概括了人的全部想象关系……
>   这个己身的形象，主体将不断地重新找到它，作为其种类、其理解世界——客体，而这经由彼者的中介——的框架

---

① J. Lacan, "Remarque sur le rapport de Daniel Lagache : 'Psychanalyse et structure de la personnalité'", in Écrits, op. cit., p. 676.

② J. Lacan, "Remarque sur le rapport de Daniel Lagache : 'Psychanalyse et structure de la personnalité'", in Écrits, op. cit., p. 678.

本身。正是在彼者中他总将重新找到他的理想自我，他与彼者关系的辩证法由此得以发展。①

拉康在他《转移》的讨论班中强调了他的光学模型有益于对自恋的理解：

> 事实上图示有助于引入大彼者的功能，其代码，字母 A，在此被置于平面镜装置的水平上，既然此功能应当被包含在这些分别意味着自我理想和理想自我的自恋制作当中。②

自恋最根本的两个维度通过以下方式登入图示的布局中。"第一自恋"处在实像 i(a)的水平上，"因为它允许在预先形成的一定数量的框架中组织现实的整体"③。

事实上，因为 i(a)是镜像功能的支撑，因而 i(a)的功能是自恋性投注的中心。因此应该将理想自我放置在这一边。但是主体只有在相对于一个彼者的一种反射中才能看到自己。这就解释了"第二自恋"的引入，即典型的自恋性认同的维度，"对小彼者的认同，在正常情况下，可以让人准确地确定其与世界的想象的和力比多的总体关系"④。

---

① J. Lacan, *Les écrits techniques de Freud*, *op. cit.*, 1954 年 7 月 7 日讨论班，p. 311.

② J. Lacan, *Les transfert*, *op. cit.*, 1961 年 6 月 7 日讨论班，p. 409. 对此，拉康在 411 页补充道："正是因为第三者，大彼者，介入到自我与小彼者的关系中，某个东西才能发生作用，引发自恋关系本身的丰富性"。

③ J. Lacan, *Les écrits techniques de Freud*, *op. cit.*, 1954 年 3 月 24 日讨论班，p. 144.

④ Ibid.

然而，我们已经看到，主体无法获得实像 i(a)，除非是通过平面镜 A 的把戏，让他能够领会其虚像 i'(a)。既然大彼者就这样使他能够"在他的位置上看到，根据这个位置和其世界而构成他的存在"①，我们因而能够在那里确定自我理想的位置：

> 在此你们看到应该区分自我的那些功能——一方面它们对于人如同对于所有其他生物一样，在对现实的结构化中起着一种根本的作用——另一方面，在人那儿，它们应该经历这种由自身反射形象所构成的根本的异化，这即是 *l'Ur-Ich*，*l'Ich-Ideal* 以及与彼者关系的原始形式。②

拉康在《转移》中明确提出：

> 我描绘了大彼者功能的实现，作为言说主体之大彼者，通过它，话语的地点偶然间为每个主体而发挥作用……我们可以将之确定在作为自我理想而起作用的东西的位置上。③

主体 $ \mathcal{S} $ 向小彼者——它是理想自我的自恋性捕获的基础——的彻底异化取决于主体只能通过镜像 i'(a)来获得实像 i(a)的事

① Ibid.（作者所做强调）。同样参见，*Le transfert*，*op. cit.*，1961 年 6 月 7 日讨论班，p. 412："而你们确切感觉到大彼者在这里仅仅与地点相关，由此，在可悲的摇摆中，构成了自我对于这个形象的永恒参考，这个提供给他的、他所认同的形象。问题是，自我只能从大彼者的目光出发而被呈现和维持。目光也可能被内化，这并不意味着它混同于已经被构成为理想自我的那个位置和支撑。"
② J. Lacan：*Les écrits techniques de Freud*，*op. cit.*，1954 年 3 月 24 日讨论班，p. 145（作者所做强调）。
③ J. Lacan：*Les transfert*，*op. cit.*，1961 年 6 月 21 日讨论班，p. 434.

实。因而此镜像关系完全依赖于大彼者 Autre/平面镜。换句话说，对理想性构造的调整通过符号维度的中介而得以实现，在此即通过由镜子的倾斜度所隐喻化的自我理想的游戏而实现。①

错觉的稳定——主体根据它，从虚像出发而感知到实像——事实上完全依赖于与大彼者的关系。这一感知当然取决于它相对于实像的位置，但也取决于决定形象质量的镜子的倾斜度：

> 你们看到或好或坏的形象，这取决于镜子的倾斜度。至于虚拟观者，即你们为了看到实像而通过镜子的虚构所取代的那个，只需平面镜以某种方式倾斜就足以使他处在我们难以看到的领域中。仅因此，你们也难以在镜中看到自己的形象。我们说这代表了人类的想象性调节的困难。②

如果我们假定，如拉康所为，镜子的倾斜度由"大彼者的声音"所支配，那么其结果是符号关系决定了主体的位置，"正是话语、符号功能定义了想象的完美、完备、近似的程度的多少"③。

---

① Cf. J. Lacan："*Remarque sur le rapport de Daniel Lagache*："*Psychanalyse et structure de la personnalité*"", in *Écrits*，*op. cit.*，p. 680："模型的功能因而是要形象地表达，与镜子的关系、即与彼者的想象关系以及理想自我的捕获，如何有利于把主体引向以下领域：在自我理想中得到整合"。同参见：*Les quatre concepts fondamentaux de la psychanalyse*，*op. cit.*，1964 年 4 月 22 日讨论班，p. 132："你们应该在那儿看到，正是在大彼者中主体作为理想而被构成，他需要调整好作为自我而达到理想自我——不是自我理想——的东西，即在其想象现实中被构成。"

② J. Lacan, *Les écrits techniques de Freud*，*op. cit.*，1954 年 3 月 31 日讨论班，p. 161.

③ Ibid.

这就证实主体看到自己的地方，不是他看自己的地方。① 但是，如果他以某种方式在大彼者中看到自己，那么同样，他看自己的那个点也将处在大彼者的空间中。然而，这个点确切来说正是他说话的点，"因为他说话，他在大彼者的地点中开始构造这个真实的谎言，由此具有欲望性质的东西在无意识水平上开始出现"②。关于此点，拉康是非常明确的：

> 哪个是我的欲望？在想象的结构化中，我的位置在哪儿？这个位置是不可想象的，除非是因为在想象之外、在符号的水平上、合法交换的水平上——只能体现为人类之间的言语交流——存在一个向导。这个支配主体的向导，正是自我理想。③

因此，光学图示也可作为分析过程的解释依据，并相应地凸显出缺失($-\varphi$)与剩余（客体 a）的位置。只需想象，主体 8 把分析家放置于 A，也就是说作为大彼者，也即"其话语的地点"④。镜子的逐步转动直至 90° 的极限位置，这隐喻着分析的工作：逐

---

① Cf. J. Lacan, *Les quatre concepts fondamentaux de la psychanalyse*, op. cit., 关于"眼睛与目光的辩证法"，以及目光功能的失败——视觉陷阱的游戏，在爱中尤具欺骗性，1964 年 3 月 4 日讨论班，94-95 页："从根本上不能令人满足的以及总是缺失的，正是——你从来不在我看着你的地方看着我。反过来，我看的从来都不是我想看到的"（作者所做强调）。

② Ibid., 1964 年 4 月 22 日讨论班, p. 132.

③ J. Lacan, *Les écrits techniques de Freud*, op. cit., 1954 年 3 月 31 日讨论班, p. 162.

④ J. Lacan, "*Remarque sur le rapport de Daniel Lagache*：'*Psychanalyse et structure de la personnalité*'", in *Écrits*, op. cit., p. 680.

步地解除主体身上"不可同化于其历史之符号性发展的对想象性固着的沉迷"①。

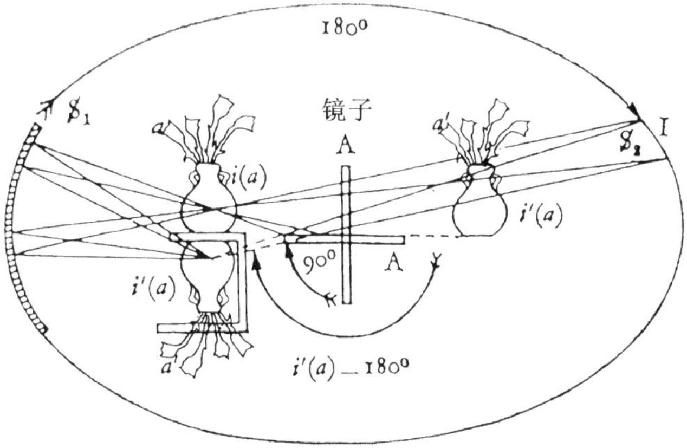

图 2.3

拉康如下评论此光学实验的新时刻②，如图 2.3 所示。

> 可以说，至其起点的 90° 位置的逐渐消失的大彼者，即 A 处的镜子，能够导致主体 $\mathcal{S}_1$ 通过一种近乎双倍的旋转而占据 $\mathcal{S}_2$ 的位置，即 I 之上，由此在图示中他只能以虚像的方式获得颠倒花瓶的错觉；而在此过程中，错觉将伴随它所引导的寻找而衰退。③

① J. Lacan, *Les écrits techniques de Freud*, *op. cit.*, 1954 年 7 月 7 日讨论班, p. 312.

② Cf. J. Lacan, "*Remarque sur le rapport de Daniel Lagache*: '*Psychanalyse et structure de la personnalité*'", in *Écrits*, *op. cit.*, p. 680.

③ Ibid., p. 680. (我文本中的图示代替拉康文本中的图示 2)

在这个光学装置中，错觉的这种衰退体现为虚像的逐渐改变直至消失，我们可将之解释为自恋形象的消散。镜子倾斜时，形象拉长了，它发生了变化，"从一个开口的形状变成一个石祖的形状，或者是从一个多少完整的欲望变成这种被分割的……欲望"①。在倾斜过程中，花的形象消失了，在花瓶轮廓的位置上留下一个空。这样就在花与花瓶之间引入了一个切口。如同 P. 马朗格罗（Malengreau）在其论著《客体认同之光学图示》中非常正确地指出的那样，所揭示的因而"正是一个缺失的存在，花儿们用它们的光彩明艳对其既进行掩饰又加以维持"②。

这个缺失，拉康将之等同于–φ的功能，从而允许给予镜像的自恋性投注问题一个必要的明确化。依据光学图示，在 i(a)——作为自身身体的自我力比多——和 i'(a)——客体力比多、小彼者客体——之间似乎存在着一种想象的等同。然而，在从自我到彼者的力比多移注中，始终存在着一个剩余：客体 a。这强调了对镜像的力比多投注中的一个界限。再一次地，光学图示隐喻化了这种情况。关于此点，让我们重述 G. 塔杨迪耶（Taillandier）的出色阐释：

> 拉康向我们指出，在自我与彼者之间的这个力比多移注中，存在一个剩余，在光学图示中，它被隐藏在支撑花瓶 i(a)的盒子中。此隐藏元素……被拉康指明为能指Φ，从此观点出

① J. Lacan, *Les écrits techniques de Freud*, *op. cit.*, 1954 年 4 月 7 日讨论班, p. 173.

② P. Malengreau, "*Le schéma optique : de l'identification à l'objet*", in *Cahiers de lectures freudiennes*, n° 13, *op. cit.*, p. 82.

发，这个自恋移注的剩余元素有时在欲望中应当大有用处。①

事实上，1962 年在他有关《焦虑》的一节讨论班中，拉康重新
提到了光学图示实验，以便明确客体 a 和−φ的相互作用：

这种镜像的投注是想象关系的一个根本时刻，其根本在
于有一个限度，即任何投注都不会穿过镜像。存在一个剩
余。……因此，在所有想象定位中，石祖将以一个缺失、一
个−φ的形式出现。在 i(a)上实现我所谓的实像的所有情况
中，在主体材料中对身体形象的构造确切地作为想象而运作
……石祖显现为负号，显现为一个空白。石祖无疑是一个运
算的保留项，但它不仅仅在想象水平上未被呈现的，而且被
剥除了、直接说是切掉了镜像。②

由此就有了拉康在其 1962 年 11 月 28 日的讨论班中所引入的
这个新的光学图示，如图 2.4 所示。

① G. Taillandier, "*Présentation du séminaire de J. Lacan sur l'angoisse*", in *Esquisses psychanalytiques*, n° 7, *op. cit.*, pp. 137−138.
② J. Lacan: *L'angoisse*, *op. cit.*, 1962 年 11 月 28 日的讨论班。

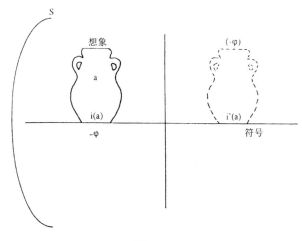

图 2.4

拉康所提及的"保留项"在镜子中被表达为-φ。因而它仅以缺失的形式参与想象。此外，客体 a 没有出现在镜子中，因为它是不可反射的①，从而没有缺失的形象。

这个空位的标定，除了它允许阐明狭义的欲望辩证法之外，还为焦虑过程提供了一个根本性的理解元素。

在自恋力比多向客体力比多转移的过程中，在镜子中，在剩余 a 的位置上将登入彼者中的缺失-φ。那也正是揭示大彼者中缺失的存在、从而唤起主体之欲望——由小彼者 i'(a) 中的缺失所代

① 作为不可反射客体的客体 a 的概念是拉康在其《认同》的讨论班中所提出的，*op. cit.*，参见下文，第 11 章。此外，在其作品《拉康拓扑学评论》(巴黎，弗洛伊德协会出版社，1990)中，马克·达蒙让我们注意到以下事实：拉康通过交叉帽——其中 a 和 i(a) 取代了花和花瓶——对光学图示做了一个拓扑学的改进："如果说拉康最终在凹面镜的中心放置了一个投射面，那么他所做的只不过是强调了一个已然存在的拓扑结构。实际上，在球面镜中心的周围，每一点都被投射向一个对距点，这是投射面的定义本身。光学图示的特征由两种运作所构成：对距对称和镜面对称，我们在别处可再次看到。正因此，我们认为，它确实能够代表主体的结构。"(146 页)

表——的东西。相反，正是主体所缺失的、在 a 位置上的东西：他的自恋保留项，激起了大彼者的欲望，即有可能欲望着它的彼者①。因此，如同 G. 塔杨迪耶在对拉康关于《焦虑》的讨论班的评论中所指出的：“焦虑的出现，需要在这个在 i'(a)中被标记的位置(−φ)上，某个东西代替缺失而出现；这使得缺失恰巧是缺乏的；正是在这种‘缺失之支撑的缺乏’当中(而不是在缺失中)，产生了阉割的焦虑。”②

① Cf. G. Michaud, " *L'angoisse et /est le désir de l'Autre* ", in *Esquisses psychanalytiques*, nᵒ 15, *Jacques Lacan*, printemps 1991, p. 164.

② G. Taillandier "*Présentation du séminaire de J. Lacan sur l'angoisse*", in *Esquisses psychanalytiques*, nᵒ 7, *op. cit.*, pp. 140–141(我做的强调)。

第二部分

主体的身份及元征之功能

3. 我思及其主体

　　在他整个工作过程中，拉康从未停止检验笛卡尔哲学的我思。① 当然，不只是出于对哲学解释之爱好的追求，他才不仅多次地，而且从完全不同的方向致力于此活动。如果我思对于拉康来说具有某种本质的重要性，那么这尤其是因为它体现了最为完

---

　　① 　在不抱有完全详尽之企图的情况下，我推荐一些关于我思的清楚的参考内容：

　　-*Écrits*, *op. cit.*, 1°) "*L'instance de la lettre dans l'inconscient ou la raison depuis Freud*" (1957), pp. 516 - 517; 2°) "*Subversion du sujet et dialectique du désir dans l'inconscient freudien*", p. 809; 3°) "*Position de l'inconscient au congrès de Bonneval reprise de 1960 en 1964*", p. 831; 4°) "*La science et la vérité*" (1er décembre 1965), pp. 856-865;

　　-*Le désir et son interprétation* (1958-1959), séminaire du 8 avril 1959, in *Ornicar?*, n° 25, rentrée 1982, pp. 13-36, et 24 juin 1959, inédit;

　　-*L'identification*, *op. cit.*, séminaires inédits des 15, 22 novembre 1961, 10, 17 janvier 1962;

　　-*Les quatre concepts fondamentaux de la psychanalyse*, *op. cit.*, séminaires des 29 janvier 1964, pp. 36-37, 26 avril 1964, pp. 128-129, 3 juin 1964, pp. 202-205;

　　-*La logique du fantasme* (1966—1967), inédit, séminaires des 14, 21 décembre 1966, 11, 18, 25 janvier 1967, 1er février 1967, 7 juin 1967;

　　-*L'acte psychanalytique* (1967—1968), inédit, séminaires des 10, 17, 24 janvier 1968, 28 février 1968, 6, 20 mars 1968;

　　-*L'envers de la psychanalyse*, Livre XVII (1969-1970), Paris, Seuil, 1992, séminaire du 20 mai 1970, pp. 176-183;

　　-《Radiophonie》, in *Scilicet*, n° 2/3, Paris, Seuil, 1970, p. 89.

善的阐释，关于精神分析及其实践所特别涉及之内容，即科学的
主体：

> 这就是为何有必要从一开始就提出来……这明确地使其
> 实践所牵涉的不是别的主体，而就是科学的主体。①

该主张并不像它乍看之下那么矛盾，鉴于笛卡尔主体尤其构
成了主体的模板，其荣耀在认识的主体本质中、科学主体的成就
之下达到顶点。然而，正是在这种主体机构之中，我们辨别出某
种主体感知——具体来说就是先验主体——的完美产物，即在我
们固有的盲目之中起作用的最为典型的精神结晶，至少是在它所
诱发并维持的这种顽固之物的名义下：自己对自己长期的自
（无）—知（me-connaissance）。换种说法，对于科学主体，即其结
构中所暗含的视而不见，它是我们自身的一部分，它隐藏起来，
因为我们与之相分离，尽管它透过能指功能的那些奥秘——无意
识——"构成了"我们。

在此意义上，精神不能继续保持与科学主体的不相关，通过
被切分主体的排除，后者例证了无意识的颠覆性后果以及由此产
生的主体结构。

我思之表述出现在笛卡尔的两本重要著作中：《方法论》②的

---

① J. Lacan, "*La science et la vérité*", in *Écrits*, *op. cit.*, p. 863.
② R. Descartes, *Discours de la méthode* (1637), Paris, Léopold Cerf［1897–1909］, Édition Ch. Adam et P. Tannery（A. T.），tome VI.

第一部分和《形而上学的沉思》①的第二部分。从一个文本到另一个文本，我思的表述并不相同。无疑在《方法论》中，他感到其表达最成问题，尽管其使用最为广泛，该表达以一种近乎三段论的演绎形式被呈现："我思，故我在。"在《形而上学的沉思》中，所述内容更简洁："我在，我存在。"因为造成顿挫的逗号，需要采用前一所述中的"故"作为转继，并更好地激发最伟大的智慧，而拉康的智慧为此"*ego sum, ego existo*"（我在，我存在）接续上了谜一般的补充性命题："*sum igitur praecise tantum res cogitans.*"（因此准确地说"在"只是思想物。）

当然，这一招致了最多哲学评论的"思想物"（res cogitans），也使得拉康从他第一个关于《认同》的讨论班开始就强调说，自我思以来的哲学活动的本质就在于努力地摆脱它。②

笛卡尔，在其我思的本质中，为缔造某种主体性结构做出了多少的贡献，弗洛伊德和拉康就要多么努力地废黜其基础，通过不仅仅证明 res cogitans 的全能和一元控制的错觉特性，而且证明其结构性分裂（主体的切分）：自以为是我（*Je*）的自我（*Moi*）的顽固幻影。

我们是否能够以类似的理由，强调在笛卡尔的我思和拉康的逻辑时间的矢量化中分别起作用之辩证法在历时性上的颠倒特性？

我思有着充分依据，根据其在笛卡尔的思辨地形学中所占据的特殊位置，但也因为其定向的展开，在此过程中我们能够强调

---

① R. Descartes, *Méditations métaphysiques*, *ibid.*, tome IX, p. 21.

② J. Lacan, *L'identification*, *op. cit.*, 1961 年 11 月 15 日讨论班。

在他所构造的主体性创建过程中起隐含作用的时间标点:

怀疑 → 我思 → 知识的建构

在拉康这边,他把"逻辑时间"①定义为基本矢量化,它标记出治疗过程中涉及主体性废黜的三个决定性时刻,如图 3.1 所示。

注视瞬间→理解时间→结论时刻

图 3.1

这样似乎就在两个三元形式的历时性之间存在一种隐喻的对应关系,只要我们强调颠倒的对称性,这恰好证明了它们各项之间的根本对立,如图 3.2 所示。

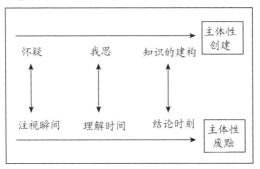

图 3.2

---

① Cf. J. Lacan, "*Le temps logique et l'assertion de certitude anticipée. Un nouveau sophisme*" (1945), in *Écrits*, *op. cit.*, pp. 197–213.

尽管拉康对我思所进行的批判是在多个水平、多个时间中的，但它一直指向我思的"脊柱"，即"我（Je）"，既是"我思"也是"我在"中的我。

然而，为了消除一种看似有理由向拉康提出的、在其关于我思的各种论据中的异议，我们打算一开始就把它提出来。更何况，此异义是在笛卡尔在世时被提出的，他在一封"黑内尼给波洛"的信中做出回应，根据注释者们的说法，信的日期是 1638 年的 4 月或 5 月。[1]

概括而言，向笛卡尔提出的这一批评围绕着以下论题"我思，故我在"的命题不如"我呼吸，故我在"的命题那么确定。乍看之下，该评语有些平庸；但它并非那么平庸，如果我们从拉康比较"我思"和克里特岛人伊壁门尼德的"我说谎"时所提出的推论角度来看的话。

笛卡尔的回复简短而巧妙。我们能够从其呼吸的唯一事实而得出其自身存在的结论吗？这是不可能的，因为必须已经证明呼吸为真，而只要我们没有提供我们存在之证据，那么这就毫无意义。"我思"与"我呼吸"之法则毫不相同。

拉康一上来就在逻辑批判的领域中检查笛卡尔的我思。在他看来，"我思""在逻辑上并不比'我说谎'更易接受、更站得住脚"[2]，因为这两者当中，都涉及同样一种"意思的假装"。数年之后，我们将在别处重新发现相同的论述：

---

① Cf. R. Descartes, "*Correspondance*", in *Œuvres philosophiques*, Paris, Garnier, 1967, tome Ⅱ, p. 53.

② J. Lacan, *L'identification*, *op. cit.*, 1961 年 11 月 15 日讨论班。

我思之法……可能受它什么也不想说这一内涵的影
响——我说谎之法同样如此。①

　　事实上，围绕着克里特岛人伊壁门尼德的命题而被编织的说
谎者悖论，构成了一个类型范例。如果所有的克里特岛人都是说
谎者为真，那么就产生了伊壁门尼德的这一命题"我说谎。"此说
法它是真还是假呢？逻辑学的一般理性不允许回答。在说出"我
说谎"时，伊壁门尼德陈述了一个真的命题，因为他是克里特岛
人。而在同时，他并没有说谎。然而，的确应该承认他仍然在说
谎，因为他这么说就证明情况相反。

　　这种逻辑悖论繁衍出多元的形式。我们来展现其最为典型的
一些变化。

　　首先是其文学阐述，由逻辑学家丘奇（Church）从著名的《堂
吉诃德》中所摘取。一位地方长官握有一条河流所流经的一片领
地的控制权，河上仅有一座桥能够跨越。他颁布了一条法令，任
何打算过桥的人都必须以宣誓的方式说出他过桥的理由，如果被
证实他违反其誓言的话就会被绞死。一天，出现了一名主体，他
以宣誓的方式宣称，他是来受绞刑的。法令的执行者们纠缠于难
解的种种推测中。面对这样一种情况，如何合法地执法呢？公道
地说，上述法令不仅是必要的，而且是充分的：如果它必须要为
有罪者定罪，那么它同样必须要赦免无罪之人。所有可能用来处
理这一特殊情况的逻辑诡辩都是不可接受的，因为它们必然导致

----

① J. Lacan, *Les quatre concepts fondamentaux de la psychanalyse*, *op. cit.*, p. 128（作
者所做强调）。

以下结论：无论主体是否被绞死，法令的实施都是不合法的。①

这种逻辑难题的另一个典型，在伯特兰·罗素（Bertrand Russell）所提出的著名的书目悖论中为我们所呈现。让我们设想编订所有书目的目录，保留条件是它自身不被提及。如果这本书目被提及，那么它就没有顾及上面所明确规定的保留条款。因而此可能性应该被排除。但如果我们将之排除，那么这本不再提及自身的书目，就应该被登入与其他所有书目一样的名目中。在此条件下，它因而违背了最初的规定，诸如此类。

以一种更为抽象的方式，鲁道夫·卡尔纳普（Rudolph Carnap）在不可谓之悖论的术语中阐述了相同的问题②。我们把适用于自身的一个概念称为"可谓的"（可归因的），相反地，不适用于自身的一个概念为"不可谓的"。不可谓的概念是否是可谓的，也就是说是否是适用于自身的？如果它是可谓的，那么它就适用于自身。它因而是不可谓的，因为，由于定义本身，它不能适用于自身。但如果它是不可谓的，那么它自身就被说成是可谓的，因为它把某个东西归于自身。在此情况下，作为可谓的，它就不再履行不应适用于自身的条款，等等。此问题的逻辑翻译特别简单：

1°）一个不适用于自身的概念是不可谓的：

---

① 在我以下作品中，我对此命题逻辑中的结论进行了数学论证：*L'a-scientificité de la psychanalyse*, tome 1, *L'aliénation de la psychanalyse*, Paris, Éditions universitaires, coll. Éergences, 1988, pp. 156-158.

② Cf. R. Carnap, *Logische Syntax der Sprache*, Vienne, Verlag Springer, 1934; trad. Von Zeppelin, *The Logical Syntax of Language*, London, Routledge and Kegan Paul, 1937.

$$\text{Impr}(\text{F}) \equiv \neg \ \text{F}(\text{F})$$

2°) 把逻辑替代规则应用于此公式,我们必然朝向刚刚提到的自相矛盾,即以下命题:

$$\text{Impr}(\text{Impr}) \equiv \neg \ \text{Impr}(\text{Impr})$$

事实上,此逻辑文字表达了一种矛盾,因为命题的第一部分意味着其自身的否定。

伊壁门尼德的说谎者悖论也可做相同的逻辑翻译。如果说这些悖论的再现有多种形式,它们却都包含一种相同的逻辑一致性——这是康托尔在 1899 年关于所有不是其自身部分的集合之集合概念所进行的概括,并围绕关于幂集的集合理论之定理所进行的形式化。

我们知道逻辑学家们耗费了大量的思辨精力来确切地控制这些推论性悖论的发展。为了举例,我们要提及伯特兰·罗素①所缔造的类型论②,其操作精妙性在于以严密的方式构成各个语言水平,即从逻辑上形式化一种元语言等级,意思是某个语言水平的真实或者虚假不能从逻辑上被裁定,除非是在一个高级语言机

① Cf. B. Russell, "*La théorie des types logiques*", in *Cahiers pour l'analyse*, n° 10, *La formalisation*, Paris, Seuil, 1969, pp. 53-83.

② 我概括性地说明了类型论的论据,在我以下作品中:*L'a-scientificité de la psychanalyse*, tome 1, *L'aliénation de la psychanalyse*, *op. cit.*, pp. 158-159.

构的水平上。在此意义上，伯特兰·罗素预见了塔斯基将在1935①年系统化地提出的涉及语言等级的逻辑论据。在他的杰出论著《意义与真相》②中，伯特兰·罗素在以下文字中对此进行解释：

> 塔斯基(Tarski)指出，'真'或'假'二字，当它们运用于某给定语言的语句时，总是需要另一种语言，一个高级秩序，如若缺少，它们则无法被充分地定义。一个语言等级的这种概念已然存在于类型论中……依据塔斯基所提出的论据，清楚的是，'真''假'二字无法产生在原发语言中，因为在其运用于 n 级语言的语句中的情况下，它们属于(n+1 级语言[n 级+1 语言])。
>
> 这并不是说原发语言的语句既非真亦非假，而是说如果'p'是该语言的一个句子，那么'p 为真'和'p 为假'这两个句子就属于继发语言。③

精于此种逻辑辩论的拉康，仍然坚持追问说谎者之悖论的"我说谎"，为了考虑无意识的经验而对之进行说明：

> 这很简单，拆解这个所谓的逻辑问题，并指出这一判断所基于的所谓困难在于：它所包含的判断不能够针对其自身

---

① Cf. A. Tarski, *Der Wahrheitsbegriff in der formalisierten Sprachen*, in *Studia philosophica*, 1935; trad., *Logic, semantic and metamathematics*, Oxford, 1956.

② B. Russell, *Signification et vérité*, Paris, Flammarion, 1959.

③ Ibid., pp. 74-75.

的所述，这是一种塌陷：正是因为缺乏对两个层面的区分——由于强调的是'我说谎'本身而没有对之进行分辨——才产生了这一伪问题；这就告诉你们，若没有这种区分，所涉及的就不是一个真正的命题。①

　　拉康从而很快地跨出一步，他建议我们考虑笛卡尔的"我思"可能与这个"我说谎"的处境相同。此外，为了更好地向我们证实，我们要提到他在弗洛伊德和笛卡尔之间所进行的大胆比较。

　　在他的《精神分析的四个基本概念》②的讨论班中，拉康指出在其源点上，弗洛伊德的方法如何是笛卡尔式的，在它以确定性主体的基础为出发点的意义上来说"怀疑，正是其确定的支撑"③。然而，从其著作开篇起，"怀疑"在弗洛伊德那儿就被证明是一种确定无意识思想的工具。如此，我们还是能够定义"一个点，笛卡尔和弗洛伊德的方法在此相互接近、靠拢"④，由此相近的开端开始，道路产生了分歧。如果说，如同在笛卡尔那里一样，对于弗洛伊德来说涉及提出"能够确定之物"⑤的命题，那么弗洛伊德的怀疑则完全服务于与笛卡尔之目的截然相反的一个目的。从《梦的科学》起，这种怀疑并未呈现为一种不确定认识的标志，反而是作为某确定之物的符号而出现。

　　笛卡尔从梦之经验中提出论据来作为我们的认识之不确定性

---

① J. Lacan, *L'identification*, *op. cit.*, 1961 年 11 月 15 日讨论班。

② J. Lacan, *Les quatre concepts fondamentaux de la psychanalyse*, *op. cit.*, 尤其参见 1964 年 1 月 29 日讨论班, pp. 31-41.

③ Ibid., p. 36.

④ Ibid.

⑤ Ibid.

的最显而易见的证据，而弗洛伊德却得出了相反的结论：梦越是让我们疑惑，这怀疑就越是证明了某个真实之物。梦的内容，因为它总是趋向于隐藏，不断地考验着主体的记忆。而且，主体越是怀疑，就越是在他身上证实了这种确信，即某个东西试图逃避，他就越发注意到"所经历的东西与所转述的东西的明显"①差距。拉康强调，正因为对于弗洛伊德来说怀疑表现为"抵抗之符号"②，它才成为了确定性的标志，主体的某个东西在努力让自己被听到的同时，假借怀疑外衣的伪装，以此为代价来力图防止这种确定：

> 笛卡尔对我们说——我确信，我怀疑的东西、思考，……我属于思。
>
> 以一种完全类似的方式，弗洛伊德，在他怀疑之时——因为最终是他的梦、一开始是他在怀疑——确信存在一种思想，它是无意识的，这意味着它显示为缺位。正是在此位置上他命名我思，主体将从这里显现。总之，这种思想，他确信它独立于他的我在，如果我们可以说——只要稍微跳跃一下——某个人在他的位置上思考的话。
>
> 弗洛伊德与笛卡尔之间的不对称就在此显现出来。这种不对称并不在主体的确定性被建立的最初。这种不对称在于，在此无意识的领域中，主体是在主体中的。而正因为弗洛伊德承认其确定性，才产生了进步，他由此而为我们改变了世界……

---

① Ibid.

② Ibid.

笛卡尔对此一无所知，除了这构成确定性主体以及知道过去一切的主体之外——而我们知道，多亏了弗洛伊德，无意识主体得以显现，而它的思是在确定性形成之前。①

其实，在作为我思之阐述基础的整个思辨方法中，笛卡尔本质上所询问的是什么？我们必须承认，在其双曲线研究结束之时，唯一抗拒怀疑的正是主体的问题。在相同点上，笛卡尔得出了仅仅由于他思考因而存在的确信。这样，如拉康所明确表示的那样，笛卡尔的我思被证实是一种"主体研究的哲学经验"②。之后，随着其思想的推进，他只能坚信：

> 被询问的正是主体本身，它力图成为这样：作为拥有其自身整个真相的主体，……被询问的，不是实在和外表，谁存在谁不存在、什么留存什么消失的关系，而是要知道我们是否可以信赖大彼者、主体像这样从外部接收到的东西是否是可靠的。③

笛卡尔的这种双曲线怀疑的整个意义和影响，事实上恰好就在于毫无保留地考察我们沉浸于其中的、形成认识之外部符号的整个网络。然而，因为它明确被定义为"双曲线的"，因此怀疑不再略过主体的存在本身，主体重新质疑一切。最终，拉康在这种

---

① J. Lacan, *Les quatre concepts fondamentaux de la psychanalyse*, *op. cit.*, 尤其参见 1964 年 1 月 29 日讨论班, pp. 36–37（作者所做强调，除最后一句是我做的强调）。
② J. Lacan, *L'identification*, *op. cit.*, 1962 年 1 月 10 日讨论班。
③ Ibid. （我做的强调）。

笛卡尔的方法中觉察到一个根本的质问，涉及"主体的本质"，即在该本质偶然被命名之前的主体是什么。而且，此命名确实在第二时间中才出现在笛卡尔那里：思想物在"我思，故我在"之后出现。对于拉康，毫无疑问，重新考虑笛卡尔的双曲线所针对的是我们所探寻的作为自称之前的主体的某个东西①，即主体的身份，在他未使用其名字、即可用于他必须指示之物的一个能指之前。如此，便隐含地唤起了专名的范畴，以及它为主体所代表的独特的能指身份：即主体所认同的元征。

---

① Cf. Ibid.，"命名……这关系到主体的诞生，主体是自称的东西"。

4. 元征

在这个对笛卡尔我思的初次研究基础上，拉康向我们建议，从"我思"出发，更仔细地考察"这个属于我们的主体"①的身份。为什么，是我们的？因为从精神分析的观点出发，我们不能确切地谈论一个知道的主体：

> 在从笛卡尔对所谓我思的研究中发展出来的哲学系统中，……它从来都只是一个唯一的主体，我将用这种方式来揭示它：被假设知道的主体。②

此外，在分析的经验领域，"我思"始终被赋予了一种特殊的内涵。其证据即这种严格的表述方式："您在想什么？"这并不是要激励一个知道，而是对自由联想的呼唤。拉康明确指出：

> [对于]我们，分析家们，这个我们能够利用的"我在想什么"，转到一个必然回避的"我关于什么的以及从什么出发

---

① J. Lacan, *L'identification*, *op. cit.*, 1961 年 11 月 22 日讨论班。
② Ibid., 1961 年 11 月 15 日讨论班(我做的强调)。

关于哪里的想法"。①

后来，在其《继续》②的讨论班中，他用更彻底的方式描述了当"我思"经受分析的检验时仍继续存在的东西：

> 思想物质，我们仍然可以说我们显然改变了它。从这个我思假定其自身并奠定存在以后，我们已经有了一步要跨出，就是无意识的这一步。
>
> 因为今天我打算跟着无意识像语言那样被结构的路子走，我们知道这个——这一公式完全改变了作为存在的主体的功能。主体不是在思考的那个。确切来说，主体是我们鼓动——为了迷惑他我们跟他这样说——来说的那个，不是全说——人们没有办法全说——而是说一些蠢话，一切尽在那里。
>
> 我们将用这些蠢话来做分析，和这些蠢话一起我们将进入到新的主体中，即无意识的主体。这个好人，正是在他很愿意不再思考的情况下，我们才可能会多知道那么一点点的底细。③

对于这个"您在想什么？"经常跟着无可避免地回答"我不知道"。如同拉康所指出的，"不"的否定事实上并不针对"知道"，而恰恰针对"我"。因此，缺失的并非知道，而更多的是支撑转述

---

① Ibid., 1961 年 11 月 22 日讨论班(我做的强调)。
② Cf. J. Lacan：*Encore*, Livre XX (1972—1973), Paris, Seuil, 1975.
③ Ibid., 1972 年 12 月 19 日讨论班, p.25(作者所做强调)。

者"我"之功能的东西，在一个知道不再能够被转述——至少是暂时地——的点上，这个"我"便消失了。但矛盾的是，应该承认主体的某个东西是持续的，这是否是说这个"我"作为一个思想的主体是不可移动的呢。这证实，对于主体来说，存在一个地点，某个东西从此出发使得"我"能够思考，甚至在思考的同时，这个"我"可能完全看不到他归于自己的知道之真相。

壹与爱

至于"我(je)"的这种盲目，其证据即爱，它通常不过是一场彻底的误会：

我想她爱我……意味着烦恼的滋生。①

这一表达尤其有价值，因为它强调了作为"我思"之基础的"我对此什么也不想知道"的维度，一上来就确定了爱之源点，即在以下信念中其固有的障碍点："我们只是壹"②。然而，拉康指出：

人人都知道，两个人之间，他们只构成壹，这当然不可能达到的……爱的观念始于此。③

事实上，把我们最美好的愿望真正地化为乌有的唯一真实的爱的话语是：

① J. Lacan：*L'identification*，*op. cit.*，1961 年 11 月 15 日讨论班。
② J. Lacan：*Encore*，*op. cit.*，1973 年 1 月 16 日讨论班，p.46(作者所做强调)。
③ Ibid.

我请求你拒绝接受我给你的东西，因为它不是它。①

诚然，似乎任何爱的命题的确必然遭受羞辱，受这种应归咎于实在的两性差异的摆布。换言之，误会是强制性的，因为它基于无知("我想……")，对一个请求始终假设了一个无法填补的空的无知。在此意义上，爱确认了某种"激情，它可能是对欲望的无知"②。让我们参考拉康的阐释：

我请求你——什么？——拒绝接受——什么？——我给你的东西——为什么？——因为它不是它——它，你们知道这是什么，这是客体 a。客体 a 不是任何存在。客体 a，是一个请求的空所假定的东西……这并不是它意味着，在一切请求之欲望中，只存在着对客体 a 的追索。③

一旦我们试图把一个彼者当作客体 a ——这会满足享乐，通过和自己构成为一(体)——误会便在爱中产生。就这样，使得性化彼者从根本上来说总是异质的东西，隐匿在关于一个想象统一体的饱满的"我思"中。其证据就是折磨人的相互性的要求，它必定与爱相伴：

爱，它总是相互的吗？——对啊，对啊！正是为此我们

---

① J. Lacan：*Encore*, *op. cit.*, 1973 年 5 月 8 日讨论班, p.101(作者所做强调)。
② Ibid., 1972 年 11 月 22 日讨论班, p.11.
③ J. Lacan：*Encore*, *op. cit.*, 1973 年 5 月 15 日讨论班, p.114(作者所做强调)。

336 | 拉康导读(下卷)：主体的结构

才发明了无意识——为了意识到人之欲望，正是大彼者之欲望，而爱呢，如果一段激情在那当中可能成为对欲望的无知，那么它同样也为欲望留下了其整个影响。当我们更近地审视它，我们看到了其毁坏。①

拉康继续这一焦点化的教益，通过揭露这种毁坏者的幻想：

> 爱是无能的，尽管它可能是相互的，因为它不知道它只不过是成为壹的欲望，这导致我们没有可能建立二者的关系。哪二者的关系？——两性。②
>
> 如果爱果真与壹有关，那么它从来不让任何人脱离自己。③

因为爱产生一种与用二构成壹的无能直接成比例的惯性恒量，所以它不可避免地引起一种不确定性的装载，能够撼动那些最有依据的思辨性确信。此外，主体的"我对此什么也不想知道"，当它发生急转时，最强烈地表现为强求理解的蛮横法西斯主义。爱从而应在理性维度中变得完全可以理解，其"我思（我想）"企图让自己拥有绝对的控制。

这种主体性盲目部分地与主体的欲望结构相连，后者在根本上是对大彼者欲望之欲望。如果爱是对欲望的无知，那么能够拯救陷入这种让爱服从于理性维度的要求之中的主体的，仍然是这

---

① Ibid., 1972 年 11 月 22 日讨论班，p. 11.
② Ibid., p. 12(作者所做强调)。
③ Ibid., 1973 年 1 月 16 日讨论班，p. 46.

个欲望的结构。

无论如何，对一个彼者的欲望的产生如同其消逝一样，并不属于理性的维度，而是属于一个注定必然会换喻的客体的范围。在某种意义上，爱的壹是对此换喻的"我对此什么也不想知道"。爱的客体表达了服务于壹的主体欲望的启动，而欲望的客体，具有客体a的性质，恰好被规定为不作为存在而存在。结果，爱是盲目的，既然"我思（我想）"导致确信所爱的彼者就是这个欲望的客体。

该误会通常表达于主体在认识的欲望与欲望的认识之间所产生的混淆之中。被彼者所承认的欲望是一种爱的苛求，它比不可能和他变成壹更加令人痛苦。相反，欲望的认识的位置可能与爱相反，因为它假设主体注意到，欲望必然召唤替代客体的换喻，这是"我思（我想）"所毫不理解甚至不作解释的。

> 欲望所寻找的，更多的是在欲望着的而非合乎欲望的彼者中，也就是说他所缺失的……我欲望欲望着的彼者，而当我说欲望着时，我甚至没有说、我没有特意地说欲望着我的：因为是我在欲望，欲望着欲望，此欲望不可能是我的欲望，除非我重新出现在此转折处，我在那儿是非常确定的，也就是说除非我在彼者中爱我自己，换句话说，除非我所爱的正是我。

> 但因此我放弃了欲望。我现在正在强调的，正是分离了欲望与爱的这个界限、这个边界：当然，这并不意味着它不

会尽其所能地来影响它——甚至一切悲剧就在于此。①

从"我思（我想）"到爱，因而只差一步，确切地说，即壹的那步。

从壹到元征

在《认同》讨论班中，拉康通过一个命题对壹加以定义，此命题似乎既对理性习惯也对同一性逻辑的通常标准发起了挑战：

这样的壹即大彼者。②

壹从而显现为一个实体，似乎只能被指示为这种差异之结构。

我建议通过一段非常简短的临床片断③，立即对此独特性加以说明。

所涉及的是一个 6 岁的小男孩，从表面上被诊断为性格障碍。他接受了学校的一位女心理学家的心理治疗。在一次治疗中，孩子和她分享了他刚刚遇到的一个小的事件。故事发生在圣诞节。他陪他妈妈来到一家大商场。理所当然地，他在玩具区遇到了圣诞老人。规定的情节就开始了：他跟他说话，把他的订单放入专门准备的盒子里，然后坐在他膝盖上照相。带着极大的喜

---

① J. Lacan, *L'identification*, *op. cit.*, 1962 年 2 月 21 日讨论班（作者所做强调）。
② J. Lacan, *L'identification*, *op. cit.*, 1961 年 11 月 29 日讨论班（我做的强调）。
③ 这段临床报告在我的文章中已被提及：《精神分析关于名字之功能的研究方法》，in *Correspondances freudiennes*, n° 25, 1989, pp. 9–13.

悦，这快乐的孩子离开了玩具区。

之后，他妈妈从商场出来时发觉还有东西忘了买。她马上就带着他冲进了隔壁的一间商店。拐过一个柜台，小男孩停下来呆住了，他发现有另一个圣诞老人在一堆玩具上面。他要求他妈妈立即带他过去。妈妈很着急，她拒绝了，并牵着她儿子朝相反的方向走。狂怒的孩子瞬间就发作了，他不时地在商店的各个柜台间异常剧烈地发作。不知所措而无能为力的妈妈失去了耐心，她最后断然地、没什么理由地对他说："够了！你已经见过一个圣诞老人了。"出乎意料地，孩子立刻就安静下来了。一切恢复正常，除了他所经之处留下的狼藉；而妈妈则继续安心地忙她的事务。

几天之后，他跟他的心理治疗师谈到了这个小事件，并特别急切地向她提出以下的问题："圣诞老人有可能在两个不同的地方同时出现吗？"

这位心理学家很轻率地向他保证，正因为只存在唯一一个圣诞老人，所以这件事就更有可能，圣诞老人应该同时存在于各个地方。

宣泄的效果并不让人期待：几天之后，孩子产生出一种严重的对于"全在"的恐惧，其方式近乎谵妄。此外，这一情节的后续发展将极大地证实孩子的精神病状态，而之前一些仓促的测试草率地将之归为性格障碍。

在此再现其临床背景之后，让我们更直接地回到壹的问题中。在这个故事中，所发生的似乎是，孩子的谵妄性代偿失调围绕着两段陈述而被构成。一方面是被激怒的母亲的回应："够了！你已经见过一个圣诞老人了。"另一方面是心理治疗师的解释：

"因为只存在一个，所以他应该同时存在于各个地方。"

乍看之下它们是无关紧要的，而这两个所述内容却包含了一个根本的差别：在第一个中，所述的是作为纯粹差异之结构的壹；在第二个中，所述的是作为同一性之结构的壹，也就是说，统一化的转述者①。

事实上，母亲的回应符号性地表示正是壹奠定了一个彼者的可能性。"你已经见过一个了"是这样一个陈述，它暗中假定存在着至少一个彼者，在相异的意义上，也就是说在差异的意义上。因而，没有任何潜在的统一化，因为正是壹引发了差异的可能性本身。相反，它打开了计数的可能性，即可能有一系列不同的别的圣诞老人，他们能够在同一时间存在于不同的地点。

在治疗师的回答中，壹被赋予了完全不同的一个身份。它本质上依赖于一种逻辑同一性，在传统逻辑学的同一律意义上，它同样涉及亚里士多德逻辑学、波尔-罗亚尔逻辑、甚至现代数学逻辑的某些主题。在这样一种逻辑背景下，壹具有一种纯粹单一的、而非纯粹差异的同一性，鉴于赋予逻辑以稳定性的一些公理：同一律、不矛盾律和排中律。壹因而为自身而指示自身中的某个东西。正是壹的这种自给自足，在某些方面确保了 A 是 A，A 不是非-A，或者，如拉康所提醒的，人们不能"把抹布和餐巾、韭葱和胡萝卜加在一起，诸如此类"②。在这种情况下，如果圣诞老人是壹，那么他就不能同时是他和非-他，也就是说壹和非-壹。通过她的干预，心理治疗师最多不过是不希望打破孩子眼中

① 所存在的另外一个问题，我在此并未涉及，显然是要知道这种区分的混淆为何能够充当精神病的代偿失调的启动因素。

② J. Lacan, *L'identification*, *op. cit.*, 1961 年 12 月 6 日讨论班。

一个圣诞老人的想象的魔力。然而，对于她来说，这个壹被赋予了逻辑的同一单一性。在此意义上，考虑到孩子的精神病理学背景，这个回答引起了一种对于全在的恐惧的症状形式。

这种区分正是拉康所强调的在元征的壹——它是"差异的这种支撑"①——与作为同一性支撑的壹、即统一化的诱发因素之间的区分。

壹如何能够产生彼呢，在其作为建立差异本身的操作者的情况下？

让我们马上对此问题进行说明，通过一个非常简短的犹太人的故事。在最近一次战争中，在占领时期的法国，两个犹太人看到两个德国人从远处走来。其中一个犹太人对另一个人说："我们换条路走吧。他们有两个人而我们是单着的。"除了弗洛伊德向我们谈及的关于细小差异的精神分析解释之外，故事中的两个犹太人，由于他们奇妙的幽默感，明确地阐述了这另一种差异：面对彼者仅仅构成一个。或者说：一个是彼者，这正好证明壹产生了差异，在此情况中，即壹产生了二。

这并不是一个全新的问题，我们在关于传统的壹与多问题的哲学中发现了其诸多踪迹。在众多例子中，我们记起巴门尼德（Parmenides）、普罗提诺（Plotinus）、赫拉克利特（Heraclitus）的原子说——仅列举几位，他们阐述的一些思辨对此有所贡献。

当然，拉康并不是从此观点出发而着手这个作为纯粹差异单位的壹之功能的，他之后将通过以下称谓来定义它：元征。

———————————

① Ibid., 1961 年 12 月 13 日讨论班。

"元征"这一术语让人想起弗洛伊德跟我们谈到的著名的 *Einziger Zug*——通常被译作：单征——涉及所谓"第二类型"的认同形式，也被称为"退行性认同"：

> 症状与所爱之人的症状相同(如此，比如，一个癔症分析片断中的杜拉，模仿了父亲的咳嗽)；因此我们只能这样来描述该情况：认同占据了客体选择的位置，客体选择退行至认同……需要注意，在这些认同中，自我一次是复制非所爱之人，另一次又相反的是所爱之人。我们不应再忽视，这两次，认同是极其受限的，仅从人物客体那里借用了一个单一的特征。[1]

如果说拉康从弗洛伊德的这个 *Einziger Zug* 中得到论据来限定他自己的元征概念，这并非偶然，在此概念中，他确切地看到"认同……被揭示的形式"[2]。

然而，尽管元征参照了单征，它却具有一个完全不同的启发性意义。证明即为从单一到一元的解释性滑动，以便更好地展现拉康想要指明的这一类别的概念性内涵：

> 赋予此功能其价值、其行动及其动力的 *Einziger Zug*，正是因为它——为了消除可能仍然留有的混淆——使我有必要更恰当、更贴切地引入这一术语，它并非一个胡乱捏造的新

---

[1]　S. Freud, "*Psychologie des foules et analyse du moi*", in *Essais de psychanalyse*, *op. cit.*, p. 169(作者所做强调)。

[2]　J. Lacan, *L'identification*, *op. cit.*, 1961 年 12 月 13 日讨论班。

4. 元征 | 343

词，而是被运用于集合理论中的术语：元，用该术语来替代单——一词。①

对集合理论的参考，与拉康在很大程度上依靠数学领域来从逻辑上限定这个元征概念直接相关，此外，这一概念还将从语言学领域中获得其最为基本的运作基础。

实际上，我们在弗雷格(Frege)的著作中找到了让我们有可能更进一步地、透过壹之同一性和逻辑坚实性来理解元征之本质的数学基础。在重要的一本著作：《算术基础》②中，数学家弗雷格终于首次通过完全逻辑化的过程——也就是说非经验论的——构造了数(基数)的概念。在此构造过程中，壹被定义为一个算符，其特性允许我们承认数的单独构成。然而，如果壹作为一个单位出现，这恰恰是因为它自身没有在一个数的特定同一性当中被考虑，它能够引起非—等同于它，也就是说作为差异的构成单位的彼者。③ 这首先就是拉康为赋予其元征概念以坚实性而抓住的这一特性的表现。

从元征到能指

拉康为此而唤起的另一种参考主要依仗于结构语言学的一些

---

① Ibid., 1961 年 12 月 6 日讨论班(我做的强调)。

② G. Frege, *Grundlagen der Arithmetik*, Breslau, Max-Hermann Marcus, 1884; trad., C. Imbert, *Les fondements de l'artithmétique*, Paris, Seuil, 1969. arithmétique

③ 在我的《精神分析的科学性》一书的第二卷"基础悖论性"中(*op. cit.*, pp. 157 -164)，我从壹出发对弗雷格所做的构造进行了概括。同样参考米勒的研究：J.-A. Miller, "*La suture. Éléments de la logique du signifiant*", in *Cahiers pour l'analyse*, n° 1: *La vérité*, 2: *Qu-est-ce que la psychologie?*, Paris, Seuil, 1966, pp. 37-49, 作者在其中提出了关于弗雷格工作的某些部分与拉康教学的一种更为普遍的连接。

基础论点，他从索绪尔那里借用了其最重要的一些论据。当后者，关于符号的价值，明确指出"在言语中，每个词都因其与所有其他词的对立而具有其价值"①时，他想要强调语言学符号的这种特殊性：其意义不仅仅是因为其内容，而尤其是因为它们在言说链中所维持的相互之间的对立关系。因此，首先是对于系统的参考赋予它们其意义同一性：

　　　　运用于单位，区分性原则可被表达为：单位特点与单位本身相混淆。②

　　拉康不会忘记利用这一特性，他强调以下事实：区分一个符号的，恰好正是构成它的东西——差异本身造就了单位的价值。然而，只有在符号与能指完全不被混淆的情况下，与元征的联系才能得到合理的解释。出于能指的至上性③的理由本身——从无意识经验的观点、更一般地在面对存在之言的结构④时，拉康不断地重新提到其重要性——这一基础的区分性原则将因为像这样被应用于能指秩序而更好地得到证明：

------

　　① F. de Saussure, *Cours de linguistique générale*, Paris, Payot, 1983, p. 126. 同样参见，J. 多，《拉康导读》上卷，第 5 章。
　　② F. de Saussure, *Cours de linguistique générale*, op. cit., pp. 167–168(作者所做强调)。
　　③ 参见 J. 多，《拉康导读》上卷，第 6 章。
　　④ 特别参见 J. 拉康，1º)"一份计划"(1966)，见于《文集》*op. cit.*, p. 365："真相的效果……在无法消除的遮盖中达到顶点，能指的至上性在此被标记"；2º)"1956 年的精神分析形势和精神分析家的培养"，Ibid., p. 467："能指对于所指的至上性……看来不可能回避关于语言的一切推论，不是说它过多地打乱了思想以至于无法，甚至在如今，被语言学家们所面对"，等等(我做的强调)。

区别能指的，只不过是作为所有其他能指所不是的；在能指中，这意味着单位的功能，恰恰正是差异。①

如果说能指在符号界中的优势性在拉康那里最为准确的表达是在以下公式中：一个能指，为另一个能指而代表主体②，那么此命题的贴切性只能建立在拉康被促使在符号与能指之间所确立的根本区别之上。在他的《认同》讨论班中，我们能够回忆起众多与此差异维度相关的内容：

一个能指区别于一个符号首先在于……：能指首先表达的只是这种差异的存在，别无其他。因而它所意味着的第一件事就是符号与物的关系被抹掉了。③

无需进一步深入④，我们从现在开始就能够确信在能指单位与元征功能之间存在着逻辑的类同。在所有方面，能指都可被视作为元征的化身，仅仅因为它在主体中作为"差异的这种支撑"⑤而起作用。

让我们通过以下故事为此提供直接的说明。三位英国的女探险家在原始森林深处喝茶。当此仪式按照习惯定式进行的时候，

---

① J. Lacan：*L'identification*, *op. cit.*, 1961 年 11 月 29 日讨论班。

② 除非是我搞错了，我们确定它第一次出现在拉康笔下是在《主体的颠覆与弗洛伊德无意识中欲望的辩证法》中，见于《文集》, *op. cit.*, p. 819.

③ J. Lacan, *L'identification*, *op. cit.*, 1961 年 12 月 6 日讨论班。

④ 符号与能指的区分问题，以及其所导致的所有后果，将专门在第 10 章中加以展开，参见下文。

⑤ J. Lacan, *L'identification*, *op. cit.*, 1961 年 12 月 13 日讨论班。

一只大猩猩出现了。大猩猩用色迷迷的目光贪婪地盯着这三个女人的同时，它冲向三人中的一人，并带着她消失了。在喝茶仪式所要求的很长一段时间的虔心沉静之后，留下的两个英国女人中的一人才打破了沉默，并对另一人说："我奇怪为什么它选择了她。她比我们多了什么？"

只要我们对于主体所维持的与能指功能的关系稍微有所了解，这个故事的寓意自己就揭开了：一，就是彼！

更严肃地说，透过重复的自动性维度——能指在当中更多地显现为差异的制造者——无意识的经验证实了能指单位对元征的这种认同。在症状性重复中，我们观察到"行为的重复是为了让它所是的这样的能指重新出现"[①]，即最初被压抑的能指。但显然地，这个最初被压抑的能指的独特性只能为主体产生出别的东西，也就是说差异，因为这样一个能指只能面对另一个能指而代表他。因此，以一种难以辨认的形式发展起来的重复的循环所属之解释，正是拉康在以下段落中所提出的：

> 重复自动性就是你们所看到的一种行为的循环，它可像这样登录于需要——满足对子的紧张解除的术语中，不论此循环中涉及何种功能，你把它想象得如此肉欲化，然而作为重复的自动性，它仍旧意味着，其存在是为了使某个东西出现，为了唤起它、为了使之继续存在，这个东西在本质上就是一个可由其功能而指定的能指，而尤其是在这一方面它在其重复——在其本质上总是相同的——的循环中引入了差

---

① Ibid., 1961 年 12 月 13 日讨论班。

异、区分、独特性……我们说此后行为可以表示为某某号行为；比如癔症的发作……正是某某号行为，……它作为某某号行为而出现。只是号码对于主体来说是丢失的。正是因为号码是丢失的，因而它的出现隐蔽在这个使得从我们称作其发作的心理学背后、表面动机背后重新出现的功能中；而你们知道在这点上，任何人为之找个理由都并不困难……

因此，在分析的经验中我们正是处在被彻底登入此根本特性中的某物与此能指功能的结构性联结中。①

如果说对重复自动性的这种涉足明确地表明了能指与元征的联合，它同样也确定了主体向"主体由此得以构成的、作为某个东西之结点的能指功能"②的异化。专名形式是对于通过认同的作用而在元征、能指和主体之间所缔结的决定性协约的典型阐释。

---

① J. Lacan, *L'identification*, *op. cit.*, 1961 年 12 月 20 日讨论班。
② Ibid.

5. 专名与元征

拉康对专名问题的研究，一上来就把分析的观点与逻辑学家和语言学家的概述进行了比较，比如伯特兰·罗素和嘉丁纳（Gardiner）各自关于此相同问题的贡献。

伯特兰·罗素就此问题所进行的思考处在一个更宽泛的认识论的思辨范围内，涉及知识结构所要求的逻辑可能性的最低条件的整体。在此逻辑辩论的领域中，拉康的分析尤其简洁，而影射常常不利于一种详尽的评论。① 然而，罗素所提出的有关专名的论点表现出对于拉康所尽力阐释的主体性身份问题的最为强烈的兴趣。总而言之，我们能够通过以下方式重新来确定其要点。②

在其《第一自然哲学》中，罗素始终追求的目标之一在于自问主体性对认识的阐述制作的影响，对于作者来说，其条件是定义能够消除其影响——尤其是以"自我中心特称词"的形式——的合理策略。从此观点来看，罗素所提出的主要思考之一被载入描述语理论中，从一开始就基于他在"经由直接经验之认识"与"经由

① J. Lacan, *L'identification*, *op. cit.*, 1961 年 12 月 20 日讨论班。
② 这一论据的详细阐述列于我的《精神分析的科学性》一书，第二卷"基础悖论性"中, *op. cit.*, pp. 30-41。

描述之认识"之间所建立的区分。① 这个"描述语理论"，明确制作于 1905 年题为《论指称》②的论著中，可归结为以下要点陈述。

在普通语言中，罗素指出，我们有两种方式来指示某物：要么通过专名，要么通过描述语。当我们进行描述时，我们对事物的指示或者通过非限定描述语（例如：有个人经过），或者依据限定描述语（例如：《梦的科学》的作者）。

从罗素所赞同的认识论观点来看，"非限定描述语"并未提出任何特别的问题。它们总是可被表达在逻辑语言中，也就是有效认识之构造所提议的"原型"语言中，这是他所首先追求的目标。这样，命题"有个人经过"将得到以下其命题函数形式的逻辑改写：

$$(\exists x) \, P \, (x)③$$

相反，如果我们想要对其进行一种逻辑改写，"限定描述语"就提出了一些问题，原因是"主体性指示"，尤其是专名或其代表的影响。为了消除这种影响，首先应该运行一种将会去除专名的逻辑过程。这一策略是存在的：只需在一个命题函数中用一个变量来替换一个专名。为此，必须辨别出真正的专名，也就是说不能被归并或者简化为某种描述的那些专名。由此必须十分仔细地考察那些作为典型专名而起作用的描述法是如何进行逻辑运作

① Cf. B. Russell, "*Connaissance directe et connaissance par description*", in *Problèmes de philosophie*, Paris, Payot, 1968.

② Cf. B. Russell, "*On denoting*" (1905), in *Mind*, vol. XIV, pp. 479-493; trad. P. Devaux, 《De la dénotation》, in *L'Age de la science*, vol, III, n° 3, Paris, Dunod, 1970, pp. 171-185.

③ 说明如下：

x → 有个人

P → "经过"的函数。

的：“《梦的科学》的作者”。

这个逻辑策略使罗素能够逐步地去除所有的"自我中心特称词"，即近乎所有的专名的语法功能。他因此最终只留下了唯一一个"自我中心特称词"：这。因此，"这"是唯一的、真正的和基本的专名，牺牲掉的所有其他的词，它们只不过是所述的表面主体、伪主体。这种逻辑的简化在文本《意义与真相》中得到了最为彻底的表达：

> 我在本章中所考虑的词是这些其外延与说话者有关的词。比如这些词："这个……""那个……""我""您""此""那儿""现在""那么""过去""目前""未来"……所有以自我为中心的词项都可在"这……"用词当中得到定义。这样，"我"意味着："这个所属的传记"；"那儿"意味着："这个的位置"；"现在"意味着："这个时间"；以此类推。①

这就是罗素对于专名的变化所提论据之总思路。如拉康所指出的，很容易理解此概念的完全简化的特点如何必然地触及语言学家们的敏感之处。然而，在这一方面，拉康并非单纯地参考了语言学家嘉丁纳的批判立场，后者的某些不确定允许他能更好地去强调能指的基础本质。

嘉丁纳处在与逻辑学家所捍卫之立场相反的位置上。他把其批判建立在斯图尔特·穆勒（Stuart Mill）所提出的某些经典论题之上，当他强调通名与专名之间所存在的特定区分时。对于前者，

----

① B. Russell：chap. VII ：" *Les circonstanciels égocentriques* ", in *Signification et vérité, op. cit.* , p. 123.

在名词与它所指示的相关客体之间存在一种意义关系。相反，后者从不承载某个客体的意旨，而至多只是一个记号。

显而易见，语言学家们后来将定义的所指与能指的对立，与穆勒提出的这种区分的视角是相靠近的。此外，这一区分也贯穿了嘉丁纳关于专名所展开的整个辩论。他已经对以下事实提出质疑：所确定的通名和专名之间的差异不能以意旨的在场或缺位为依据，因为某些专名具有一个意旨。此差异的规定属于另一范畴。在专名中，所强调的是作为区分性实体的名词，而非意旨。因此本质上正是声音的差异将之区分于另一个。

拉康探询这一论题的方式如下：

> 它是否如此真实，以至于当我们每次说出一个专名时，我们在心理上都得到了这种对于声音材料的强调的提示？①

这是完全便利的问题，因为其题目暗含着答案。语言学家的论题在主体问题上受挫，主体绝不能从"心理学实体"的维度出发、而只能在其对能指的参考当中被定义：

> 只有在我们意识到命名的发出与某个在根本性质上属于字母维度的东西有关的情况下，才会有专名的定义。②

拉康因而建议我们进入到文字世界中③，以确立专名与能指、

---

① J. Lacan：*L'identification*，*op. cit.*，1961 年 12 月 20 日讨论班。

② J. Lacan：*L'identification*，*op. cit.*，1961 年 12 月 20 日讨论班。

③ Ibid.，参见 1961 年 12 月 20 日及 1962 年 1 月 10 日讨论班。

从而与元征之间所存在关系的确切性质。

实际上，表意文字与形象相当接近，但并非是一个简单的形象。其象形特点越是被压抑，其表意文字之本质就越能在这个逐步的象形提纯中得到实现；在此情况下，它越来越类似于元征，它正是像这样作为区分性单位而发挥作用。

唯有对表意材料加以语音利用的企图才有可能促使表意文字的越来越多的提纯，并伴随着音节类文字的产生而达到顶点。拉康自问古代文化中字母的漫长发展历史：

> 作为材料、作为语言的文字在等待——在某种过程之后……形成的那个，我们说是标记，它如今化身为我跟你们谈到的这个能指。——文字等待被语音化，而正是在它像其他东西一样被元音化、语音化的情况下，文字，它学会了，如果要我说的话，像文字一样发挥作用。①

透过语音化之奥秘的文字的建立，其特点因而似乎表现为能指特征的规定。拉康在当中发现了专名的最根本特性的起源：从一种言语到另一种，专名总是被保存于其发声结构中，因为它与标记的相似性，即"能指的直接指示"②，甚至按照拉康的说法，即能指在纯粹状态下的出现：

> 什么是专名？
>
> 事情一开始似乎并没有答案，但在试图解决这个问题

① Ibid., 1961 年 12 月 20 日讨论班。
② J. Lacan：*L'identification*, *op. cit.*, 1961 年 12 月 20 日讨论班。

时，我们惊奇地重新发现了大概是纯粹状态下的能指功能；语言学家他自身把我们引向的正是这条道路，当他向我们做以下描述时：专名，是某个因其发声材料的区分性功能而有价值的东西，当然正因此，它只不过是重复了索绪尔式语言分析的前提本身：即区分性特征、联动于某种组合之集合的音素，其独特性在于它与别的那些不同，我们在此发现它应被指示为语言中一种主体功能的特殊特征和应用：即通过其专名来命名的功能。①

因为它不从一种言语被翻译到另一种言语——最多是被换了位置——专名因此似乎联系于语言中已准备好作为纯粹差异特征而起作用的东西，即能指。同时，它也证明它规定了拉康所谓的能指出现时"主体的扎根"②。

命名首先与指示绝对差异的特征壹有关。③

而且，我们再次返回到由笛卡尔的我思所打开的根本问题上，即主体的身份，在他被命名之前，在他未使用这个纯粹能指即专名之前。

---

①　Ibid., 1962 年 1 月 10 日讨论班。

②　Ibid.

③　Ibid.

6. 能指，一元与认同

专名的分析，如拉康所引导的那样，把我们导向这一逻辑推论：主体与在其命名中被唤起的能指的关系，就是一种认同关系。主体无法被命名，除非他认同于这个纯粹能指即专名，也就是认同于某个属于元征范畴的东西。正是因为某个东西在其存在本身当中要求被指示出来，它因此才会通过认同于能指而投身于能指之下。

这个置身于能指之下从而在所指位置上起作用的"某个东西"，其本质是什么呢？此所指的问题，面对主体而提出"他自身加到其专名之上"①的难题。同样，我思的整个内在结构，在其与认同所维持的关系当中，需要重新加以考察。

拉康强有力地指出，"我在"无论如何都不能被视作一种从逻辑上由"我思"所推断出的结果。为了笛卡尔能够进行"我在"的这一推断，就必须假设主体的某个东西已经认同于"我思"能指。既然不是"我思"的一种直接结果，那么我们就应该考虑"我在"正是"我思"在其被说出那个时刻的所指。因此，如拉康所强调的，"从其阐述出发，他所能做的只不过是意识到自己的'故我

---

① J. Lacan, *L'identification*, *op. cit.*, 1962 年 1 月 10 日讨论班。

在'"①。

　　然而，为了更明确地理解在此启动一种认同过程的东西，我们应该再进行更深入的分析。拉康因此建议我们考察他在这种对于笛卡尔之我思的分析拆解中所达成结论的合理性。我们从以下命题出发：每当一个"我思"作为能指被发出时，它都必然包含了一个作为所指的"我在"。现在这一结论如何呢，如果我们把我思提升至元语言的维度，用以下方式来表述它：我思"我思故我在"？这种"我思"对"我思"的共鸣是否导致了某个新的后果呢？拉康为我们解释说，什么也没有，对此他需要能够以无法辩驳的方式来向我们证明。他已然指出：

　　　　这里分母中的"我思"被轻易地复制出同样的双重性，即我所能做的不过是意识到我思在思，这个我思想之后的、关于我思想的"我思"，其本身是一个复制了"我思故我在"的"我思"。②

　　然而，那仍然只不过是在这个力图要自认为主体的主体难题水平上的一种近乎直觉性的觉察。拉康打算引以为据，借助于一种具有独特属性的证明材料：级数结构，被运用到我思中时，它可依据以下模式被改写：

　　　　我思—我在—我思＿＿＿
　　　　　　　我在—我思＿＿＿
　　　　　　　　　我在—我思

---

① 　Ibid.
② 　J. Lacan, *L'identification*, *op. cit.*, 1962 年 1 月 10 日讨论班。

拉康乐于让我思服从于数级结构的逻辑，这并非是出于纯粹的数学消遣。如我们将看到的那样，在我思之外，该数学算法允许以一种令人愕然的方式限定主体在对元征的认同中的付诸行动的问题，即认同过程的基质本身。拉康的整个论据围绕着一个基本假设，我们可以将之表述在这些语句当中。

　　我思构成了主体的一种感知方式，其影响大大超出了笛卡尔所提出的有关思辨的制作；至少笛卡尔已经是在不自知的情况下被导致假设了某个东西使他自己认同于他的"我思"。拉康由此提问：将在暗中构成我思中主体动力的这"某个东西"，是否正是属于对元征的认同的东西？

　　　　在适应元征的这个认同中，是否它不足以支撑"我思"的这个难以想象的不可能的点，至少在其根本差异的形式下？①

　　假设业已提出，拉康论证之原理可被简化为以下推理的展开：

　　——1）假定"我思"为壹，即这种差异特征，它来自于对专名的分析。

　　——2）既然壹来到"我思"的位置上，如何解释"我在"呢？换种方式说，就是要力图知道"我在"是否就是"构成为'我思'之所指的东西的复投射"②，即从一开始就以主体形式在那里出现的东西。

　　——3）回答：我们用这个人们称作收敛级数的数学算法来考查

---

① J. Lacan, *L'identification*, *op. cit.*, 1962 年 1 月 10 日讨论班。
② Ibid.

我思之结构，其模型如下：

$$\cfrac{i+1}{\cfrac{i+1}{\cfrac{i+1}{\cfrac{i+1}{\cdots}}}}$$

论证

我们提出以下级数，其表达式由我思而来：

$$\cfrac{\text{我思—我在—我思}}{\cfrac{\text{我在—我思}}{\cfrac{\text{我在—我思}}{\cdots}}}$$

此级数只不过是一般模型的一种应用：

$$\cfrac{b+a}{\cfrac{b+a}{\cfrac{b+a}{\cdots}}}$$

因为"我思"中主体的某个东西将认同于一个能指，后者具有元征的结构，即一个壹，因而我们可以把这个"我思"假定为 1：

$$\cfrac{b+1}{\cfrac{b+1}{b+1}}$$

在此情况下，如何衡量"b"，也就是说"我在"呢？拉康的整个论证取决于该问题的解答，这必然引起额外的数学讨论。

某些级数由实数所构成，比如下面这个：

$$1+\cfrac{1}{1+\cfrac{1}{1+\cfrac{1}{1+etc.}}}$$

另外一些级数，相反是由复数构成的，也就是说由实数和虚数所组成：

$$i+\cfrac{1}{i+\cfrac{1}{i+\cfrac{1}{i+etc.}}}$$

另一个需要提供的详情是关于级数特点本身的。事实上，级数可能是收敛的、发散的、常数的、周期的或者交错的。

当级数收敛时，它们展开之和 Σ 趋向一个确定极限。

当它们发散时，这个和趋向于无限 $\to\infty$。

在常数项级数中，和总是等于相同值。

当它们是周期的，这个和使相同的值在级数展开中有规律地出现。

最后，当它们交错时，和使下列值在展开中有规律地出现：-1，$+1$，-1，$+1$，……

我们以一个收敛级数为例：

$$1+\cfrac{1}{1+\cfrac{1}{1+\cfrac{1}{1+etc.}}}$$

级数的展开之和趋向于一个具有以下值的极限：

$$\frac{+1+\sqrt{5}}{2}$$

如果求该级数两个元素的和，就会得到：$\dfrac{3}{2}$

三个元素：$\dfrac{5}{3}$

四个元素：$\dfrac{8}{5}$，等等。

我们来计算此级数前三个元素的和：

$$1+\cfrac{1}{1+\cfrac{1}{1+1}}$$

元素之和的计算由低回溯到高：

—— 第一个元素：$S_1 = 1+1 = 2$

—— 第二个元素：$S_2 = 1+\dfrac{1}{2} = \dfrac{3}{2}$

—— 第三个元素：$S_3 = 1+\cfrac{1}{\cfrac{3}{2}} = \dfrac{5}{3}$

—— 求四个元素会得到：$S_4 = \dfrac{8}{5}$

—— 求五个元素会得到：$S_5 = \dfrac{13}{8}$

因此，我们能够提出一般公式如下：

$$\sum S_n = S_1 + S_2 + S_3 + S_4 + \cdots S_n \to \dfrac{+1+\sqrt{5}}{2}$$

拉康为其论证而研究了一个复数项级数的例子：

$$i+\cfrac{1}{i+\cfrac{1}{i+\cfrac{1}{i+\text{etc.}}}}$$

这一选择提出了他要求人们给予他信任的问题，而对此他只在事后才得以证明：

> 我在那里停顿了一下，因为——为了点亮我的灯笼①——我唯一所知的方法就是开始规划任务，重新跟着灯笼走——你们要相信我并抓住 i，因其在数的理论中所具有的确切值，人们在那儿将之称作虚数……在我看来，它独自在此就解释了这个系统的推论，这个短暂的停顿以及我向你们索求信任的时刻。②

如我们所知，这个"小写 i"的值等于 $\sqrt{-1}$；正是出于这种奇特性，这样一个数因而是虚的而非实的。其证据是：任何一个负实数的平方都不可能是一个负数。相反，数字 i 拥有这一特性：

$$i^2 = -1$$
$$\sqrt{i^2} = \sqrt{-1}$$
$$i = \sqrt{-1}$$

现在，我们把这个值 $\sqrt{-1}$ 引入前面的级数当中：

---

① 此处为直译，法语原文为"éclairer ma lanterne"，意即解释说明。——译者注。

② J. Lacan, *L'identification*, *op. cit.*, 1962 年 1 月 10 日讨论班。

$$\sqrt{-1+\cfrac{\sqrt{-1+\cfrac{\sqrt{-1+1}}{\sqrt{-1+1}}}}{\sqrt{-1+\text{etc.}}}}$$

我们很快就意识到这个级数不是一个收敛级数，而是一个周期级数。相同的值每三级重新出现，我们通过求三次的和：$\sum = x + y + z$，很容易加以验证。这样，三个相同的值：$i+1$；$\dfrac{i+1}{2}$；1，有规律地重现。

此级数的特性①似乎的确很好地回应了对拉康所提问题之论据进行解释的可能性，该问题问的是：

————————

① 详细计算过程如下：

— 设有级数：

$$\sqrt{-1+\cfrac{\sqrt{-1+\cfrac{\sqrt{-1+1}}{\sqrt{-1+1}}}}{\sqrt{-1+\text{etc.}}}}$$

— 我们知道 $\sqrt{-1}=i$ 或 $i^2 = -1$ 让我们计算该级数的不同项 X，Y，Z：

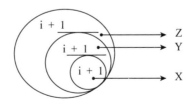

-第一项 X：$i+1=\boxed{i+1}$

-第二项 Y：$\dfrac{i+1}{i+1}$

我们能够赋予 i 怎样的值，以便表达作为命名前主体之主体呢？[①]

级数的第一项 $X=i+1$，因而构成了问题所在的谜点。

―――――――――

$$\dfrac{i+\frac{1}{i+1}}{} = \dfrac{i+\frac{1(1-i)}{(i+1)(1-i)}}{} = \dfrac{i+\frac{1-i}{i-i^2}}{}$$

$$= i+\frac{1-i}{2} = \frac{2i}{2}+\frac{1-i}{2} = \frac{2i+1-i}{2} = \boxed{\frac{i+1}{2}}$$

- 第三项 Z： $i+\dfrac{1}{\dfrac{i+1}{i+1}}$

· 我们已知 $Y = \dfrac{i+\frac{1}{i+1}}{} = \dfrac{i+1}{2}$

· 在 Z 中，我们用 Y 的值来替代 Y。

· 我们得出 $Z = \dfrac{i+\dfrac{1}{\dfrac{i+1}{2}}}{}$

$$= i+\frac{1}{\frac{i+1}{2}} = i+\frac{2}{i+1} = i+\frac{2(1-i)}{(i+1)(i-i)} = \frac{2i-2i+2}{2}$$

$$= \frac{0i+2}{2} = \frac{2}{2} = \boxed{1}$$

· 如果我们推展到第四个项 P，那我们将拥有以下级数：

$$i+\dfrac{1}{i+\dfrac{1}{i+\dfrac{1}{i+1}}}$$

· 而 $Z = i+\dfrac{1}{i+1} = 1$

· 因此 $P = i+\dfrac{1}{1} = \boxed{i+1} = x$

· 我们将重新发现所有三个项的相同值。

① J. Lacan, *L'identification*, *op. cit.*, 1961 年 1 月 10 日讨论班 (我做的强调)。

相反，从级数的第二项 $Y = \dfrac{i+1}{2}$ 开始，我们可以强调拉康在以下文字中所指出的一个特性：

> 我们所遇到的第一件事是……我们所寻找的这某个东西，即命名前的主体，与他对其名字的使用之间的根本关系，仅仅是要成为其必须指示之物的能指，也就是说正是这种将他自身加到其专名之中的所指问题，这直接将他一分为二，使得所剩下的只不过是仅有的一半……他曾经拥有的在场之物的(一半)。①

$$X = i + 1$$

$$Y = \frac{i+1}{2}$$

最后在级数的第三个时间中，$Z = 1$，我们又回到了单一性，壹，确切地说回到了"我思"把自己当作思想客体的时刻："我思'我思故我在'。"

这个对壹的返回将我们重新引向这个最初的认同过程，我们曾从那里出发：应予证明之物。

拉康提给我们的关于我思的数学阐述，构成了对于主体的最初切分及其分裂的一个极好的论证。② 一旦主体的某个东西认同于这个纯粹差异的能指特征，即其名字，这一运作的结果就是将"他曾拥有的在场之物"一分为二:8。相反地，这种认同甫一产

---

① Ibid.(我做的强调)。

② 参见：J. 多，《拉康导读》上卷，第15章，第16章。

生，主体就开始思考他思的是什么，以及他是什么，这种切分很快就在一个表面上得到恢复的单一性的返回中消失了。

借助于对于我思的重新评论，拉康的名言之一得到了最为准确的衡量：

我于我不在处思，故我在我不思处。①

---

① 在《幻想的逻辑》，*op. cit.*，1967 年 1 月 11 日、18 日和 1967 年 2 月 1 日讨论班中，拉康又再一次从"异化或"的角度重新提到我思的研究，这导致他提出新的公式："或我不思，或我不在"，这直接由弗洛伊德的发现所规定。M. 达蒙在《拉康拓扑学评论》(*op. cit.*, p. 296)的以下文字中对此重新提及："拉康的公式，或我不思，或我不在，出自于否定的形式。与笛卡尔的我思相反，后者力图把主体建立在一个诚然是最小的、但却是稳定而可靠的点上，从而使用了肯定的表达式：'我思，故我在'，而弗洛伊德的发现，也就是说把重要性赋予恰好是在失败的言说中的东西：口误、遗忘、失足、过失行为，还有妙词所无意触及的东西，最后还有梦，这种对无意识的发现规定了一种否定的表达方式"（作者所做强调）。

7. 认同

　　拉康在他的整个讨论班《认同》中所展开的内涵丰富而富于创新的思考，要求从根本的视角来重新审视弗洛伊德留给我们的这个概念①，也就是如克劳德·孔泰所说的，从能够完成某种理论总结的角度：

　　　　以某种方式对其经验进行概括以使其集中于认同之概念的同时，他指出了三种形式或者三个水平的认同，其差异性被明确区分，以便让人理解这里所涉及的并非是一种同质的系列，或者一般种类中所分列的三个品种，而更多的是一种总结，一种呈现，力求解释在他的经验中他所认为是确定的东西，而不因此掩盖其理论化所遇到的一些困难。因而问题是要知道一个一般概念能否应用于对父亲的原始认同之谜题，而后应用于经由对大彼者欲望的定位的认同——弗洛伊德为我们指出，它尤其是癔症的。②

---

　　① Cf. S. Freud, chap. 7: "*L'identification*", in "*Psychologie des foules et analyse du moi*", in *Essais de psychanalyse*, *op. cit.*, pp. 167-174.
　　② C. Conté, "*Le clivage du sujet et son identification*", in *Le Reél et le Sexuel-de Freud à Lacan-*, *op. cit.*, p. 192.

我们要立即指出，克劳德·孔泰只提到了弗洛伊德所列举的三种认同中的两种，因而似乎问题是针对它们的，即是否应该把它们归入同一概念。这当然不是作者的疏漏，他未提及的认同种类，恰好有可能在其他二者之间引入一种逻辑一致性，即弗洛伊德所明确指出的第二种认同：单征的认同，拉康进行了巧妙的修改，将之称为元征的认同。

如果拉康强调了单征认同的弗洛伊德式模型，那么有理由认为，这是因为透过这个元心理学模型的基础，他预感到了一种基质，它被证实与"无意识像一种语言那样被构成"所包含的重要结论之间具有坚实的一致性：主体身份和结构对于能指功能、更一般而言对于大彼者的依附性。他对笛卡尔我思的分析在此方面是有代表性的，因为它使得他在主体对元征的最初认同的起源本身当中，去确定这种附属关系的扎根点之一，而此元征是典型的纯粹能指：其专名。

而且，对于拉康来说，试图将弗洛伊德所提到的另外两种认同情况整合到这个基本过程的模型中来似乎是合理的。他不会忽略对其进行恰如其分的安排和确定，只要我们能坚持跟随他复杂的思想进程。事实上，他致力于此整合意图的两个讨论班①，与此直接相关但又相当影射，缺乏说明其方法一致性所必需的明确阐述，这让我们感到惋惜。应该说，正是以多重的弯曲迂回、恰当的推理为代价，才有可能限定弗洛伊德所汇集的三种认同的深刻的同质性。然而，我们仍要指出这种概括的轨迹，即使它只能在随后章节逐步提出论据的过程中得到其最合理的证明。

---

① J. Lacan, *L'identification*, *op. cit.*, 1962 年 6 月 20、27 日讨论班。

弗洛伊德所定义的第一种认同，对父亲的认同，也被指示为食人性认同，或者对一个理想的认同，建立在一种从"原始部落"①的神话中得到其逻辑位置的摄入的基础之上，其决定性的符号性转变②开始于一个"暴力的、嫉妒的父亲"的吞食享乐中，"他占有所有的女人，并在他的儿子们长大时把他们赶走"③。

弗洛伊德的原始部落的神话仅在以下情况中才具有符号性的结构化价值：它明确说明了法律的主体性根源点，以及法律所规定的有关两性差异之符号化的结果④，即父性隐喻的影响和父姓能指之功能。⑤

这样，在弗洛伊德关于一个因被谋杀和吞食而变得缺位的身体的神话基础上，显露出一个主体性的可能性，这正是由于缺失的建立——它将与缺位相重叠——这个缺失是对法律以及对其所开创的、主体此后所依赖的能指功能之优势性的符号性参考所导致的。在基础神话之外，以同样的缺位为基础的俄狄浦斯式的"杀死"父亲也重述了这种主体化的可能性：父姓的摄入。在此"剥夺"领域内，就这样出现了专名的功能，对一个能指、这种纯粹的差异元素的认同，这是孩子在其自我理想的方面——由符号父亲向量化——所实现的。⑥

---

① Cf. S. Freud, *Totem und tabu*（1912—1913）, G. W. IX, S. E. XIII；trad. Jankélévitch, *Totem et tabou*, Paris, Payot, 1973.

② Cf. J. Dor, *Le Père et sa fonction en psychanalyse*, *op. cit.*, chap. 2：*Nature-Culture：la prohibition de l'inceste et le père de la "horde primitive"*, pp. 35-38.

③ S. Freud, *Totem et tabou*, *op. cit.*, p. 162.

④ 参见：J. 多, 1°)《拉康导读》上卷, 第 13 章; 2°)《父亲及其在精神分析中的功能》, *op. cit.*, 第 4 章："实在父亲, 想象父亲与符号父亲：俄狄浦斯辩证法中父亲的功能"。

⑤ 该主题将在后面涉及, 参见下文, 第 13 章。

⑥ 参见上文, 第 1 章。

我们要把结构的同一性视作获得的，它可能存在于第一种认同——所谓对父亲的认同——和第二种认同之间，拉康以元征的认同之名，发展了作为所有认同之根源的第二种认同。因而有待证明的是第三种认同的同构性：对彼者欲望的认同。

弗洛伊德毫不犹豫地用以下属性来表达这第三种认同的内涵："癔症型认同"，因为它包含着，以一种症状的形式，调节癔症患者之欲望经济学的特有逻辑，即作为对大彼者欲望之欲望而支配着每个人的欲望整合的一般动力学的戏剧化膨胀。因而弗洛伊德正是依据这种暗示性的加剧而设置了这第三种认同，他无可争议地从中提炼出对于癔症之解读的最好说明：

> 有第三种特别常见而又富有意义的症状形式，即认同完全撇开了与所仿效之人的客体关系。比如，当一位寄宿学校的年轻姑娘，收到了一封她秘密情人的信，激起了她的嫉妒，而她通过一次癔症发作来做出反应时，她的某些了解此事的朋友，也将感染此种发作，按我们的说法是通过精神性传染的途径。此机制是基于置身于同一处境的能力或意愿的一种认同机制……自我中的一个在彼者身上感觉到某一点上的重要类似，在我们的例子中是同样的不受约束的情感；它在此点上形成一种认同，在致病情境的影响下，这种认同移置到某个自我所产生的症状之上。①

在这些典型例子所展现的近乎泛滥和蔓延的情况中，有何不

---

① S. Freud, chap. 7: *L'identification*, in *Psychologie des foules et analyse du moi*, in *Essais de psychanalyse*, *op. cit.*, pp. 169-170.

同于对这个欲望构成——它只可能建造于对大彼者之欲望客体的
认同的土壤之上——的源初时刻的重复呢？欲望图形的辩证法把
我们拉回这种偶然性的维度中，在与大彼者的地点相遇时，面对
"Che vuoi?"主体所能给出的恰当回答只能是把自己变成客体。①
换种说法，欲望主体的产生只能从他与大彼者的关系中建立，后
者决定了他对于能指的服从。伴随着缺少大彼者的大写主体(S A)
的诞生，客体 a 跌落了，主体将永远只能透过幻想：8◇a 才能查
看它。②

因此，正是通过第三种认同，主体的欲望通过部分地联系于
客体 a 而开始得以在大彼者的地点中构成。我们将进一步说明③，
在何种情况下客体 a 面对主体而保持了与能指的一种必然的关
系，而能指，作为纯粹的差异元素，必须至少重复自己一次——
通过双圈的"内八字"形式——以便完成其能指的形式。

就此可以设想，透过这种主体对于其欲望客体的能指依赖
性，从他与大彼者领域之关系出发，对大彼者欲望的认同——即
使是癔症型的——如何因为在最初决定了主体与此客体之关系模
式的能指亲和性而在元征的认同模式上被构成。

---

① 参见：J. 多，《拉康导读》上卷，第 25 章。
② 关于此辩证法的解释将在后面专门详述。参见下文第 9 章，第 10 章，第 11
章。
③ 参见下文，同上。

从三种认同的这种结构同构性出发①，我们能够承认，主体的认同在支撑其与能指——元征，即像这样的纯粹差异元素——之关系的同时，被证实最终唯独依赖于对大彼者领域的一种从属关系。

经验向我们表明，只要主体能够将其欲望归诸他所想象的大彼者的欲望，欲望的辩证法就会在多变的达成道路上展开。但是，只要大彼者欲望所投射的精神区域对于主体来说有些晦涩不明，那么该辩证法就会产生问题并变成一种无法忍受的经验的客体。在这种大彼者欲望的变形中，主体突然发现正是大彼者把他构成为欲望主体。换句话说，主体感觉难以忍受成为大彼者欲望的客体，除非这后者能够被告知于他。当他感觉自己可能是大彼者某种欲望的客体，却不知道他自己在大彼者处所欲望的东西时，主体的欲望就面对着拉康定义为焦虑突发点的这种虚无：

> 焦虑的情感，事实上意味着一种客体的缺乏，而非一种现实的缺乏。如果我不再知道自己是这个大彼者欲望的可能客体，那么这个面对着我的大彼者，他的外形在我看来是完全捉摸不透的，尤其是因为我面前所感到的这种形状，其实对我来说不再能够被组成为客体，但在同时我能够感受一种

---

① 1976 年，在他 1976 年 11 月 16 日的讨论班《由错而知的不知流于猜拳》中（1976–1977），见 *Ornicar ？*，n° 12/13，《关于通过》，1976 年 12 月，第 9 页，拉康提到了三种形式的环的"翻转"，并明确表示，这些变形要对应于弗洛伊德所区分出的三种认同的形式。在同一个拓扑材料之上所进行的这些操作的展开，必然强调了三种认同类型的结构性同构，并在同时表明了其各自的独特性。J.-J. 布基耶在他的著作《环的翻转与认同》中为我们提供了其证明，见 *Analytica*，vol. 46，《关于通过的拓扑学调查与询问》，Pairs，Navarin，1986，pp. 9–18.

感觉，它构成了人们所谓焦虑的整个实质，通过这种难以描述的压迫状态我们抵达了大彼者地点的维度本身，因为欲望能够在那里出现。①

从认同到焦虑，通常只有一步。元征的那一步，它一时缺乏，因而无法移动以承担属于它的功能：从大彼者的角度在主体所维持的和其欲望客体的关系当中支撑主体。

拉康为我们提出了此种缺乏的隐喻性经验，当时他在想象中面对一张动物面具，为了说明对于大彼者欲望的纯粹惧怕的经验会是怎样的。② 在相同的脉络中，我要提出另一种阐述，更为市井化的，它将同样证明拉康在以下语句中所定义的这种焦虑的突发点：

> 对欲望的恐惧体验与焦虑相等……焦虑正是对于大彼者本身所欲望主体的东西的恐惧，这个"本身"正是建立在对大彼者方面被欲望的东西的无知之上。③

在旅居威尼斯期间，我目睹了一些狂欢节的仪式，在我看来它们实现了拉康所提及的面具功能的这个十分独特的方面。我遇到了几个朋友，他们对于穿上地道的当地装扮非常积极——这座泻湖城市动人的传统服饰——这让他们在回程时变成了游客们镜头下真正的猎物，而他们自己其实也是游客。一天结束时，在大

---

① J. Lacan, *L'identification*, *op. cit.*，1962 年 4 月 4 日讨论班。
② 当时是一张螳螂面具。Cf. Ibid.
③ Ibid. 1962 年 6 月 27 日讨论班。

量的镜头刺激——代表日常同样时数的休息——之后，疲乏在傍晚时围绕着桌旁泛起。其中一人向我坦承："我该穿上便服隐匿行踪！"

这句短语很有吸引力，因为其幽默减缓了他主要的焦虑点：情感的显露，在当前情况下，泄露了这个潜伏的时刻，主体这时在大彼者目光的镜子中不再能够真正地重新找到他自身的形象。就此而言，得益于一种身份的"窃取"——被当事人体验为一种认同的伪装——事情变得更加明显了。

很清楚，焦虑正是借助此伪装才能够找到有利于渗入的突破口。尤其，在此状况中，我们担保只有自恋的享乐能够打开这样一个缺口。况且，在将主体转化为供大彼者看的特别目标的同时，伪装只能引起享乐的一种包裹。大彼者目光的坚持和重复因而不可避免地把伪装主体确定在一个认同的地点中，他就是那里的俘虏。事实上，是成为一个大彼者的欲望客体的俘虏，而在这个大彼者中，他自己不再能够辨别出他所欲望的东西。况且，在以一个借用的身份展现在大彼者面前的同时，他又如何能做得到呢？

拉康的焦虑概念①，除了构成对于弗洛伊德为其给出的含糊认识的显著概念化发展之外②，还补充证明了确定主体结构所应

----

① Cf. J. Lacan：*L'angoisse*, *op. cit.*

② 让我们参考拉康在他 1962 年 11 月 14 日关于弗洛伊德的研究 *Emmung*, *Symptom und Angst*（1925，G. W. XIV, pp. 113-205，S. E. XX, pp. 75-174；trad. M. Tort, *Inhibition*, *symtôme et angoisse*, Paris, P. U. F., 1968）的讨论班中所提出的这个评论："当我们进入此文本时，你们会看到，关于焦虑要研究的是什么，并没有什么网，因为涉及焦虑的每一根线，如果我可能这样说的话，是没有什么意思的，除非是恰好留下了空，而焦虑就在那里。感谢上帝，在《抑制，症状与焦虑》的言词中，我们什么都说除了焦虑。"

有的重要性，这是面对大彼者地点的确定，即面对能指的功能，后者在其原初本质即对一个能指的认同的水平上，将主体构建在元征的领域中：

> 元征在主体之前。'话为开端'——意思是元征是开端……特征的单一、独特，我们正是让这个进入到实在中，无论实在乐意与否。然而确定的是，它进入了，它在我们之前就已经进入了，因为从此之后正是通过这一途径，所有这些主体们——他们长期以来交谈着并不得不尽可能地接受在他们和实在之间存在着能指领域这一条件；从此之后正是通过此元征装置，他们才构成为主体。如果我们的领域就是主体的领域，那么我们在属于我们的领域中重新发现其痕迹为何会感到吃惊呢?①

这个元征的评论指出主体只能产生于其对于能指的依赖，我们发现这种依赖被符号化为切分主体的杠：8。

现在我们还要确定我们为何能够把主体考虑为一个商数，也就是说他作为其客体的切分②包含着一个余数，后者证明了大彼

---

① Ibid., 1962 年 11 月 21 日讨论班。
② 法文为 division，我们译作"切分"，比如"主体的切分"，在此也有除法的意思，借用数学语言来解释主体经由能指的产生，以及与彼者的关系。——译者注

者的根本相异性："没有大彼者的大彼者"①。我们永远无法抵达大彼者，他总是带有缺失能指的标记，对于我们来说，它将之构造成了 A。至于剩余，确切说来即客体 a，其逻辑位置位于主体一边，它通过幻想：$ \diamond a 的切口而部分地与主体相连。

这一切分，源于大彼者之在场对于主体之存在的优先性，它因此可被图示化如下，如图 7.1 所示。

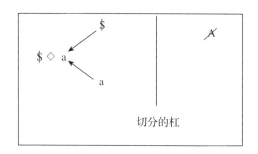

图 7.1

---

① 拉康不断地确定这一公式。他早在《欲望及其解释》中就对其进行了阐释。在 1959 年 4 月 8 日的讨论班中（见 *Ornicar ?*，n° 25，1982 年收入，p. 31），拉康明确提出："大彼者水平上缺少一个能指。如果我可以说的话，这是精神分析的大秘密——没有大彼者的大彼者"（我做的强调）；在《主体的颠覆与弗洛伊德无意识中欲望的辩证法》（1960，见《文集》，*op. cit.*）中，他强调："所涉及的缺失正是我们已经提出过的东西：即没有大彼者的大彼者。"添加例证是无用的。但我们可以把读者的注意力吸引到这个出色的论证之上，它指明了认同——确切来说，这几仍是弗洛伊德的三种认同类型——大彼者和波罗米式纽结的三界（实在、想象和符号）之间的紧密联系。参见 *R. S. I.*（1974-1975），1975 年 3 月 18 日讨论班，见 *Ornicar ?*，n° 5，75/76，12 月-1 月，34-35 页："赋予符号界其坚实性的，恰好正是没有大彼者的大彼者……在今天课程结尾，我向你们推荐，弗洛伊德所提出的这种三类认同的阐述。如果存在一个实在大彼者，那么他不在别处而就在这个结本身之中，正因此不存在大彼者的大彼者。你们认同于关于这个实在大彼者的想象，这是癔症对大彼者欲望的认同……你们认同于实在大彼者的符号，那么你们就拥有对元征的认同。你们认同于实在大彼者的实在，你们就得到了我指为父姓的东西，弗洛伊德在此指明了认同与爱相关的东西。"

第三部分

主体的结构与客体 a

这就是我以这些拓扑学的公式引领你们前往之地，你们已经感觉到它们不完全是你们所习惯的关于几何学应用的这种直觉性所指，应将这些面考虑为结构。①

---

① J. Lacan, *L'identification*, *op. cit.*, 1962 年 5 月 30 日讨论班。

8. 内与外

莫比乌斯带的拓扑学

在着重指出"主体认同中石祖的优势功能"①的同时，拉康再一次强调了此过程在主体的产生中所发挥的中心作用，以及其与能指的关系，确实，唯有石祖的功能从实在出发而规定了主体结构得以起源的能指的存在。

因而，对认同的深入研究应该允许我们更清楚地理解支配着主体与能指、与其客体的连接的复杂关系结构。拉康为我们提出了理解此种连接的一种启发性方法，我们只需更进一步地探讨认同原则所决定的精神过程的独特性：

> 存在什么关系呢，应该承认我们有一个内，我们可以称之为比如心理——我们甚至看到弗洛伊德写为内部心理，心灵是内部的、应该负担这个内部，这并非是理所当然的！——存在什么关系呢，在这个内，和我们常常称作的认

---

① J. Lacan, *L'identification*, *op. cit.*, 1962 年 2 月 21 日讨论班。

同之间？①

如同珍尼·格拉农-拉丰（Jeanne Granon-Lafont）所指出的：

认同是对一个问题的回答：某个外部的东西如何变成内部的，在外的然而却是在中心的？②

我们应归功于拉康有力地提出了对此问题的恰当回答，通过一种既切题又大胆的概念装置的方法：拓扑学论据。③

拓扑学让我们能够理解面的某些方向如何凸显出一个总是与外部领域一致的内部领域的存在，反之亦然。

让我们考虑一个圈体——环④——的表面的一些基本方向，它们有可能引出两种构造因素：球体和洞。

想象我们可以对圈体的一个部分充气，使这个"突出"慢慢地获得一个球体表面的形状，如图8.1所示。

---

① J. Lacan, *L'insu que sait de l'une bévue s'aile à mourre*, 1976 年 11 月 16 日讨论班, in *Ornicar ?*, nᵒ 12/13, *op. cit.*, p. 5（作者所做强调）。

② J. Granon-Lafont: *La topologie ordinaire de Jacques Lacan*, Paris, Point Hors Ligne, 1985, p. 51.

③ 此拓扑学论据必须提出某些根本的认识论的问题，尤其是构成其恰当应用的参考的问题。关于拉康著作中这些拓扑学客体的认识论地位，我已经提出了某些述评；参见"拉康数学范式的认识论研究"，见《精神分析提纲》，nᵒ 15，《雅克·拉康》，1991 春，87—97 页。这个起始而简要的分析构成了一个制作中的认识论作品的开端，它紧随《精神分析的科学性》之后，涉及科学算法在精神分析的概念化领域中的转移。

④ 我们将在下一章中深入研究环的拓扑学。

图 8.1

当这种变形达到一定程度，环的剩余部分看起来就像是球体表面之外的一个"手柄"，如图 8.2 所示。

图 8.2

因而我们完全可以想象这个手柄向内陷入球体表面的内部，如图 8.3 所示。

图 8.3

在球体表面上形成了一个洞的这种内陷，它允许限定结构相同的一个外圈体和一个内圈体，因为所涉及的是同一个圈体。在此操作过程中，内与外之间没有产生任何的切分。从一个到另一个，我们没有穿过任何切口或者裂缝。这种内与外的连续性能够通过一种更加出人意料的操作而被强调出来。

事实上，让我们想象用一根手指穿过球体表面钩住内环的中心圈体。这就足以把它向外拉以便把它拔出来。我们在外部获得了曾经完全在内部的圈体的手柄，如图 8.4 所示。

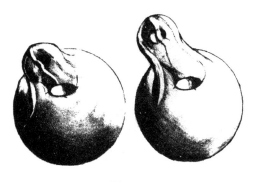

图 8.4

没有任何表面的裂缝、任何切口的从内到外的穿越再次产生。

曾是内部的东西，即这样的通道内部的行进，变成外部的，因为它从来都是如此。①

现在我们假设圈体的外部手柄缩小到最初圈体的极短小一段

---

① J. Lacan, *L'identification*, *op. cit.*, 1962 年 4 月 11 日讨论班。

的大小。和前面一样，我们能够想象圈体的这一小段处于球体的内部，如图 8.5 所示。

图 8.5

我们从而得到了由球体表面外部的两个洞连接起来的一种内部的小隧道，如图 8.6 所示。

图 8.6

如果我们勾住这一小段，将它拉出表面的话，我们就复原了最初的"手柄"，它的两个洞与球体表面的内部相通。

所有这些操作的目的都是为了向我们显示，在我们直接的空间直觉之外，内部是如何总是同构于外部的：内部的东西可能变成外部的，因为它从来就如此，反之亦然。莫比乌斯带大概是最为简单的、最好地说明这一特性的拓扑学客体。

莫比乌斯带

莫比乌斯带是有一条边的一个单边表面，我们可以从被称作基本多边形的一个四边形表面出发而获得它，如图 8.7 所示。

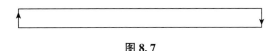

图 8.7

这个基本多边形有两条方向相反的边。要制作莫比乌斯带，只需要将这两条边缝合起来，并让它们朝向相同方向，也就是说进行一次扭转，如图 8.8 所示。

图 8.8

这个独特的表面，它被提交给科学共同体是在一篇论文论述的一个注释当中，即莫比乌斯（Mobius）于 1861 年用法文撰写的《论多面体》，其目的是为了助力科学学院所创办的"数学大奖赛"，其主题为："多面体几何理论的要点完善"①。似乎是第一次，纸带被这样依据放平的样子由一些直线所描绘出来，莫比乌斯将之定义为一个单边表面，如图 8.9 所示。

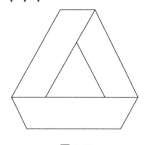

图 8.9

　　直观地看，这个纸带似乎呈现出两个面。然而的确涉及的是一个只有一个面(单面的)、一条边的表面。只需要从任何一点出发走完这条纸带，就足以发现我们没有跨越任何边就走完了整个表面。如果我们画一条线来标出这一移动，那么在没有跨越的情况下我们就回到了出发点。剪开纸带，也就是说还原成基本的多边形，我们实际上在两个面上都找到了轨迹线，如图 8.10 所示。

图 8.10

①　参见：1) J. -A. 米勒的"引论"，"A. F. 莫比乌斯【第一根带子】"，见 *Ornicar ?*，n° 17/18，1979 年春，227-277 页，这里再现了莫比乌斯原论文中论述纸带的两页(276-277)；2) J. -C. 篷特，《源自庞加莱的代数拓扑学》，巴黎，P. U. F.，1934；3) 根据 M. 弗雷歇和 K. 方，《组合拓扑学导论》，卷一，《启蒙》，巴黎，Librairie Vuibert，1946，p. 34："事实上，第一个研究这个表面的是 1861 年的 J. -B. 利斯汀，比莫比乌斯早了四年。关于此授权理由，见 H. 蒂策"；因此 4°) H. 蒂策，*Einige Bemerkungen über das Problem des Kartenfärbens auf einseitigen Flächen*，Jahresber Deutsch Math. Vereinigung，tome XIX，1910，pp. 155-159.

为了让我们熟悉这一表面的特有性质，我们还可以求助于拉康在 1962 年 5 月 16 日的讨论中所提出的实验。①

我们在一张纸（双表面）上画一个按时针方向旋转的圈，如图8.11 所示。

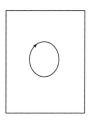

图 8.11

在另一边，也就是说在第二个面上，这个圈将必然以反时针的方向旋转。让我们在一条莫比乌斯带上重复相同的经验。假定一个人他带着这同样的圈走完纸带，这个圈绕着他按顺时针方向旋转。当这个人到达他出发点的另一面时，这个圈将一直以相同方向旋转，而在一条普通纸带上，圈旋转的方向是相反的，如图8.12 所示。

图 8.12

---

① Cf. J. Lacan：*L'identification*，*op. cit.*，1962 年 5 月 16 日讨论班。

这极其平凡的存在，这个莫比乌斯带上的小人儿，如果他随身携带着这个围绕他顺时针旋转的圆圈，那么这个圈一直朝同一方向旋转，以至于到他出发点的另一面，来到这里的圈将按时针方向旋转，也就是说与普通纸带上、在平面上所发生的相反：它没有颠倒过来。正因此，我们把这些表面定义为不可定向的。①

现在我们来观察一个切口如何能够决定一个表面的拓扑学。我们在莫比乌斯带上沿着纸带宽度的一条中线走完此表面，直到回到出发点，如图 8.13 所示。

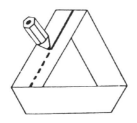

图 8.13

接下来，沿着中线分解纸带直到切口与自身重新遇合。这条切口，仅仅绕了一周，它似乎留下了完整的表面，因为我们得到的只是唯一的一根纸带，而非人们直觉上所期待的两根。然而这根纸带完全改变了结构，因为它是一根双面的纸带（或者双分的），也就是说有两条边的表面，也被称作双面带或若尔当环，如图 8.14 所示。

---

① Cf. J. Lacan：*L'identification*, *op. cit.*, 1962 年 5 月 16 日讨论班。

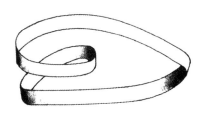

图8.14

若在此莫比乌斯带上，借助于剪刀，你们沿着与最接近两边的点(它只有唯一一条边)距离相等的切口剪开，如果你们绕一圈的话，切口会遇合，你们就实现了一个圈、一个套索、一个封闭的若尔当曲线。但是这条切口，不仅仅留下了完整的表面，还把不可定向的表面转变成了可定向的表面，也就是说变成这样一条纸带：如果你们把其中一面涂上颜色，那么一整面仍会是空白的，这与整个莫比乌斯表面上……所发生之事相反：在画笔不改变所绘面的情况下，整体都会被涂上颜色。切口的简单介入改变了此表面的所有点所普遍存在的结构。①

我们重新在莫比乌斯带上实施此操作，沿着(靠近)其中一条边开始剪切。这条切口，接近边缘，需要绕两圈才能与自己遇合。这种做法，它产生了一条比原初纸带更窄的新的莫比乌斯带，它从与前面相同的一条双面纸带——若尔当环——中间脱落下来。这两条纸带因而通过剪切的过程本身而被连接起来了，如

---

① Cf. J. Lacan：*L'identification*，*op. cit.*，1962 年 5 月 16 日讨论班。

图 8.15 所示①。

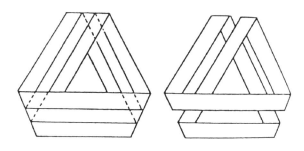

图 8.15

必须得出一个双重的结论：不仅仅是切口决定了表面的拓扑结构，而且我们还可以说"莫比乌斯带不是别的而正是这个切口本身"②。其证据是——如果需要的话，通过"缝合"双分纸带的一条边和另一条边，即缝合切割线，我们就再一次得到了最初的莫比乌斯带。事实上，这种沿着所谓中线的缝合，连接了正反两面，因此我们应该把这条线考虑为一条"无点线"③，即纯粹切口。换言之，莫比乌斯带本身被结构为一系列的无点线：

而其理由是，在双分带的一片滑动到另一片上之后，这同一纸带的一条边的双环要与自身进行连接，我们正是沿着这条纸带的反面缝合了它的正面。

或者也许所涉及的是，莫比乌斯带所要设想的，不是一

---

① 此图受到 M. 达蒙之图示启发，见其著作《拉康拓扑学评论》，*op. cit.*，p. 198.

② J. Lacan，*L'étourdit*，in *Scilicet*，n° 4，Paris，Seuil，1973，pp. 26–27（我做的强调）.

③ J. Lacan，*L'étourdit*，in *Scilicet*，n° 4，Paris，Seuil，1973，p. 27.

根纸带扭转半周的理想宽度；它的整个长度所构成的只不过是它的正和反。在它的任何一点上，二者都是结合的。莫比乌斯带不过就是仅有一圈的切口，任意的一圈（尽管被想象成无法设想的‘中线’），它用一系列无点线构成了莫比乌斯带。

在设想这一切口被重复时（"更接近"它的边），这点得以证实：这个切口将给出一条莫比乌斯带，它是真正中线的，掉落下来的它将继续与双分的莫比乌斯带产生连接……：这里我们看到，单一切口所产生的反—向①，它造成了莫比乌斯带的缺位。由此，此切口＝莫比乌斯带"。②

以后我们会看到，通过从结构上改变最初存在于内和外之间的相互连续性，在莫比乌斯带上所进行的这种剪切所呈现的益处。但从现在开始，我们已经可以从莫比乌斯带的结构、如同从一种可能的隐喻材料中得到论据，以便在一个基本的水平上去理解精神运作逻辑的某些典型表现。

例如，让我们来考虑双重性概念，为了给予其整体的临床可靠性，我们将之置于强迫神经症的背景之中，在对欲望客体的剧烈的爱与恨的辩证法中，它以一种富含意义的形式肆虐其中。

在他 1915 年的著作《冲动及其命运》③中，弗洛伊德带着某种

---

① 原法文为 l'ab-sens（反—向），与后面紧跟的 l'absence（缺位）读音相同，此处为拉康的文字游戏。——译者注。

② Ibid.（我做的强调）。

③ Cf. S. Freud, *Trieb und Triebschicksale* (1915), G. W. X. pp. 210-232, S. E. XIV, pp. 109 - 140; trad. J. Laplanche et J. - B. Pontalis, "*Pulsions et destins des pulsions*", in *Métapsychologie*, Paris, Idées-Gallimard, n° 154, 1981, pp. 11-44.

坚定重新提到爱/恨的对立在他看来最清晰地阐释了双重性。① 事实上，这个对立似乎在强迫症中找到了一种特殊的物质黏性，只能借助悲剧或伟大才能摆脱。

从 1895 年开始，在《癔症研究》②中，弗洛伊德对其病人宣称，他们进行分析治疗无需冒很大的险，因为在成功的例子中，其结果只不过是把他们神经症的巨大痛苦转变成普通的不快。但他又说，对于健康的心理来说，总是具备与这种不快做斗争的能力③。

强迫症患者似乎尤其对其神经症性束缚之伟大感到忧伤。此外我们几乎可以说成是他的"爱若束缚"，因为他正是依据此标准，以从爱转置到恨的方式来整理他对于其欲望客体的双重性。

这样一种转置构成了弗洛伊德所指出的冲动之"命运"的一种可能类型："反转"④。通常，爱与恨的极性主要在自我与其客体的辩证水平上得到调整。弗洛伊德通过以下方式来解释这种动力学：

---

① Cf. Ibid. , p. 34："一个冲动向其对立面(物质的)的转置只在一种情况中被观察到，即从爱到恨的转置。爱与恨经常同时朝向相同的客体，这种共存也为我们提供了情感双重性的最重要的例子"(作者所做强调)。

② Cf. S. Freud, J. Breuer, *Studen über Hysterie* (1895), G. W. I, pp. 77-312, S. E. II; trad, A. Berman, *Études sur l'hystérie*, Paris, P. U. F. , 1956.

③ Cf. Ibid. , p. 247："我经常听到我的病人们对我提出异议……：'那么您能怎么帮助我呢？'那时我就给出以下回答：'当然，与我自己相比，命运会更容易为您解除您的疾病，这是毫无疑问的，但您可以说服您自己一件事，那就是在成功的情况下，把您的痛苦转变成普通的不快，你会获得极大的益处。重获健康的心理，您将更有能力与这种不快进行斗争。'"

④ Cf. S. Freud, "*Pulsions et destins des pulsions*", in *Métapsychologie*, *op. cit.* , pp. 25-26.

当客体成为快乐感的来源时，出现了一种想要让它接近自我、将它摄入自我的动力倾向；在此情况下，我们也谈到给予快乐之客体所施加的"吸引"，我们说我们"爱"客体。相反，当客体是不快乐感的来源时，出现一种极力拉开它与自我之间距离的倾向……我们感受到对客体的"排斥"，我们恨它。①

因此，正是基于此动力学原则，产生了对所欲望客体的投注和撤投注。而且，如弗洛伊德所指出的："对爱一词最恰当地使用，存在于自我与其性客体的关系当中。"②反过来，他补充道："自我恨、厌恶……所有对他来说是不快乐感来源的客体，它们意味着对性满足的或者对保存需要的满足的一种挫败。"③

强迫症患者常常毫不吝啬地消耗于这种秘密的炼金术，他似乎宁可如此，因为有很好的理由认为某种损害如果不是不可逆转的，至少也是灾难性的。这说明为何如此经常地，当他为了获得某个东西而忍受大量痛苦时，他就不断地摆脱它或者把它变得不可挽回。从此观点来看，爱的客体是一个有利于这种转置的选择客体。可能引发该过程的诱发因素总能让强迫症患者找到一个有利于其症状表达的场所。

重要的是要通过各种逃避的过程来消除来源于彼者的一切快乐诱惑的迹象，当中，令人厌烦的仪式的重复具有一种特有的意

<hr/>

① Cf. S. Freud, "*Pulsions et destins des pulsions*", in *Métapsychologie*, *op. cit.*, pp. 39-40.

② Ibid., p. 41.

③ Ibid.

义。这种消除通常产生一种相反的效果，也就是说放大了爱恋对象的诱惑。正是这种放大引发了爱的客体到恨的客体的转置，首先通过愤怒和侵袭的形式；接下来的形式是受其快乐之经济学问题折磨的强迫者患者的"提前逃避"。因而，最多只需要可确保某种快乐的彼者欲望的一个突然召唤，就必然令反转发生。正如弗洛伊德对此恰如其分的评论：

> 混杂了爱的恨，一部分来自于一些未完全超越的爱的预备阶段，一部分是基于自我冲动一边的拒绝反应，这些反应在自我之利益和爱之利益之间的频繁冲突当中，可能依靠着实在的和当下的动机……但我们将超越这一描述，如果我们设想，在此情况中，在现实中所激起的恨被退行至施虐性预备阶段的爱所强化，以至于恨获得了一种爱若的特性，而一种爱的关系的连续性得到了保证。①

弗洛伊德所带来的最后这点明确化，为我们提供了关于这种肆虐于强迫症中的奇特逻辑的一种观点。爱与恨的确在一个根本的连续性中起作用。在他那里，爱之于恨，就如莫比乌斯带的一面之于其所表现的另外一面。如拉康所指出的：

> 没有爱的保证，因为它同样可能是恨的保证。
> 爱—恨，这是一位即便非拉康派的精神分析家也只能正

---

① Cf. S. Freud, "*Pulsions et destins des pulsions*", in *Métapsychologie*, *op. cit.*, pp. 43−44.

确地承认为双重性的东西，即莫比乌斯带的唯一的面。①

我们没有中断地从一个维度到另一个以便重新回到出发点，从爱来到恨的强迫症患者以相同的方式，在恨当中重新找到了对其爱的关系的保证本身。这对于他来说是一个简单的客体发展的问题。

---

① J. Lacan, "*L'étourdit*", in *Scilicet*, n° 4, op. cit. , p. 32.

9. 主体和大彼者之间请求与欲望的辩证法

环的拓扑学

在弗雷歇(Fréchet)的《组合拓扑学导论》中，环的定义方式如下，如图9.1所示。

通过一个圆圈围绕一条确定于其平面中且不与之相交的直线的旋动而得到的表面。①

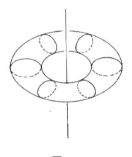

图9.1

---

① M. Fréchet et K. Fan, *Introduction à la topologie combinatoire*, vol. I, *Initiation*, *op. cit.*, p. 4.

环因而呈现为一种封闭循环的表面，拉康将利用其特性来强调主体的功能。

与其外形相反，环的表面不是一个有洞的表面，而是一个四边形表面。它同样也涉及一个有洞的结构，也就是说围绕一个中心的洞而组成的一个圈体结构。

为了展现这种不同，需要在环上进行两次特别的剪切，如图9.2所示。

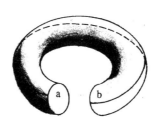

图9.2

第一次剪切可顺着圆圈 a 进行，第二次则依据圆圈 b。这样我们就得到了由洞展开而成的一个四边形。标定四边形各边的方向并缝合它们，我们就能够复原最初的环。

这些剪切的轨迹对应着对于确切的循环的限定。一个是画圈的小的环路(圆圈 a)，我们可称为实圈。另一个围绕着中心的洞画圈(圆圈 b)，可被命名为空圈。

从这些不同的特性(四边形表面，有洞的结构，实圈和空圈)出发，我们能够呈现出拉康将用于展现主体功能的一些新的特性。

必然与无意识有关的主体，因而首先涉及重复的自动性——其目的在于使原始一元重新出现在其每一轮重复的能指单一性中①。

这个"一"的重复可以被隐喻为环上的众多小的实圈,即许多连续在环上缠绕的圈,如同一根线缠绕在线圈之上,如图 9.3 所示。

这就是一系列的圈,在一元重复中,它们使得重现之物描绘出原发主体在其与重复自动性的能指关系中的特点。②

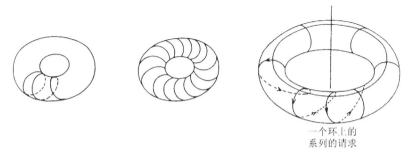

一个环上的
系列的请求

图 9.3

现在让我们假设,这种缠绕进行到其终点,也就是说直到第一个环路的始端与最后一个环路的末端相聚的时刻。正是这样,拉康建议通过缠绕在环四周的连续的圈的这样一种线圈集合来表现重复性请求的格律划分。

在此条件下,我们可以将环的表面设想为包含着主体功能的表面本身。通过历经请求的圈的连续系列,主体构成了一个母圈,它通过重复而自己产生出环的表面。但如同拉康所指出的:

---

① 参见上文,第 4 章。
② J. Lacan, *L'identification*, *op. cit.*, 1962 年 3 月 7 日讨论班。

就主体历经圈的连续系列而言，他必然在他的计算中搞错了一个，我们在此看到无意识的负 1 在其结构功能中的重现。①

如果说主体必然算错了一个圈，这是因为所涉及的是在他的路线中他所无法计算的一个圈，即他围绕中心的洞而实现的那一个。在停止 a 圈的行程时，他必然就完成了 b 圈的轨迹。而且，如果我们用实圈代表请求的众多环路，那么我们就应该把空圈看作必然与欲望之功能相关；确切来说是与欲望的换喻②——它依赖于重复——相关。在此意义上，空圈严格说来象征的不是欲望，而是其换喻性客体。

因此，我们必须承认主体在环上的路径同时参与到实圈和空圈中，由此有可能确定整合前两种循环的第三种循环。也即是说新的一种循环，它同时经历了中心洞的环绕和圈体的厚度。涉及的是内八字，我们可以用以下方式来呈现它，如图 9.4 所示。

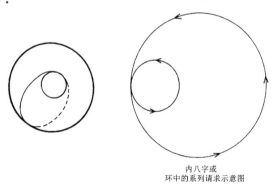

内八字或
环中的系列请求示意图

图 9.4

① J. Lacan, *L'identification*, *op. cit.*, 1962 年 3 月 7 日讨论班。
② 参见 J. 多,《拉康导读》上卷，第 13 章。

如果我们在环上画出这个"内八字"，进行了 a 和 b 两个剪切，那么我们在四边形的展开图上得到构成其轮廓的两条斜线，如图 9.5 所示。

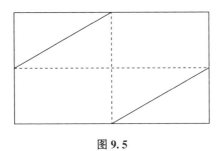

图 9.5

在继续研究环的拓扑学特征之前，我们要在内八字的结构上，以及它有关于经由请求的能指中介连接主体与其欲望客体的结构关系的典型特征上，稍作停留。

我们约定用一个欧拉圈来代表一个集合。从这一简化出发，我们能够构造两个集合的并集：A 和 B：A∪B，如图 9.6 所示。

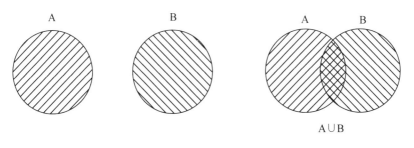

A   B   A   B

A∪B

图 9.6

我们可用相同的方式来表达两个集合的交集：A∩B，如图 9.7 所示。

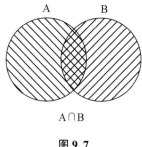

A   B

A∩B

图 9. 7

交集区域因此被包含在并集区域之中。如果我们现在进行操作，从并集中减去交集，那我们就得到了对称差，如图 9.8 所示。

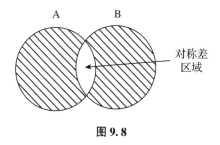

A   B

对称差
区域

图 9. 8

然而，欧拉圈的结构没有办法处理在集合领域中被提出的一个问题：自属集合的问题，罗素所提出的书目悖论为我们给出了其著名的例子。[①] 如果我们想要编撰所有书目的书目，条件是该书目不提及自身，那么我们就会进入一个悖论位置。事实上，要么该书目提到自身，在此情况下，我们不考虑不提及自身这一特性。这种可能性因而应被拒绝。但如果我们拒绝这一可能性，那么该书目就没有提及自身，因而就应该将它纳入。然而如果我们

---

① 参见上文，第 3 章。同样参见：J. Dor：*L'a-scientificité de la psychanalyse*, tome 1. *L'aliénation de la psychanalyse*, *op. cit.*, pp. 95 sq.

接纳它，我们就没有考虑到不提及自身这一特性……

内八字提供了一个适当的结构来呈现这个不包含自身的所有集合的集，如图 9.9 所示。

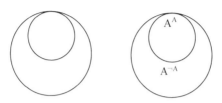

A^A：包含自身的集合
$A^{\neg A}$：不包含自身的集合

图 9.9

实际上，内八字允许我们理解为何某物其自身内部的重复与外部之物是同质的。

如果我们把问题集中在能指的水平上，确切来说是能指与其自身关系的维度上，这个拓扑学暗示的益处才可呈现出来。在何种条件下一个能指才能够指示自身呢？这是不可能的，除非能够装出不同于自己的样子。

如同克劳德·孔泰非常确切地表示：

> 悖论之存在只是在以下情况中：认为这些集合［$A^{\neg A}$］被视为在另一类集合［A^A］之外，后者，它们包含自身，从此构成以某种方式重复并能够自己命名自己的一类特殊的集合：这一错觉完全基于相信，相信 a 是 a（当我们用 a 来指示字母 a 时，字母 a 是相同的），以及能指能够指示自身。但是能指不能指示自己，除非重复自己的不同：自此，集合［A^A］只会

显现为能指本身性质当中所包含的可能性，应该被描述为一个内八字，也就是说能指的一种与自身不同的重复，这远不能在第一个圈的内部给予它们一个特别的分量，使它们同质于这第一个圈外部的东西。①

现在让我们想象在环上的两个欧拉圈的轨迹，如图9.10所示。

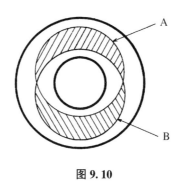

图 9.10

我们得到了一个对称差的区域，但更多的是交集的区域。鉴于环的结构，我们观察到，相交的两个区域因而能够确定它们的对称差，即使我们无法再确立它们的并集或者它们的交集。此外，我们预计在其中见到它们的交集的那个区域，明确显现为一个在它们之外的区域。应该构成两个区域之内部的东西恰好是在外部②；这是

————————

　　① C. Conté, *Le Réel et le Sexuel-de Freud à Lacan-*, op. cit., p. 209（作者所做强调。我根据上面的图示改变了集合的名称）。这一问题将在后面的第10章中被提出，参见下文。

　　② Cf. M. Darmon, *Essais sur la topologie lacanienne*, op. cit., p. 210："只需将圈以某种方式置于环上，就足以显示 A 缩减为非 A，而客体逃脱了环上的勾勒；在环上仍可捕捉的，并非是客体本身，而是能指的差异，而当涉及一个能指时，是与其自身的差异，也就是说它的自-差异。"

我们能够轻易确保的，通过照常地在环上进行适当的剪切以展开其表面。

如此，我们可以用一个内八字的轨迹来替代环上的两个欧拉圈，如图 9.11 所示。

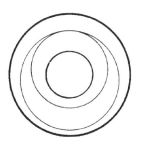

图 9.11

内八字是一个在自身内部重复自己的循环。因此这是一个能够重叠和重新恢复的圈，一旦我们不断地缩短第一个环与第二个环的距离。

如果我们假设实圈[2]构成请求的圆环，而空圈[1]形象化了欲望的换喻性客体，那么我们就能在环上看到请求与欲望的结构性关系是如何构成的，如图 9.12 所示。

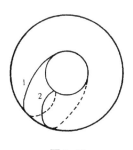

图 9.12

我们因此强调这一特性，它要求一个请求跟随另一个请求而不与之相交——因而没有交集。对于每一个请求而言，其路线都包含了对中心洞的环绕，即被纳入请求的欲望客体。所有的请求因而从未呈现出交叉，尽管它们在其圆周中都具有相同的客体，如图 9.13 所示。

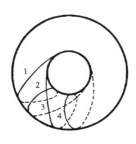

图 9.13

由此阐明了一个基本的主体特性：请求的反复建立了一个自—差异的领域，与自己的差异，但这在它自身上重建了欲望的客体。①

主体化的开始总是以剥夺[-1]为基础。另外，正是在从这个最初的剥夺出发所进行的一种循环之后，主体才能够让一个知道突然发生，他自己被排除在外，他由此发觉他始终无法恰当指出引起它，即欲望的原因。

事实上，刚刚来到符号界的主体发现自己被减掉了，以至于我们可以说主体的知道完全重复了主体本身，甚至于正是这个主体的位置构成了主体存在的唯一方式。② 由此产生了需要、欲望

---

① 如 M. 达蒙所指出的，同上，"在交集中客体逃脱了，因为在此交集和圈的外部之间存在着连续性。环上的双圈说明了在返回自身的请求的重复中，被勾勒的客体是如何被错过的，内部显露出与外部是同质的"。

② 参见 J. 多，《拉康导读》，上卷，第 16 章。

和请求的一种特殊辩证法，其中，请求实际上始终无法恰当地指出导致请求的欲望客体。因此，从一次又一次的请求中，欲望的展开只能够依据一种换喻的结构，通过部分的欲望表达（替代客体）来代表整体（丧失客体）。①

请求的每次环绕因而是"无法缩减地不相同"（拉康）。这里，也正是对元征功能的认同，这种差异的单一性，没有它任何计算都是不可能的。我们在这儿重新发现了剥夺，它一开始就将主体表达为这种未被计算的环绕。

如拉康所指出的，欲望的换喻确认了一个基本的缺失，即"客体中物的丧失"②。同样，在每一次满足经验中，对丧失客体的欲望始终通过请求的维持而内在地联系于换喻性客体的返回。但每次满足仍然将主体留在一个缺失当中，这一缺失以永恒的方式更新着想象的诱惑，主体被俘获于其中：试图在换喻性客体中重新获得丧失客体，它始终是透过换喻客体而追求的目标。

神经症患者，拉康提醒我们，毫无保留地签订了此诱惑的症状性反复：

> 如果有某个东西，我们可以说神经症患者起初任由自己为其所捕捉的话，那它正是这个陷阱；他会试图让其欲望的客体进入到请求当中，并从大彼者那儿获得，不是请求所针对的其需要的满足，而是其欲望的满足，即拥有其客体，确切地说就是无法被请求的东西——这也是我们所谓的在主体与大彼者关系当中的依赖的起源——正如他会更加悖论性地

---

① 参见同上，第20章。
② J. Lacan, *L'identification*, *op. cit.*, 1962 年 3 月 14 日讨论班。

尝试通过他的欲望的构造来满足大彼者的请求。①

若我们用与需要的重复相联系的实圈在环上不断更新的连续转动来代表请求，而用通过所有请求的连续而形成的空圈来代表换喻性客体，那么还需要同样确定欲望客体的位置，没有它，我们就无法隐喻相对于大彼者的主体欲望之辩证法。为此，拉康提议借助一个新的拓扑构造。

一个环总是潜在地唤起一个"互补的"环。事实上，因为一个环的特点表现为一个母圈（实圈）和一个运行圈（空圈），因而我们可以总是想象这样一个环，它的中心洞会被第二个环的圈体的厚度所占据，反之，第二个环的中心洞也会被第一个环的母圈所占据，如图9.14所示。

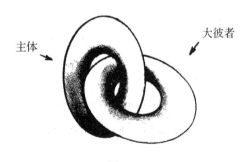

图 9.14

在两个环的这种组合中，第二个环的母圈等同于第一环的运行圈，反之亦然。这些环因而构成了严格相等的表面。只需在这两个环上按惯例进行剪切，就足以证实这些表面展开后的这种相

①　Ibid.

等性。

我们约定将这第二环——互补的环——指定为大彼者的载体。我们因而拥有了一个有可能表现相对于大彼者的主体欲望和请求之辩证连接的隐喻性基础。展现"可能从客体到请求、从请求到客体地被强求的理想和谐的缺乏"[1]的另一种方式。

易于理解，一个人的欲望圈（空圈）是如何混淆于大彼者的请求圈（实圈）的，反之亦然。正是在这个颠倒当中，如拉康所指出的，"卡住整个挫败之辩证法的结"[2]得以实现。

此构造的性质直观地呈现了欲望客体的性质本身，后者从本质上而言是缺失的，因为这样一个客体向来只是"这种大彼者回应请求之不可能性的后果"[3]。我们因此重新看到了神经症患者的症状性依赖的表达，他期待从他提出请求的大彼者的回答中得到他欲望的客体。在此意义上，神经症患者所发现的大彼者只能是挫败的想象大彼者。[4] 这从另一个方面加强了在"欲望图形"中已被提及的这种依赖性[5]，拉康在那里着重指出主体如何将他与欲望的第一次相遇体验为与大彼者欲望的相遇，对于他的请求，后

---

① J. Lacan, *L'identification*, *op. cit.*, 1962 年 3 月 14 日讨论班。

② Ibid.

③ Ibid.

④ 参见：M. 达蒙：《拉康拓扑学评论》，*op*, *cit*., p. 207："通过相连的两个环，拉康呈现了神经症辩证法中的主体和大彼者。这些圈的意义……是相反的，一个人的请求正是大彼者的欲望，一个人的欲望正是大彼者的请求，即挫败的图示……一个环上的单圈……可在大彼者环上，通过重印而复制，我们证明两个环因而是可重叠的……但如果现在我们在环上划的不是单圈而是双圈，我们已经掌握了后者的功能，它留下了真正的请求……这些环不再是可完全重叠的了。在大彼者的水平上，请求和客体被颠倒了。主体的请求对应于大彼者的客体 a，主体的客体 a 变成了大彼者的请求。"

⑤ 参见 J. 多：《拉康导读》上卷，第 25 章。

者只能以"Che vuoi？"的方式给予回答。

即使大彼者会为一个主体建立欲望起源的条件，他在任何情况下都不足以满足其请求：

> 大彼者，对于主体欲望的满足而言，应被定义为无能。①

然而，作为欲望起源的可能性条件，这个大彼者也可被定义为"并非无能的"②。在两个互补环的嵌套中，大彼者在主体的欲望结构中的这种特殊地位被强调了出来。其实，我们可以认为，代表大彼者的第二个环，由第一个环的旋转所产生：

> 最初围绕着与第一个的轴相垂直的一条轴转动的环的运行圈，将处在第二个环的母圈的位置上，并定义一个新的表面，其运行圈将恰好是第一个环的母圈。③

第二个环的产生，因为它正好对应于第一个环的母圈，从而意味着大彼者是请求的环绕将接连而至的地点。鉴于这些环绕因为其每一个都具有"一元"重复的性质而彼此之间各不相同，我们因此可将第二个大彼者的环视为"元征的隐喻"④：

> 这个大彼者，如同一……，一旦想象的挫败效果的必要

---

① J. Lacan, *L'identification*, op. cit., 1962 年 3 月 14 日讨论班。

② Ibid.

③ A. -M. Ringenbach,《Le tore et la mise en jeu de la dissymétrie》, in *Littoral*, n°
10, *La Sensure*, octobre 1983, Érès, p. 135.

④ J. Lacan, *L'identification*, *op. cit.*, 1962 年 3 月 14 日讨论班。

性被变成环状，他被发现如同拥有这个单一的价值。①

但是，我们刚刚看到，大彼者同样可被认为是"并非无能的"②。在此意义上，他因而能够被定义为"非-"，从而给予主体这个我们之前遇到过的[-1]的维度，即在与大彼者关系中的其欲望的可能性条件。一方面，大彼者回应主体请求、产生其欲望客体的无能，"扎根于一个不可能中"③——即其知道的局限性。但另一方面，这个不可能也是引发主体欲望的东西，以至于"欲望的建立如同被隐匿于大彼者的那部分请求"④。大彼者因而显现为被假定隐藏了主体所请求客体的某物；他是欲望位置的"屏蔽源"⑤。

同时是无能的和并非无能的，就大彼者的回应而言，他所能做的只是以"无所确定"的方式，由此出发而规定了某物的隐藏维度，该物将被构建为，对于主体而言，欲望的客体：

> 这样，欲望因其本质而首先构建为在结构上被隐匿于大彼者的东西；大彼者正好成为主体的欲望，这是不可能的。欲望的构建如同被隐匿于大彼者的那部分请求。这个作为大彼者、作为话语地点的大彼者，并不确保任何东西，正是因此他拥有了创建性的影响。他成了欲望位置本身的面纱、遮盖、屏蔽源，正是在那儿客体将被掩藏起来，如果有一个首

---

① Ibid.
② 参见上文，第3章："我思及其主体"。
③ J. Lacan, *L'identification*, *op. cit.*, 1962年3月21日讨论班。
④ Ibid.
⑤ Ibid.

先被构造的存在，那么就正是那个，它代替了主体自身的存在，因为依赖于大彼者的主体还同样依赖于此：在大彼者那边，没有什么是确定的，恰恰除了他隐藏了、他遮蔽了某物，即这个客体，这个可能还什么都不是的客体，因为它将成为欲望的客体。①

拉康因此将欲望客体限定为一个无，因为它"被隐匿于大彼者"②。欲望客体的稳定性只不过是一个空壳，有可能成为任何客体(换喻性客体)的地点，主体在此重复着他根本性的寻觅。欲望的真实身份，从某种方式来说，基于大彼者的欠缺，他既非全能亦非全知，从无任何确定的保证。

环的结构允许我们以一种更为精细的方式来隐喻主体欲望的问题。

让我们来考虑母圈，即实圈，它如拉康所言，代表着我们将指定为"D"的"重复请求的能指的坚持"③。我们现在把运行圈或者空圈命名为"d"，它代表了主体不知不觉地在请求的不断环绕中所走过的欲望的换喻之路。从这两个圈出发，有可能实现一种循环，既遵循请求的螺线圈，也在同时实现对中心洞的环绕。我们将此新的循环定义为 D + d，即请求加上欲望，它"可以符号化伴随其潜藏欲望的请求"，如图 9.15 所示。④

---

① J. Lacan, *L'identification*, *op. cit.*, 1962 年 3 月 21 日讨论班。

② Ibid.

③ Ibid.

④ Ibid, 1962 年 3 月 28 日讨论班。

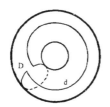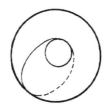

图 9.15

被另称为"内八字"①的这个新的循环因而符号化了这种欲望的功能，因为主体在此由环的拓扑表面所代表。

如拉康所指出的，我们从其前期或者其晚期去理解弗洛伊德的著作，我们从中发现，作为欲望的功能之基础的是一种恒定性：对俄狄浦斯的参考。在某些观点中，正是请求与欲望的结合透过"原始部落"的神话而建立了俄狄浦斯。主体必须面对的俄狄浦斯的基质，正是大彼者的请求和其欲望。然而大彼者的这种请求在此的作用如同一种绝对命令：

> 你不可欲望曾为我之欲望的这个……正是这点在其根本结构中奠定了弗洛伊德式真相的起点。正是在那儿，正是从那儿出发，一切可能的欲望都以某种方式被迫进行这种不可复原的迂回……这使得在欲望中必定包含这个空、在这种与原始法律的关系中被规定的这个内部的洞。②

这个中心洞的空，我们在"内八字"的循环中重新见到了它。

---

① 此图借鉴于 A. -M. 兰让巴克所绘图示，见其论著"环与不对称性之作用"，见于 *Littoral*, n° 10, *op. cit.*, p. 137.

② J. Lacan, *L'identification*, *op. cit.*, 1962 年 3 月 21 日讨论班。

大彼者回应的无能，对于主体来说，扎根在一个不可能之中，即这种绝对的命令："你不可欲望曾为我之欲望的东西"。但因此，主体的任何请求都只能对质于大彼者的这种请求："我一点都不想知道你对我的请求"。主体的欲望将恰好建立在这两种请求的交集中。同时，主体的请求不会摆脱大彼者的请求，除非对于他来说，他将能够在大彼者的地点中注意到这个"不—知道"。因而，如果说神经症者的独特性正是围绕此点展现出来，这并非是种偶然：

> 对于神经症来说，解决这个由请求——这些请求恰好是相互吻合的，并因此是应被排除在外的——中心区域所构成的欲望领域问题的好办法，正是他发现好的办法是：您或许会知道。①

在非-神经症者使其请求摆脱大彼者的请求之时，神经症者，在注意到大彼者无能为力的同时，会相反地用尽全力来让彼者知道。他对此什么也不想知道。拉康总结说：

> 如果他不是如此的话，他就不会做精神分析了。②

但他又立即补充道：

> 并非是因为神经症者有一个或多或少扭曲的自我，他才会主体性地处在他的危急形势中：他在此危急形势中，是因

---

① J. Lacan, *L'identification*, *op. cit.*, 1962 年 3 月 21 日讨论班。
② Ibid.

为一种根本的结构化的可能性：将其请求等同于大彼者的欲望客体，或者将其客体等同于大彼者的请求。①

而拉康指出，就此主体间辩证法在神经症者那里充分运作而言，其原因正是由于主体那里的请求和客体，相对于大彼者那里的请求和客体而言存在着一种根本的不对称性。

我们再一次参考环的结构②以及引人注意的两个循环：我们已经认作"D"的请求的实圈，以及欲望的换喻性客体之回路的空圈"d"。由这两个循环［D＋d］产生了这种循环，它在同一个连续性中重复了实圈和空圈，它代表着这种欲望的功能，如图 9.16所示。③

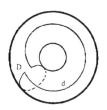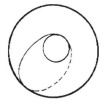

图 9.16

如果我们依照这三种循环进行剪切，那么我们将在基础多边形的表面上得到三条有意义的轨迹，如图 9.17 所示④。

---

① Ibid.，1962 年 5 月 30 日讨论班。
② 环上的对称与不对称问题的研究重新采用了 A. -M. 兰让巴克在其论著"环与不对称性之作用"中所提出的表述，见 *Littoral*，nº 10，*op. cit.*
③ Ibid.，1962 年 5 月 30 日讨论班。
④ 参见上章。

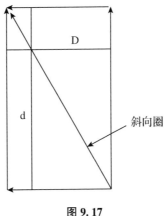

图 9.17

让我们在"斜向圈"（拉康）D+ d 轨迹上停留一下。[1] 我们假设有两个环，我们把这两个剪切的"斜向"圈放到两个环上：在其中一个之上，是一条朝向右边的切口；在另一个之上，是一条朝向左边的切口，如图 9.18 所示。

图 9.18[2]

接下来为了使它们重合，把环 2 的切口转动到环 1 的切口上，如图 9.19 所示。

---

① 此图借鉴于 A. -M. 兰让巴克所绘图示，见其论著"环与不对称性之作用"，见 *Littoral*, n° 10, *op. cit.*, p. 137.

② Ibid., p. 138.

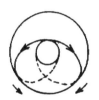

图 9.19①

尽管它们表面上是对称的，但这两个切口却是不可重叠的。这种不对称性由切口 D + d 的方向性所凸显出来。

我们现在来研究在这两个互补环上发生了什么。在环 1 的表面上画出 D + d，想象我们接下来扭动补充环 2，以使它贴合在环 1 上；因为这些物件不是坚硬的表面，因而更容易进行操作。就这样，我们可在环 2 上获得最初在环 1 上所画出的 D + d 轨迹的投影。我们从而得到了两个循环：D + d 和 D'+ d'，如图 9.20 所示。

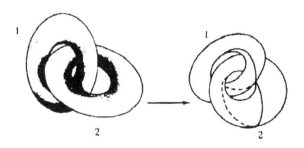

图 9.20②

---

① Ibid.

② 此图借鉴于 A. -M. 兰让巴克所绘图示，见其论著"环与不对称性之作用"，见 *Littoral*，n° 10, *op. cit.*, p. 137.

把两个环 1 和 2 分开。我们看到这两个循环以相同的方式被定向，如图 9.21 所示。

图 9.21①

它们因此是可重叠的，这很容易得到证实，只要我们把轨迹移到单独的一个环上，尝试使它们重合，如图 9.22 所示。

图 9.22②

两个环的"斜向"循环的重叠可用另一方式加以强调。我们将这两个互补环分解为其基础的多边形：第一环的实圈等同于第二环的空圈，反之亦然，如图 9.23 所示。

---

① Ibid., p. 139.

② Ibid.

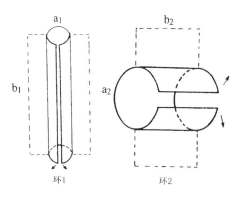

图 9.23①

如果我们把循环 D + d 放在环 1 上，我们在基础多边形上得到一条相对应的斜向轨迹，如图 9.24 所示。

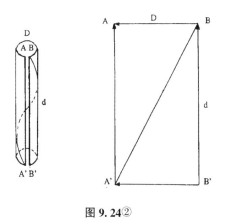

图 9.24②

此循环在环 2 上的复制同样也将被表达为基础多边形上的一

① 此图借鉴于 A. -M. 兰让巴克所绘图示，见其论著"环与不对称性之作用"，见 *Littoral*, n° 10, *op. cit.*, p. 136.

② Ibid., p. 140.

条斜向轨迹，如图 9.25 所示。

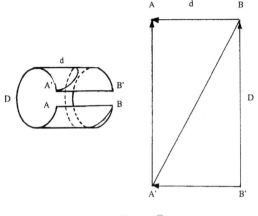

图 9.25①

易于证明两条斜向轨迹可完全重叠，这因而让人假设在 D +
d 和 D' + d' 之间存在一种对称性。在将这两个互补环 1 和 2 的结
构各自理解为代表着主体和大彼者的同时，由于这种对称性，我
们被引至得出以下结论：主体的欲望是大彼者的欲望，因为"斜
向"循环就是如此呈现了欲望的功能。换种方式表达，在主体的
欲望功能和大彼者的欲望功能之间存在着一种同构性。②

就能指应该至少重复自身一次以便完成其能指形式而言③，
拉康提醒我们，这种重复正是请求经验的主要形式：

———————

① 此图借鉴于 A. -M. 兰让巴克所绘图示，见其论著"环与不对称性之作用"，
见 *Littoral*, nº 10, *op. cit.*, p. 136.

② Cf. J. Lacan, *L'identification*, *op. cit.*, 1962 年 5 月 30 日讨论班。

③ 参见上文，同章。

请求的重复并非是徒劳的，因为没有请求就不会存在能指。如果请求在它的回路中所包围的东西，你们拥有它，那就没有请求的需要。如果需要被满足，就根本没有请求的需要……我们已经定义了请求：它重复发生，它只是依照它所勾勒出的内部的空而进行重复，这个空支撑并构成了它……仅仅为了请求成为请求，也就是说它作为能指而重复，它就必须大失所望；如果不如此的话，请求就没有支撑了。"①

请求所围住的空确切来说并不是它勾勒为欲望客体(客体·a·)的、处于环的中心洞水平上的"无"。正是依据这个支撑请求的构成性的空，请求得以换喻性地重复，从而同时限定它不断错过的欲望客体的轮廓，由此产生这个"根本的无"(拉康)。

让我们重新研究请求的回路，它在环上重复，同时为了构成环状而以"内八字"的形式环绕着中心洞，如图 9.26 所示。

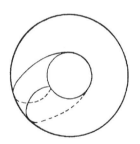

图 9.26②

---

① Cf. J. Lacan, *L'identification*, *op. cit.*, 1962 年 5 月 30 日讨论班。

② 此图借鉴了 A. -M. 兰让巴克所绘图示，见其论著"环与不对称性之作用"，见于 *Littoral*, n° 10, *op. cit.*, p. 141.

现在，我们在一个互补环上进行与前面相同的一个操作，即环2向环1的扭转，以及第二个环上所登入的循环在第一个环上的投影，如图9.27所示。

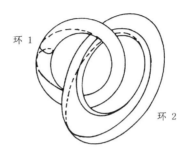

环 1

环 2

图 9. 27①

我们因而得到一个与之前不同的循环，如图9.28所示。

图 9. 28②

两个循环不再是可重叠的。它们出现在一种颠倒的直接关系中：

环1：2次 D + 1次 d

环2：1次 D′ + 2次 d′

---

① Ibid.

② Ibid.

这种不对称性会以更加明显的方式显现，只要我们将环 1 和环 2 以及它们各自的循环分解为其基础的多边形，如图 9.29 所示。

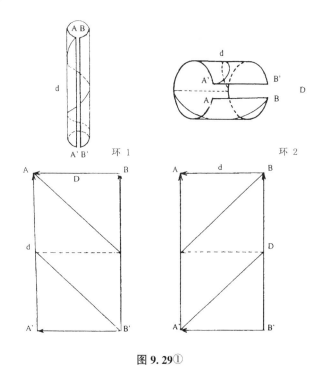

图 9.29①

再一次地，通过把环 1 理解为主体的表象，而环 2 为大彼者的表象，我们得出了主体与大彼者之间的不对称的结论，这意味着欲望与请求之间的颠倒。据拉康所言，这种颠倒构成了：

> 我们能够赋予神经症者那里所发生之事的最为根本的形

---

① 此图借鉴于 A. -M. 兰让巴克所绘图示，见其论著"环与不对称性之作用"，见于 *Littoral*，n° 10，*op. cit.*，p. 142.

式：神经症者作为客体而追求的，正是大彼者的请求；当他请求要得到"a"、他的欲望的无法捕捉的客体时，神经症者所请求的，正是"a"，大彼者的客体。①

在他 1962 年 6 月 6 日的讨论班中，拉康为此结论提供了以下评述：

我们已从中确认了一种我们此后会更熟悉的对应性，因为我们关于神经症者与大彼者之关系——后者最终决定了前者的结构——所能表达的，确切而言正是这种主体之请求与大彼者之客体的、主体之客体与大彼者之请求的交叉等同。我们在此感受到，在某种困境或至少是某种含糊性中，两种欲望之同一性的实现。②

在主体与大彼者关系中的欲望与请求的这个不对称性，最为贴切地阐明了我们在神经症中所观察到的这种特征性的依赖。它只会强化已在"镜子阶段"的主体那里运作的镜像认同中起作用的不对称性。③

在最初的过程当中，主体的认同始于一个镜像，即他自身的身体在镜子中的形象。这个始于镜像认同的主体性、"我"的雏形

---

① J. 拉康，《认同》，*op. cit.*，1962 年 5 月 30 日讨论班。对此，拉康补充说欲望的经济学神经症性地按两种方式发生变化："根据神经症的两种倾向，重点有所不同。对于强迫症来说，所强调的是大彼者的请求，它被当作欲望的客体；对于癔症而言，所强调的是大彼者的客体，它被视作其请求的支撑。"

② 同上，1962 年 6 月 6 日讨论班。

③ 参见 J. 多：《拉康导读》上卷，第 12 章。

因而建造"在一条虚构路线中，永远难以克服"①，因为从严格意义上来说，镜像 i(a) 从来都不是主体的形象。因此，正是在主体在这个我们拥有绝对确信的形象中辨认出自己的情况下，他不认得自己。拉康还在此过程中标记出了他指示为自己对自己的长期不识的起源本身。在镜像中不认得自己的主体，认同于一个完全不对称的形象：在其右侧和左侧之间没有任何部分可视为相同的。这种镜像认同因此证实了对此不对称性的一种不识。②

通过这种不识，我们已经能够预感到整个自我之异化的预期：

> 为了开始阐明这一道路，我们假定'a'，幻想的客体，'a'，欲望的客体没有形象，神经症的幻想的死路正是，在其对'a'、欲望客体的追求中，他遇到了'i(a)'。这正是从我的教学伊始我介绍给你们的整个辩证法的起源，也就是说……镜像的内涵就在于此，我很惊奇没有人考虑去注解我赋予给它的功能：镜像是一个错误，它不仅仅是一个错觉，一个诱惑性的格式塔诱饵，其攻击性已标记出其重点，它完全是一个错误，因为主体在那儿认不出自己，如果你们允许我这样表达的话，因为自我的起源及其根本性的不识在此被聚焦在拼写当中；而就主体受骗而言，他相信他面对着他的形

---

① J. Lacan, "*Le stade du miroir comme formateur de la fonction de Je telle qu'elle nous est révélée dans l'expérience psychanalytique*"（1949 年 7 月 17 日苏黎世的第十六届国际精神分析大会上所做报告），见 *Écrits*, *op. cit.*, p. 94.

② J. Lacan, *L'identification*, *op. cit.*, 1962 年 6 月 13 日讨论班。根据拉康，因而应该区分两种想象：真的与假的。"假的在所有'不–认识自己'的幻景所一直依附的这种生存给养中站不住脚……主体在与镜子的关系中'不–认识自己'。"

象；如果他懂得看自己的话，如果他懂得——这是最为简单的真相——在他的右侧与其左侧之间只存在着无法视为相同的、深受歪曲的关系的话，他就不会想要认同于镜像。①

在神经症者那里发生了什么？他趋于混淆请求—欲望的不对称性与镜像的不对称性，通过这种串通而实现了主体所固有的幻想功能的错误：

> 他是否以一种符号或者想象的方式打碎它，这个形象：i（a），神经症者，并非是这个让他从来没有从任何主体性切口去认证其欲望的客体，其理由是他所追求的东西……仅仅因为支撑物'i'的根本不对称性，i（a）与不容忍它的'a'没有关系。……使得神经症者……在属于他的方式中去符号化某物、在幻想中去追求镜像的东西，由我为你们所标出的内容[②]所解释：在主体的请求和客体与大彼者的请求和客体之关系中所出现的不对称性，这种不对称性只从某时刻开始出现，那时，存在着狭义的请求，已有了能指的两个圈，如果我可以这样表述的话，并似乎表达了一种与镜像所支撑的不对称性性质相同的不对称性。③

---

① Ibid.，1962 年 5 月 30 日讨论班。

② 参见本章上文。

③ J. Lacan, *L'identification*, *op. cit.*, 1962 年 5 月 30 日讨论班。亦参见：M. Darmon, *Essais sur la topologie lacanienne*, *op. cit.*, p. 208：“不仅仅是错觉而且是反射的错误使得神经症者通过镜像 i（a）来寻求客体 a。他并非是混淆二者，他对一个的寻找是通过对另一个、对 i（a）的破坏或者固着，通常他这样做只能导致对大彼者欲望的破坏。如拉康所言，渴望倒错的，正是强迫症者身上的施虐幻想，而无需成为倒错者。”

其实环上的不对称性与镜子形象所表现出的镜像的不对称性的性质的确是相同的，如图 9.30 所示。

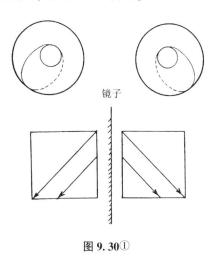

镜子

图 9.30①

在他与其欲望客体所维持的关系当中，主体是如何以及为何被导致了这种神经症性的迷失？在镜像认同的过程中，发挥作用的是主体与其客体的关系，其开端是以下事实：镜子的形象在他看来，至少在某特定时刻，就是一个彼者的形象，即一个客体，主体效法任意其他客体而与之产生关系。而且，镜像认同的过程因此完全是以联结了主体与其欲望的客体 a 的动力学为基础的。然而，在 a，欲望的客体和 i(a)，客体的形象之间存在一种差异，因为 a 是一个没有形象的客体：它是不可反射的。尽管如此，主体却通过 i(a) 来追求 a，这恰好构成了"神经症者所坚持之道路"②。在镜像认同中起作用的不对称性就这样掩盖了主体与其欲

---

① 此图借鉴于 A. -M. 兰让巴克在其论著"环与不对称性之作用"中所绘图示，见于 *Littoral*, nº 10, *op. cit.*, p. 147.

② J. Lacan：*L'identification*, *op. cit.*, 1962 年 5 月 30 日讨论班。

望客体之关系的真实本质。因而毫不奇怪他会混淆此种不对称性与规定了主体与大彼者之关系的请求和欲望的不对称性。

通过此种不对称性，我们却能明白主体如何能够为他所维持的与客体及与大彼者的神经症关系找到一条出路。如果说对镜像之不对称性的无知登录在最初认同的基础上，那么相反地，请求—客体的不对称性则完全是可被主体捕捉的，这使他发现：他欲望的客体a和镜像支撑物的不对称性没有任何关系。通过一种主体性切口的操作方式能够达到此目的，在此情况下，被能指所结构化的主体自身成了欲望客体的切口，这就是以下公式所表达的，如图9.31所示。

图 9.31

如马克·达蒙（Mark Darmon）所提到的，允许说明这种操作的拓扑学支撑物是交叉帽，我们能够在其上实现一个内八字的切口以便体现 $8\diamond a$：

> 双圈是拉康对于欧拉圈的这种拓扑学的转化工作的结果。它代表着与自身不同的能指的切口，或者环绕着客体的、但因此在与之（此请求）相连的欲望中具有双重性的请求的切口。这个切口在环上不会勾勒出任何客体，但在交叉帽上，它从客体a上拆分出了环圈。凿印因而要读作具有双圈的切口，主体8或者客体a的莫比乌斯带的边。①

---

① M. Darmon：*Essais sur la topologie lacanienne*, *op. cit.*, p. 256（我做的强调）。

10. 能指，切口及主体

拉康不懈追求的目标之一，是力图向我们提出一种既严格而又不无可能的——尽管是枯燥的①——的论据，它关系到促成能指对于主体之决定性的一些过程逻辑。

主体的结构是如何依赖于他所维持的与能指秩序的关系的？

这一问题必然要求以一致的方式来澄清某些要点。也正因此，拉康的确努力地从所进行的拓扑学操作所显示出来的众多特性中获得论据，以便更进一步地阐明主体结构与能指逻辑的交错。这是再合理不过的了，鉴于从 1953 年起，拉康在他闻名的《罗马报告》②中就已经向我们指出，拓扑学的空间及其改变被证实为理解在与能指关系中之主体结构的最好特性：

> 当我们想要触及主体中先于话语的系列游戏的东西，以
> 及对于象征符号的诞生至关重要的东西时，我们在死亡中发
> 现了它，其存在由此而获得了死亡所具有的整个意义。相对

---

① Cf. J. Lacan, *L'identification*, *op. cit.*, 1962 年 5 月 30 日讨论班："请你们原谅，我让你们走上了一条可能在你们看来枯燥无味的道路，我必须要让你们看清其步骤，以便向你们指出我们可以从中获得什么。"

② Cf. J. 拉康，《精神分析中话语与语言的功能及范围》(1953 年 9 月 26 至 27 日在罗马大学心理学院所举办的罗马会议中的报告)，in *Écrits*, *op. cit.*, pp. 237-322.

其他而言，它事实上显示为死亡的欲望；如果他认同于彼者，这是将之凝固在其基本形象的化身中，由它所唤起的一切存在都笼罩在死亡的阴影中。

认为这种必死之意旨在话语中揭示了一个语言之外的中心，这不仅是一种隐喻，还表达了一种结构。这一结构不同于圆周或球体的空间化——我们喜欢在当中概括生者的边界以及其中心：它更多地回应于符号逻辑在拓扑学中确定为一个圈体的这种关系群。

要想给予其一种直观的表象，似乎相较于一个区域的表面性，更应该借助于一个环的三维形式，因为其周边的外在性与其中心的外在性所构成的只是唯一的一个领域。①

因此必须经历三个重要的阶段。一方面把能指等同于一条自身重复剪切的切口。另一方面指出该切口如何能够作为切口而产生出一个表面。最后确定为何我们可以考虑主体的结构类似于在拓扑中由切口所定义的一个表面的结构：换种方式说，认为主体及其结构直接产生于这种由能指所进行的剪切效果。

我们已经举过一个例子，我们能够据此来"理解……切口是如何产生表面的"②：即在莫比乌斯带上所进行的中线剪切的例子，它将此单边表面转变为双边表面：若尔当环。③

现在我们来看，依照双圈的"内八字"轨迹进行剪切之后，从

---

① Cf. J. 拉康，《精神分析中话语与语言的功能及范围》(1953 年 9 月 26 至 27 日在罗马大学心理学院所举办的罗马会议中的报告)，in *Écrits*, *op. cit.*, pp. 32-321.

② Cf. J. Lacan, *L'identification*, *op. cit.*, 1962 年 5 月 30 日讨论班。

③ 参见上文，第 8 章。

环到莫比乌斯表面的转变是如何进行的。更进一步，我们还将看到，在投射面的表面上所进行的一个剪切如何将此投射面分解成两个新的表面：一条莫比乌斯带和一个球形帽顶。①

能指作为切口

　　就其与无意识像一种语言那样构成的假设具有相同外延而言，能指作为切口的概念在拉康的著作中是基础性的。其实，能指连续性的观念本身——"能指链"——无法在结构语言学中获得其整个操作性价值，除非是从切口的概念出发。而且，对此，索绪尔明确地通过以下语句向我们指出：

　　　　言语……可比拟为一张纸：正面为思想，反面为声音；我们无法在切开正面的同时不切开反面；同样，在言语中，我们不能把声音孤立于思想，也不能把思想孤立于声音。②

　　而且，如索绪尔所提到的："通过在两个不定形团之间形成，言语制作出其单位"③。话语链因而被考虑为一条双链，以至于概念方面所引入的任何界定都意味着在声音链中的一种相应界定，由此产生了语言学符号，即结合了一个能指与一个所指的一个意义单位：

　　　　取所指或者能指，那么言语既不包含观念也不包含声

---

① 参见下文，第11章。
② F. de Saussure, *Cours de linguistique générale*, op. cit., p. 157.
③ Ibid., p. 156.

音——它们先于语言学系统而存在，而仅仅包含此系统所产生的概念性差异和语音的差异。①

能指因而由把它与一个概念相结合的切口所产生。能指的出现与这种整体性的、受此切口影响的语言符号的产生是不可分的。

我们知道，拉康对索绪尔的这一概念进行了一些修改，引入了一些基于他对无意识经验的研究的重要贡献。② 第一个革新在于从一开始就承认存在着一个能指流和一个所指流，这与索绪尔的概念化不同，后者所考虑的是思想和声音的两种不定形团。此外，拉康通过颠倒索绪尔的算式写法而强调能指对于所指的优先性③。这样，对于拉康而言，所涉及的不再是将切口考虑为结合一个能指和一个所指、并在产生符号的同一活动中同时界定二者的东西。相反，他坚持强调一种新的界定，他将之定义为铆定点④，因为他明白能指与所指的关系"总是变动的，总是随时准备松开的"⑤，精神病的经验尤其可为佐证，它不断地证明在此关系纽结中的一种缺乏或者失败。铆定点是通过切割、甚至通过再切来阻止"意义的无限定的……滑动"⑥的活动。

---

① Ibid. , p. 166.

② 参见 J. 多，《拉康导读》上卷，第 5 章。

③ 参见同上，第 6 章。

④ 参见同上，第 5 章。

⑤ J. Lacan：Les psychoses, op. cit. , 1956 年 6 月 6 日讨论班，p. 297.

⑥ J. Lacan：《Subversion du sujet et dialectique du désir dans l'inconscient freudien》, in *Écrits*, *op. cit.* , p. 805.

其实，拉康的铆定点概念重取了索绪尔的"符号价值"①的概念，同时将其结果向前有所推进。如果，如索绪尔所述，"在一种言语中，每个词在其与所有其他词的对立中具有其价值"②，那么，意义就只会在能指链接的末尾出现。另一种方式，如拉康所为，是强调事后的功能，以便向我们明确指出，意义只会在能指链接本身的尽头产生。在产生有意义序列的同时，能指链接因而对所指链占据优势。正是它通过铆定而切割了狭义的意义，同时在事后安排了所指的网络。然而，就铆定点在音位链中组成一定数量的切口而言，这只不过是切口与能指之关系的一个方面。

我们现在必须把能指链考虑为最初在实在界中所实施的切口，它因此会把其主体的结构强加给需要的存在。换言之，拉康要求我们构想一个自身重复剪切的切口的维度：能指链作为第一个切口出现的同时，它把这条链上的每一个能指都结构为同样多的源自这个最初切口的二次切口：

> 对于我们来说，能指的效果，切口在语言的音位分析中首先是这条时间线，更确切地说，是能指的连续线，至今我已让你们习惯于称之为能指链。但现在会发生什么呢，如果我让你们把这条线本身考虑成最初的切口？……如果线条本

① 参见 J. 多，《拉康导读》上卷，《无意识像一种语言那样构成》，*op. cit.*，第 5 章："语言学符号的价值与拉康概念中的铆定点"。

② Cf. F. de Saussure: *Cours de linguistique générale*, op. cit., pp. 167-168："我们一比较它们之间的符号……我们就无法再谈论差异；此表达是不适当的，因为它只适用于两种音响形象的比较……两个都包含着一个所指和一个能指的符号并非不同，它们只不过是有区别。它们之间只存在对立。整个语言机制……都建立在对立……以及它们所包含的声音与概念的差异之上……在言语中……区分一个符号的，正是构成它的东西。差异构成特征，如同它构成价值和单位"（作者所做强调）。

身是切口，那么它的每个元素就是切口的截点，总之正是那个被引入了，允许我这样说，我称作内八字的这个能指的活跃元素，确切来说即圈。①

我们有何依据认为能指结构与内八字的结构、即一个自身重复剪切的循环是相似的呢？

能指链一直都是一个分节的接续系列，它在实在界中以一种切口的形式产生意义的不连续性。但此链中的每一个能指都分隔于其之前及其之后的能指。因而它自身就是这条切割线上的切口，因而是切口的切口。在此意义上，内八字是一个很合理的隐喻基础，来呈现这种为保证其能指功能而自身重复剪切的实在界中的能指切口。

这也会提出某些在能指与实在界之关系中的问题。实在界，拉康明确表示，是"总是回到相同地方的东西"②。如何理解实在总是使主体对质于相同，如果一方面，正是能指通向了实在，另一方面，实在又区分于能指，而最终能指总是与其自身不同？

能指已经将一个切口引入了实在界，只是为了与之相遇，为了实在界可被一个能指所揭示。然而，这第一个切口不足够，因为没有这种能指和实在的相遇，没有什么可使我们避免相同。就本质而言，能指总是纯粹的差异，因为它是其他所不是。如拉康所提到的："任何能指，若……还原为它最小的形式，即我们称

---

① J. Lacan：*L'identification*, *op. cit.*，1962 年 5 月 30 日讨论班。

② J. 拉康，参见同上；同样参见《第三者》，见于《弗洛伊德学院的书信》，n° 16, *op. cit.*, p. 183："我首先通过这种形式讲到这个：实在，这是总是回到相同地方的东西。强调的是'回到'吗？这是它所揭露的地方，假装的地方。"

作字母的形式，都无法自己指称自己。"①

这一特性，被拉康提升到公理的高度，恰好是存在于以下两个公式之间的对立的基础：

一个符号为某人而代表某物。②
一个能指为另一个能指而代表主体。③

能指并非符号，在此意义上，它因而永远无法被假定与自身相同。索绪尔所提及的著名的关于"日内瓦－巴黎 晚上 8 点 45 分"快车的例子④，实际上只不过是能指的一种表面同一性。8 点 45 分的快车，索绪尔解释说，完全由其能指的同一性所定义。不论列车如何不同——它们每天相继地在 8 点 45 分到来，它们的设备、它们的实在结构的组成本身必然是不同的——"8 点 45 分的快车"始终是"8 点 45 分的快车"，以相同的身份，我们可以说 A 是 A。但是"A 是 A，这不意味着什么。将要涉及的恰恰正是这个无（"不意味着什么"），因为这个无具有说出其意谓的肯定价

① J. Lacan, *La logique du fantasme*, op. cit., 1966 年 11 月 23 日讨论班(我做的强调)。

② J. Lacan, *L'identification*, op. cit., 1961 年 12 月 6 日讨论班(我做的强调)。此定义拉康借自于 Ch. S. Pierce, in *Écrits sur le signe*, Paris, Seuil, 1978, p. 121.

③ 同上。(我做的强调)。亦参见上文，第 4 章。在此，拉康将此两个公式进行对照是为了强调能指与符号之间的根本区分："能指，与符号相反，并非为某人而代表某物，而是为另一个能指而明确地代表主体。"在其 1962 年 6 月 27 日关于《认同》的最后讨论班中，他强调并几乎是逐字地重复了这一公式："在此，我仍然必须再次向你们提及今年我开头的那个定义，关于能指：能指不是符号……能指，我已经告诉了你们，相反于为某人代表某物的符号，它为另一个能指而代表主体"(我做的强调)。

④ F. de Saussure, *Cours de linguistique générale*, op. cit., p. 151.

值"①。

而拉康提到了马格德林时期的例子，人们每次狩猎归来都在一块骨头上重复记录下连续的出征，它们是相同的，因为总是关系到杀死一头野兽，但在其独特性中又是不同的：

> 我杀了一头，这是一次冒险，我杀了另外一头，这是第二次冒险，我能够通过某些特点将之区分于第一次，但从所画的相同的大线条来说，它基本上与前一次是类似的。到第四次，就可能有些混乱了：如何区分于第二次呢，比如？到第二十次，我怎么能搞得清楚，甚至我是否知道我已经冒了二十次险了？②

在这块史前骨头上所留下的这些刻痕可被视为能指出现的证据本身。如果说每一个刻痕都与另一个不同，这并不意味着，因为它们是不同的，所以它们的功能是不同的。相反，这意味着能指的差异与反映性质差异的东西是有区别的。此外，即使这种性质差异可能突出了能指的相同，后者的构成可能"正是由于能指就是这样用于表示纯粹状态之差异，证据是，在其初次出现时，壹显然指示着现实的多样性"③。拉康补充道：

> 正是能指进行了切割，正是它把这种差异引入了实在，

---

① J. Lacan, *L'identification*, *op. cit.*, 1961 年 12 月 6 日讨论班。
② J. Lacan, *L'identification*, *op. cit.*, 1961 年 12 月 6 日讨论班。
③ Ibid.

恰恰是因为其所涉及的根本不是性质的差异。①

     与符号不同……区分能指的仅仅是：是所有其他所不是；在能指中包含这种单位功能的，恰恰只是差异。单位，正是作为差异而在其能指的功能中得以结构、得以建立。②

这样，我们从能指的方面重新发现了元征的概念本身。能指通过仅仅体现这种差异的在场而区分于符号。同样，如拉康所明确指出的，"所意味的第一件事是，符号与物的关系被消除了"③。其证据是他所展开的相当精妙的评论，涉及痕迹及其抹除。像这样的痕迹没有告知我们任何东西，尽管对于鲁滨孙·克鲁索来说那可能是星期五的足迹。相反，一旦有人尽力使痕迹消失，我们就很确信与一个实在的主体有关。

     在这种痕迹的消失中，主体力图使其消失的，正是他的行迹，主体的，属于他的。消失由于所追求的消失而加倍，即实现消失的行为本身的消失。④

现在，让我们假设，痕迹被消除了，主体用一个圆将其位置围起来，也就是说用一个可利于他辨别的记号：我们因而面对着一个能指，即一个消除了物之要素的特征。然而，拉康也没有忘记明确指出，这意味着一整个过程，包括最后的时间向最初的返

---

① Ibid.
② Ibid. , 1961 年 11 月 29 日讨论班。
③ Ibid. , 1961 年 12 月 6 日讨论班。
④ J. Lacan, *L'identification*, °*op. cit.* , 1962 年 1 月 24 日讨论班。

回，以至于没有这三个时间就没有一个能指的循环：

> 能指一旦构成，之前必然已有其他两个能指。一个能指，是一个记号，一个痕迹，一个文字，但我们无法单独地读出它来。两个能指，是一种联诵错误，是鸡同鸭讲。三个能指，是所涉及的东西的返回，也说是第一个的返回。当痕迹中被标记的足迹在把它读作'足迹'者的发音练习中被加以转变时，这个足迹，在人们忘记它意味着足迹的情况下，能够首先在我们所谓的文字记音中用于代表'足迹'，并有可能在同时将足迹的痕迹转变成痕迹的足迹。①

在强化能指作为纯粹的差异单位的性质之外，痕迹消除的分析相当直接地把我们引向了主体与能指的关系，也就是"朝向这些消逝的时刻，它们与只为了消失而出现、并为了再次消失而重现的东西——即这种主体的标记——的这种隐匿交替确切相关"②。在此意义上，一个能指为另一个能指而代表主体。

而且，一个能指因而无法自己指示自己，一个相同能指的重复以典型的方式强调了这点。被重复的能指的登入必须与它自己不同。在此情况下，A 是 A 这种重言式的表达应被重新考虑并被搁置于"信仰"一流③：

> 如我提出不存在可能的重言式，并非是因为第一个 A 和

---

① Ibid.

② Ibid.

③ J. Lacan, *L'identification*, *op. cit.*, 1961 年 12 月 6 日讨论班。

第二 A 意味着不同的东西……正是在 A 的身份本身当中已记下了 A 不可能是 A。①

换言之，同一性似乎不能被表达，除非首先提出差异。在拉康所提例子："战争即战争"②中，我们因而就不能认为这两个能指反映了相同的能指。第一个并不与第二个相同；二者间必然存在一种差异，拉康将用内八字的轨迹来进行解释。

当词重复时，纸带就合拢了。然而，我们已经看到，在这两个圈之间始终存在着一条莫比乌斯带的可能空间③，这就解释了圈子内部所存在的一个空。像珍尼·格拉农-拉丰那样明确地将之表达出来，必然得出一个结论：

> 在能指与所指之间不仅没有粘连……而且它们关系的建立围绕着一个空，即差异之空。第一个能指对于另一个能指来说并不一定意味着某个东西，而意义总是被它所围住的空所标记出来。④

从内八字出发，我们现在回到为了保证其能指的功能而在实在界中重复剪切自己的能指切口。一个能指所限定的区域不能仅仅通过一个单圈而被勾勒出来。这样，自身围成环状的切口的第

---

① Ibid.
② Ibid.
③ 参见上文，第 8 章。
④ J. Granon-Lafont, *La topologie ordinaire de J. Lacan*, *op. cit.*, pp. 37–38.

一划的用处只在于与实在界的这种相遇："一条封闭的曲线，正是被提示的实在"①。而且，为了所遇到的实在显得一样，就必须承认能指切口重新返回了自身一次。内八字的算式由此而隐喻了能指切口的完成形式，即重复剪切自己的切口：

> 切口无法知道它封闭起来了，它被自身所重历，只不过是因为区别于能指的实在是相同的。换言之，仅仅是实在形成了它……但是，如你们对之最为根本的认识，切口必须被重复剪切……切口是被重复剪切的一划，只有在它在基础中形成之后，它才通过自切而与实在相遇，唯有实在允许分别将出现在第一圈而后第二圈中的东西视为相同。②

能指与内八字切口的等同因而如拉康所表示的，被用于"说明能指与其自身的关系，也就是说用于引导我们通向能指与主体的关系，假如主体能被构想为其效果的话"③。

现在还要将这种双圈的切口等同于作为"纯粹切口"的主体 8 的功能(拉康)。

主体作为切口

前面，我们看到了拉康如何以环的拓扑学表面及其特征为支撑来强调主体的功能。④ 总的来说，正是在环上实现的双圈轨

---

① J. Lacan, *L'identification*, *op. cit.*, 1962 年 5 月 30 日讨论班。
② J. Lacan, *L'identification*, *op. cit.*, 1962 年 5 月 30 日讨论班。以及 M. 达蒙的表达，见《拉康拓扑学评论》，*op. cit.*, p. 201："两个圈表达了能指的差异，其重复与自身不同。切口自身的截点引入了总是返回相同位置的实在的维度。"
③ J. Lacan, *L'identification*, *op. cit.*, 1962 年 5 月 30 日讨论班。
④ 参见上文，第 9 章。

迹——内八字的独特性，构成了决定性的结构支撑，能够说明与其欲望客体相关的主体的功能。

我们已记起主体化的开端是以剥夺（-1）为基础的，即在其请求的能指的重复循环当中，主体围绕中心的空绕圈时所无法计算的那个圈。支撑于环之表面之上的双圈循环因此已经得以呈现。

由于投射到两个互补环上的内八字轨迹，主体与大彼者间相互的欲望辩证法同样也被标定出现。一方面 D+d 和 D′+d′ 即两个双圈之间的一种对称性的显现，为我们提出了关于主体在其与大彼者关系中的欲望本质的一种解释性表述：主体的欲望是大彼者的欲望。另一方面，在一个环与另一个环之间相互交错的这同一个循环，表达了主体与大彼者之间请求与客体的各自颠倒的逻辑。

显然，如果说对于展现主体的功能来说，环构成了一个恰当的拓扑学基础，那么能够在这样一个物项之表面上呈现这种功能的则非内八字莫属了。

我们已经指出在双圈切口和莫比乌斯带之间存在着一种结构对等。① 我们在此只需通过一个内八字的切口实现从一个环到莫比乌斯带的转变，我们就有理由，和拉康一起，利用这种对等的特性，将之作为一个因其非实质化而更为恰当的基础，以便将主体本身的结构定义为"纯粹切口"。

从环到莫比乌斯带的转变②，经过了一种特别简单的操作，我们已经提及过其原理。第一个双圈切口把环转变成一条双面

----

① 参见上文，第 8 章。

② 关于环与莫比乌斯带的结构对等，我们可以参考 A. - M. 兰让巴克（Ringenbach）的杰出论著："莫比乌斯带与环的相容性"，见于 *Littoral*，n° 23/24，*La déclaration de sexe*，octobre 1987，Érès，pp. 157-202.

带，即有两次扭转的一条莫比乌斯，被称作：若尔当环①。因此，在依据内八字而剪切的环与沿中线被剪切一圈的莫比乌斯带之间存在着第一种一致性，如图10.1所示。

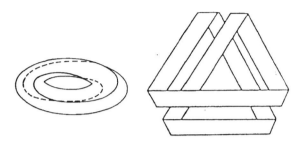

图10.1

如我们所知，进行第二次这种操作，我们就会重建一条单边带——有一次扭转的莫比乌斯带——因为这两条纸带（双分的与单边的）通过剪切过程本身而连接起来。这种做法证实了环形表面和内八字切口所重建的莫比乌斯表面的结构一致性，如图10.2所示。

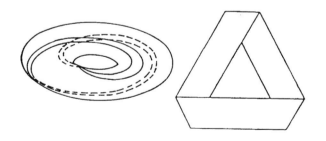

图10.2

① 参见上文，第8章。

拉康在《冒失鬼》中用一段尤其惊人的概述来描述这种对等性：

我们以一个环为例（形成'圈'的一个表面）。显而易见，把它夹在两根手指间，从一点出发沿其圆周以回到此点，一开始在上面的手指最后却在下面，也就是说在环的整周的完成过程中进行了半转的扭转，我们得到了一个莫比乌斯带：只需把像这样被压平的表面考虑成最初的表面所产生的两个薄片的混合……

它与莫比乌斯带——在我们进行剪切之前所呈现的形象——的关系是……切口所造成的。

花招在于此：并不是要重新缝合同一切口才会再次得到莫比乌斯带，因为它只不过是一个压平的环的'圈套'，而是通过两张薄片一张向另一张的滑动（两个方向均可），其中一条边的双圈与自身对接，它的缝合构成了'真正的'莫比乌斯带。

此时由环而得来的纸带显示为双分的莫比乌斯带——不是绕两周的一个切口，而是闭合于一周（为了想象性地理解，我们把它作为中线）。

但与此同时所显露的是，莫比乌斯带不是别的而正是这条切口本身，它因其表面而消失……

总之，这条切口只有将一个表面进行二分才具有这种对等性，此表面由另一条边所限定：确切来说是绕两周的边，即构成莫比乌斯带的边。莫比乌斯带因而是操作莫比乌斯带重现环形表面的东西。①

存在之言，无意识与分析行为

从各方面而言，经过双圈剪切的莫比乌斯带都适合于符号化被能指所切分的主体。然而还要证明主体的结构作为"纯粹切口"与言说秩序的同构性。

我们记得在他的《认同》讨论班中，拉康，多次地②，把切口列为能指的结构本身。莫比乌斯带，即上述的切口，因而构成了一个特殊的拓扑学支撑，来强调一系列关系到主体与能指之关系的根本连接：已经涉及解释能指/所指的对立，以及主体通过言和所言之间的分裂的形式在此对立中的呈现；接下来涉及澄清无意识能指链反向于无意识言说而登录的过程，即无意识本身的结构；最后涉及确定所言的唯一切口如何能够造成一个结构的改变，即应给予解释、更一般来说给予治疗空间中的分析行为的地位。

马克·达蒙提到，要构想一个能够代表这些纯粹差异即能指的空间的拓扑结构其困难有多大：

> 此物是由'无点之线'所构成的莫比乌斯带所形成的。在此莫比乌斯带上，'所言'形成切口，这个所言、这个切口的

---

① J. Lacan：*L'étourdit*, in *Scilicet*, nº 4, op. cit., pp. 26-27.

② 参见，例如 1962 年 5 月 16 日之讨论班："我试图让你们跨出的一步已经开始被描绘了出来，正是不连续性与能指之本质、即差异得以扭结的那里……

"能指的重现与它所重复的东西是有区分的，可被考虑为区分性的东西正是差异的插入，因为我们可以假设'a 和 a'的同一性为能指功能的基础，也就是说差异是在切口当中，或者是在构成能指差异的同时性之可能性当中"（我做的强调）。

效果，就是主体。言之所指，它外——在于所言，也就是说它位于别处，在纸带的边之外。①

事实上，在依据索绪尔的能指/所指之对立的同时，借助于莫比乌斯表面让我们有可能推断出它所假设的、与无意识的经验所包含的内容相一致的特性：不仅仅是能指对于所指的优先性，而且能指链接的铆定在事后决定了所指的网络。而且，能指/所指登录在一个双边表面的两个面上（纸张的正面和反面）的隐喻——就其意味着符号形成的任意性而言，从根本上被拉康的拓扑学媒介所颠覆。

根据此单边表面即莫比乌斯带的独特性来理解一种新的能指/所指的关系成了必要。能指/所指的链接的任意性仍旧，但它另外涉及由于主体在言说链中的呈现而产生的悖论性效果，仅因为正面与反面是彼此延伸的。如珍尼·格拉农—拉丰所提到的，为了返回起点，恰好应该在反面多绕一周，这将以一种全新的方式来安排能指与所指的接合点：

> 局部地，在纸带上的行程的每一个瞬间，都存在两个可定向的面。在此情况下，能指和所指是互相对立的，但实际上，它们的差异只不过是基于一个时间因素。一个能指在某个时刻、在特定的言说背景中意味着某物，但我们无法在同一瞬间赋予一个能指其所指。所指没有结束在反面的滑动，总之，一旦完成了完整的一周，将是这次在正面的另外一个

---

① M. Darmon, *Essais sur la topologie lacanienne*, *op. cit.*, p. 43（作者所做强调）。

能指来定义前一个。一个能指所能反映的只能是另一个能指，它代表着主体，为了另一个能指。①

1915 年，在其关于"无意识"的著作②中，弗洛伊德在以下文字中强调了双重登录的现象：

　　如果我们想要认真考虑一种精神行为的拓比学的话，我们就应该把我们的注意引向在此处所出现的令我们为难的一个问题。如果一种精神行为(我们在此仅限于考虑具有一种表象性质的行为)是从 Ics 系统移位到 Cs(或 Pcs)系统中③的结果，那我们是否应该承认，这种移位与一种新的固着相关，可以说是所涉表象的第二次登录，此登录能够同样被包含在一个新的精神地点中，与此相对地，源初的无意识登录依然存在着？或者我们是否更应该认为此移位就是一种状态的改变，它以相同的材料、在相同的地点中得以完成？这个问题可能显得十分深奥；然而必须把它提出来，如果我们想要形成关于精神拓比学的、深入的精神维度的一个更为明确的观念的话。④

---

①　J. Granon-Lafont：*la topologie ordinaire de J. Lacan*，*op. cit.*，p. 37.

②　S. Freud：*Das Unbewusste*（1915），G. W. X，pp. 264-303，S. E. XIV，pp. 159-215；trad. J. Laplanche et J. -B. Pontalis：*L'inconscient*，in *Métapsychologie*，*op. cit.*，pp. 65-123.

③　*Ics*，*Cs*，*Pcs* 系统，在弗洛伊德的著作中分别指示无意识、意识及前意识系统。——译者注。

④　Ibid.，pp. 77-78(作者所做强调)。

弗洛伊德所提出的这个"双重登录"的问题构成了建立精神拓比学论题的最基本论据之一，此外，他所支持并试图证明的这一假设支撑于无意识经验的领域本身之上：

> 所考虑的两种可能性中的第一个——这同一表象的 *Cs* 阶段的表象意味着一个新的登录，位于另一个地点——无疑最为粗浅，但也最为便利。第二个假设，仅仅是功能状态的一种改变的假设，一开始时是最为可信的，但它不那么灵活，不那么容易操作。第一个假设，拓比学的假设，关系到 *Ics* 和 *Cs* 系统的一种拓比学区分的假设，以及以下可能性，即对于一个表象而言，可同时存在于精神装置的两个地点中，甚至通常，当它未受检查机制之抑制时，可从一个地点进入另一个，而或许并不放弃它的第一个位置，它的第一次登录。这可能显得很奇怪，但却依据于自精神分析实践而得来的印象。[①]

通过继续研究"双重登录"所提出的问题，弗洛伊德终于得到了一个解释性论据，并得到了精神分裂症之临床观察的证实，这促使他用以下对子来定义精神表象的二分特性：物表象/词表象[②]。从而，表象在精神装置中的登录，因其找到了直接同构于拓比学观点的解决之道而得到了更好的阐释：

---

① Ibid., pp. 79-80（"Cs"，"Ics"，"功能"系作者所做强调；余者为我所做强调）。

② Cf. ibid., p. 118："目前我们看到我们所谓的意识的客体表象被分成了词表象与物表象"（作者所做强调）。

我们现在突然明白一个意识的表象与一个无意识的表象的区分在哪里了。这两个表象并非如我们所想的那样，是相同内容在不同精神地点中的不同的登录，也并非是在相同地点中的不同的功能性投注状态：意识表象包含物表象以及归其所有的词表象，无意识表象则是单独的物表象。①

尽管具有其敏锐性，然而弗洛伊德的发展所留下的问题足以让拉康企图为其提供一些阐释。尤其，留待跨越的一步是把我们从弗洛伊德的 *Vorstellung*——尽管它在"物表象"和"词表象"间进行了二分——带至能指的维度。拉康通过他对于 *Vorstellungsrepräsentanz* 概念所展开的不断思考而在二者间建立了巧妙的连接。拉康为解释这个弗洛伊德式范畴而保留的翻译——表象代表——直接指出了有必要在"弗洛伊德式表象"中如此孤立出来的能指角度②的偶然性，并同样由此而重新置疑了某些作者所引起的关于此概念的恰当翻译的争论：表象性代表或者代表表象③。

此外，马克·达蒙有理由指出，勒克莱尔和拉普兰歇④在拉康的"返回弗洛伊德"基础上提出解答的尝试并不令人满意。只要拉康所提出的隐喻算式能够解释清楚压抑之机制⑤、进而无意识

---

① Ibid.

② 关于 *Vorstellung* 之能指共鸣的基本问题，参见 G. 勒·高菲在其论文"弗洛伊德式表象与拉康式能指"中所展开的出色分析，in *Littoral*, n° 14, *Freud Lacan：quelle articulation?*, novembre 1984, Érès, pp. 41-56.

③ Cf. J. Laplanche et J. -B. Pontalis, *Vocabulaire de la psychanalyse*, *op. cit.*, pp. 412-414.

④ Cf. J. Laplanche et S. Leclaire：*L'inconscient ：une étude psychanalytique*, in *L'inconscient* (4ᵉ colloque de Bonneval), Desclée de Brouwer, 1966, pp. 95-130.

⑤ 参见 J. 多：《拉康导读》上卷, 第13章。

链的登录和构成，那么就毫无可能像拉普兰歇和勒克莱尔那样去
假设，把索绪尔的横杠构想成进入无意识的障碍：

拉康从未将索绪尔的屏障变成无意识之阈限。①

相反，自"欲望图形"的逻辑②以来，拉康向我们指出，一个
能指依据它是构成无意识链的一部分或是相反地参与到意识的言
说中而不同。也正因此，它与它所附着的各个链条中的其他能指

---

① M. 达蒙：《拉康拓扑学评论》，*op. cit.*，p. 41。在《幻想的逻辑》（op. cit.，1966 年 11 月 16 日讨论班）中，拉康明确表达如下观点：我给了你们公式。这就要求我们完成赋予其逻辑同一性的任务，但为了向你们示例这样一个任务的紧迫性，或者只是其必要性，你们要注意到由此四者的关系所造成的混淆：

$$\frac{S'}{S} \nearrow \frac{S}{s}$$

（S′，两个 S，以及所指 s）用此种均衡的关系，我的一位对话者……某辩论理论的作者，重新推行着一种被舍弃的修辞法，他讲到了隐喻，在当中看到了类似之功能，而他当作隐喻功能之基础的，正是能指与另一个能指的关系，因为第三个能指通过让一个理想所指出现而使之再现。对此我及时给予了回答。正是唯独由于这样一种隐喻，才能产生已列出之公式，即从第一维度的登录中，S′高高端坐在意义的小 s 之上……其另一个无意识实体化维度，由一个能指与另一个能指的这种奇异关系所构成，对此我们还要补充说语言正是因此才有了压舱物：

$$\frac{\dfrac{S'}{s}}{\dfrac{S}{S}}$$

这个所谓"简化语言"的公式，我想你们现在都知道，它建立在一个错误之上，在四者的关系中会促成一种均衡性关系。我们也看不清楚由此产生什么，因为 $\frac{S}{S}$ 的关系因而变得更难以解释了。但是，在对简化语言的这种参考中，我们没有看到其他意图……除了简化我们的公式：无意识像一种语言那样被构成，此公式，比起任何时候，更需从字面上去理解……依据一个所谓简化语言之谜而如此构造任何无意识的简化都是错误的，其原因如下：在任何情况下均无法自己指称自己是一切及任何能指之性质（我做的强调）。

② 参见 J. 多，《拉康导读》上卷，第 25 章。

维持着对立的关系。

如伊丽莎白·卢迪内斯库(Elisabeth Roudinesco)恰如其分的评论,拉康的立场,在此点上,是毫不含糊的;关于此,他与拉普兰歇彻底划清了界限。[①] 对于前者,存在着语言对无意识的优先性,对于后者,无意识是语言的条件:

> 无意识是像一种语言那样被结构的言说……拉康把无意识变成了一种第二结构,也就是说一条已然登录在一种语言中的能指链,而无论此语言的形式如何。该链条与意识的言说相共存,依据一个扭转表面或者一条莫比乌斯带的模式:我们连续地从一面到另一面而感觉不到其改变。通过隐含地提出语言对无意识的优先性,拉康试图为弗洛伊德关于表象移位的取舍命题提供一个答案。[②]

再一次地,通过建议将无意识链考虑为意识链的反面,莫比乌斯带的支撑物解决了由此"双重登录"所提出的问题。正是由于这个单边表面表现出缺乏不连续性,我们才容易理解为何"无意识的衍生物"会出现在意识的言说中,它们会通过比如口误、遗忘和妙词而对后者加以破坏。同样,拉康也有理由证明"症状……代表着真相的返回……症状只在能指——它仅在与另一个能指的关系中才具有意义——的秩序中才能得到解释"[③]。

---

① 关于拉康与拉普兰歇的争论,参见 É. 卢迪内斯库的出色评论,见《法国精神分析史. 2. 1925-1985》,巴黎,Seuil,1986,318 页以下。

② Ibid., pp. 322-323(作者所做强调)。

③ J. Lacan, *"Du sujet enfin en question"* (1966), in *Écrtis, op. cit.*, p.234.

因此，一整个完全创新的关于解释和分析行为之地位的概念得以从这种无意识的拓扑学概念化中产生出来。

我们来参考一下"电台广播"。拉康对解释的考查是通过给予它特殊的身份，即在这条承载着无意识链与意识链的"双重登录"的莫比乌斯带上所刻下的切口：

> 弗洛伊德……自问，能指的登录是否因为无意识的存在而具有双重性（对此问题，除了我对弗洛伊德的评述、即我的理论之外，任何人都没能赋予任何意义）。
>
> 难道不正是解释的切口本身，对于笨拙的操作而言，构成了得以意识化的困难吗？这一切口因而揭示出在一个交叉帽中、即在一条莫比乌斯带中支配它的拓扑学。因为正是从这个切口，这个表面——从其任意点出发我们都可到达其反面，而无需跨越任何边（因此只有一个面）——才能在后来被发现具有一个正面和一个反面。弗洛伊德的双重登录因而与索绪尔式屏障并无关系，而是与提出问题的实践本身相关，即无意识要放弃的切口证明它正是由此切口所构成的，也就是说，言说被解释得越多，它就越多地被证实是无意识的。因此，精神分析唯有解释言说才会发现存在着言说的背面。①

我们已知，这条切口的这种介入把最初的纸带转变成一条双分的纸带，从而有两个面并具备一条边。况且，严格来说，解释通过"将之实现"为意识言说（正面）的背面而构成了无意识（反

---

① J. Lacan：*Radiophonie*, in *Scilicet*, n° 2/3, *op. cit.*, pp. 70-71.

面)。结果,言说(纸带上的"解释性切口")改变了结构而没有改变支撑的本质:所言。

> 我的拓扑学并非一个要在实在之外提出实践所依据之理由的根据。它不是理论。
> 但它应该解释所存在的这样一些言说的切口,它们改变了言说最初所接受的结构。①

切口因而是典型的分析行为。由此,正是分析家的干预确认了无意识的开启并在同时将之重新关闭。正因此,马克·达蒙明确指出:

> 分析家的在场……是有必要的,为了让无意识作为由一边条所分隔的另一个面的存在变得明显,而在同时这个无意识再次关闭;其实,当无意识的形式突然出现在分析者的言说中时,它们并不需要对任何边的跨越,因为反面与正面在任意点上都是连续的。产生这条边的正是解释的切口。②

这个显示无意识之特征的边的拓扑学结构从而被接受为一种基本的操作性进展,相对于某些弗洛伊德式概念的解释而言,后者趋向于把无意识"实体化"为具备一个忽隐忽现的开口的一种"容器"(例如 Ça[它我]如同冲动的贮藏库)。拉康从主体与能指的链接出发而建立的、既是结构的也是拓扑的拓比配置,完全避

---

① J. Lacan: *L'étourdit*, in *Scilicet*, n° 4, *op. cit.*, p. 34.
② M. Darmon: *Essais sur la topologie lacanienne*, *op. cit.*, p. 236.

免了一切关于无意识的神人同形之表象的企图。

拉康已经要求我们，在他对弗洛伊德的评论中，区分 Es、Ça 和狭义的无意识以及其主体①，在此之外，构想在大彼者领域中构成的主体的无意识的唯一方式，恰好就是要把它理解成"解释的切口在莫比乌斯带上所产生的反面"②。因而只有在语言中才可能有分析行为。

在此情况下，看到拉康在能指歧义性的范围本身当中推进分析行为的有效性，我们也不以为奇了。事实上，对一个唯一能指的音律划分，在固定其歧义性的同时，强调了一种双重转动的可能性，即一种潜在的能指/所指的双重对立：

> 第一个所言，理想中分析者的不假思索，只是因为"设说(parsoit)"对他的言说才具有其结构的效果，换言之解释可形成是之说(parêtre)。

> 是之说是关于什么的？关于"真正的"切口所产生的东西：指的是一些封闭的切口，拓扑不允许它们缩减为线外点，或者与此相同地，只允许它们构成想象的洞。③

如我们前面已经提到的，这样一种切口的运作解开了能指与

---

① J. 拉康在《幻想的逻辑》(op. cit.，参见 1967 年 1 月 11 日讨论班)中分析了这种区分："正如我们所知的，Ça 是被咬掉了某个东西的思想，它不是存在的返回，而是一种去存在——同样，无意识水平上的存在，是某个被咬掉了非我(je)的我思的东西。而这个我思并非是我(je)，……——某一瞬间可以与 Ça 相聚合——我将之指示为 Ça 说话……无意识的模型无疑正是一种 Ça 说话，只要我们确实意识到它并不涉及任何存在"(我做的强调)。

② M. Darmon, *Essais sur la topologie lacanienne*, op. cit., p. 237.

③ J. Lacan,《L'étourdit》, in *Scilicet*, n° 4, op. cit., pp. 44-45.

所指的固定，同时限定了能指链，尤其是此链所围住的莫比乌斯带形式的空。在此意义上，拉康说，解释有可能揭露主体的欲望：

> 切口通过固定其欲望而得以收复的言说，只有在成为请求时才会保持不被封闭……
>
> 此言说起源于以下事实，即无意识，被"构成为一种语言"，也就是说它所栖身的言语服从于每一言语各不相同的歧义性……
>
> 与陈述相伴的这些歧义性，集中于三点－结中……但是……任何一个都不必定是首位的，我们呈现它们的维度维持于一种双带而非一个单圈。①

拉康提出了能指歧义性的三种代表类型，这在弗洛伊德的文本《同音，语言与逻辑》的"字里行间"中得到证明。② 再一次地，他透过重复现象的角度，把对主体的无意识欲望的可能性解读与主体在剪切过程——由分析行为所决定——中的认同定位在内八字的轨迹之上。在他的讨论班《幻想的逻辑》中，拉康强调以下事实，这种重复如同对某线条的重复，它确认了一条线围绕其自身转圈的轨迹，即构成主体的双圈：

> 由被重复之物所支撑的线条，在不断重复中，应弯曲起来，应重返起点：它（此线条）此后就如此标志着被重复物。

---

① Ibid., pp. 47-48（作者所做强调）。
② Cf. Ibid., pp. 48-49。

这个，这个轨迹，正是双圈轨迹，或者是我首次介绍时所称谓的'倒八字'。①

我们不应忽视，自身重复的圈所固有的这种回溯性效果确定了某种差异；重复的元素从来都不同。此外，这个双圈的循环划定了一个空的范围，其以莫比乌斯的方式构成的空间标志着被重复物与重复物之间的差异，同时揭示出这个未被计算但在结构上呈现的元素：外加的一"仍配得上此多余的壹的称号……它是一切能指的确定所必需的"②。参照环的拓扑学③，我们在那儿重新看到了这个著名的环绕，主体在其行程中无法计算它，也就是他围绕中心的洞进行的环绕，由此划定欲望客体自身的重复范围，这一客体被反复的请求连续不断地围绕着，但永远无法达到。

正是在此意义上，具切口性质的分析行为才有可能使主体欲望的空间显现出来——通过揭露莫比乌斯表面——同时在其产生的时刻重新将其关闭起来。解释性切口因而从根本上同构于无意识之结构。如珍妮·格拉农—拉丰所提到的，双圈切口"揭示了纸带表面被忽略的空间，其关系到欲望。揭露一个'被忽视的'却一直在当中发挥效力之物的这种方法，与无意识的存在方式是类似的"④。如此我们可更好地理解"分析的解释如何打败了命运，就是说它通过语言游戏而把歧义性和隐喻再次引入到命运压上了

---

① J. Lacan, *La logique du fantasme*, *op. cit.*, 1967 年 2 月 15 日讨论班。
② Ibid.
③ 参见上文，第 9 章。
④ J. Granon-Lafont: *La topologie ordinaire de J. Lacan*, *op. cit.*, p. 39。

某种凝固和固着意义之地。它让人听到另外一种意思"①。

能指划分的重要性由此而来，它在治疗行为的框架下为分析进程加上了标点。此外，作为与解释性切口的逻辑相连的一种必要性，所谓"可变时间"的分析时机也得到了说明。② 但同样地，这也必然牵涉到这种讽刺性的变形，它以所谓"短时分析"的称号，直至今日仍不断地引起众议，而将之归咎于拉康教学之结果是不公平的。

我们已同意要坚决地区分"可变时间分析"与"短时分析"的实践。如帕特里克·纪尧马（Patrick Guyomard）在其论著《行为时间、技术与风格之间的分析家》中对此相当公正的评论："所谓短时的分析只是建立在长时分析的可能性当中。"③某些拉康学派所培养的分析家已经轻率地——或者省事地？——忘记了调节此辩证法的逻辑原理。

对于确切涉及所谓拉康之实践的东西，似乎很难在其著作中找到能够阐释此问题的一些明确的"技术性"证明元素的记录。对此至少有一个理由：拉康似乎并不太相信关于某个"技术"的观点本身——在弗洛伊德已经确定此术语之使用的意义上。对于他来说，一切分析首先永远是一种"实践"；明确地说是一种真相之实

---

① P. Guyomard：*La jouissance du tragique. Antigone. Lacan et le désir de l'analyste*，Paris，Aubier，1992，p. 55.

② 我在此重提了关于"可变时间之分析"的一篇论文中所提出的几点论据，见 *Nouvelle revue de psychanalyse*，n° 41，*L'épreuve du temps*，Paris，Gallimard，printemps 1990，pp. 236–242.

③ P. Guyomard，*le temps de l'acte. L'analyste entre la technique et le style*，in M. Mannoni，*Un savoir qui ne se sait pas*，Paris，Denoël，1985，p. 161.

践，他提醒我们这一真相它在说自己①，分析家有责任在患者的言说中"标记出（其）辩证法"②。

分析领域中这样一种关于真相之实践的概念意味着，至少，我们赞同"无意识像一种语言那样被构成"的假设，这一假设，拉康在他著名的始于其 1953 年之"罗马演讲"的"返回弗洛伊德"当中努力地进行了验证。在拉康的著作中，这是最好的能够让人揣测到有关"可变时间"之分析实践的论证雏形的研究：

> 因此，正是巧妙的断句给出了主体的言说的意思。这就是为何一次分析的暂停——当前的技术把它变成了纯粹计时性的停止，因而对言说的跨度漠不关心——在那时起到了一种划分的作用，它具有整个干预的价值，以催动结论性时刻。③

断句，划分和暂停因而构成了调节分析时间之逻辑的三个算子。况且，如拉康所说，我们可以把分析行为想象成通过定住言说的意旨而"赋予主体之话语其辩证断句法"④的某个东西：

---

① Cf. J. Lacan, *La science et la vérité*, in *Écrits*, *op. cit.*, pp. 867-868："自我，真相，我说话[……]这仅仅意味着关于真相，关于这个唯一所必须要说的，即不存在元语言[……]没有任何语言能够就真话而讲真话，因为真相依据于它所说的东西，除此之外别无他法。"

② J. Lacan, "*Fonction et champ de la parole et du langage en psychanalyse*", *ibid.*, p. 313.

③ J. Lacan, "*Fonction et champ de la parole et du langage en psychanalyse*", *ibid.*, p. 252(我做的强调)。

④ Ibid., p. 310.

主体的真实性所猛烈攻击的见证者，其言说之言语过程的保管人……分析家具有誊写人性质。

但他仍是真相的主人，此言说即是其进展。我们已经说过，正是他，首先句读出其辩证法……一次分析的暂停必须被主体体验为对其进展的一次断句。①

分析的时间似乎只能随着无意识的"跳动"而被强调，无意识会在主体的话语中开启，只要分析家懂得为其连贯性打上标点。因此，分析的解释根据这种划分而找到其有效性：

解释并不建立在任何神之原型的假设之中，而是建立在无意识具有一种语言的根本结构的事实之上……解释，为了解码无意识重复的历时性，必须在能指的共时性(能指在其中形成)中引入某个突然使翻译变得可能的东西。②

给出解释的分析所做的，不过是"引用"已然存在于主体中的一个言说，一个能指的序列，在患者说出的话语之前他事先对之一无所知。如此理解，当解释以能指"切口"的形式介入之时，它因而找到了它固有的一致性。而且它显现为一种特殊的断句，其效果在于，从在患者的联想中起作用的无意义的能指多义性出发而突然产生一个意思。在此意义上，解释能够代替划分，并如此以一次分析的暂停的名义而起作用。

---

① Ibid. , p. 313.

② J. Lacan：*La direction de la cure et les principes de son pouvoir* (1958)，Ibid. , pp. 593–594.

拉康提供了对于解释的另一种重要阐释。在将其限定于"引用"的同时，他还同样地将其确定在暗示或者歧义的领域之中。①实际上，由于其功能，它可能具有一种歧义性的结构，因为它意味着两个能指序列的调整，它揭露了它们的异质特征。同音异义是对其最为简单的说明。

然而就它以歪曲的、完全是能指的文字游戏的方式被使用而言，则是无可辩解的，就如同某些"拉康派"对它的滥用。一个是要对患者的言说进行断句。另一个是要利用，以解释性铡刀的形式，最初出现的能指的同音异义，以便在一种可耻的适时性中决定一次分析时间的暂停。

就此，常常被援引的"逻辑时间"②的论据无法为短时分析的实践进行辩护。拉康的确强调了这种逻辑的时间——"注视的瞬间，理解的时间，结论的时刻"③——在他看来，它辩证化了治疗及其终止的动力学。相反，他从未混淆过这种时间的次序与狭义的分析时长的安排④。

---

① 拉康特别地提出三种歧义类型以支撑解释：同音异义的歧义性，语法歧义性以及逻辑歧义性。Cf. *L'étourdit*, in *Scilicet*, n° 4, *op. cit.*, pp. 48 sq.

② J. Lacan: "*Le temps logique et l'assertion de certitude anticipée*", in *Écrits*, *op. cit.*, pp. 197–213.

③ Ibid., pp. 204 sq.

④ P. 纪尧马曾提出关于这一区分的极好阐释，《行为时间。技术与风格之间的分析家》，in M. Mannoni, *Un savoir qui ne se sait pas*, *op. cit.*, pp. 170 sq.

11. 主体，客体 a 及幻想 $8 \diamond a$

交叉帽的拓扑学

由于其表面所呈现的某些独特性，拉康使用投射面，尤其是这个名为交叉帽的物项所具有的特殊结构来体现联系主体和其欲望客体的一些特定连接。

交叉帽的拓扑学特性可被简单地予以呈现，只要我们留意地分别观察构成该合成表面的不同元素，即一个单表面——莫比乌斯带，加上一个双表面——一个圆平面。

交叉帽是一个被打洞的拓扑表面，即一个有一条边的单表面。这个表面得自作为其基础的拓扑学客体：投射面，至于后者，它是一个没有边的封闭的表单面。为了从投射面过渡到交叉帽，需要从投射面的球形部分抽取一个帽顶，它可被恢复成一个圆平面的形状。对该表面的抽取形成了一个洞，其圆周制造了一条边。在此意义上，交叉套因而是一个打了洞的投射面，我们将看到它严格同形于莫比乌斯带的结构。

投射面是一个四维的表面，因而是我们的直观感觉难以理解的。然而，通过特定的人为程序将此彻底抽象的表面浸入一个三维的欧几里得空间，我们可以试图使其呈现一个表象。此浸入的结果可让我们得到一个"折中的"构造，因为这个表面的一部分在现实中是无法呈现的，它让一个反面和一个正面处在相互的连续性中而表面却一次也没有相交。

拉康在其《认同》的讨论班中引入了对此投射面和交叉帽的参考。然而更多的是由于其实践中的展示功效而非其形式上的优点，他才将此拓扑学客体用作有助于解释某些涉及主体结构的元心理学过程的隐喻性支撑物。其实，展现投射面和其对应物交叉帽的实验，这恰好再一次强调了以下事实：拉康涉足拓扑学的基本的理由正得自于对相关物项的操作本身。因而在此，面对拉康的著作，"像这样的客体"的结构比支配着投射面空间概念的数学背景要重要得多。①

通过两个不同的构造过程可以简易地开始着手投射面的结构。第一个过程的实现，以从一个半球出发而进行的抽象操作的扩大化为基础。第二个，则相反地利用了一种纯粹具体的制作原理，可通过某种简单材料来实现。②

―――――――

① 对于这些相关背景，我们可以尤其参考一些特别清楚的综述：a）J. -P. Georgin, *Du plan projectif au cross-cap*, in *Littoral*, n° 17, *Action du public dans la psychanalyse*, Érès, septembre 1985, pp. 147 - 168；b）J. - D. Nasio, chap. VII：*Construction visualisée du cross-cap*, in *Les yeux de Laure. Le concept d'objet a dans la théorie de J. Lacan*, op. cit., pp. 170-192；c）M. Darmon, chap. VI：*L'a topologie du sujet*, in *Essais sur la topologie lacanienne*, op. cit., pp. 191-228.

② 关于这些不同的构建过程，尤其参阅我所参考的以下著作：a）D. Arnoux, 《O + 8 = O》, in *Littoral*, n° 13, *Traduction de Freud, transcription de Lacan*, Érès, juin 1984, pp. 149-165；b）S. Barr, *Le plan projectif*, in *Littoral*, n° 14, *Freud Lacan：quelle articulation?*, op. cit., pp. 107-128；c）J. -P. Georgin, *Du plan projectif au cross-cap*, in *Littoral*, n° 17, op. cit.；d）J. Granon-Lafont, *La topologie ordinaire de Jacques Lacan*, op. cit.

第一构造过程①

从以下图示中所示的一个半球出发，我们可以想象，边上的每个点都对应着对直方向的另一个点，我们由此定义一系列的反距点 AA′、BB′、CC′、DD′等，如图 11.1 所示。

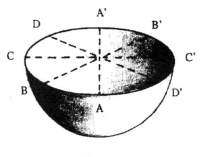

图 11.1

如果这个半球以柔软且易变形的方式被构成，我们就能够缝合球面边上的这些连续的对应点，比如拉伸球面 A 点的边直到球面 A′点的边，如图 11.2 所示。

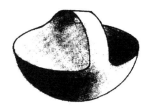

图 11.2

---

① 此构造的描述由 J. - P. Georgin 所呈现，*Du plan projectif au cross-cap*，in *Littoral*，n° 17，*op. cit.*

这样就得到某种把手，如一个篮子的把手一样。我们继续相同的操作，在相同动作中，这次选取相邻的第二点：比如我们将把 A′和 B′点与 A 点和 B 点进行缝合。如果我们继续像之前那样操作，也就是说把 A 的边拉向 A′，B 的边拉向 B′，那么第一个把手将遭受一次扭转，因为我们要把 B 边部分拉向 B′。事实上，从 B 到 B′的拉伸只有通过最初把手所形成的表面部分的一次翻转才能完成，如图 11.3 所示。

图 11.3

现在让我们来想象对组成半球的边的无限个点进行相同的操作。我们得到了这种相同的把手自身的无数次翻转，直到表面通过其自身而得以全部完成。

这一操作在我们三维的空间中当然是无法呈现的。然而我们总是可以带点抽象地对之进行想象。实际上，假如我们能够用图示来呈现这一运动的规律，我们却永远无法穷尽其极地构造这些图示。以下图形为我们给出了这些图示的规律，如图 11.4 所示。

图 11.4①

这就是我们称为投射面的封闭单表面。这样一个表面需要某
些注解。我们的直觉让我们本能地把 AB 线(图 11.4)想象为一条
分隔线，也就是一条交叉线。事实上，不存在任何实在的相交。
这个无法呈现之表面的独特性恰好正是没有任何切割线。只不
过，我们的三维直觉让我们以为有一个皱褶(AB)，两个表面在
此会完全重叠。但事实上没有。

我们所涉及的表面是一个完全连续的抽象表面。如同一条莫
比乌斯带，其正面与其反面总是连续的。拉康的一种形象化的表
达使我们能够理解这种独特性。拉康，事实上，经常用"主教帽"
一词来指代投射面(以及交叉帽)，我们可用以下方式来呈现，如
图 11.5 所示。

图 11.5

---

① 依据 J. -P. Georgin 的图示，参见同上，图示 12，154 页。

这个物体对我们来说并非是完全陌生的。为了从主教帽出发而想象一个投射面，就要能够以这种方式来构想帽子的结构。让我们首先想象把一个球形帽顶与主教帽的开口缝合在一起。接下来，若我们假定上面部分的两个成分之间的缝合方式符合一条莫比乌斯带的轨迹，前成分与后成分是连续的，那么我们就得到了一个投射面。事实上，如果这种连续性具有莫比乌斯带的组织结构，那么帽子的外部必然与内部是相连续的，反之亦然。

我们因而可以通过以下的图形来表示这个拓扑学的帽子，如图 11.6 所示。

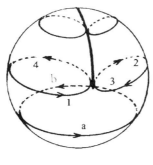

图 11.6

我们在此图表上辨别出两种有可能在表面上完成的轨迹。第一种轨迹体现为 a → b 的路径；另一种轨迹由 1 → 2 → 3 → 4 的路径来体现。

球形帽顶水平上的 a → b 轨迹，未引出什么特别说明。拓扑学家们喜爱的小蚂蚁，它在表面的外部从 a 点出发，重新出现在 b 点，它一直都在表面的外部。如果它从这个球形帽顶的表面内部沿相同的轨迹前进，那么情况是相同的：轨迹会一直留在内部，从 a 点到 b 点，直至再返回 a 点。

相反，如果我们现在研究轨迹：1 → 2 → 3 → 4，情况则完全不同。假设同一只蚂蚁的出发点在 1 点，在表面前面部分的外部。它到达抽象的交叉线，穿越它来到了后面部分，到了 2，但却在表面的内部。继续前进到 3，它一直处在内部，但又回到了前面。再一次穿越交叉线，它出现在 4 点上，也就是说在后面，但这一次是在表面的外部，因而从这里它可以重新回到它的出发点 1。

蚂蚁因此从外到内再从内到外而一直没有遇到边界或者界限。这就是我们因此而定义为单表面之表面的根本特性。这个表面显然让我们重新想到了莫比乌斯带的拓扑结构。此外，如果我们进行一个剪切，沿着蚂蚁的这个双圈轨迹(内八字)，投射面即刻就会分解成两个元素：

—— 一条莫比乌斯带；

—— 一个球形帽顶，它可以通过变形而重新变成一个圆平面，如图 11.7 所示①。

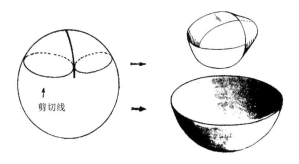

剪切线

图 11.7

① 有关此等式："投射面=圆平面+莫比乌斯带"，参见：1°) D. Arnoux:《O + 8 = Ø》, in *Littoral*, n° 13, *op. cit.*, 2°) S. Barr, *Exercice de topologie*, Paris, Lysimaque, 1987, pp. 75 sq.

第二构造过程

这一分解直接使人设想交叉帽的第二种制作方式，其构造原理将基于一种剪切和粘贴的过程。这第二种制作技术除了表现出简便的优点之外，它还清晰地展现了投射面的内部结构。而且，它以例证的方式证明了之前的抽象关系等式：

投射面＝莫比乌斯带＋球形帽顶

事实上，我们可以想象一种蒙太奇的技术，它最大限度地表明为何这个拓扑学客体最主要的益处是在于其切口；即我们只能通过将之施加于此物项上才能真正抓住的某个东西。这个技术还能够表明，如我们将看到的，切口如何隐喻化主体与其欲望客体的关系，即拉康通过公式 8◇a 而交付给我们的幻想结构。

最后，这个在投射面上所实现的切口澄清了对 R 图示的引用，该图示自 1953 年以来规定了符号界、想象界与实在界的关系，而文集中的一个注释向我们明确指出，其所涉及的是一个投射面的展开①。

这一构造方法在于剪切两个直径尽可能相等的圆平面。圆平面的大小很重要，因为它可抵消支撑物的硬度以便于操作，我们只要选取稍柔软的材料即可。

这两个圆平面接下来被重叠在一起，并沿着它们各自画线的长度被切开：A→B，A′→B′。由此在圆平面上得到的裂缝的每一

---

① Cf. J. Lacan, "*D'une question préliminaire à tout traitement possible de la psychose*", in *Écrits, op. cit.*, p. 553 注释 1："R 图示所展开的，正是一个投射面"。参见上文，第 1 章。

条边都以以下方式被编号，如图 11.8 所示。

　　——1 和 2 是 A→B 裂缝的边，
　　——3 和 4 是 A′→B′ 裂缝的边。

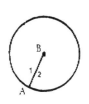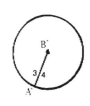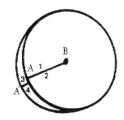

图 11.8

　　在切口 A→B 和 A′→B′ 完全对齐的情况下，用胶带把 1 边和 4 边粘在一起。如果我们能够在一个四维空间中操作的话，那么应该把 2 边和 3 边粘在一起。而这是不可能的，我们必须借助于一个技术手法。如果不打断 1 边和 4 边的连续性，2 边和 3 边的连续性事实上是无法呈现的，我们可以把 2 边粘到已经连在一起的 1 和 4 边上；然后是 3 边，从另外一侧与同样的 1 和 4 连续边粘在一起。通过这一手法，我们就获得了依据一条随意存在的交叉线 A→B 的表面的穿透，如图 11.9 所示。

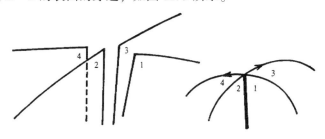

图 11.9

粘贴手法的目的在于使不相交的表面产生连续性，即 1→4 的连续性与 2→3 的连续性，它们代表了同一个表面自身的穿透而不相交。我们因而重新发现一个莫比乌斯的轨迹，不间断地从内到外、从外到内，如同蚂蚁之前所展现的路线。

在构造的这一阶段，我们因而能够在两个像这样聚集在一起的圆平面上画出两种轨迹，如图 11.10 所示。

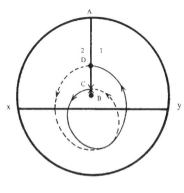

图 11.10

第一种轨迹由 x→y 线条所代表，它在中点 B 下面轻松通过。第二种轨迹是一条曲线，它以一种奇特的方式围绕中心点 B 而展开。这一轨迹从想象的交叉线上的 C 点出发，在上面的圆平面上以实线围绕 B 点旋转，直到它在 D 点上再次与想象的交叉线相遇。接下来，它在后面的另一个圆盘上以虚线继续前进，并回到起点 C。因此所涉及的是一个内八字的双圈轨迹。

这两种轨迹完成后，只需要将这两个圆平面的外周粘贴起来。当这两个圆平面像这样彼此连成一体时，我们就得到了一个投射面的物质体现。

这样一个物体的益处就在于对其特性的强调，只要我们依据前面所提到的特殊轨迹进行两次剪切，其特性就会立即显现。

第一个切口，根据 x→y 的轨迹，确定了两个特定客体：一个
球形帽顶和一个交叉帽，如图 11.11 所示。

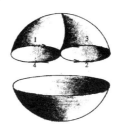

图 11.11

交叉帽由被如此切开的投射面的上面部分所代表。不应忘记
所涉及的这一表面是连续的，如已经提过的 1→2→3→4 的路线
所证实的那样；也就是说，从外到内、然后从内到外而无需越过
任何边或者边界的一条路线。在此意义上，交叉帽的结构是一种
莫比乌斯的结构。

为了进行第二次剪切，必须重新把球形帽顶和交叉帽粘贴起
来重新构成投射面。这第二次剪切跟随着围绕 B 点的那条轨迹。
从 C 点出发，依时针的方向剪切上面的圆平面，直到想象交叉线
上的 D 点。在此点上，需要记得这里涉及一种表面的穿透，因此
必须在底下的圆平面上继续剪切，一直跟随顺时针方向旋转的轨
迹，直至返回到 C 点。

如果我们处理的是一个真正的投射面，那么像这样被剪切的
圆平面会自行散开，因为这些表面相互穿透而不相交。在前面的
构造中，为了模拟连续性，我们已把 1、4 边粘在一起，然后是 2
边和 3 边。为了使中心的圆平面脱离，就必须切开 C 与 D 之间所

建立的人为的黏合。我们从而得到两个奇特的东西：一方面是一个环状物；另一方面是一个具有特殊性质的圆平面，如图 11. 12 所示。

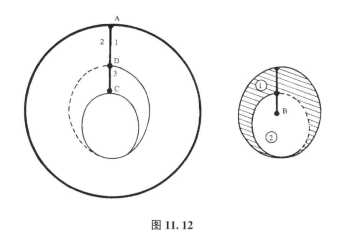

图 11. 12

让我们来查看环状物的结构。从这个表面的任意点出发，如果我们按一定的方向旋转并遵守交叉线所指定的路径，那么我们就会穿越整个表面而重新回到起点。因此它与一个莫比乌斯带有关。

至于被剪下的圆平面，它的中央包含 B 点，后者赋予了交叉帽这种单表面的特性（一个唯一的面）。然而这个圆平面却是双表面的（两个面）并包含交叉线。在图示 11. 12，有阴影的部分对应于只含有单层厚度的圆平面部分（①），而另一部分则含有双层厚度（②）。

从此圆平面出发，如果我们重新连接 1 和 4 边，然后是 2 和 3 边，我们就可以想象一个再次获得交叉帽结构的圆锥体，如图 11. 13 所示。

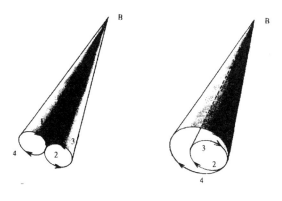

图 11.13①

事实上，从此 B 点出发，我们可以依据轨迹：1→2→3→4 而穿越整个圆锥体的表面。

在交叉帽的构造过程中，最易理解切口的某些特定效果是如何起作用的。而且，在拉康关于主体结构，尤其是主体与欲望及能指的关系问题的孜孜不倦的追问中，这些拓扑学客体之所以吸引了拉康全部的注意力，正是因为这种效果：

> 对我们而言，所涉及的是通过借由能指来询问欲望的效果，就是要我们看到切口的领域是如何的，切口的张开，正是通过其在表面上的形成，而为我们呈现了我们的欲望经验的时间可能得以排列的不同形式。②

---

① 该图示的得出来自 A. -M. Ringenbach 的图形，见 *La dissymétrie, le spéculaire et l'objet a*, in *Littoral*, n° 14, *op. cit.*, p. 141.
② J. Lacan, *L'identification*, *op. cit.*, 1962 年 5 月 23 日讨论班。

在提及交叉帽时，拉康以更明确的方式继续表达如下：

> 如此被构成的表面特别有利于让这个最难以捉摸的元素在你们面前发挥作用，它像这样被称作欲望，换言之即缺失。①

我们前面已经看到，在交叉套上进行的一个剪切分离出一个双面的圆平面，包含着那个点——"无边帽或交叉帽的交错结构的可能性本身围绕着它而得到支撑"②，即 B 点，它允许一个双表面能够反过来转变为单表面。这个独特的点，拉康将它指示为无法呈现的"线外点"，但它允许他把交叉帽定义为"组成一个洞的特定方式"③：

> 占据洞的位置的，可以说正是一个表面，尽管洞的结构仍是关键，但我们在此表面中推测出中心点，对于我们的呈现来说，伪—交叉线正是从那里开始的。④

我们现在来期待一下在交叉帽上进行的内八字剪切所凸显出的某些特性。

我们可以想象，如拉康所建议的⑤，在投射面上依据两个不同方向的一条内八字切口：分别是，围绕中心点向右的一个旋转

---

① Ibid.
② Ibid.
③ Ibid., 1962 年 6 月 13 日讨论班。
④ J. Lacan, *L'identification*, *op. cit.*, 1962 年 5 月 23 日讨论班。
⑤ Ibid., 1962 年 6 月 6 日讨论班。

①，和向左的一个旋转②，如图 11.4 所示。

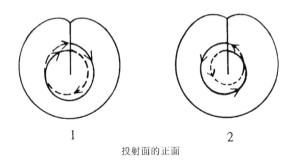

1   2

投射面的正面

图 11.4

如果我们把像这样被剪切的投射面翻转过来，我们发现这些切口一直保持它们左旋或者右旋的相同的旋转方向，如图 11.5 所示。

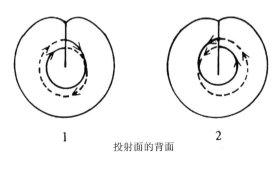

1   2

投射面的背面

图 11.5

鉴于，无论从正面或是反面看，投射面上切口的方向均保持一致，我们因而面对着一个被称为不对称性的基本特性。其证据就在镜子的经验当中：若我们将形象②，其正面或反面置于镜前，它们在镜中显得与形象①完全一致。由此可知，被双圈切口"摘去了"其中心部分的投射面是不对称的。因此，它是可反射的。也就是说它具有一个反射形象；一个客体的反射形象与客体本身总是不可重合的：

	客 体	形 象
对　称	不可反射的客体	可重合于客体的形象
不对称	可反射的客体	不可重合于客体的形象

如果我们用被摘取的中心部分来重做相同的实验，相反地，我们发现这个表面是对称的，因而是不可反射的。

总之，在投射面上所进行的内八字的剪切确定了两部分性质截然相反的表面。如我们所见，被此切口所抽取的表面包含 B 点——线外点——也就是投射面结构的最具构造性的点：

> 此外，在这个点上应该维持着某个东西，它可以说是表面的精神制作的诱饵，即相对于围绕它表面得以实在地构成的这个切口。因为这个表面……应该把它构想为一种特定的组成一个洞的方式。①

唯有这个点的拓扑结构能够让人理解一个表面如何能够围绕一个洞——一个空——而展开，并因此而显露这种单面的独特性，就此而言，被自身所穿透而没有真正地相交。而且，只要将被如此切开的"圆片"的边重新进行连接就可以重新构成投射面的结构。②

---

① J. Lacan, *L' identification*, *op. cit.*, 1962 年 6 月 13 日讨论班。
② 参见上文，见本章。

所有这一切都让人假设这个表面的结构逻辑，在很大程度上仍然是由构成它的切口的方式所决定的，如果此表面被简化到最外围的极限的话，正如拉康在其 1962 年 6 月 20 日的讨论班中要求我们对其进行的形式化那样，如图 11.16 所示。

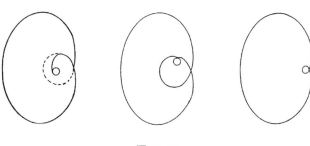

图 11.16

在此精简的形式中，显而易见，我们又重新看到了内八字的形状，即限定切口，围绕着表面的不可约点：线外点。

拉康将直接以这些特性——从投射面上所进行的这些不同操作当中得出——为依据，来更为清晰地理解受能指功能之效果支配的主体与其欲望客体的关系，即在幻想的维度中：8◇a。

若请求被缩减为一个总是相异于另一个的能指一元特征的重复，它在一定量的环绕之后形成内八字，由此，它是否终于捕捉了欲望的客体？它到底抓住了什么？确切地说，是在需要的客体之外激励它的东西，即缺失，后者所能具有的结构只是一个空，引起欲望的客体似乎就被缩减为这一个空。这样，在成为请求的重复所追求的目标之后，客体 a 被追溯性地加以限定。作为例证，环的拓扑学为我们显示了客体如何只能是主体所缺失的客体，而主体作为能指功能之效果，所能追随的永远都只不过是对中心空洞的环绕。

然而，如果说环构成了一个结构性支撑，有助于呈现主体与其欲望客体在能指影响下的这种特殊连接，它却无法解释确定了欲望与客体a（主体似乎是其切口）的这种扭结逻辑的规定性，作为其结果的幻想的结构由此得出："8切口a：$8\diamond a$"。① 这种规定性来自于石祖功能，交叉帽的拓扑学也能反过来证实后者。

如我们已提及的，交叉帽上所进行的双圈剪切分离出两个性质截然相反的表面的元素：一方面是去掉中心的环状物，即类似于莫比乌斯带的一个不对称的表面，因而显现出一个反射形象；另一方面是一个不可反射的对称的表面：

> 这因而就是此切口的功能及其典型说明。它以特殊的方式划分一个特定的表面——该表面的性质和功能对我们而言完全是一个谜，因为我们难以确定它在空间中的位置——这个切口一方面使得一些重要的功能出现，即我刚才所谓的可反射的功能，也就是说具有其反射形象的不可缩减性，另一方面使得一个表面出现，尽管它展现了一个表面所有的优势，但被定向的它却未被反射。②

由于这种相反的特性，表面的这两个元素之间所存在的分裂已经开启了关于主体与其欲望客体之关系的首条阐释之路。如我们所知，就算是以其在"镜像阶段"水平上的最初的反射认同的名义③，主体也是隶属于可反射维度，而同样，客体a实质上总是

① J. Lacan, *L'identification*, *op. cit.*, 1962 年 6 月 23 日讨论班（我做的强调）。
② J. Lacan, *L'identification*, *op. cit.*, 1962 年 6 月 6 日讨论班。
③ 参见：J. 多：《拉康导读》上卷，第 12 章。

逃脱于任何的反射形象的。这就足以把莫比乌斯的环状物类比于主体的反射认同 i(a) 的身体支撑，如拉康所提及的，并把剪下的圆片表面类比于欲望客体 a：

> 这为我们阐明了此特性，我已告诉过你们它是作为欲望客体的 a 的特性，即某个同时是可定向的且确实是被定了向的、但却并非——如允许我这样表达——可反射的东西。

> 在这个构成依赖于欲望客体之主体的根本水平上，i(a) 的功能，反射的功能，丧失了其猎物。[1]

由于这种依赖，交叉帽表面上的切口的运算还将主体引回其反射性错觉以及由此产生的朝向大彼者的神经症性异化的维度[2]，因为被切下的客体 a 逃脱了 i(a) 功能。在此意义上，这个切口的双圈就如此隐喻化了石祖功能的运作，以及它通过阉割而在主体中所导致的结构化影响。

此外，拉康也强调了线外点结构的不可缩减性，它不仅规定了"圆片 a"的结构，还因此而规定了交叉帽的表面的整体独特性：正、反面因为是连续的，因而是相同的。正因此，拉康明确指出：

> 通过确定此点的功能，我们能够找到各种巧妙的表达方式，让我们有可能构想处在欲望客体的构造中心的石祖的

---

① J. Lacan：*L'identification*, *op. cit.*，1962 年 6 月 6 日讨论班。
② 参见上文，第 9 章。

功能。①

这个线外点，拉康将之指定为 Φ 点。

在这个拓扑学客体的实验中，唯有切口允许我们理解悖论性地规定了主体与其客体的关系的东西。事实上，剪去了包含线外点的中心表面(客体 a)的双圈，它独自决定了剩余表面(主体)的拓扑学性质。像这样得到的交叉帽的表面没有表达不一致性，然而我们知道这种不一致存在于主体与客体之间，在不对称性和反射性特质的水平上。而且，如果这个拓扑学的支撑物，在其结构的整体性中有可能代表主体与客体的关系，那么，客体的在场从来都只是被隐藏的和不可捉摸的，从某些方面来说就是客体 a 自身的存在方式。

相反地，对于主体来说，客体永远只能是他所彻底丧失了的，因为客体的坚实性的存在，只是剪切的效果：将客体建立在一个主体被排除的领域中(交叉帽上的内八字所裁下的圆片，从而构成了中心的空)。但反过来，主体只能够通过这种排除而构造自己(不对称的和可反射的莫比乌斯表面)，这个由双圈切口所进行的排除同时也分离出客体。因而，正是这种切口在空当中(它围绕这个空而展开)保留这个地点的潜在结构(客体 a 的地点)；这个结构反过来规定了剩余表面(主体)的结构，由此证实了后者对于构造它的空的依赖。这让我们忆及主体的能指异化，主体只能在双圈上勾勒他的欲望的客体，却永远无法达到。克劳德·孔泰如此解释：

① J. Lacan：*L'identification*, *op. cit.*, 1962 年 6 月 6 日讨论班。

双圈的功能是划定一个主体被排除在外的领域；在这个领域中，我们确定了彻底被丧失的客体的位置，也就是我们可以命名为阉割客体的东西；但重要的是，剪下客体的切口它同时决定了剩余部分（它在镜中有一个形象）的拓扑学性质。这意味着，欲望客体在被隐藏、不被注意和不可捉摸的维度中被构成的同时，正是在切口得以发生并分离了客体的情况下，剩余的东西才能成形：正是通过阉割，主体才能进入无论何种现实；更一般地说，正是这个分离允许他在世界中认识自己，即与自己的形象 i(a) 相遇……欲望的客体是应该放弃的东西，以便世界能被作为世界而给予我们。①

然而，这个拓扑学的动力学本质悬而未决，因为客体 a 的地点支撑于线外点上，而且它的整个结构都缩减为这个点，"因为没有什么别的能保证被如此剪下的这个表面的表单面的特点，而这个点却可以完全地确保，同时它确实使得 8 成了 a 的切口"②。在极端情况下，因而正是 φ 点从根本上支配了主体与客体在这种悖论的关联形式中的关系安排，即同时是合取的 ∧ 和析取的 ∨，由此得出拉康所引入的凿印 ◇ 的意义，它只能被译作切口。

同样也涉及，如同拉康在《幻想的逻辑》中让我们做的那样，把凿印的解读分解成一些对立项的对子，比如："小于：<"和"大于：>"，甚至包括和除外，而结果不变：

---

① C. Conté, "*Le clivage du sujet et son identification*", in Le Réel et le Sexuel – de Freud à Lacan –, op. cit., p. 215.

② J. Lacan, *L'identification*, op. cit., 1962 年 6 月 13 日讨论班（我做的强调）。

被划杠的主体，在此公式中，在其与此客体小 a 的关系当中被连接起来……通过这某个东西，它呈现为一个菱形 ◇，我刚刚称之为凿印，它实际上是一个符号，特意被打造出来以使有可能独立出来的东西在当中结合。①

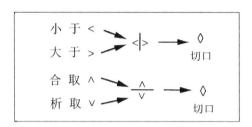

内八字的切口不能被类比于石祖功能的运作，除非石祖的根本性影响的确在于，在同一个共同的"外翻""发散"②点上，结合和分离主体与客体，而线外点以相同的方式规定了这个正反一致的独特表面；甚至是内与外相互会合而不相交的表面。

由主体与其客体的这种"异化/分离"而导致了狭义的幻想的建立：

$$8 \diamond a$$

因而如果涉及的是一个欲望的逻辑，那么它所能导致的只是幻想的逻辑。然而，如同拉康非常确切地指出的，"为了形成幻想，

---

① J. Lacan, *La logique du fantasme*, *op. cit.*, 1966 年 11 月 16 日讨论班。

② Cf. J. Lacan, *L'identification*, *op. cit.*, 1962 年 6 月 13 日讨论班："外翻的共同点，如果允许我这样说，即发散的(d'évergence)，若我可以把这个词提出来，作为与会聚(convergence)一词反向构成的词的话。"

必须有承担它的准备"①。承担幻想的东西，尽管有两个名字：欲望和现实，但事实上只涉及唯一的一种实质，是它导致了交叉帽的表面：

> 费力去连接欲望和现实的确无用，因为最初欲望和现实是一种没有切口的组织关系。它们因此没有缝合的必要，也没有必要重新缝合。欲望的现实就像说正面的反面一样不够准确。②

因为不存在现实——区分于实在——与欲望的最初分离，因而仍需理解主体是如何通过幻想而找到了这种"承担的准备"的支撑。就像同一个面的连续的正反面一样，现实与欲望的连接是无法设想的，除非在任何主体出现以前，我们就身处大彼者的领域中，在大彼者的言说中。

我们不要忘记主体的在场是伴随着双圈的切口才开始的。而且拉康建议我们，再一次地，观察交叉帽上的剪切效果所引起的改变。

一条单一的切口，经过穿透的想象线并绕过线外点，把交叉帽整体上转变为一个与双重切口所剪出的表面相等的表面，即支撑着客体a的结构的圆片，如图11.17所示。

> 任何越过这条想象线的切口都将构成对表面的一种整体

---

① J. Lacan, *La logique du fantasme*, *op. cit.*, 1966 年 11 月 16 日讨论班。

② J. Lacan, *La logique du fantasme*, *op. cit.*, 1966 年 11 月 16 日讨论班。（我做的强调）。

改变，即这个表面彻底变成……我们习惯于在此表面上以客体a的名义剪切的东西。即表面整个变成了一个可放平的圆平面，带着一个正面和一个反面，因而应该说在不跨越一条边的情况下，我们无法从一面来到另一面。正是这条边使这种跨越变为不可能。①

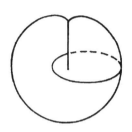

图 11. 17

在此单一的剪切结束时，现实与欲望就这样被彻底分离了。然而这种运作同样指出为何，从一开始，即在主体到来之前，客体a就与"大彼者保持一种基本的关系"。② 换言之，"能指在实在中创造的"唯一的切口，"首先抛弃了这个奇怪的客体即客体a"。③ 因而，从切割实在的第一个能指圈开始，甚至在主体出现之前，客体a就出现了。

如果我们现在进行一个双重的剪切，唯一令主体在场的剪切，如图11.18所示，那么，如拉康所说：

　　我重建了在第一次剪切中已经丧失的东西，即一个其正

①　J. Lacan, *La logique du fantasme*, *op. cit.*, 1966 年 11 月 16 日讨论班。

②　Ibid.

③　Ibid.

面与反面相连续的表面。我重建了现实与欲望的原发的未—
分离。①

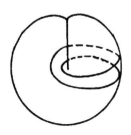

图 11.18

显然，重建连续性的并不是"客体 a 圆片"的摘除，而是已在
单一剪切中被丧失的东西，即一条莫比乌斯带的等价物，如我们
之前所见。② 现实因而只不过是欲望的反面。幻想就这样构造了
此精神现实的框架，欲望在其中心发挥着作用，为主体掩盖实
在，而后者只能在此精神现实之外被瞥见，即透过"符号与想象
的蒙太奇"③。

这个支配主体与其欲望客体之关系的悖论的辩证法，也提出
了一个必须要澄清的难点。我们刚刚看到，客体 a 最初与大彼者
的地点维持着一种基本的关系，甚至在主体得以构建以前；但同
样地，客体 a 似乎又被如此进行了限定，即作为主体进入大彼者
领域所产生的剩余。因此，客体 a 既是从主体投入到能指过程当

---

① Ibid.
② 参见上文，第 8 章。
③ J. Lacan：*La logique du fantasme, op. cit.*，1966 年 11 月 16 日讨论班。

中必然落下的剩余，同时也作为将占据φ的位置的客体①，这强加给主体其与大彼者地点的能指关系，并伴随由此而产生的异化/分离的逻辑(8◇a)。

拉康消除了这种含糊性，他提醒我们，由于在这种关系中，客体 a 被确定为在主体与大彼者之间落下的剩余，因此这个客体恰好就出现"在大彼者的缺乏点，能指的丧失点，因为这个丧失，正是这个相同客体的丧失"②。在此意义上，拉康将这个缺乏点用符号表示为划杠的 A，由此有了算式 S(Å)：大彼者中的缺失的能指。

由此，客体 a 与"大彼者的缺乏点"的关系更好地解释了幻想的功能，因为在主体与大彼者的关系中，正是由于这个点，主体因被拒绝才得以构成。而且，客体 a 只能作为"大彼者，大写 A，为了赋予它一个意思而取代"③的客体向主体呈现。对他来说，这个客体总是产生在大彼者那边。但反过来，通过主体的幻想，客体 a 也是大彼者在缺乏的主体中所欲望的东西，如我们所见，这是焦虑所证实的东西。④

----

① Cf. J. Lacan：*L'identification*，*op. cit.*，1962 年 6 月 27 日讨论班："该客体的功能与主体在其与大彼者地点的关系中得以构成相关，大彼者，是能指的现实得以规定的地点。在意义缺乏的、一切意义均被废除的点，在所谓大彼者欲望的结点，在所谓的石祖点——就其意味着这种对一切意义的废除而言，客体 a，阉割的客体将获得其位置。"

② Ibid. (我做的强调)。

③ Cf. Ibid.："一切隐喻，包括症状的隐喻，都尽力使这个客体在意义中出现，但隐喻所能产生的整个意义群都无法封堵这个中心丧失的洞所涉及的东西。"

④ 参见上文，第 7 章。

第四部分

主体及逻辑的颠覆

12. 从否定到"并非……全部"

　　拉康使之附着于主体之结构的、作为元征的壹的功能，也牵涉到对传统逻辑的一种批判性修改的必然性，该逻辑尽力提呈存在之言的思想过程以及由此产生的其言说中的产物。从他对认同问题的思考开始，拉康就提到了此必然性的理由：

　　　　如此被提出的主体的问题，即是谁？谁在那儿？谁在发生作用？谁在说话？还有别的什么的谁？因为在一个技术中，仍然必须对此有所预料，一个大致的一个对另一个说话的、总之是关系的沟通技术：仍然必须知道谁在对谁说话？……需要知道这把我们带向何种逻辑……相对于形式逻辑，我们身处其中，若那里没有我们要说的话，我们必定不会如此。①

　　这个话由能指功能的逻辑所唤起，而在与大彼者交锋中的主体身上的无意识之颠覆经验揭示了此逻辑。而且，拉康提倡修改逻辑的正统观念，以支持一种所谓"弹性的"②逻辑，后者可以容

---

① J. Lacan, *L'identification*, *op. cit.*, 1962 年 2 月 21 日讨论班。
② Ibid.

纳主体的内涵——在传统逻辑中被排除的——同时还有他与客体a（他即其切口）之关系的标记。

假设这样一种"能指的逻辑"能够建立，其基础的一些元素似乎从矛盾概念中已然可以得出。事实上，自亚里士多德的逻辑以来的一切逻辑构造，无论它被更换为阿诺德和尼科洛的波尔—罗亚尔（Port-Rogal）的热情逻辑、还是被康德平庸化为抑郁的形式，或者是在当代数学的严格符号体系中被形式化……它都总是结构化的，以至于矛盾无权被列于其中。不矛盾律实际上在当中占据了一个不可动摇的公理地位，并受到排中律的保证。仍然有某些言说的"微—现象"颠覆了这一形式原则所规定的稳固性，从而对其防线功能重新提出了讨论。

让我们即刻将此模糊的性质置于否定的一般应用当中，它体现在这种独特的形式中——我们将之指示为赘词"ne"，我们所知的其典型表达如："我怕他不会来（Je crains qu'il *ne* vienne. ）。"在这样一个句式中，我们直接观察到"ne"的功能完全颠覆了句子的否定意义，因为不管怎样，它传递的信息都意味着：我希望他会来。

如拉康狡黠地指出的，这个例子所带来的益处似乎只是因为它明确证明了所述主体与陈述主体之间所存在的分裂①：

> 我怕他不会来，这并非是因为我们情感之模糊性的表达，致使通过这种过度而显示出，在一种特定关系中，这种陈述行为之主体与所述主体的区别如何能够重新出现、浮

---

① 参见：J. 多，《拉康导读》上卷，第 17 章。

现、再现、并以裂口为标志。尽管它没有以指示它的一种方式呈现在所述水平上。我怕他不会来，这是一个第三项……然而，这无关乎它在所述水平上……是否是可指示的；一个主体，无论其在陈述水平上被掩饰与否、被呈现与否，他致使我们提出主体功能的、其形式的、他所支撑的东西的问题，且让我们不致受到欺骗、不会认为仅仅是"我"（je）在所述的表达法中，将他指示为在定义现时的瞬间承载话语的那个。①

关于"基础否定"②的这一情况十分典型，它让我们不得不把无意识主体的在场——因而是欲望的主体——确定在陈述的方向上③，这一叙述明显违反了逻辑学通常所赞同的标准，鉴于否定在当中以悖论的方式起作用。

亚里士多德逻辑学中系统化命题的形式体系——其后继者也是如此——假定我们区分了四种两两组合的命题：

1）全称命题

U A → 肯定命题：$\forall x F x$

---

① J. Lacan, *L' identification*, *op. cit.*, 1962 年 1 月 17 日讨论班（我做的强调）。

② 基于 O. 马诺尼的理解。Cf. "*L' ellipse et la barre*", in *Clefs pour l' Imaginaire ou l' Autre Scène*, Paris, Seuil, 1969, p. 73.

③ Cf. J. Lacan, "*Subversion du sujet et dialectique du désir dans l' inconscient freudien*", in *Écrits*, *op. cit.*, p. 800："比如我们认为已经辨认出了陈述主体，在语法学家们＊所谓的 *ne* 赘词的能指 *ne* 中"（作者所做强调）。

＊指 J. 达姆海特和 É. 皮雄。参考他们的著名语法论著，《由词到思想，论法语语法》，巴黎，d' Artrey，1911–1940，以及论文："论法语中否定之心理学意义"，1928 年由雅内的期刊出版，É. 卢迪内斯库在《法国精神分析史·1》中亦提及于此，1885–1939，巴黎，Seuil，1986（第一版，Ramsay，1982），316–317 页。

U N → 否定命题：$\forall x \neg Fx$

2）特称命题

P A → 肯定命题：$\exists x Fx$

P N → 否定命题：$\exists x \neg Fx$

我们将四者重新分类在以下的四格表中，如图 12.1 所示。

① U A	② U N
④ P A	③ P N

图 12.1

我们将此命题结构的逻辑差异应用到一个例子中，这比任何时候都来得恰当，只要我们对分析家的位置有些许的信任——拉康用假设知道的主体来指示的位置，意思是，面对一位患者，唯有其结构性的无知保证了分析操作的可能性。因此我们将以下前提作为全称肯定命题：

"分析家都是无知的"

从此所述出发，通过连续的轮流转动，我们得到了以下所述的逻辑分布，如图 12.2 所示。

存在着无知的分析家	存在着不无知的分析家
∃ x F x	∃ x ¬F x
P A	P N
④	③

图 12.2

在传统逻辑理论中，这四类命题被分配到相互的反对或者下反对的位置上，这就次级地决定了差等的和矛盾的位置，根据阿普列的方阵图(*quadrata formula d'Apulée*)，如图 12.3 所示。

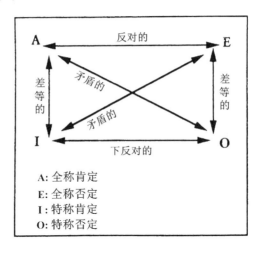

图 12.3

无论这个逻辑结构——它以最令人放心的方式支配着所有在逻辑上可构想的、从而是被期待的表达形式的例子——所建立的确信是如何的，我们都无法免除不恰当命题的悄然侵袭：我怕它们不会到来！而它们的确来了，并扰乱了这两对对立对子的标准排列："全称的/特称的"以及"肯定的/否定的"。

在他 1962 年 1 月 17 日的讨论班中，拉康已经把我们带上了这条颠覆之路，同时迎合了某些不那么正统的、但富于可能性的翻译效果——依据它们在他十年之后的《继续》(1972-1973)讨论班中的概念性重现来看。在相似的例子中("每个人都说谎")，拉康向我们提出了一个逻辑四边形，其命题翻译如图 12.4 所示。

U A	U N
Omnis homo mendax	Nullus homo mendax
所有人都说谎	没有人说谎
Non omnis homo mendax	Non nullus homo non mendax
并非所有人都说谎	并非没有人说谎
P A	P N

图 12.4

其实，拉康所引入的重要独创性在于有意制造了这些不规范语："并非—全部"和"并非—没有"，它们意味着逻辑形式主义中的一种根本改变。

在其逻辑的阐述中，亚里士多德着意提及否定不应针对全称性的定性。在当代的逻辑形式主义中，我们在提及否定不应针对存在量词 $\exists x$ 而应针对功能 F x 时，也表达了相同的保留。在此情况下，为何拉康他乐于注入传统逻辑书写所规避的这个"并非—全部"？

这个"并非—全部"的唯一目的是指出传统逻辑所确定的单义性是存疑。因此我们不能理所当然地认为所有非真的都是假的、所有非假的都是真的。而且，这种"不纯正的"翻译还将更为本质地质问以下对立的合理性："全称的/特称的"以及"肯定的/

否定的"。

阿普列就亚里士多德逻辑学之阐述所进行的注解证明了这些对立对子的合理性——在这些对立依据质和量而得以区分的情况下。质反映了与主体相关的东西(精神分析家),而量反映了属性(无知)。

拉康着手重新讨论这种形式分配的合理性,他从 Ch. -S. 皮尔斯(Pierce)①的某些逻辑概述中得到了论据,这些概述在图12.5 的解释当中得到证明。

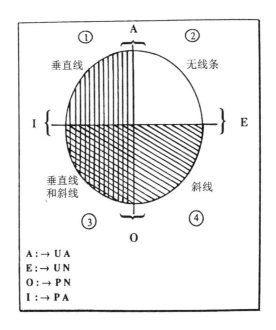

图 12.5

① Cf. Ch. -S. Pierce, *Elements of Logic Collected Papers*, vol. II, The Belknap Press of Harvard University, Cambridge, Massachusetts, 1932.

在此图示中①，以质的名义而出现的东西——即依据主体的功能——由线条的性质所代表。以量的名义而出现的东西——属性——由线条的垂直功能所代表。

跟随 Ch.-S. 皮尔斯的思考，拉康尽力展现："全称/特称"对立隶属于 *lexis*，即"词"，更准确来说即能指。相反地，"肯定/否定"对立则来自 *phasis*，即话语。

图示的盘面①说明了全称肯定："所有线条都是垂直的"。但相悖论地，空的盘面②，也做了相同的说明，仅因为"所有线条都是垂直的，这意味着在没有垂直时，就没有线条"②。区域②因而与"所有线条都是垂直的"并不矛盾。因此应该得出结论：区域①和②确实都表明了全称肯定。

全称否定的命题："线条都不是垂直的"，出于类似的理由，由区域②和④所同样代表。但是，如果说区域②的确阐明了这一命题，那么我们不应忘记它同样还阐明了全称肯定。这一图表因而已经呈现出传统逻辑所拒绝的一种特性，按其规定，全称肯定和全称否定不可同时为真。

④和③两个区域相反地强调了非垂直线条和垂直线条的在场，这允许定位全称命题与特称命题之间的明确区分，因为这两个区域反映了特称命题的陈述。我们处在 *phasis* 的维度中："我看到存在着一些线条……"

因此，如马克·达蒙所明确指出的：

---

① Cf. J. Lacan, L'identification, op. cit., 1962 年 1 月 17 日讨论班。

② Cf. J. Lacan, L'identification, op. cit., 1962 年 1 月 17 日讨论班。

全称—特称的对立属于'*lexis*'的维度，也就是说一个能指的选择、一个字母的提取。而另一个对立对子则属于'*phasis*'的维度，也就是一个话语，关于这个在 *lexis* 中被讨论的某个东西的存在，我作为主体而投入其中。①

在 *lexis* 和 *phasis* 之间的这一区分有何益处？正是为了在逻辑及其书写的过程中勾勒和登入父姓及石祖功能的影响，同时伴随着其所导致的在性化中的所有后果。

拉康所制作的盘面事实上向我们提议了一种对父姓功能——同时是符号的和全称的功能②——的直接解读，条件是我们要参考他在符号父亲、想象父亲和实在父亲(在此是现实的)之间所引入的区分③，这使我们能够理解，在极端情况下，父性功能的结构特性是怎样与现实中父亲的缺位完美并存的。④

在此盘面中，父姓的功能由区域①中的全称肯定所代表。父姓因此将这样登录，无论现实的父亲将以何种特殊的形式呈现。事实上存在着一些多少能够满足此功能的父亲，这是区域③所表示的，那里没有别的只有垂直的线条。同样，存在着一些完全不满足此功能的父亲，从而是区域④，那里没有任何垂直的线条。然而正是这个情形本身间接地证实了父姓功能的全称性。

---

① M. Darmon, *Essais sur la topologie lacannienne*, *op. cit.*, p.274(作者所做强调)。
② 参见：J. 多，《拉康导读》上卷，第 13 章。
③ Cf. J. Dor: *Le Père et sa fonction en psychanalyse*, *op. cit.*, chap. 4："*Le Père réel, le Père imaginaire et le Père symbolique：la fonction du père dans la dialectique œdipienne*", pp. 51–65.
④ Cf. f. J. Dor: *Le Père et sa fonction en psychanalyse*, *op. cit.*, *chap.* 3：De l'homme au père et du père à l'homme, *pp.* 39–50.

我们忆及在区域④/②和②/①之间所存在的各自互补的关系。而区域②和④证实了命题："线条都不是垂直的。"此外，空的区域②只不过是阐发了区域①的全称肯定的真相。因而，区域④也证实了区域①的真相，这与逻辑学的惯常原理完全背道而驰。父姓功能的存在因而总是为真：

> 这意味着某件事情：在我们关于父姓的话语展开中，在我们所能给出的特殊支撑的含糊性中，我们仍无法使得在人类环境中呼吸的任何人……都能够，如果可以这样说，自认为是完全得自于父姓，甚至此处的空[②]，那里只有这样一些父亲：对于他们而言，父亲的功能是——如果我能如此表达的话——纯粹的丧失、非父亲的父亲、被丢失的动因……然而这个特别范畴正是依据这种失效——相对于第一个词语即父姓的词语而言——而得以判定。
>
> 人所能做的只是让他的肯定或者他的否定及其所涉及的一切——那个是我的父亲，或者那个是他的父亲——不完全取决于一个原始的词语，当然，这涉及的不是一般意义、所指、父亲，而是我们在此被促使给出其真正支撑的某个东西，它……应证明我力图为他们这种主体的存在给出一种算法学的支撑。"①

拉康将竭力通过一种旨在将此石祖功能的原始词语所产生的后果"注入"逻辑形式主义中的创新，来表达逻辑原理的这种颠

---

① J. Lacan：*L' identification*, *op. cit.*, 1962 年 1 月 17 日讨论班。

覆。这正是在知道过程本身当中加入记号的方法，并因此从这种石祖功能的角度重新唤起了一切知识都必然具有的困难。

为此，他借助于两种在传统形式逻辑和当代的数理逻辑中均是无法想象的、全新的书写算法。

让我们参考逻辑学的标准公式化，如图 12.6 所示。

$\boxed{U\ A}$ $\forall x\, F\, x$	$\boxed{U\ N}$ $\forall x\, \overline{F}\, x$
$\exists x\, F\, x$ $\boxed{P\ A}$	$\exists x\, \overline{F}\, x$ $\boxed{P\ N}$

图 12.6

拉康建议更改全称否定和特称肯定的书写，它们分别按以下方式被改写，如图 12.7 所示。

$U\ N \rightarrow \overline{\forall x\, F\, x}$
$P\ A \rightarrow \overline{\exists x\, \overline{F}\, x}$

图 12.7

因为至少存在着一个逃逸的元素，全称性才具有意义。我们通常说这就是证明规则的例外。事实上，拉康有理由强调"不像人们说得那么优雅，例外并不证明规则，而是强制性地要求它，例外才是其真正的起因"①。因此，乱伦禁忌的法律就是因为至少一人(原始部落的暴君)成为例外才能证明其全称性的价值。否定

---

① J. Lacan：*L'identification*，*op. cit.*，1962 年 3 月 14 日讨论班。

因而不针对法则 F，而是针对符号化了法则的全称性的量词 ∀（对于全部）。

我们因而间接地重新发现了并非全部的意思，它是一种偶然性的规定。因此，F 属性适用于 x 并不是对于所有 x 而言。石祖功能从而可恰当地登录于全称否定命题水平上。在他的讨论班《……或许更糟》①中，拉康以生动的方式展现了这种逻辑特称性：

> "所有有钳的动物都不手淫。"这是人与龙虾之间的差别。②

但他又立即加以补充，让大家冷静下来：

> 由此，你们就漏掉了这句话中所确有的东西。这完全不是因为它所宣称的……而是因为它在逻辑水平上所引起的问题。那是藏于其中的，然而——这是你们在当中唯一没有看到的，也就是说它包含着'并非—全部'，这很奇特地却恰巧是亚里士多德的逻辑学所规避的。③

我们现在来看特称肯定命题的情况。在传统逻辑中的这一命题：∃x F x 被表达为："存在着至少一个符合 F 属性的 x。"特称肯定因而隐含地假定不存在必然联结 x 和 F 的法则，除非我们可

---

① Cf. J. Lacan：… *Ou pire* (1971—1972)。

② Ibid.，1971 年 12 月 8 日讨论班。

③ Ibid.

能涉及的是一个全称肯定。在此意义上，特称肯定总是处在一个法则之外。

我们引用以下的例子：

存在着一个无知的精神分析家

因而存在着一个 x，这个 x 符合无知的属性。细细想来，这个公式——至少在一种情况下——回避了以下观点：一个精神分析家可能并不意味着是无知的。对于拉康，这是逻辑书写未传达的一种特例性的例子本身，即表达一个特称肯定命题的例子并没有真正地考虑某个东西的存在。我们甚至可以说，它重复了回避法则的所有存在的原则，在所提及的例子中，即并非无知的精神分析家的存在。而且正是为了绕开这个问题的出现，特称肯定才陈述说至少存在一个。在此意义上，拉康建议将之书写为以下形式，如图 12.8 所示。

$$\overline{\exists\, x\, \overline{F\,(x)}}$$
"存在着 F 属性不适用于 x
的这样一个 x 为假"

图 12.8

通过此方法，拉康再一次转回到石祖功能和符号父亲。x 的 F 是一种对存在的简单确认，这样一个 x 的在场不是本质性的。相反地，"不存在"则是一种根本的肯定，因为它直接反映了不可能性。我们由此重新找到了符号父亲的能指必要性。实际上，通过以下方式陈述一个相关命题是荒诞的：

我知道这样一个 x，这个 x 是符号父亲

符号父亲的存在是纯粹能指的，唯有以下相关命题才是恰当的：

不存在不符合符号父亲属性之 x 这样的 x

全称否定和特称肯定之书写的改变，就这样分别地强调了偶然性以及不可能性，鉴于这种能指的必然性和其相关物：石祖功能。此种逻辑的颠覆在性化过程中找到其最为合理的表达，这也就不足为奇了，拉康关于后者而提出的著名"公式"，相对于弗洛伊德留给其后人的问题而言，毫无疑问地表现出一种非凡的进步。

13. 性化及其公式

　　性别的生物学划分并不预先决定、也不保证作为一种认同的产物的我们的性别身份。换言之，解剖学的性别，被展示的或者感知到的，并不构成关于此身份的最可靠的指示。这一身份是我们应称呼为性化的一个过程的结果，因为这一过程表达了一个主体如何被迫相对于石祖、相对于阉割而确定自己，仅仅由于他说话，由于其欲望的法律依附于能指的逻辑。

　　从下列四个公式出发，拉康试图为我们呈现了一种关于性别认同变化的逻辑性解释，如图 13.1 所示①。

---

　　① 此盘面结构是一段相当漫长的对性化问题的研究工作的体现。拉康致力于此的思考在多个讨论班中陆续展开。

　　此问题最初的呈现始于《精神分析的反面》(L'envers de la psychanalyse, op. cit.) 讨论班。然而他尤其在《论一种不是假装的言说》(D'un discours qui ne serait pas du semblant) (1971) 中，明确地提出了一种论据，关系到男人与女人之间的"性关系"以及性化逻辑。在他的讨论班《……或许更糟》(… Ou pire, op. cit.) 中，拉康将其后续一年的教学都用于系统性地深化这一问题，他与此同时进行了一系列的报告，并以《精神分析家的知道》(Le savoir du psychanalyste) (1971—1972) 为名加以汇集，我们从中发现，在 1972 年 3 月 3 日的报告中，似乎性化的公式第一次归并在盘面中 (这些公式后来出现在《……或许更糟》的 1972 年 3 月 8 日的讨论班中)。最后，讨论班《继续》(Encore, op. cit.) 出色地总结了直至那时拉康关于性化所进行的思考。在《冒失鬼》(《L'étourdit》, in Scilicet, n° 4, op. cit., pp. 5-52) 中，一种难以理解的表达式重新描述了大部分的这些制作。

男人们	女人们
① $$\exists x \; \overline{\Phi x}$$	$$\overline{\exists x \; \Phi x}$$ ②
$$\forall x \; \Phi x$$ ④	$$\overline{\forall x \; \Phi x}$$ ③

图 13.1

这些公式依照一个盘面的形式排列，每个区域由一种逻辑功能所占据，代表着石祖功能的四种可能性解释。然而，这四个公式只有在两两重组的情况下才是坚实可靠的。唯有这种重组能够定义言说主体的二分，一个男人的身份：①/④，或者女人的：②/③。每个言说主体因而都有可能位列某一边或者另一边，同时作为石祖功能所规定的各个不同情况之论据。

乍看之下，所发生的一切在表面上就如同是要为此功能安排正确的位置，以至于性化似乎是相对于石祖的有而被安排的。性别身份的二分从而可能根据下列区别而分配：有石祖的言说主体是男人；没有的言说主体是女人。在此意义上，两种逻辑论题足以表达这种分配。首先，我们会有全称肯定命题：

$$\forall x \; \Phi x$$

从此公式："对于所有 x 而言，属性 Φ 适用于 x"中，我们因而能够得出以下推论：所有满足此功能的 x 都是男人。换种方式表达就是所有的男人都拥有石祖。

其次，我们会有全称否定命题：

$$\boxed{\forall\, x\ \overline{\Phi x}}$$

该表达译为:"对于所有的 x 而言,属性 Φ 不适用于 x",我们可以相应地由此推断:所有不满足此功能的 x 都是女人;即女人都没有石祖。

尽管这一论据如此具有诱惑性,但它是不可行的,至少因为两个理由。一方面,石祖功能的满足恰恰不属于有的或然判断,而是最终归属于阉割。另一方面,如我们之前已经知道的,任何全称性的依据,都是至少存在一个可能成为例外的元素。换言之,前面的两种逻辑公式无法独立地解释性别身份的二分,因为它们暗中支持了石祖互补可能性的幻想,以及一种男女间性关系的幻想,其中,这种互补性将实现在壹当中。然而言说主体中一种重要的结构性不一致正在于此,它通常被表达在他一直抱有的对于欲望与爱之间的分隔差距的盲目无知当中。[①] 更一般地说,这个简化的逻辑书写由于符号父亲和阉割的存在而失去效力,这正是石祖功能所决定的。

为此,拉康建议我们不仅要引入别的逻辑公式,还要修改其标准形式的书写,以便登录这一功能对于性化的影响。这以明确

---

① 参见上文,第 4 章。

的方式呈现在盘面的②、③区域中(见图 13.1)。① 此外,这些被引入逻辑本身当中的"标记",对于拉康来说代表了精神分析家真正的知识,他喜欢将之简化为两个既合理又具挑战性的命题的表达方式:

"没有性关系"

及

"那女人不存在"

　　要阐述这两句令人困惑的断言的意思及影响,我们就需要弄清楚由言说主体在石祖功能中的登录所产生的所有含义。
　　第一种意见在直接着手这些逻辑命题时被提了出来。即使这些公式只能通过成对地理解来解释性别的二分,它们却一开始就从言说主体的身份结构的角度否认了一种性别平等的观点。我们已经看到,鉴于对符号父亲的参考——这需要关于特称规定的一

---

① 两个公式 $\overline{\forall x}\ \Phi x$ 和 $\overline{\exists x}\ \overline{\Phi x}$ 在传统逻辑中是不被接受的,因为它们是不可靠的。拉康在此借鉴布劳威尔的直觉主义逻辑来证明这两个命题的共存。在他的讨论班《继续》(*op. cit.*, 1973 年 4 月 10 日, p. 94)中,他在这些句子中提及:"根据我们可写作并非全部 x 都登录在 Φx 中的这个东西,可通过蕴涵的方法推断出存在着一个与之相反的 x。在唯一条件下此为真,即在相关的所有或者并非—全部中,涉及的是有限的东西。对于有限的东西而言,不仅存在蕴涵,还有等价。只要有一个违背了普遍公式,就足以让我们废除它并将之转变为特称的。这个并非—全部变成了亚里士多德逻辑学中特称陈述之物的等价物。存在着例外。只要我们能够相反地应付无限……然而,一旦你们面对一个无限集,你们就只能假定并非—全部包含了某个产生于一个否定、一个矛盾的东西的存在。必要时你们可将之假定为一种不确定的存在。我们从数理逻辑的外延——即被明确称为直觉主义的那个——而知,为了假定'它存在',就必须同样能够构造它,也就说找到这个存在的位置"(作者所做强调)。关于此点,亦可参考 M. 达蒙的论述,见 *Essais sur la topologie lacanienne*, *op. cit.*, pp. 323–324.

种逻辑补充，两种全称选择——肯定的和否定的——不足以限定男人和女人的性别身份。而全称与特称的成对联想向我们指出，悖论性地，与男人和女人相关的东西，石祖，对所有人来说都是同时有又没有的。唯有此悖论的掌握允许我们说，从性别的观点来看，构想一种平等是根本不可能的，因为存在的只是差异。相反，因为有的只是差异，因此必然存在一种性别法则，这与任何平等的可能性都是相悖的。而且，只有从男人的性化出发，才可能理解女人的性化。其实，就像我们将看到的那样，唯有男人的性别身份能够通过缔造此合法差异的全称性而建立这种性别法则。石祖逻辑事实上迫使所有男人存在于某种全称性框架内，而女人们并非一全部都能被登录在这个全称性中。

我们来参照盘面的不同公式。男人的性别身份由公式①和④所代表。全称肯定命题④指明所有的男人都服从于石祖功能：

$$\forall_x \Phi_x$$

另一种说法是所有男人都服从于阉割。从石祖功能到阉割的这个滑动因符号父亲的引入而得以解释，他最初就是弗洛伊德在《图腾与禁忌》中向我们讲述的"原始部落"的父亲，他拥有所有的女人。弗洛伊德式神话的发展向我们表明，因为这位独裁者占有所有的女人，因此奋起反抗的儿子们杀掉了他并在食人餐中分而食之。然后，满怀罪疚的他们颁布了"乱伦禁忌"法律，这不仅赋予暴君以符号父亲(死亡父亲)的地位，还在同时建立了一个父亲的孩子们的亲缘关系。就这样，在符号性地向父亲致敬的同时，他们使阉割成了法律的相关物。①

在此意义上，如果说所有的男人都服从于阉割，这是因为至少存在着一个逃避阉割者。全称肯定命题 $\forall x\ \Phi x$ 因而以特称否定命题为依据。因而存在着至少一个不服从石祖功能的男人，因为他构成了阉割的例外：

$$\exists x\ \overline{\Phi x}$$

> "至少一个"（l'au moins un）作为该关系的本质功能，因为它把女人确定在石祖功能的关键三元点上：我们就这样书写它，以这种方式，因为它是最初的……"男人减一"（l'hommoinzin）。②

这个逃避石祖功能的"x"迫使所有其他的 x 面对阉割：这就是作为法律支撑者的父性功能之原初价值。③ 我们因而重新遇到了前面提及的情况：全称性只能从一种构成例外的限制出发才得以建立，后者并非证明而是强制性地要求规则：

> 左边，下面一行，$\forall x\ \Phi x$ 指出，正是通过石祖功能，男人作为整体获得了其登录，这个功能在一个否认了 Φx 功

---

① Cf. J. Dor, *Le Père et sa fonction en psychanalyse*, *op. cit.* 主要见第 II 章："自然—文化：乱伦禁止与'原始部落'的父亲"，以及第 III 章："从男人到父亲以及从父亲到男人"。

② J. Lacan：*D'un discours qui ne serait pas du semblant*, *op. cit.*，1971 年 5 月 19 日讨论班。

③ Cf. J. Dor：*Le Père et sa fonction en psychanalyse*, *op. cit.* 第 IV 章："实在父亲，想象父亲与符号父亲：俄狄浦斯辩证法中父亲的功能"。

能的 x 的存在($\exists x \ \overline{\Phi x}$)当中找到其限制。那正是我们称为父亲的功能的东西——通过否定而从中发展出命题 $\overline{\Phi x}$，这创立了用阉割来替代性关系的东西的活动——因为它完全无法登录。整体在此因而取决于被假定为一个界限的例外、取决于完全否认这个 Φx 的东西。①

从而可以得出关于男人的性化的两个基本结论。一方面，男人们构成了一个整体：所有服从于阉割的人的全称整体($\forall x$)。这种全称性因而证实了对"男人"(L'homme)这一统称的使用的合理性。另一方面，至少一个逃脱了石祖功能的男人的存在，即符号父亲，甚至更一般地说是父性的功能，为其他所有人建立了一个绝对享乐的幻想，也就是说不服从于阉割。于是，这种单独一人的享乐为其他所有人安排了一个无法达到的和被禁止的享乐之地。反过来，所有男人的享乐将只能是标志着阉割的限制的石祖享乐。

这些就是石祖的规定，它们决定了男人的性化，也就是其性别身份。

我们现在来分析盘面的公式②和③，它们表达了女人登录在石祖功能中的方式：

对于所有言之存在，如弗洛伊德理论中所明确表达的，无论他是如何的，无论他是否具备男性特征——留待确定的

① J. Lacan：*Encore*, *op. cit.*, 1973 年 3 月 13 日讨论班, p. 74.

特征——他都被允许登录于此部分中。如果他登录其中，他会不容许任何全称性，他会是这个并非—全部，因为他可选择处在 Φx 中或者不如此。①

毫无疑问，这两个公式呈现了一种特称性：其中任何一个都不表达全称性：

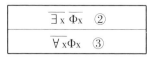

$$\overline{\exists x}\, \Phi x \quad ②$$

$$\overline{\forall x} \Phi x \quad ③$$

是否意味着女人言说主体并非—全部完全地服从于石祖功能，即阉割、法律？更有甚者，如同拉康谈及这些公式的独创性时所强调的："其登录不是数学中的用法。否定，如同量词上方的横杠所指明的，不该否定存在一个，更多的是对于全部变成了对于并非全部"②。这似乎已然显现在以下全称否定命题的意思当中："Φ 功能适用于 x，这并不针对所有 x"：

$$\overline{\forall x} \Phi x$$

我们还在公式②中观察到另一种特称性：

$$\overline{\exists x}\, \overline{\Phi x}$$

针对特称命题的双重否定所包含的译义如下："不存在构成石祖功能之例外的一个 x。"换言之，我们不能如同在男人那里一

① J. Lacan：*Encore*, *op. cit.*，1973 年 3 月 13 日讨论班，p.74.
② J. Lacan：*L'étourdit*, in Scilicet，n° 4. op. cit.，p. 22(作者所做强调)。

样，强调至少一个女人主体逃脱阉割。因此不可能存在这样一个逃避石祖功能的 x。但不应该误会区域②的公式的意义。此命题的意思需要和公式③相联系。"不存在这样一个不符合Φ功能的 x"并不意味着女人们与石祖功能无关。它只是表明，对于女人们而言，石祖功能不像对于男人们那样被限定，即被一个逃脱阉割的主体的例外($\exists$x $\overline{\Phi x}$)所限定。

此特称性导致了多种结果。与男人不同，对于女人们来说没有什么将限定其享乐的地点——作为一种绝对和被禁止的享乐。因此对于男人和女人，乱伦禁忌在逻辑上的登录方式并不相同。而且，由于缺乏这"至少一个"构成阉割之例外的女人言说主体，所以不可能存在可能的全称性。与男人相反，从石祖功能的角度来看，女人们并不构成一个全称整体。因此在逻辑上不可能存在合理的统称来指称女人们。如"（那）女人"①（La femme）这样的全称表达是不可接受的。拉康给出结论："那女人不存在。"（*La femme n'existe pas.*）这种不可能性被铭刻为 La 之上所加的横杠，因为女人并非—全部作为一种全称性而存在：

$$\overline{\forall}x\Phi x$$

---

① 关于 *La femme* 的翻译，在中文中难以找到对应的定冠词的译法，拉康所提出的公式 *La femme n'existe pas*，其划杠的否定落在定冠词本身上，即针对的是女人的统称，在此意义上，中文的"女人"一词虽在肯定意义中可以表达对女人的统称，但在否定意义中则意思有偏差，因为"女人不存在"的译法其否定不仅针对统称表达本身，也针对女人本身，容易引起误解。为此，译者选译作"那女人不存在"，虽然"那女人"在表达女人整体概念时很牵强，但一方面，其可在否定公式中呈现否定所针对的定冠词 *La*——那，另一方面，在对此公式的解读中，正因为不存在构成石祖功能之例外的至少一个女人，因此作为统称的女人不存在，在此方面，"那女人"的译法正好可以表达对这至少一个女人的特指。——译者注

在我写出 $\overline{\forall x \Phi x}$ 时，这个新公式——其中否定针对量词，读作并非—全部——意味着当任何一个言之存在位列女人一边时，他都是以此为依据而并非—全部地处在石祖功能中。正是它定义了那个……那个什么？——就是女人，而那女人（La femme），其被书写时只能划掉那（La）。没有那女人（La femme），指示全称的定冠词。没有那女人，因为——我已经大胆地提出了这个词，为什么我还要再次打量它呢？——就其本质而言她并非—全部。①

然而并非—全部服从石祖功能的意思并不是说她们完全不服从于此。这尤其强调的是，我们无法找到一个构成此功能之例外的 x。因此，对于女人们来说，因缺乏全称性所以只有偶然性。这个标志着偶然性的"并非—全部"因而假定了不可能性，因为任何 x 都不构成Φ功能之例外②。

女人们因此只能维持一种与男人们不同的与享乐的关系。如拉康所指出的，涉及一种与享乐的彼关系，因为不像男人那样存在一种既无法达到同时又被禁止的绝对享乐。对于男人们而言，石祖享乐必然与被明确禁止的大彼者享乐保持着一种关系。正因

---

① J. Lacan：*Encore*，*op. cit.*，1973 年 2 月 20 日讨论班，p. 68。同样参考拉康在 1972 年 3 月 3 日的讨论班《精神分析家的知道》（*Le savoir du psychanalyste*，*op. cit.*）中所明确表达的内容："你们看到，从右到左，并无任何一致性，这很明确地涉及被假定为真的东西，即 x 的Φ，正是在此方面，全称无法相互结合，左边的全称与另一边、右边无法彼此相对，只是因为没有可连接的全称，也就是说女人只是'并非—全部'地受石祖功能的支配。"

② 我们将在后面以更清晰的方式来展开偶然性与不可能性的这一关系，见第 14 章："'那女人不存在'—'没有性关系'"，以及第 15 章："它不'性'地不被书写"。

此石祖享乐被打上了阉割的印记。相反，女人们的彼享乐则表达了一种与大彼者享乐的不同关系。与男人们一样，此大彼者享乐对她们来说也是不可能的，但对于她们，这种不可能并不作为一种禁止而起作用。正因此，对于女人们而言存在着一种额外享乐的可能性，拉康如此命名以便更好地强调女人们与大彼者享乐的这层特殊关系。在极端情况下陈述：那女人不存在，这等于是限定了女人之享乐的特异性：即使它是石祖性的——也不可能是别的——它也并非-全部如此；由此产生了这种流于彼享乐的可能性。

如拉康所强调的："作为并非—全部的，她拥有，相对于石祖功能所指示的享乐而言，一种额外享乐。如果我曾说是补充的，那我们会在哪里！我们将会重新落入全部。"①此外这就是，如我们将看到的，规定性关系之不可能性的无法磨灭的实在。

---

① J. Lacan：*Encore*，*op. cit.*，1973 年 2 月 20 日讨论班，p. 68(*作者所做强调*)。

14. "那女人不存在"

"没有性关系"

在其《继续》讨论班中，拉康为"性化公式"的盘面配备了一些补充基式，如图 14.1 所示①。

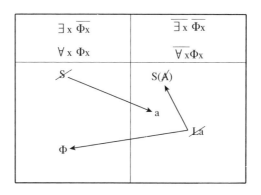

图 14.1

这些基式的意义表达了，通过一种综合形式，言说主体之性

---

① Cf. J. Lacan：*Encore*, *op. cit.*, 1973 年 3 月 13 日讨论班, p. 73。

化的本质，即两性差异的实在，它让人不得不做出以下陈述：没有性关系。

为了得出这一重要结论，他在最初的研究中所展开的思考将归结为得以继续发展的总体论据。我们将在之后深入讨论其主要阐述。

断言那女人不存在，如我们将看到的，就是展现其与石祖享乐的特殊关系的某个东西。要让那女人存在，就必须假定至少一个女人构成石祖功能之例外的神话。在此情况下，我们就有了等价于一个父亲的那女人，她向其他所有女人指明了一个对等于符号父亲之享乐的享乐的地点，即一个逃脱阉割的无法抵达的和被禁止的享乐。这样，如同对于男人们一样，我们就会得到一个从石祖功能的角度被强加给其他所有女人的限制，这些女人们因而将构成一个全称的整体。若果真如此，这就将假定那女人起作用的方式在结构上等价于父姓，而这是绝对不可能的，因为此父姓能指作为石祖能指必须是唯一的。

那女人不存在意味着全称性的缺位，以及因而女人那里的偶然性和单一性的存在。正是在此情况下，仅在此情况下，男人们与女人们之间不会有性关系。为了一个男人与一个女人之间有性关系，则必须要男人——作为一个全称性的因素——与女人——她也是一个全称性的因素——达成关系。只有在此条件下才能在术语的逻辑意义上建立一个关系。事实上，在逻辑学背景中，一个关系必然是一种归属。如果这样一种归属在逻辑上是可能的，我们就能够书写以下命题：

$$男人是女人的 x$$

女人是男人的 x

女人是并非—全部的，因此不存在性关系。男人们和女人们的石祖享乐必然是不同的，其性的相遇确认了由性关系的想象所导致的一种享乐互补性的不可能性。

然而，这种性关系的缺位所假设的深层含义不能被确定为此初步研究中所呈现的论据。拉康在以下词句中邀请我们深化其结论：

> 没有性关系。当然这似乎有点儿疯、有点儿不正常。好好亲一下就足以向我证明恰好相反。不幸的是，唯有此事完全证明不了什么，因为关系的概念，与人们在'他们有了关系'中对这简短的"关系"一词的隐喻用法是完全不相吻合的，完全不是这样。我们可以严肃地谈论关系，不仅是当一个言说确定它时，而且是当我们陈述它时，关系。因为实在确实在那里，在我们思考它之前，而关系要可疑得多：不仅必须思考它，而且必须书写它。若你们无法书写它，就没有关系。这或许是非常了不起的，若能证实——用相当长的时间才开始懂了一点——要书写有关性关系的东西是不可能……确定无疑，在言之存在那里，围绕这一基于享乐的关系，有着一种其展开中的十分奇妙的幅度，而两个东西已加入其中，通过弗洛伊德……被加以强调的分析的言说，正是享乐的整个范围……如此，对于男性享乐来说，它被注定了这些由阉割所构成的不同形式的失败，而对于属于女性享乐的东

西来说则被注定了切分。①

　　拉康要求我们这样去理解它，这一切就如同是判定了性关系之不可能性的两性差异，建立在男人们和女人们的性化之间的从根本上相互矛盾的一种例外的实在之上。

　　男性的例外严格基于一种除外：至少一个 x 不满足石祖功能（∃x $\overline{Φx}$）但他却反过来将之强加给所有其他人（∀x Φx）。女性的例外性质全然不同。严格来说，其规定并不基于某种除外。相反，不可能存在一个会逃脱石祖功能的 x（$\overline{∃x\ \overline{Φx}}$）。然而，石祖功能适用于 x，这并不是对所有 x 而言的（$\overline{∀x\ Φx}$）。这样从中得出用除外术语来进行裁定的一种可能性。由此产生了受直觉主义逻辑学影响的这种创新的形式书写的机会。女性性化的两个公式在此逻辑学的公理系统中并不矛盾。恰恰相反，它们为不判定保留了位置，而无需其永远没有总结为终结性的全称性术语的可能性。为此，应该能够检验功能所涉及客体的全体性。这正是在"没有一个人构成功能之例外"与"并非对于所有人来说功能都适用"之间辩证结合的整个微妙性所在。因而，在同时，此后没有合法的例外，但只要我们还没有把"所有女人"变成例外，存在着至少一个构成例外之人的可能性就仍是开放的。

　　在此意义上，从女性一边，我们可以说的确有某物不停地不被书写，因为若此物被写入一种除外之逻辑的术语中（∃x $\overline{Φx}$），那么我们就会被抛回到全称当中（∀x Φx）。

　　现在让我们更为仔细地回想性化公式下面所出现的不同基

<hr/>

① J. Lacan: *Le savoir du psychanalyste*, *op. cit.*, 1971 年 11 月 4 日讨论班（我做的强调）。

式。其实，如拉康所强调的，"在横杠之下，垂直划分与我们不恰当地称为人性的东西——因为它被分摊在性别认同中——相交，关于其所涉及东西，你们已经得到了某种有力指示"①。涉及什么呢？

如果我们认为基式，在严格意义上，构成了某种书写，那么在此以某矢量化形式被书写的东西，表达了男女之间性的无—关系，即便是体现在对垂直分隔线的跨越上，如我们将看到的，这一分隔规定了两个不同的逻辑领域。此外，矢量的方向明确指出男人们是如何与女人们"产生关系"的，反之亦然。

在表格左边部分中，我们首先认出了基式 8，它代表言说主体登入到对能指序列的依赖当中，后者划分了主体，而主体则是其效果；还有基式 Φ，代表着所有男人 8 所服从于的石祖功能的能指。对于登录在男性一边的人来说，异性似乎唯独在客体 a 的水平上才可被抵达。也就是说，全部服从于石祖功能的男人，在一种性化的关系中永远无法抵达女人，除非是透过幻想 8◇a：

> 在男人这边，我已经在这儿写下了，当然并不在于要赋予其任何特权，8 和作为能指而支撑他的 Φ……这个 8 因而夹杂了这个能指——总之，他甚至不依赖于此能指，作为伙伴，这个 8 永远只会和登录在竖杠另一边的客体 a 打交道。他不可能抵达他的性伙伴，即大彼者，除非是以作为其欲望原因的这个东西为媒介。因此，如同我的图表所同样显示

---

① J. Lacan：*Encore*, *op. cit.*, 1973 年 3 月 13 日讨论班，p. 74。

的，从这个 8 指向这个 a 的连接，这不是别的而正是幻想。①

在表格的右边部分从相当不同的角度写入了三个基式。一方面，S(Ⱥ)，大彼者中缺失的能指，它提示我们这个地点是缺失的、以某种方式被能指的一个缺乏所洞穿。更通常地，S(Ⱥ) 反映了这种缺失的问题，因而从某方面反映了石祖的问题，至少是在以下意义中：石祖可能正好呈现为大彼者中的缺失的这一能指。

因此，如果说 S(Ⱥ) 构成了女人之享乐的矢量化的其中一极，这并非偶然——表格中的一个箭头证实如此，既然拉康关于女性性化提到了一个彼享乐的部分。这种额外享乐明确指出女人之享乐与大彼者中的缺失问题的有择亲和性，而在此不完整的地点（大彼者）中，并非源自石祖享乐的东西尤其能在这里得到发展：

> 大彼者不仅仅是真相胡言乱语之地。它有助于呈现女人在本质上与何相关……相对于可被称作无意识的东西——即彻底的大彼者——而处在性关系中的女人就与此大彼者有关……
>
> 女人与此大彼者的能指有关，因为，作为大彼者，它永远都只能是大彼者。在此我只能假定你们能想起我所说过的没有大彼者的大彼者。大彼者，所有能够被能指链接起来的东西将登入的这个地点，就其根本来说是彻底的大彼者。正因此，带着这种开放括弧的这个能指，把大彼者标记为被划

---

① J. Lacan: *Encore*, *op. cit.*, 1973 年 3 月 13 日讨论班, pp. 74—75.

杠的——S(Ⱥ)。①

因此存在着一个女性内部所特有的享乐域：它联结了一个女人与这种缺失的问题，即大彼者的享乐，如图 14.2 所示。

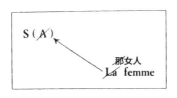

图 14.2

无论如何，当大彼者享乐依据能指而被检查时——怎能不如此：S(Ⱥ)②——总会剩余某物：客体 a，它正是男人力图"在性上"抵达一个女人时，在他的幻想中所遇到的东西。

反过来，在与一个男人的性相遇中，女人没有和被能指划杠的主体 8 达成关系。只有在她所维持的与石祖Φ的关系中，她才能够抵达男人。尽管女人并非一全部服从于Φ功能($\overline{\forall x \, \Phi x}$)，然而她却参与到石祖享乐域中，因为不存在此功能的一个例外($\overline{\exists x}$ $\overline{\Phi x}$)：

女人与 S(Ⱥ)有关，正因此，她被分成了两部分，她并

---

① Ibid. , p. 75.

② Cf. Ibid. , p. 31："我因而并未严谨地使用这个字母，当我说大彼者的地点由字母 A 所代表时。相反，我加上了这个 S 来强调它，这个 S 表示能指，被划杠的 A 的能指——S(Ⱥ)。由此，我在地点 A 的维度之上添加了一个维度，同时表明它不保持为地点，那里有一个缺陷，一个洞，一个丧失。客体 a 将从此丧失的角度发挥作用。这正是语言功能所必不可少的某个东西。"

非-全部，因为她在另一方面可能与Φ有关。[1]

而且，"彼享乐"和"石祖享乐"的这种享乐的划分，也确认了女人与男人建立一个性关系的不可能性。

我们现在尽力以更一般的方式来解析这样一种关系之不可能性的本质，拉康不会忘记告诉我们它不停地不被书写。

为此，有必要再次涉足性化公式的逻辑。我们已经看到，拉康所提议的命题功能的书写部分地打破了标准的逻辑形式主义的禁令，最初即亚里士多德的学说系统。这样一些改变必然引起作为此系统的稳定性之基础的一些模态类型的一种重新分配。

我们成对地来分析盘面的不同公式，如拉康在其 1972 年 6 月 1 日的讨论班中要求我们做的那样。[2]

这两个命题：$\exists x \overline{\Phi x}$ 和 $\overline{\exists x}\ \overline{\Phi x}$ 处在同一维度中：存在的维度，即使其中一个肯定另一个所否定的。

相反，将区分 $\overline{\exists x}\ \overline{\Phi x}$ 和 $\forall x \Phi x$ 这两个命题的，却是矛盾。

尤其，通过参考直觉主义逻辑学，在 $\overline{\exists x}\ \overline{\Phi x}$ 和 $\overline{\forall x \Phi x}$ 两个命题之间起作用的正是不可判定的类型。

最后，在 $\forall x \Phi x$ 和 $\overline{\forall x}\Phi x$ 之间，如拉康所强调的，我们被送回到我们的整个经验为我们证明的东西："我们将把它叫作缺失，我们将把它叫作缺陷，如果你们愿意的话，我们将把它叫作欲望，而为了更加准确，我们将把它叫作客体 a。"[3]

---

① Ibid. , p. 75.

② Cf. J. Lacan: *Le savoir du psychanalyste*, *op. cit.*

③ Ibid. , 1972 年 6 月 1 日讨论班(我做的强调)。

我们由此得到以下配置，如图14.3所示。

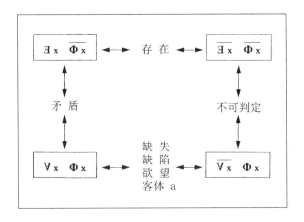

图 14.3

此外，公式∃x$\overline{\Phi x}$还让我们去参照于必然性，因为它推测存在着至少一个人不满足石祖功能，即符号父亲。同时，如我们所知，它还建立了(∀xΦx)，也就是可能性，因为"全称从来就只是这个"①，拉康补充道："当你们说'所有人都是哺乳动物'时，其意思是所有可能存在的人大概是如此。"②

在"并非-全部"($\overline{\forall x}$Φx)这一方面，我们其实被带至偶然性中，其中"女人被辨别为不统一的"③。

最后，在"没有一个人构成功能之例外"的水平上($\overline{∃x}$ $\overline{\Phi x}$)，事实上，我们被置于不可能性中，也就是说实在的维度中。

该表格因而在逻辑上可以如此进行补充，如图14.4所示。

---

① Ibid.

② Cf. J. Lacan：*Le savoir du psychanalyste*，*op. cit.*

③ Ibid.

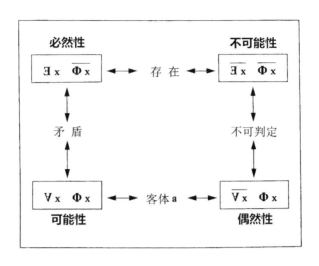

图 14.4

毫无疑问，拉康通过性化公式而加以强调的这些不同衔接，最好不过地确认了逻辑的颠覆，至少是因为"必然性、偶然性、可能性和不可能性的交替并不在亚里士多德所允许的范畴当中"①。性关系的不存在以及其登录的不可能性都应该归结于这一颠覆。此外还应理解术语关系在此到底意味着什么。因为它在表达：没有性关系中的使用，不能不与先前的另一种肯定陈述产生共鸣，后者的形式与之类似，并频繁地被使用：没有性行为。

实际上，从其《幻想的逻辑》讨论班开始，拉康就表明："精神分析的秘密，精神分析最大的秘密，就是没有性行为。"②在随

①　Ibid.
②　J. Lacan：*La logique du fantasme*，*op. cit.*，1967 年 4 月 12 日讨论班。

后的讨论班中，他从无意识的经验中找到了此命题的依据①，从而在一段时间之后最终指出该公式所纳入问题的确切性质：即性别身份的问题：

> 壹关系到这种所谓的性的结合，也就是说在此范围中，需要知道被定义为雄性与雌性的功能分类所势必导致的分割行为能否发生……有某个东西它行不通，它并非是理所当然的，它正是……那个裂口，它把所宣扬、所宣称的一切与雄雌双极性、及与我们所得到的所有与其行为依据相关的经验隔离开来。②

这种狭义的性化问题最终得以清晰地呈现出来，拉康后来将不断地在全称性所面对的逻辑差异的区域中探询这一问题：

> 提出性行为中所涉及的客体的问题，这引起的问题是要知道这个客体是男人还是'一个'男人，是女人还是'一个'女人。简单来说，引入'行为'一词有利于问题的开启……需要知道在性行为中（就你们中的每一位都从未实现过……一个性行为而言！）是否关系到一个能指的到来，它相较于另一个能指而代表着性的主体；或者是否具有独一无二的相遇的价值。（相遇）一旦发生便是决定性的……即在性行为中，男人

---

① Ibid., 1967 年 4 月 19 日讨论班："没有性行为。我想这个消息很快会传遍全城……但毕竟，我没把它当作一个绝对真理……我是说这就是特有的在无意识言说中被说出的东西"（我做的强调）。

② Ibid., 1967 年 5 月 10 日讨论班。

是否在其男人的身份中能够成为大写的男人（l'Homme），女人亦然。①

之后拉康毫不松懈地继续这一研究②，其最终呈现在一种新的表达式中：没有性关系，这出现在《精神分析的反面》③讨论班中，他之后将系统性地重述相关内容，尤其是从《论一种不是假装的言说》讨论班开始以及在其后的讨论班中他将为之带来极大的发展。

那么，在拉康用它来指涉性别的语境中，关系这一术语的准确含义是什么？在1971年2月17日的讨论班中，他为我们提供一个解释，在这点上不再留有任何的歧义：

> 这正是距离所在，这里记载着在以下两种法律之间没有任何共同之处：我们对于一个形成法律的关系（rapport）——因为它在任意形式中都隶属于与数学功能紧紧相扣的这种运用——所能陈述的东西；以及与以下整个维度紧密相关的一种法律：所谓欲望、所谓禁止的东西，它强调禁止所铭刻的，以及——我敢这样说——这个欲望和这个法律的合取甚

---

① Ibid., 1967年5月24日讨论班。

② Cf. J. Lacan, a) J. Lacan: *La logique du fantasme*, *op. cit.*, 1967年6月14及21日讨论班；b) *L'acte psychanalytique*, *op. cit.*, 1968年2月28日讨论班中J. 纳西夫的干预："没有必要重述所有已经讲过的……有关给予男人和女人能指一种可确定内涵的不可能性，……显而易见，公式'无意识不识矛盾'与这个同样诡辩但更恰当的公式是完全一致的，而依据后者'没有性行为'"；c) *D'un Autre à l'autre* (1968—1969)，1969年3月5日讨论班："……唯有在其仅存在于的结构性强调中去理解'行为'，我们才能陈述说没有性行为"；d) *Télévision*, *op. cit.*, pp. 60-61"……性行为的成功所包含的是这种失败"。

③ Cf. J. Lacan, *L'envers de la psychanalyse*, *op. cit.*, 1970年3月11日讨论班。

至同一性所显示出的正是开口本身。①

换言之，所讨论的关系是由运用一个成为法律之功能的可能性所定义的。因为这样一种逻辑运用要取得其合法性，就需要我们能够制造出此功能之书写，问题因而变得更为复杂了。在语言中，一个关系的所述不一定意味着其书写的可能性。况且，拉康长期以来都强调从话语到书面语的过渡所代表的质的突变②。然而关系唯有被写出才存在，因为它是一个功能的逻辑运用，而逻辑只存在于书写当中③：

> 逻辑所构成的只不过是书面语言……书面语确切来说不是语言，从书面语开始才有逻辑的问题……关系的本质，是一种运用：把 a 运用于 b：a→b，如果你们不写 a 和 b 的话，你们就抓不住这种关系。④

在此意义上，不存在性关系，因为它无法被书写。即使，如拉康所指出的，它会在实在界中产生某个作为性关系的东西，

---

① J. Lacan, *D'un discours qui ne serait pas du semblant*, op. cit., 1971 年 2 月 17 日讨论班(我做的强调)。
② 这正是拉康在其讨论班《幻想的逻辑》(*La logique du fantame*, op. cit.)中详尽地加以分析的论题之一。
③ Cf. J. Lacan, *D'un discours qui ne serait pas du semblant*, op. cit., 1971 年 2 月 17 日讨论班："如果不是这个只容许书面语、只允许将真相当作参考的完全臆造之悖论的话，那逻辑是什么呢?"
④ Ibid.

"这一点也没解决我们无法书写它的事实"①

关于这种书写之不可能性，我们现在在此停留一下。在其讨论班《论一种不是假装的言说》的一个重要段落中，拉康确定了其来龙去脉：

> 比如我陈述说：性关系，恰好是在某个东西失败了的情况下，它无法成为它可能是的东西：语言中的所述？但我所说的恰好不是所述，这是无法登录的——因为功能的存在所要求的，正是某个东西能够从语言中产生，它明确地就是作为功能之书写那样的书写，即这个我不止一次地为你们用最简单的方法来象征的东西，即 F 与 x 有某种关系：F→x。因而，说语言是某个不解释性关系的东西之时，它因何不做解释呢？正因为它所能引发的是登录，它只能让这种登录——因其正在于此——成为我定义为某物之有效登录的东西，某物，可能是性关系，就其可能让名为男人和女人的两个极端、两个术语产生关系而言，因为这个男人和这个女人分属于男性与女性之性别，在谁那儿？在什么东西那儿？在一个说话的存在那里。②

如我们所知，使这两个术语发生关系的根本的不可能性，建立在全称与并非—全部之间的逻辑差异之上。性关系的书写因此

---

① Ibid. 同样参见同一讨论班内容："言之存在那里没有性关系。有第一个条件能立即使之显现。即性关系与所有其他关系一样，最终它所剩下的只是写下来的东西。"

② Cf. J. Lacan, *D'un discours qui ne serait pas du semblant*, *op. cit.*, 1971 年 5 月 19 日讨论班。

被拒绝了，因为在石祖功能的名义下，不可能存在女人的全
称性：

      该石祖的功能此后令这种性的双极性变得无法维持，其
    方式是从书面上消除与此关系的可能书写有关的东西。①

---

    ① Ibid. , 1971 年 2 月 17 日讨论班。

    拉康多次强调，均见于讨论班《论一种不是假装的言说》当中，性关系的这种不可
登录性与那女人不存在之事实相关联。参见：a) Cf. J. Lacan, *D'un discours qui ne serait
pas du semblant*, *op. cit.*, ：“所有女人的享乐神话所指明的，正是‘所有女人’并不存
在。没有女人的全称性。这正是一个关于石祖的而非性关系的问题所假定的”；b)
1971 年 3 月 17 日讨论班：“俄狄浦斯神话的谱写正是为了向我们指出‘女人’这一说法
是不可想象。这是不可想象的。为什么呢？因为我们不能说‘所有女人’。我们不能说
‘所有女人’，因为在此神话中，其引入仅基于以下名义：父亲占据‘所有的女人’，这
显然是一种不可能性的符号”；c) Ibid. ：“结构是如此的，像这样的男人（l'homme），
因为它有其功效，因而是被去势的；另一方面存在着某个属于女性伙伴一边的、我们
只能用此条线来划掉的东西，……在此之上，显示出这个字母的整个意义和功能，在
此情况下即：若它存在，也与‘那女人（la femme）’无关，而正因此它并不存在。”

15. 它不"性"地不被书写[①]

　　既然它无法登录并因此而不存在，拉康却为何仍旧强调这样一种性关系不停地不被书写呢？

　　让我们再次回到性化公式的书写以及它们所规定的模态类型的逻辑分类。[②]

　　我们可以认为，性关系的不存在尤其是在于必然（$\exists x \overline{\Phi x}$）与偶然（$\overline{\forall x \Phi x}$）的不可通约性，后者通常与前者对立。但其实，这些公式的连接更多地向我们指出，正是由必然性与不可能性经由偶然性的联结而导致了性关系的不存在。

　　然而，什么是必然呢？根据定义，必然是某个不停止的东西。谁不停止什么？拉康问，（不停止）被书写。[③] 事实上，如果它是必须将书写作为客体的一种逻辑的模态类型，那这就是必然：

---

　① 法文为：Ça ne "sexe" pas de ne pas s'écrire，与此相关的表达比如有：Ça ne cesse pas de ne pas s'écrire(它停止不被书写)，Ça cesse de s'écrire(它停止被书写)，后两者分别是拉康对于石祖功能下偶然性与必然性的书写。而法文"sexe"与"cesse"谐音，拉康用此替换来书写精神分析中的性关系。——译者注。

　② 参见上文，第 14 章，图 14.1。

　③ Cf. J. Lacan, *Encore*, *op. cit.*, 1973 年 2 月 13 日讨论班, p. 55。

526　｜　拉康导读(下卷)：主体的结构

必然性，它，由不停止引介给我们。必然性之不停止，就是不停地被书写。大概对石祖参考的分析把我们引向的正是这种必然性。①

相反，偶然性由以下事实所强调：它停止不被书写，因为它参考了石祖——我们知道其独特性：

石祖——分析将之处理为所谓欲望之原因的极限点、关键点——分析的经验停止了对于它的不书写。正是在这种停止不被书写中，存在着我称为偶然性的东西的顶点。②

从必然性到偶然性，只有一步之遥，性关系这一步，也就是说不可能性。男女的性结合因此从属于联合不停地被书写和停止不被书写的企图，它不可避免地变化为不停地不被书写的形式：

必然性……是什么不停止什么？被书写。这是一个至少分类四种模态类型的好办法……不停地不被书写的东西，正是一种模态类型，不是你们所预料的对立于必然性的那个，那是偶然性。想想看，必然性被结合于不可能性，而这个不

---

① Cf. J. Lacan, *Encore*, *op. cit.*, 1973 年 3 月 20 日讨论班，p. 86（作者所做强调）。同参见，1973 年 6 月 26 日讨论班，p. 132："我耽于必然性，如同耽于不停地被书写的东西，因为必然性并非实在"（作者所做强调）。

② Ibid., 1973 年 6 月 26 日讨论班，p. 86（作者所做强调）。亦参见，1973 年 6 月 26 日讨论班，p. 132："偶然性，我将之化作为停止不被书写。因为那里只有相遇，在同伴那里与症状、感情、每个人身上所有标志着其放逐痕迹（不是作为主体而是作为言说者的、其性关系的放逐）的东西的相遇"（作者所做强调）。

停地不被书写，正是其阐述。①

"性关系"最多也只不过是如同幻景一般的相遇，它利用了对爱来说极其珍贵的壹的错觉。② 当然，"有壹"③，但拉康补充说：

> 应以此为出发点，这个有壹要强调的是有孤零零的壹。由此而得到了我们应该拒绝其名字之物的关键，而其事态在整整几个世纪的进程中回荡，这即是爱。④

毫无疑问，诗歌留给了我们对于不停地不被书写之物的最美的修饰：

> 男人和女人之间，
>
> 有爱。
>
> 男人和爱之间，
>
> 有一个世界。
>
> 男人和世界之间，

---

① Ibid., 1973 年 2 月 13 日讨论班，p. 55(作者所做强调)。亦参见，1973 年 3 月 20 日讨论班，p. 87："不停地不被书写，相反，这是不可能性，我将之定义为无论如何都不可能被书写的东西，我正是用这个来指示与性关系有关的东西——性关系不停地不被书写"(作者所做强调)。

② 参见上文，第 4 章。

③ Cf. J. Lacan, ⋯ *Ou pire*, *op. cit.*, 1972 年 3 月 15 日讨论班。Cf. aussi *Encore*, *op. cit.*, 1973 年 2 月 20 日讨论班，p. 63。

④ Cf. J. Lacan, ⋯ *Ou pire*, *op. cit.*, 1972 年 3 月 15 日讨论班。Cf. aussi *Encore*, *op. cit.*, 1973 年 2 月 20 日讨论班，pp. 63-64.

有一道墙。①

　　拉康所重述这些安托万·图达尔(Antoine Tudal)的诗句，极好地阐释了他向我们诉说的男人与女人之间的"爱(墙)"(l'(a)mur)②的命运。我们只要稍稍理解一下他通过克莱因瓶的拓扑学应用而提给我们的论证，鉴于两性差异的实在以及性关系的不存在，结论本身就会摆在我们面前：

　　　　对于男人与女人之间的关系，以及各自由此而导致的一切——即其立场亦即其知识——而言，阉割，它是无处不在的。③

　　这正是弗洛伊德式发现的深刻意义。无意识促使言说主体懂得，源自于语言的一切都与性相关，此外，如拉康明确指出的

----

　　① 参见 A. 图达尔的诗句，见于《2000 年的巴黎》，拉康在《精神分析家的知道》(*op. cit.*，1972 年 1 月 6 日讨论班)中进行了重述。其中一些措辞有点儿"颠倒"了，相对于在《精神分析中话语与语言的功能及范围》(in *Écrits*，*op. cit.*，p. 289)中所给出的版本来说。

　　　　　　男人和爱之间，
　　　　　　　有女人。
　　　　　　男人和女人之间，
　　　　　　　有一个世界。
　　　　　　男人和世界之间，
　　　　　　　有一道墙。

　　② Ibid.："爱(l'amour)……墙(l'(a)mur)，只需要把'a'放进括弧里就足以看出我们每天所触及之物。"

　　③ Ibid. Cf. aussi《L'étourdit》，in *Scilicet*，nº 4，*op. cit.*，pp. 20-21："没有性关系并不是指与性没有关系。这正是阉割所证明的东西，但仅此而已；也就是说这种与性的关系在两半部分中可能都并不清楚，正是由于它安排了这种分类"(作者所做强调)。

"性关系不能，至少直到此时，以任何方式被登录于其中"①。

因此，我们多多少少都被判处了爱的刑罚，就是因为它不停地不被书写。它充其量只涉及一种简单的移置效果：

> 否定的移置，从停止不被书写到不停地被书写，从偶然性到必然性，这正是所有的爱得以依附的悬挂点。
> 所有的爱——因停止不被书写才可继续存在——都倾向于将否定转变为不停地被书写，不停止，不会停止。②

再说……

<hr>

① J. Lacan, *D'un discours qui ne serait pas du semblant*, *op. cit.*, 1971 年 5 月 19 日讨论班。

② J. Lacan, *Encore*, *op. cit.*, 1973 年 6 月 26 日讨论班, p. 132。

参考书目

ARNOUX D., 《O+8=O》, in *Littoral*, n° 13, *Traduction de Freud, transcription de Lacan*, Érès, juin 1984, pp. 149-165.

BARR S.,

- 《Le plan projectif》, in *Littoral*, n° 14, *Freud Lacan: quelle articulation?*, Érès, novembre 1984, pp. 107-128.

- *Exercice de topologie*, Paris, Lysimaque, 1987.

BOUASSE H.,

- *Optique et photométrie dites géométriques*, Paris, Delagrave, 4ᵉ édition 1947.

- 《Hypothèses fondamentales. Miroirs plans》, in *Cahiers de lectures freudiennes*, n° 13, *Le schéma optique. Miroirs-Spécularité*, Lysimaque, mars 1988, pp. 19-54.

BOUQUIER J. -J., 《Retournements de tores et identification》, in *Analytica*, vol 46, *Investigations topologiques et interrogations sur la passe*, Paris, Navarin 1986, pp. 9-18.

CALLIGARIS C., *Pour une clinique différentielle des psychoses*, Paris, Point Hors Ligne, 1991.

CARNAP R., *Logische Syntax der Sprache*, Vienne, Verlag Springer, 1934. Trad. Von Zeppelin, *The Logical Syntax of Language*, London, Routledge and Kegan Paul, 1937.

CONTÉ C. ,

−《Brèves remarques sur la dimension du Réel dans l'enseignement de Jacques Lacan》, in *Esquisses psychanalytiques*, n° 15, *Jacques Lacan*, printemps 1991, pp. 53−62.

−*Le Réel et le Sexuel − de Freud à Lacan −*, Paris, Point Hors Ligne, 1992.

CZERMAK M. ,

− *Passions de l'objet. Études psychanalytiques des psychoses*, Paris, J. Clims Éditeur, 1986.

− (en collaboration avec DUHAMEL J. −L.), 《L'homme aux paroles imposées》, in *Le Discours psychanalytique*, n° 7, février 1992, Éditions J. Clims − Association freudienne, pp. 7−54.

DAMOURETTE J. et PICHON É. , *Des mots à la pensée, essai de grammaire de la langue francaise*, Paris, d'Artrey, 1911−1940.

DARMON M. , *Essais sur la topologie lacanienne*, Paris, Éditions de l'Association freudienne, 1990.

DESCARTES R. ,

− *Discours de la méthode* (1637), Paris, Léopold Cerf [1897−1909], Édition Ch. Adam et P. Tannery (A. T.), tome VI.

−*Méditations métaphysiques*, *ibid.* , tome IX, p. 21.

− 《Correspondance》, in *CEuvres philosophiques*, Paris, Garnier, 1967.

DOR J. ,

− *Structure et perversions*, Paris, Denoël, 1987.

− *L'a−scientificité de la psychanalyse*, tome 1. *L'aliénation de la psychanalyse*; tome 2. *La paradoxalité instauratrice*, Paris, Éditions universitaires, coll. Émergences, 1988.

− *Le père et sa fonction en psychanalyse*, Paris, Point Hors Ligne, 1989.

− 《Approche psychanalytique de la fonction du nom propre》, in *Correspondances freudiennes*, n° 25, 1989, pp. 9–13.

– 《Les séances à "temps variables"》, in *Nouvelle revue de psychanalyse*, n° 41, Gallimard, printemps 1990, pp. 236–242.

– 《Approche épistémologique des paradigmes mathématiques lacaniens》, in *Esquisses psychanalytiques*, n° 15, *Jacques Lacan*, printemps 1991 pp. 87–97.

–《Anamorphoses: "Le retour à Freud de Lacan"》, in *Études freudiennes*, n° 33, *Lacan lecteur de Freud*, avril 1992, pp. 175–188.

FALADÉ S., 《Repères structurels des névroses, psychoses et perversions》, in *Esquisses Psychanalytiques*, n° 7, printemps 1987, pp. 29–51.

FRÉCHET M. et FAN K., *Introduction à la topologie combinatoire*, tome I, Paris, Vuibert, 1946.

FREGE G., *Grundlagen der Arithmetik*, Breslau, Max Hermann Marcus, 1884. Trad., C. Imbert, *Les Fondements de l'arithmétique*, Paris, Seuil, 1969.

FREUD S.,

– (en collaboration avec BREUER J.), *Studien über Hysterie* (1893), G. W. I, pp. 77–312; S. E. II. Trad. A. Berman, *Études sur L'hystérie*, Paris, P. U. F., 1956.

– 《Briefe an W. Fliess》 (1887–1902) in *Aus den Anfängen der Psychoanalyse*, G. W., *pp. 45–305, S. E. I, pp. 173–397. Trad. A. Berman,《Lettres à Fliess》, in* La Naissance de la psychanalyse, *Paris, P. U. F.*, 4° *édition* 1979, *pp.* 47–306.

–Die Traumdeutung (1900), *G. W. II–III, pp. 1–642; S. E. IV–V, pp. 1–621. Trod. I. Meyerson, augmentée et révisée par D. Berger*, L'interprétation des rêves, *Paris, P. U,F.*, 1967.

– Totem und Tabu (1912–1913), *G. W. IX; S. E. XIII, pp. 1–161. Trad. S. Jankélévitch*, Totem et tabou, *Paris, PBP*, n° 77, 1973.

- Zur Einführung des Narzissmus（1914）, *G. W. X, pp.* 138–170 ; *S. E. XIV, pp.* 67 – 102. *Trad. D. Berger et J. Laplanche*, 《*Pour introduire le narcissisme*》, *in* La Vie sexuelle, *Paris*, P. U. F. , 1*ʳᵉ édition* 1969, *pp.* 81– 105.

-Triebe und Triebschicksale（1915）, *G. W. X, pp.* 210–232 ; *S. E. XIV, pp.* 109–140. *Trad. J. Laplanche et J. –B. Pontalis*, 《*Pulsions et destins des pulsions*》, *in* Métapschologie, *Paris*, *Idées–Gallimard*, *n°* 154, 1981, *pp.* 11 –44.

- Das Unbewusste（1915）, *G. W. X, pp.* 264–303 ; *S. E. XIV*, 159–215. *Trad. J. Laplanche et J. –B. Pontalis*, 《*L'inconscient*》, *in* Métapsychologie, ibid. , *pp.* 65–123.

- Massenpsychologie und Ich–Analyse（1921）, *G. W. XIII, pp.* 73–161; *S. E. XVIII.* , *pp.* 65 – 143. *Trad. P. Cotet, A. Bourguignon, J. Altonian, O. Bourguignon, A. Rauzy*, 《*Psychologie des foules et analyse du Moi*》, *in* Essais de psychanalyse, *Paris*, P. B. P. , *n°* 44, 1984, *pp.* 117–217.

- Das Ich und das Es（1923）, *G. W. XIII, pp.* 237–289; *S. E. XIX, pp.* 1–59. *Trad. J. Laplanche*, 《*Le Moi et le Ça*》, *in* Essais de psychanalyse, ibid. , *pp.* 219–275.

- Hemmung, Symptom und Angst（1925）, *G. W. XIV, pp.* 113–205 ; *S. E. XX, pp.* 75–174. *Trad. M. Tort*, Inhibition, symptôme et angoisse, *Paris*, P. U. F. , 1968.

-Neue Folge der Vorlesungen zur Einführung in die Psychoanalyse（1932–1933）, *G. W. XV*; *S. E. XXII, pp.* 1 – 182. *Trad. R. –M. Zeitlin*, Nouvelles conférences d'introduction à la psychanalyse, *Paris*, N. R. F. , *Gallimard*, 1984.

- Abriss der Psychoanalyse（1938–1940）, *G. W. XVII, pp.* 67–138 ; *S. E. XXIII, pp.* 139–207. *Trad. A. Berman*, Abrégé de psychanalyse, *Paris*, P.

U. F. , 1949.

GEORGIN J. -P. , 《Du plan projectif au cross-cap》 (1re partie), in Littoral, n°
17, Action du public dans la psychanalyse, Érès, septembre 1985, pp. 147
-152.

GRANON-LAFONT J. ,

– (Lafont) 《Du schéma R au plan projectif》, in Littoral, n° 3/4, L'assertitude
paranoïaque, février 1982, Érès, pp. 135-146.

–La topologie ordinaire de Jacques Lacan, Paris, Point Hors Ligne, 1985.

GUYOMARD P. ,

– 《Le temps de l'acte. L'analyste entre la technique et le style》, "postface" à Maud
Mannoni, Un savoir qui ne se salt pas, Paris, Denoël, 1985, pp. 139-187.

– La jouissance du tragique. Antigone, Lacan et le désir de l'analyste, Paris,
Aubier, 1992.

LACAN J. ,

–《Le temps logique et l'assertion de certitude anticipée. Un nouveau sophisme》
(1945), in Écrits, Paris, Seuit, 1966, pp. 197-213.

– 《Le stade du miroir comme formateur de la fonction du Je telle qu'elle nous est
révélée dans l'expérience psychanalytique》 (communication faite au XVIe
congrès international de psychanalyse, à Zurich, le 17 juillet 1949), ibid. ,
pp. 93-100.

–《Fonction et champ de la parole et du langage en psychanalyse》. Rapport du
congrès de Rome tenu à l'Istituto di psichologia della universitá di Roma les 26
et 27 septembre 1953, ibid. , pp. 237-322.

–《Le symbolique, l'imaginaire et le réel》 (conférence à la Société française de
psychanalyse du 8 juillet 1953), in Bulletin de l'Associatio freudienne, n° 1,
novembre 1982, pp. 4-13.

– Les écrits techniques de Freud, Livre I (1953-1954), Paris, Seuil, 1975.

- Les psycboses, *Livre* Ⅲ (1955-1956), *Paris*, *Seuil*, 1981.

-《*Situation de la psychanalyse et formation du psychanalyste en 1956*》, *in* Écrits, op. cit. , *pp.* 459-491.

- La relation d'objet et les structures freudiennes (1956-1957), *inédit*.

-《*L'instance de la lettre dans l'inconscient ou la raison depuis Freud*》(14-26 *mai* 1957), *in* Écrits, op. cit. , *pp.* 493-528.

- Les formations de l'inconscient (1957-1958), *inédit*.

- 《*D'une question préliminaire à tout traitement possible de la psychose*》(*décembre* 1957-janvier 1958), *in* Écrits, op. cit. , *pp.* 531-583.

- 《*La direction de la cure et les principes de son pouvoir*》(*rapport du colloque de Royaumont* 10-13 *juillet* 1958), ibid. , *pp.* 585-645.

- Le désir et son interprétation (1958-1959), *partiellement publié in* Ornicar ? , 1981, *n°* 24 : *pp.* 7-31 ; 1982, *n°* 25 : *pp.* 13-36; 1983, *n°* 26/27: *pp.* 7-44.

-《*Remarque sur le rapport de Daniel Lagache* : "*Psychanalyse et structure de la personnalité*"》(*Pâques* 1960), *in* Écrits, op. cit. , *pp.* 647-684.

- 《*Subversion du sujet et dialectique du désir dans l'inconscient freudien*》(1960), *ibid.* , *pp.* 793-827.

- Le transfert, *Livre VIII* (1960-1961), *Paris*, *Seuil*, 1991.

- L'identification (1961-1962), *inédit*.

- L'angoisse (1962-1963), *inédit*.

- 《*Position de l'inconscient au congrès de Bonneval reprise de 1960 en 1964*》, *in* Écrits, op. cir. , *pp.* 829-850.

- Les quatre concepts fondamentataux de la psychanalyse, *Livre XI* (1964), *Paris*, *Seuil*, 1973.

- 《*La science et la vérité*》(1er *décembre* 1965), *in* Écrits, op. cit. , *pp.* 855-877.

– 《*D'un dessein*》（1966）, ibid. , pp. 363–367.

– La logique du fantasme（1966–1967）, *inédit*.

– L'acte psychanalytique（1967–1968）, *inédit*.

– D'un autre à l'Autre（1968–1969）, *inédit*.

– L'envers de la psychanalyse, *Livre XVII*（1969–1970）, *Paris*, *Seuil*, 1992.

– 《*Radiophonie*》（*juin* 1970）, *in* Scilicet, *n*° 2/3, *Paris*, *Seuil*, 1970, *pp.* 55
 –99.

D'un discours qui ne serait pas du semblant（1971）, *inédit*.

– ... Ou pire（1971–1972）, *inédit*.

Le savoir du psychanalyste（1971–1972）, *inédit*.

– 《*L'étourdit*》（14 *juillet* 1972）, *in* Scilicet, *n*° 4, *Paris*, *Seuil*, 1973, *pp.* 5
 –52.

– Encore, *Livre XX*（1972–1973）, *Paris*, *Seuil*, 1975.

– Télévision（*Noël* 1973）, *Paris*, *Seuil*, 1974.

– 《*La Troisième*》（*intervention au congrès de Rome* 31 *octobre* – 3 *novembre*
 1974）, *in* Lettres de l'École freudienne, *n*° 16, *novembre* 1975, *pp.* 178
 –203.

–R. S. I.（1974–1975）, *in* Ornicar？, 1975, *n*° 2: *pp.* 88–105, *n*° 3: *pp.* 96–
 110, *n*° 4 : *pp.* 92–106, *n*° 5 : *pp.* 16–66.

– Le Sinthome（1975–1976）, *in* Ornicar？, 1976, *n*° 6 : *pp.* 3–20, *n*° 7: *pp.*
 3–18, *n*° 8: *pp.* 6–20 ; 1977, *n*°9 : *pp.* 32–40, *n*° 10 : *pp.* 5–12, *n*° 11:
 pp. 2–9.

–《 *L'homme aux paroles imposées* 》（1976）, *in* Le Discours psychanalytique, *n*°
 7, *février* 1992, *Éditions J. Clims – Association freudienne*, *pp.* 7–54 *et en*
 "*annexe*", 《*Entretien de J. Lacan avec M. Gérard Mumeroy*》, ibid. , *pp.* 55
 –92.

– L'insu que sait de l'une bévue s'aile à mourre（1976–1977）, *in* Ornicar？,

1977, $n°$ 12/13 : $pp.$ 4-16; 1978, $n°$ 14: $pp.$ 4-9, $n°$ 15: $pp.$ 5-9, $n°$

16: $pp.$ 7-13 ; 1979, $n°$ 17/18 : $pp.$ 7-23.

LAGACHE D. , 《*Psychanalyse et structure de la personnalité*》, *in* La Psychanalyse,

$n°$ 6, Perspectives structurales. Colloque international de Royaumont, *Paris*,

P. U. F. , 1961, *pp.* 5-54.

LAPLANCHE J. ,

- (*en collaboration avec LECLAIRE S.*) , 《*L'inconscient : une étude psychanalytique*》,

in L'inconscient (4e *colloque de Bonneval*) , *Desclée de Brouwer*, 1966, *pp.* 95

-130.

- (*en collaboration avec PONTALIS J. -B.*) , Vocabulaire de la psychanalyse,

Paris, *P. U. F.* , 1967.

LECLAIRE S. , 《*A la recherche des principes d'une psychothérapie des psychoses*》, *in*

L'Évolution psychiatrique, 1958, *tome* 23, $n°$ 2, *p.* 401.

LE GAUFEY G. , 《*Représentation freudienne et signifiant lacanien*》, *in* Littoral, $n°$

14, Freud Lacan: quelle articulation ? , *novembre* 1984, *Érès*, *pp.* 41-56.

MALENGREAU P. , 《*Le schéma optique : de l'identification à l'objet*》, *in* Cahiers de

lectures freudiennes, $n°$ 13, Le schéma optique, Miroirs - spécularité,

Lysimaque, *mars* 1986, *pp.* 73-83.

MANNONI M. , Un savoir qui ne se sait pas, *Paris*, *Denoël*, 1985.

MANNONI O. , Clefs pour l'Imaginaire ou l'Autre Scène, *Paris*, *Seuil*, 1969.

MICHAUD G. , 《 *L'angoisse et/est le désir de l'Autre* 》 , *in* Esquisses

psychanalytiques, $n°$ 15, Jacques Lacan, *printemps* 1991, *pp.* 153-170.

MILLER J. -A. ,

-《*La suture. Éléments de la logique du signifiant*》, *in* Cahiers pour l'analyse, $n°$ 1

: La vérité, 2 : Qu'est-ce que la psychologie?, *Paris*, *Seuil*, 1966, *pp.* 37

-49.

- *Introduction à* 《*A. F. Möbius* [*La première bande*]》, *in* Ornicar ? , $n°$ 17/18, *printemps* 1979, *pp.* 227 – 277 *où figure la reproduction des deux pages du mémoire original de Möbius* (*pp.* 276–277) *consacrées à la bande.*

NASIO J. – D. , Les yeux de Laure. Le concept d'objet a dans la théorie de J. Lacan, *Paris, Aubier, coll. La psychanalyse prise au mot*, 1987.

PANKOW G. , Sructure familiale et psychose, *Paris, Aubier*, 1983.

PIERCE Ch. –S. ,

– Elements of Logic Collected Papers, *vol. II, The Belknap Press of Harvard University, Cambridge, Massachusetts*, 1932.

– É crits sur le signe, *Paris, Seuil*, 1978.

PONT J. – C. , La topologie algébrique des origines à Poincaré, *Paris, P. U. F.* ,1974.

RINGENBACH A. –M. ,

–《*Le tore et la mise en jeu de la dissymétrie*》, *in Littoral, n°* 10, La Sensure, *octobre* 1983, *Érès, pp.* 131–148.

– 《*La dissymétrie, le spéculaire et l'objet a*》, *in* Littoral, *n°* 14, Freud Lacan: quelle articulation ? , *novembre* 1984, *Érès, pp.* 129–143.

–《*Sur la compatibilité de la bande de Möbius et du tore*》, *in* Littoral, *n°* 23/24, La declararion de sexe, *octobre* 1987, *Érès, pp.* 157–202.

ROUDINESCO É. , Histoire de la psychanalyse en France. 1. 1883–1939, *Paris, Seuil*, 1986 (*première édition, Ramsay* 1982) ; 2. 1925–1985, *Paris, Seuil*, 1986.

RUSSELL B. ,

– 《*La théorie des types logiques*》, *in* Les Cahiers pour l'analyse, *n°* 10, La formalisation, *Paris, Seuil*, 1969, *pp.* 53–83.

– 《*On denoting*》 (1905), *in* Mind, *vol. XIV, pp.* 479–493. *Trad. P. Devaux,* 《*De la dénotation*》, *in* L'Âge de la science, *vol. III, n°* 3, *Paris, Dunod,* 1970, *pp.* 171–185.

- An Inquiry into Meaning and Truth, *London*, *Allen and Unwin*, 1940. *Trad. P. Devaux*, Signification et vérité, *Paris*, *Flammarion*, 1969.

- *Problèmes de philosophie*, *Paris*, *Payot*, 1968.

SAUSSURE F. de, Cours de linguistique générale, *Paris*, *Payor*, 1983.

TAILLANDIER G., 《 *Présentation du séminaire de J. Lacan sur l'angoisse* 》, *in* Esquisses psychanalytiques, *n° 7*, *printemps* 1987, *pp.* 135–154.

TARSKI A., Der Wahrheitsbegriff in der formalisierten Sprachen, *in* Studia philosophica, 1935. *Trad. in* Logic, Semantics and Metamathematics, *Oxford*, 1956.

TIETZE H., Einige Bemerkungen über das Problem des Kartenfärbens auf einseitigen Flächen, *Jahresber Deutsch Math. Vereinigung*, *tome XIX*, 1910.

术语译名表

A

ACTE ANALYTIQUE 分析行为

ACTE SEXUEL 性行为

AGÉNÉSIE,

    agénésie de l'Imaginaire 想象界阙如

    agénésie du Symbolique 符号界阙如

ALIÉNATION 异化

ALLUSION 暗示

AMBIVALENCE 双重性

AMOUR 爱

ANGOISSE 焦虑

    angoisse de castration 阉割焦虑

ANNEAU 圈体

ANNEAU DE JORDAN 若尔当环

APRÉS-COUP 事后

ASSOCIATIONS LIBRES 自由联想

ASSUJET 亚主体

ATTRIBUTION PHALLIQUE 石祖属性

AU MOINS UN 至少一个

AUTOMATISME DE RÉPÉTITION 重复的自动性

    autre 彼者/小彼者

    autre imaginaire 想象彼者

AUTRE 大彼者

    demande de l'Autre 大彼者的请求

    désir du désir de l'Autre 对大彼者欲望的欲望

    jouissance de l'Autre 大彼者享乐

    manque dans l'Autre 大彼者中的缺失

    signifiant du manque dans l'Autre 大彼者中的缺失的能指

    voix de l'Autre 大彼者的声音

AVOIR 有

B

BANDE BIPARTIE 双分纸带

BANDE DE MÖBIUS 莫比乌斯带

BESOIN 需要

BORD 边

BOUCLE（DOUBLE）(双)圈

BOUTEILLE DE KLEIN 克莱因瓶

C

ÇA 它我

CASTRATION 阉割

angoisse de castration 阉割焦虑

signifiant de la castration 阉割的
能指

CERCLES D'EULER 欧拉圈

CERCLE OBLIQUE 斜向圈

CERCLE PLEIN 实圈

CERCLE VIDE 空圈

CIRCONSTANCIELS ÉGOCENTRIQUES
自我中心形势

COGITO 我思

COMPLEXE DE CASTRATION 阉割
情结

COMPLEXE D'ŒDIPE 俄狄浦斯情结

CONJONCTION 合取

CONSCIENT(SYSTÈME)意识(系
统)

CONTINGENCE 偶然性

CONTRADICTION 矛盾

non-contradiction 不矛盾律

COUPURE 切口

en huit-intérieur 内八字切口

interprétative 解释性切口

möbienne 莫比乌斯切口

signifiante 能指的切口

CROSS-CAP 交叉帽

D

DEMANDE 请求

répétition de la demande 请求的
重复

tours de la demande 请求的环路

DEMANDE DU SUJET 主体的请求

DEMANDE DE L'AUTRE 大彼者的
请求

DÉPLAISIR 不快乐

DESCRIPTIONS 描述

DESÊTRE 去存在

DÉSIR 欲望

désir du désir de l'Autre 对大彼者
之欲望的欲望

désir de la mère 母亲的欲望

désir de reconnaissance 认识的欲望

graphe du désir 欲望图形

objet du désir 欲望客体

reconnaissance du désir 欲望的
认识

DESTITUTION SUBJECTIVE 主体性

废黜

DIFFÉRENCE 差异

    unité de la defférence 差异单位

DIFFÉRENCE DES SEXES 两性差异

DIFFÉRENCE SYMÉTRIQUE 对称性
差异

DIRE 言

DISJONCTION 析取

DISSYMÉTRIE 不对称

DIT 所言

DIVISION DU SUJET 主体的切分

DOUBLE BOUCLE 双圈

DOUBLE INSCRIPTION 双重登录

DOUTE 怀疑

E

ÉCRITURE 书写

    ça cesse pas de s'écrire 它不停地
被书写

    ça cesse de ne pas s'écrire 它停止
不被书写

    ça ne cesse pas de ne pas s'écrire
它不停地不被书写

ÉDIFICATION SUBJECTIVE 主体性
创建

ÉNONCIATION 陈述

ENSEMBLES 集合

    ensembles membres d'eux-mêmes

自属集合

    ensembles non-membres d'eux-
mêmes 非自属集合

    intersection d'ensembles 交集

    réunion d'ensembles 并集

    théorie des ensembles 集合的理论

ÉQUIVOQUE SIGNIFIANTE 能指的
歧义性

ESPACE IMAGINAIRE 想象空间

ESPACE RÉEL 实在空间

ESPACE VIRTUEL 虚拟空间

ÊTRE 存在，是

EXCEPTION FÉMININE 女性的例外

EXCEPTION MASCULINE 男性的
例外

EXCLUSION 除外

EXISTENCE 存在

EXISTENTIELLE AFFIRMATIVE 肯
定性存在

EXISTENTIELLE NÉGATIVE 否定性
存在

EXTÉRIEUR 外部的

F

FANTASME 幻想

FEMME 女人

    La femme 女人，那女人

    La femme n'existe pas 那女人不

存在

FONCTION PATERNELLE 父性功能

FONCTION PHALLIQUE 石祖功能

FONCTION PROPOSITIONNELLE 命
题函数

FONCTION SYMBOLIQUE 符号功能

FORCLUSION DU NOM-DU-PÈRE
父姓的排除

FORCLUSION DU SUJET 主体的
排除

FRUSTRATION 挫败

G

GRAMMAIRE 语法

GRAPHE DU DÉSIR 欲望图形

H

HAINE 恨

HALLUCINATION 幻觉

HALLUCINATOIRE
（SATISFACTION）幻觉性（满足）

HOMMOINZIN 男人减一（见"至少一
个"）

HOMOPHONIE 同音异义

HORDE PRIMITIVE 原始部落

HUIT-INTÉRIEUR 内八字

HYSTÉRIE 癔症

I

IDÉAL DU MOI 自我理想

IDÉAUX DE LA PERSONNE 人之
理想

IDENTIFICATION 认同

identification cannibalique 食人性
认同

identification au désir de l'Autre 对
大彼者欲望的认同

identification hystérique 癔症性
认同

identification à un idéal 对一个理
想的认同

identification imaginaire 想象性
认同

identification narcissique 自恋性
认同

identification au père 对父亲的
认同

identification phallique 石祖认同

identification du premier genre 第一
种认同

identification régressive 退行性认同

identification du second genre 第二
种认同

identification sexuelle 性别认同

identification à un signifiant 对某能
指的认同

identification spéculaire 镜像认同

identification au trait unaire（au trait unique）对元征（单征）的认同

identification du troisième genre 第三种认同

IDENTITÉ 同一性，身份

IDENTITÉ SEXUELLE 性别身份

IDÉOGRAMME 表意文字

IMAGE DU CORPS 身体形象

IMAGE DU MOI 自我的形象

IMAGE RÉELLE 实像（实在形象）

IMAGE SPÉCULAIRE 镜像（反射形象）

IMAGE VIRTUELLE 虚像（虚拟形象）

IMAGINAIRE 想象

　agénésie de l'Imaginaire 想象界阙如

　greffe d'Imaginaire 想象界的嫁接

　identification imaginaire 想象性认同

　triangle imaginaire 想象的三角

IMPOSSIBLE 不可能性

INCESTE 乱伦

INCLUSION 包括

INCONSCIENT 无意识

　rejetons de l'inconscient 无意识的衍生物

structuré comme un langage 像一种语言那样被构成

sujet de l'inconscient 无意识主体

système inconscient 无意识系统

INCORPORATION 摄入

INDÉCIDABLE 不可判定的

INDICATEURS DE SUBJECTIVITÉ 主体性指示

INDISTINCTION FUSIONNELLE 融合的无区分性

INSCRIPTION 登录

　double inscription 双重登录

INTERDIT DE L'INCESTE 乱伦禁忌

INTÉRIEUR 内部的

INTERPRÉTATION 解释

J

JE（主语）我

JOUISSANCE 享乐

　jouissance absolue 绝对享乐

　jouissance de l'Autre 大彼者的享乐

　jouissance complémentaire 补充的享乐

　jouissance interdite 被禁止的享乐

　jouissance phallique 石祖享乐

　jouissance supplémentaire 额外享乐

　autre jouissance 彼享乐

N

NARCISSISME 自恋

  capture narcissique 自恋性捕获

  identification narcissique 自恋性认同

  libido narcissique 自恋力比多

NÉCESSITÉ 必要性

NE EXPLÉTIF 赘词 ne

NÉGATION 否定

NÉVROSE OBSESSIONNELLE 强迫神经症

NOMBRE 数

  nombre complexe 复数

  nombre imaginaire 虚数

  nombre réel 实数

NOM-DU-PÈRE 父姓

  forclusion du Nom-du-Père 父姓的排除

  métaphore du Nom-du-Père (métaphore paternelle) 父姓的隐喻(父性隐喻)

  signifiant du Nom-du-Père 父姓能指

NOM PROPRE 专名

NON CONTRADICTION 不矛盾律

O

OBJET a 客体小 a

OBJET DU DÉSIR 欲望的客体

OBJET DU MANQUE 缺失的客体

OBJET MÉTONYMIQUE 换喻性客体

OBJET PARTIEL 部分客体

OBJET PHALLIQUE 石祖客体

OBJET RÉEL 实在客体

OBJET SPÉCULARISABLE/NON SPÉCULARISABLE 可反射/不可反射的客体

OBJET SUBSTITUTIF 替代性客体

OBJET TOPOLOGIQUE 拓扑学客体

OBJET VIRTUEL 虚拟客体

ŒDIPE 俄狄浦斯

  complexe d' Œdipe 俄狄浦斯情结

  dialectique œdipienne (dynamique œdipienne) 俄狄浦斯辩证法(俄狄浦斯动力学)

P

PARADOXES (logiques)(逻辑的)悖论

PARANOÏA 偏执狂

PARLÊTRE 存在之言

PAROLE DÉLIRANTE 谵妄话语

PARTICULIÈRE AFFIRMATIVE 特称肯定

PARTICULIÈRE NÉGATIVE 特称否定

PARTICULIERS ÉGOCENTRIQUES
自我中心特称词

PAS-TOUT 并非全部

PENSÉE DÉLIRANTE 谵妄思维

PÈRE 父亲

    père castrateur 阉割者父亲

    père donateur 施予者父亲

    père frustrateur 挫败者父亲

    père imaginaire 想象父亲

    père mort 死亡父亲

    père privateur 剥夺者父亲

    père réel 实在父亲

    père symbolique 符号父亲

    function paternelle 父性功能

PERVERSION 倒错

PHALLUS 石祖

    phallus imaginaire 想象石祖

    phallus symbolique 符号石祖

    attribution phallique 石祖归属

    avoir phallique 石祖的有

    fonction phallique 石祖功能

    identification phallique 石祖认同

    logique phallique 石祖逻辑

    objet phallique 石祖客体

    rivalité phallique 石祖竞争

PHASIS (拉丁文)话语

PHOBIE 恐惧症

PLAISIR 快乐

    principe de plaisir 快乐原则

PLAN PROJECTIF 投射面

POINÇON 凿印

POINT DE CAPITON 铆定点

POINT HORS LIGNE 线外点

POLYGONE FONDAMENTAL 基础多
边形

PONCTUATION 断句

PRÉCONSCIENT (SYSTÈME)前意
识(系统)

PRIVATION 剥夺

PROPOSITIONS 命题

    proposition contradictoire 矛盾命题

    proposition contraire 反对命题

    proposition existentielle (particulière),
    affirmative 肯定(特称)存在命题

    proposition existentielle (particulère),
    negative 否定(特称)存在命题

    proposition subalterne 差等命题

    proposition subcontraire 下反对
命题

    proposition universelle affirmative
全称肯定命题

    proposition universelle négative 全
称否定命题

PSYCHOSE 精神病

psychothérapie des psychoses 精神病的精神治疗

PULSION 冲动

R

RAPPORT SEXUEL 性关系

RÉALITÉ 现实

    bande de la réalité 现实带

    principe de réalité 现实原则

RECONNAISSANCE 认识

RECONNAISSANCE DU DÉSIR 欲望的认识

RÉEL 实在

bande du réel 实在带

REFOULEMENT 压抑

RÉPÉTITION 重复

    automatisme de répétition 重复的自动性

REPRÉSENTATION 表象

    représentation de chose 物表象

    représentation de mot 词表象

    représentant de la représentation 表象代表

RIVALITÉ PHALLIQUE 石祖竞争

S

SATISFACTION 满足

    expérience de satisfaction 满足经验

SATISFACTION HALLUCINATIORE 幻觉性满足

SCANSION SIGNIFIANTE 能指划分

SCHÉMA *I* I 图示

SCHÉMA *L* L 图示

SCHÉMA OPTIQUE 光学图示

SCHÉMA *R* R 图示

SCHÉMA DE SCHREBER 施伯图示

SCHIZOPHRÉNIE 精神分裂症

SÉANCES 分析（期间）

    séances courtes 短时分析

    séances longues 长时分析

    suspension des séances 分析的暂停

    à temps variable 可变时间的分析

SÉPARATION 分离

SÉRIES 级数

SEXES 性别，两性

    différence des sexes 两性差异

    égalité des sexes 性别平等

    légalité des sexes 性别法则

SEXUEL 性的

    acte sexuel 性行为

    identification sexuelle 性别认同

    identité sexuelle 性别身份

    rapport sexuel 性关系

    Il n'y a pas de rapport sexuel 没有性关系

SEXUATION 性化

formules de la sexuation 性化公式

SIGNE 符号

caractère aléatoire du signe 符号的偶然性

signe linguistique 语言学符号

arbitraire du signe 符号的任意性

valeur du signe 符号的价值

SIGNIFIANT 能指

signifiant de la castration 阉割的能指

signifiant du manque dans l'Autre 大彼者的缺失的能指

signifiant du Nom-du-Père 父姓能指

chaîne signifiante 能指链

coupure signifiante 能指的切口

équivoque signifiante 能指的歧义性

logique du signifiant 能指逻辑

prévalence/suprématie du signifiant 能指的优势性/至上性

scansion signifiante 能指划分

trésor des signifiants 能指的宝库

unité signifiante 能指单位

SIGNIFIÉ 所指

SPÉCULARITÉ 反射性

spécularisable 可反射的

non spécularisable 不可反射的

SPHÈRE 球面

STADE DU MIROIR 镜像阶段

STRUCTURE 结构

structure de la différence 差异之结构

structure intersystémique 系统间结构

structure intrasystémique 系统内结构

structure möbienne 莫比乌斯结构

structure plurisystémique 多系统结构

structure des séries 级数结构

structure du sujet 主体的结构

SUBSTITUTION MÉTAPHORIQUE 隐喻性替换

SUBVERSION DE LA LOGIQUE 逻辑的颠覆

SUJET 主体

sujet barré 被划杠的主体

sujet désirant 欲望主体

sujet cartésien 笛卡尔主体

sujet de la connaissance 认识的主体

sujet divisé 被切分的主体

sujet de l'énoncé 所述主体

sujet de l'énonciation 陈述主体

sujet de l'inconscient 无意识主体

sujet de la science 科学的主体

sujet supposé savoir 被假设知道的

主体

    sujet transcendantal 超验主体

    aliénation du sujet 主体的异化

    demande du sujet 主体的请求

    division du sujet 主体的切分

    fonction du sujet 主体的功能

    forclusion du sujet 主体的排除

    structure du sujet 主体的结构

SURFACE 表面

    surface bilatère/bipartie 双面/双分表面

    suface orientable 可定向表面

surface non orientable 不可定向表面

    surface unilatère 单表面

    surface close uniltaère 封闭单表面

SURMOI 超我

SUSPENSION（DES SÉANCES）分析的暂停

SYMBIOSE 共生

SYMBOLIQUE 符号的，符号

    accès au Symbolique 进入符号

    agénésie du Symbolique 符号界阙如

    fonction symbolique 符号功能

    père symbolique 符号父亲

    référent symbolique 符号性参考

    triangle symbolique 符号三角

SYMÉTRIE 对称

T

TAUTOLOGIE 重言式

TEMPS LOGIQUE 逻辑时间

THÉORIE DES DESCRIPTION 描述语理论

    théorie des descriptions finies 限定描述语理论

    théorie des descriptions indéfinies 非限定描述语理论

THÉORIE DES ENSEMBLE 集合理论

THÉORIE DES TYPES 类型论

TOPIQUE 拓比学

TOPIQUE SUBJECTIVE 主体拓比学

TOPOLOGIE 拓扑学

    objet topologique 拓扑学客体

TORE 环

    tores complémentaires 互补的环

TORSION 扭转

    double torsion 双重扭转

TOUR 环绕

    tour du trou central 中心洞的环绕

TRAIT UNAIRE 元征

TRAIT UNIQUE 单征

TRÉSOR DES SIGNIFIANTS 能指的宝库

TROU 洞

U

UN 壹

UNAIRE 一元的

UNICITÉ 单一性

UNIFICATION 统一化

UNIQUE 单一的

UNITÉ 单位

UNITÉ DE LA DIFFÉRENCE 差异
单位

UNITÉ SIGNIFIANTE 能指单位

UNITÉ DE SIGNIFICATION 意义
单位

UNIVERSALITÉ 全称性

UNIVERSELLE AFFIRMATIVE 全称
肯定

UNIVERSELLE NÉGATIVE 全称否定

V

VEL ALIÉNANT 异化或

图书在版编目（CIP）数据

拉康导读/（法）若埃尔·多著；刘瑾译. —北京：北京师范大学出版社，2023.3
（心理学经典译丛. 法国精神分析）
ISBN 978-7-303-26084-3

Ⅰ.①拉… Ⅱ.①若… ②刘… Ⅲ.①拉康（Lacan，Jacques 1901-1981）-哲学思想-研究 Ⅳ.①B565.59

中国版本图书馆 CIP 数据核字（2020）第 120387 号

北京市版权局著作权合同登记号：图字 01-2016-2124

图 书 意 见 反 馈　**gaozhifk@bnupg.com　010-58805079**
营 销 中 心 电 话　010-58807651
北师大出版社高等教育分社微信公众号　新外大街拾玖号

LAKANG DAODU

出版发行：北京师范大学出版社　www.bnup.com
　　　　　北京市西城区新街口外大街 12-3 号
　　　　　邮政编码：100088
印　　刷：北京盛通印刷股份有限公司
经　　销：全国新华书店
开　　本：787 mm×1092 mm　1/32
印　　张：17.625
字　　数：395 千字
版　　次：2023 年 3 月第 1 版
印　　次：2023 年 3 月第 1 次印刷
定　　价：118.00 元

策划编辑：周益群　李司月　　　责任编辑：林山水
美术编辑：李向昕　　　　　　　装帧设计：李向昕
责任校对：陈　民　　　　　　　责任印制：马　洁